# 南宋道学の展開

福谷　彬

# 若い知性が拓く未来

今西錦司が『生物の世界』を著して、すべての生物に社会があると宣言したのは、三九歳のことでした。以来、ヒト以外の生物に社会などあるはずがないという欧米の古い世界観に見られた批判を乗り越えて、今西の生物観は、動物の行動や生態、特に霊長類の研究において、日本が世界をリードする礎になりました。

若手研究者のポスト問題等、様々な課題を抱えつつも、大学院重点化によって多くの優秀な人材を学界に迎えたことで、学術研究は新しい活況を呈しています。これまで資料として注目されなかった非言語の事柄を扱うことで斬新な歴史的視点を拓く研究、あるいは語学的才能を駆使し多言語の資料を比較することで既存の社会観を覆そうとするものなど、これまでの研究には見られなかった溌剌とした視点や方法が、若い人々によってもたらされています。

京都大学では、常にフロンティアに挑戦してきた百有余年の歴史の上に立ち、こうした若手研究者の優れた業績を世に出すための支援制度を設けています。プリミエ・コレクションの各巻は、いずれもこの制度のもとに刊行されるモノグラフです。「プリミエ」とは、初演を意味するフランス語「première」に由来した「初めて主役を演じる」を意味する英語ですが、本コレクションのタイトルには、初々しい若い知性のデビュー作という意味が込められています。

地球規模の大きさ、あるいは生命史・人類史の長さを考慮して解決すべき問題に私たちが直面する今日、若き日の今西錦司が、それまでの自然科学と人文科学の強固な垣根を越えたように、本コレクションでデビューした研究が、我が国のみならず、国際的な学界において新しい学問の形を拓くことを願ってやみません。

第26代　京都大学総長　山極壽一

# 目次

## 第二部　道学者の思想と政治姿勢

目次

# 序章

# はじめに

「道学先生」という言葉がある。「道徳にかかわって世事に暗い学者、道理に偏して融通のきかない頑固な学者を嘲っていう語。」（『広辞苑』第六版、岩波書店、二〇〇八年）を意味するそうである。その言葉の由来である「道学」とは、中国の宋代（九六〇～一二七九）に発展した儒教の一派を指す。「道学」という言葉になじみがない読者も「朱子学」の別名と言えば、イメージが沸くかも知れない。

もっとも現代日本に生きる私たちにとって、朱子学のイメージは芳しいものではない。私たちが耳にする朱子学とは、現代的な価値観によって既に否定・克服された、もしくはそうされるべき陰気な封建思想というものであろう。右の「道学先生」という言葉の意味も、このような朱子学のイメージと重なっているといえる。しかし、道学が歴史に登場したその時、それは決してその時代における保守思想ではなかった。それは新たな時代をリードする革新思想だったのである。

道学に限らず、儒教思想は、大昔に書かれた儒教経典を二〇〇〇年以上も尊び続けている。その意味で儒教が保守的な思想と思われるのは根拠のないことではない。しかし、そのことは決して儒教思想は旧態依然として世の変化に目を向けないということを意味するのではない。それはどういうことであろうか。そのことを考えるために、まず儒教における「古典解釈」という営みについて触れてみたい。

孔子の言行録である『論語』という書物は、既に中国古典から遠ざかってしまった現代日本人にとっても比較的馴染み深い中国古典であろう。その『論語』の中に「川上の嘆」と呼ばれる一節がある。

先生は川辺でこう仰った。「行くものはこのようであろうか。昼も夜も休むことはない。」

子在川上曰。逝者如斯夫、不舍晝夜。（『論語』「子罕」篇……以下四書の経文は『四書章句集注』による）

『論語』のこの一節は、孔子があるとき川辺でもらした詠嘆である。その言葉は短く断片的で、孔子がこの言葉によっていったい何を伝えたかったのか、明瞭とは言えない。試みに平岡武夫『論語』を見ると以下のように解説されている。

絶え間なくただ流れ去る水に、無限のせき留められぬ凋落を悲しみもしよう。行く水の流れは絶えないが、もとの水でないことに、無常を感じもしよう。ゆったりとそして深く流れてゆく大河ならば、永遠の時間・不変の安定に、わが人生をゆだねることもあろう。川は、人生それぞれの、その時その時のめぐり合わせによって、さまざま相をあらわす。いま、孔子は川を前にして「逝く者は」という。こころ細く、老いて返らぬ人生を見つめている。（平岡武夫、『論語』／集英社、「全釈漢文大系」、一九八〇年、二五〇頁）

孔子が生きた春秋時代（前七七〇～前四五三）とは、既存の秩序が崩壊していく衰勢の世であった。かつて中華文明の中心であった周王朝の権威は失墜し、諸侯は争って天下に戦争が絶えない中、孔子は再び世界に秩序をもたらすべく、多くの弟子を率いては諸国をめぐって仕官を求めた。しかし結局孔子の教えは世の君主に受け入れられず、彼は晩年失意のうちに出身地の魯国に帰り、後進の育成と著述に専念した、と言われる。平岡氏の解説は、『論語』の川上の嘆を、そうした不遇の中、虚しく年老いていくことを嘆く孔子の失意の言葉として解釈しているのである。

平岡氏の解説には「行く水の流れは絶えないが、もとの水でないことに、無常を感じもしよう。」と言う。この言葉は以下の古典のフレーズを下敷きにする。

ゆく河の流れは絶えずして、しかも元の水にあらず。よどみに浮ぶうたかたは、かつ消え、かつ結びて、久しくとどまりたるためしなし。（『方丈記』）

鎌倉時代の鴨長明（一一五五頃～一二一六）の随筆『方丈記』の冒頭である。この世の事象は刹那的な生滅の繰り返しであるという「無常観」を説いた一節として知られる。『方丈記』のこの一節は『論語』の川上の嘆を踏まえていると言われるが、右の平岡氏の川上の嘆の解説は、『方丈記』の内容を『論語』に重ね合わせて説明しているのである。

もっとも、この『論語』の同じ条に対して、まったく異なる理解も存在する。井上靖『孔子』は、作者の手になる架空の弟子に以下のように「川上の嘆」を解説させている。

河の流れも、人間の流れも同じである。時々刻々、流れている。流れ、流れている。長い流れの途中には、いろいろなことがある。併し、結局のところは流れ流れて行って、大海へ注ぐではないか。人間の流れも、また同じことであろう。親の代、子の代、孫の代と、次々に移り変わってゆくところも、川の流れと同じである。戦乱の時代もあれば、自然の大災害に傷めつけられる時もある。併し、人類の流れも、水の流れと同じように、いろいろな支流を併せ集め、次第に大きく成長し、やはり大海を目指して流れ行くに違いない。（井上靖『孔子』／新潮社、『井上靖全集』第二二巻、一九九七年、三〇二頁）

一見してわかるように、平岡氏と井上氏の『論語』の「川上の嘆」に対する理解には、対極的といってもよい相違がある。前者の理解からは、無力感や悲観的な人生観が感じられるのに対し、後者の解説には、悲喜こもごも乗り越えた先の、人間の無限の発展を期待する楽観的な人生観を読み取ることができよう。このように、同じ『論語』の一条に対して、ここまでの大きな解釈の相違があるわけである。そもそも、このような幅のある解釈が生じる原因の一つには、『論語』における孔子の語り口がある。

孔子の言葉は短く断片的だが、含蓄に富んでおり、聞くものにどこか余韻を残すような語り口なのである。孔子の人生は、諸国を流浪する苦しさや天下に道を行えないことに対する無念さを常に抱えつつも、弟子と語り合うことの喜びや学問に励むことの楽しさを片時も忘れることがない、まさに悲喜こもごもの人生であった。孔子の短く断片的な言葉は、そのような彼の人生という背景も合わさって、読む者の想像を掻き立てずにはいられないのである。古来、『論語』の読者は、孔子の言葉に接するなかで、思い思いに孔子の言葉に自分にとっての教えを見出してきたのであった。その意味で、孔子の言葉の意味はけっして一つではない。読者の数だけ解釈の可能性があるのである。実に『論語』という書物が「心の鏡」（橋本秀美『論語――心の鏡』岩波書店、二〇〇九年）とも呼ばれる所以である。

さて、『論語』という書物は、このように多様な解釈が可能な古典であるが、右の二系統の解釈の相違は、更に遡って中国の注釈に由来がある。『論語』の注釈には大別して、漢や唐の時代の注釈である「古注」系統のものと、宋以降の「新注」系統のものとがある。現代の日本の『論語』の訳注書・解説書の内容は、遡ればこれらの中国の注釈の解釈に行き着くことが多い。

さて、前掲の悲観的な理解に近いのが、古注の一つである後漢の大儒鄭玄（不明～二〇〇）の解釈である。(1) 鄭玄注は以下のように言う。


人が年老いるのは、川が流れ行くようであるということを言っている。道が有っても、任用されないことを嘆いたのだ。

言人年往、如水之流行。傷有道而不見用也。（『論語鄭氏註』「子罕」篇／『鳴沙石室佚書』所収）

鄭玄注は、『論語』の川上の嘆を、川の流れのように時が過ぎ去り、君主に任用されることなく空しく年老いていく我が身の不遇を孔子が嘆いたものと解釈する。現行の日本の翻訳本もこの方向で理解するものが少なくない。

一方新注の解釈はこれと大きく異なる。「朱子学」の創始者として知られ、本書でも大きく取り上げる朱熹（字は元晦、号は晦庵など。一一三〇～一二〇〇）の新注は、以下のように言う。

> 天地の造化は、往くものは過ぎ行き、来るものは続き、一息の止まることもない。それはつまり、道の本体の姿である。しかしそれを具体的にこれと指さして見やすいのは、川の流れが一番である。それゆえ、この語を発して人に示し、学ぶ者に常にこのことを省察して、少しの間断もないようにさせたいと望んだのである。
> 天地之化、往者過、來者續、無一息之停、乃道體之本然也。然其可指而易見者、莫如川流。故於此發以示人、欲學者時時省察、而無毫髪之間斷也。（『論語集注』「子罕」篇／『四書章句集注』一一三頁）

このように新注では、宇宙の運行は川の流れのように止まることないのであるから、学問を志す者も常に我が身を間断なく省察せよ、との意味にとっているのである。この新注の解釈には、古注に表れるような自らの不遇に対する悲嘆はない。むしろ古注とは反対方向の、力強い自己改革の精神をこの『論語』の一節に読み込んでいるのである。

『方丈記』の内容に慣れ親しむ私たちにとって『論語』の一節は過ぎゆく時間に対する嘆きとして捉えるのが自然な解釈に感じられるかも知れない。実際に、古注と新注を比較した上で新注を批判する日本の訳注書もある。[2] しかし、『孟子』の以下のような一節も合わせて見る時、単純に新注的な理解を恣意的と排斥できるだろうか。

徐子は言った。「孔子はしばしば水に譬えて「水よ、水よ」と言ったそうです。何を譬えたのでしょうか。」孟子は言った。「泉はその源からこんこんと湧き出て、昼も夜も休むことがない。その流れは、窪みがあればまずその穴を盈したのち、初めて溢れ出して四海に進む。根本があるものは、このようだ、ということを比喩で言い表したのさ。」

徐子曰。仲尼亟稱於水、曰。水哉、水哉。何取於水也。孟子曰。原泉混混、不舍晝夜。盈科而後進、放乎四海、有本者如是、是之取爾。(『孟子』「離婁」下)

『孟子』には、『論語』の川上の嘆を想起させるこのような言葉があった。孟子は「根本があって休むことがない」様子を表現するために、孔子は水を譬え話に用いた、と説明しているのである。右に挙げた朱熹の解釈も、遡ればこの『孟子』の言葉を敷衍したものに他ならない。

孟子は、本名を孟軻(?〜前二八九)といい、春秋時代の孔子の有力な後継者とされる戦国時代の儒家の思想家である。孟子は孔子と同じ儒家の思想家であるが、彼の人生と思想には孔子と少なからぬ違いがあった。孔子は多くの弟子とともに諸国を流浪したが、その日の食糧の調達にも苦労することもあるほどの困窮ぶりだった。これに対して孟子は、諸侯のもとに召し抱えられる際には、荷馬車を数十乗、従者を数百人も差し向けられ、弟子から待遇が過大ではないかと問われるほど厚遇を受けた(『孟子』「滕文公」下)。もっとも弟子のこのような質問に対して孟子は、世を統べ人を導く者にとっては当然の待遇だと答えており、並々ならぬ自信を持ち合わせていた。また、孔子の語り口は朴訥で多くを語ろうとしないのに対し、孟子は弟子から「好辯」と言われるほどの演説家で(『孟子』「滕文公」下)、また自分自身で「私は言葉というものを理解している(知言)」(『孟子』「公孫丑」上)というほど、様々な事象を自由自在に自分の理論で説明した。また孟子は、「性善論」を説いたことで知られ、この学説は人間の本性を「善」と考える思想である。このように、孟子の人生とその思想とは、力強く自信にあふれ、どこか楽観的なのである。

さて、ここで「川上の嘆」に対する古注と新注の解釈の共通性と相違点に目を向けよう。古注も新注も、川の流れを、止まることない時の流れの象徴として捉える点で違いはない。異なるのはその「時の流れが止まることのないこと」に対する受けとめ方である。古注の解釈では、時が移ろうこととは、己が衰えることとの不安と、道を天下に行うことができないことに対する焦燥感をかき立てるものとして理解されている。これに対して、新注の朱熹の解釈には、止まることのない時の流れとは、不断の努力とそれに伴う人間の向上の可能性をもたらすものとして理解されているのである。先に挙げた古注の鄭玄と、新注の朱熹との間には、ちょうど千年ほどの時代の違いがある。この『論語』の一条の解釈に対する変化には、単なるひとつの古典解釈の相違を超えて、中国の知識人階級の死生観の変化ともいうべきものを感じずにはいられない。(3)古注からは、どこか悲壮感を伴うネガティブな人生感が読み取れる。しかし、新注の解釈は力強く向上心に溢れ、ポジティブな印象が強い。そしてその新注の解釈を可能にしているのが『孟子』という古典なのである。朱熹の新注の『論語』解釈は、『論語』という古典を解釈する上で、『孟子』という別の古典の内容を併せて読むことで、『論語』に新たな生命を吹き込んでいるといえよう。

さて、儒教では「経書」と呼ばれる古の聖王や孔子の教えを伝えると信じられる古典を尊崇する。「経書」とはもともと「五経」（『周易』・『書經』・『詩經』・禮（『周禮』・『禮記』・『儀禮』）・『春秋』）を指したが、朱熹の時代には、それらに加えて「四書」（『大學』・『中庸』・『論語』・『孟子』）を尊ぶようになった。儒教では、これら「経書」と呼ばれる古典には、古今を貫く絶対的な真理が記されていると信じていた。その点で儒教は、古い時代の思想を尊ぶ尚古主義である。しかし、儒教の尚古主義は、決して過去の古い価値観を絶対視して、時代の変化を無視するということを意味しない。

『論語』には「古きを温《たず》ねて新しきを知る」（「為政」篇）という言葉がある。先人の思想や事跡を学ぶことで、新たな知見や道理を見出すことを言う。つまり、儒教では、古典を読むこととは、単なる受動的な古典鑑賞ではない。古典の中から彼らが生きる上での指針を「新たに」読み取る作業なのである。その営為は右に見たように、極めて主体的で能動的な作業といえる。本書が扱う「道学」という儒教の一派は、まさにこのように、主体的に古典を読み解く中で、自分たちが生きていく指針を見出し、新たな思想体系を築き上げていったのである。

「道学」は、北宋の程顥（号は明道。一〇三二～一〇八五）・程頤（号は伊川。一〇三三～一一〇七）兄弟によって提唱され、南宋の朱熹に集大成された、と説明される。その思想は中国の宋代以降の思想界に絶大な影響力を持ったのみならず、その影響力は朝鮮・日本・ベトナムといった東アジア全域に及んだ。その道学者の知的営みの現場は、まさに「経書」と呼ばれる儒教経典の解釈にあったのである。道学の思想家たちは、経書といかに向き合い、彼らの直面する時代にいかに役立てようとしたのか。本書は、そうした宋代の知識人の思想的営為を考察する。

それでは次に「道学」の思想的特質と、道学者が直面した宋代の時代状況について論じておきたい。というのも、道学の古典解釈という営為は、宋代の政治文化という点と切り離せない関係にあるからである。以下、これらの点について整理しつつ、著者の関心の所在と、本書の視点を説明したい。

## 第一節　複数の「道学」

本書が論じる「道学」は、宋代に隆盛した儒教の一派である。「道学」は、宋代を代表する学問という意味で「宋学」と呼ばれることもある。「道学」の特徴を論ずる上で、まず「道学」という思想がいかなる社会階層の人たちに担われていたのか、について確認しておきたい。日本を代表する宋明理学研究者である島田虔次は「道学」の担い手を以下のように説明した。

宋学の主体はだれであるか。それは「士大夫」に他ならない。宋学とは、士大夫の学なのであり、士大夫の思想なのである。（島田虔次『朱子学と陽明学』、岩波書店、一九六七年初版、一四頁）

ここで島田氏が言う「宋学」とは、本書で言うところの「道学」のことを指す。このように、島田氏は「道学」を「士大夫の思想」と説明するのである。それでは、士大夫とはいかなる人たちであるのか。島田氏は「士大夫思想の多様性」（『中国の伝統思想』所収、みすず書房、二〇〇一年初版）の中で以下のように論じている。

宋以後、清代まで一千年は士大夫の時代である。士大夫とは何か。唐代、科挙制度の確立とともに興り、宋代に至って不動の勢力となった所の独特の支配階級である。経済的には地主であることを例としたが、しかしそれは必ずしも必須の条件ではない。士大夫の士大夫たるゆえんは何よりもまず、知識階級である点に、言いかえれば、儒教経典の教養の保持者である点に、即ち読書人たる点に求められる。今少し周到に言えば、その儒教的教養（それは道徳への能力をも意味する）の故にその十全なあり方としては科挙を通過して為政者（官僚）となるべき者と期待されるような、そのような人々の階級である。（「士大夫思想の多様性」／『中国の伝統思想』八七頁。）

島田氏は、士大夫の士大夫たる所以は儒教的教養を持った読書人という点にある、と説明する。[4]その意味では、地主であることは読書人であることの必要条件であり、また科挙官僚であることは、読書人であることの十全なあり方というに過ぎず、いずれも本質的な要素ではない、ということになる。先に触れた島田氏の、「宋学（本書が言うところの「道学」）」を「士大夫の思想」とする位置付けは、民衆一般ではなく民衆を導くべきエリート階級の思想であることを説いていると言える。しかし、士大夫はエリートといっても貴族階級や日本の武士階級のように血統・家柄に基づくエリートではない。文化・教養に立脚している点に「士大夫」という階級の独自性があるのである。

それでは改めて、「道学」とはいかなる学派なのか。「道学」という学派の形成とその展開について、重要な指摘をしているのが、土田健次郎氏である。土田健次郎『道学の形成』（創文社、二〇〇二年）によると、「道学」は、もともと特定の学派を指さず「道を学ぶ学問」という程度の一般名詞であったが、北宋の程顥・程頤の学派が勢力を持つとその一派が「道学」と呼ばれるようになって次第に定着していった、と指摘する。(5)

更に南宋の朱熹の学問が思想界において支配的な勢力を持つに至ると、朱熹と彼が自らの先駆者と位置づける北宋五子（周敦頤・程顥・程頤・張載・邵雍）の思想を総称して「道学」と称されるに至った。現在では「道学」と言えば、「朱子学」や「程朱学」と同義語として用いられることが多い。

しかし、「道学」を「朱子学」・「程朱学」とイコールと見なすのは、歴史的経緯から言うと実は正確ではない。「道学」が実質「朱子学」や「程朱学」を指すことが多いのは、朱熹が「道学」という学派の中での正統争いに最終的に勝利したからに過ぎない。言い方を換えれば、朱熹が「道学」の中での正統争いに勝ち抜く以前、「道学」には、朱熹の学派だけでなく、異なる思想傾向を持った複数の学派が含まれていたのである。本書が論じるように、南宋期の道学者は、道学内部で論争を繰り返して熾烈な勢力争いを演じたが、それに伴う淘汰の結果として「道学」＝「朱子学」という今日の図式が成り立っているのである。

それでは朱熹が活躍していた当時、「道学」にはいかなる学派が含まれていたのか。以下に挙げる史料については、先述の土田氏の研究が既に論じているが、本書が課題とする「道学」という学派の枠組みを示す重要な史料であるので、改めてここで触れることを許されたい。まずは、朱熹の高弟の一人で、朱子学の用語解説書『北溪字義』の著者としても知られる陳淳（号は北溪。一一五三～一二一七）の道学の現状分析である。(6)

私、子安（陳淳）が言うことは未熟ですが、趣旨は平正です。閩（福建）、浙（浙江）、湖湘（湖南）、江西の学の門戸はそれぞれ異なりますが、正伝の粋を得ている閩学のみを採ろうとしているのも、主とするところに間違いはございません。……例えば湖湘学も、濂洛（「濂」は濂渓、「洛」は洛陽。それぞれ周敦頤と二程の出身地を指す）に淵源します。……浙中の学には、陳と呂の違いがあります。……江西の学などは、内では専ら禅家の宗旨を主とし、外では聖人の言葉を援用しながらうわべの皮膚枝葉で粉飾していて、それで別に一家を構えております。そして我々だけが孔孟以来の誰も会得できなかった秘伝を悟っていて、堯舜以来の千載不伝の正統にぴたりと一致しているなどと言っていますが、実際には惑乱逸脱していて、孔孟周程とはまったく背馳しています。……四条にわたって道学の意を連ねましたが、どうしてこれほど多く分裂してしまうでしょう。

子安所敘雖嫩、而旨意已平正。其論閩、浙、湖湘、江西之學、為門各異、而獨有取於閩學得正傳之粋、亦所主之不差矣。……且如湖湘之學、亦自濂洛而來。……浙中之學、有陳呂之別。…若江西之學、則內專據禪家宗旨為主、而外復牽聖言皮膚枝葉以文之、別自創立一家。曰、此吾所獨悟於孔孟未發之秘旨、而妙契乎堯舜千載不傳之正統者、其實詖淫邪遁、與孔孟周程大相背馳。……所列道學四條之義、安得許多分裂。（『北溪大全集』巻三三「答西蜀史杜諸友序文」）

朱熹の門人である陳淳は、むろん朱熹を中心とする閩学こそが道学の正統であるという立場だが、陳淳は自らが直面する道学の状況を、四つの学派の分裂状態と見なしていたのである。すなわち、朱熹を中心とする閩学、呂祖謙を中心とする浙学、張栻を中心とする湖南学、陸九齢や陸九淵を中心とする江西学である。
また朱熹自身も門人の劉子澄に宛てた書簡「與劉子澄」(『朱文公文集』巻三五)で以下のように道学の現状を分析する。

近年道学は外側では俗人に攻撃され、内側では我が党によって破壊されている。婺州は呂祖謙(字は伯恭、号は東萊。一一三七~一一八一)が死去してからというもの、百鬼夜行の有様だ。呂祖儉(字は子約。呂祖謙の弟。?~一一九八)はまったく孔孟を基準としておらず、あろうことか管仲や商鞅の見識で、世人をがっかりさせている。……陸九淵(字は子靜、号は象山。一一三九~一一九三)一味は禅であって、かえっていくらも功利や権謀術数を説かない。目前のことに関しては、学ぶ者の身心を修練させることができており、無力というわけではない。しかし、それ以降はというと、段々と依拠するところが無くなり、恐らくはしくじりかねない。

近年道學、外面被俗人攻擊、裏面被吾黨作壞。婺州自伯恭死後、百怪都出。至如子約、別說一般差異的話、全然不是孔孟規模、却做管商見識、令人駭歎。……子靜一味是禪、却無許多功利術數。目下收斂得學者身心、不為無力。然其下稍無所据依、恐亦未免害事也。(『朱文公文集』巻三五「與劉子澄」/『朱子全書 修訂本』(以下、『朱子全書』)第二一冊、上海古籍出版社、二〇一〇年、一五四六頁)

朱熹がこの書簡を書いた淳熙十二年(一一八五)二月当時、朱熹たち道学者は朝廷の権力者で宰相の王淮(字は季海。一一二六~一一八九)による道学弾圧に直面していた。書簡が言うところの、「俗人」による道学攻撃とはこのことを指す。そして、その道学弾圧と同時並行で、朱熹は道学の「内側」から論争を仕掛けられていた。右の資料で朱子が言うところの「内側では「吾党」によって破壊されている」とは、そうした朱熹とは異なる流派の道学者との論争状態のことを指す。

この時に朱熹が論争したのは、陳亮（字は同甫。号は龍川。一一四三～一一九六）と陸九淵であった。陳亮は、呂祖謙の死後に浙学の新たな旗手として台頭した「事功学」の雄として知られる。また陸九淵は、朱熹最大の論敵で王陽明に先立つ「心学」の提唱者として知られる。陳亮は淳熙十一年（一一八四）から三年に渉って、朱熹に対して「義利・王覇」論争を仕掛けている。また、陸九淵と朱熹とは、淳熙二年（一一七五）に浙学の領袖、呂祖謙の仲介で鵝湖山（現在の江西省上饒市鉛山県）の鵝湖寺で史上「鵝湖の会」として知られる公開討論を行っており、そして淳熙七年（一一八〇）には陸九淵が朱熹の赴任地の南康に訪れ「意見・議論・定本」論争を交わし、更に淳熙十五年（一一八八）には「無極・太極」論争を行っているのである（なお、陳亮との論争については本書第三章で、陸九淵との論争については本書第四章・第五章でそれぞれ扱う）。右に見た資料にも表れているように、朱熹はこうした度重なる論争を「道学」の内輪もめとして受けとめていた。

以上は朱熹やその門人が同時代のこれらの思想家を「道学」圏内の人物と認識していたことを示す資料だが、陳亮や陸九淵自身もまた自分は「道学」の一員であると自覚していた。

例えば、陳亮は、自らが殺人の容疑で拘留された際には「宰相は主に道学を弾圧することに意図がある」と書簡で朱熹に報告して、自分への容疑は道学弾圧の累が及んだことによる濡れ衣であると主張している。(7) また同じ頃、陸九淵も道学の反対者が「道学の中でも陸九淵については責めるべきことがない」と言ったと弟子に伝えている。いずれも自らが「道学」の一員であるという意識が前提となる発言と言えよう。これらの資料は、道学諸派の人員たちは、彼らの間に個別の思想上の対立点を含みつつも、より大きな枠組みのなかでは同じ陣営に属しているという意識を共有していたことを示している。また、当初朱熹を念頭に置いて始められた弾圧が、これらの学派に対しても累が及んだ、ということは道学外部から見てもこれらの学派が近似する思想だったことを示している。

先述のように、現代では「道学」＝「朱子学・程朱学」と見なされがちであるが、朱熹が生きていた当時の「道学」とは以上のような朱熹以外の複数の学派を含んでいたのである。(8) よって本書で「道学」という場合は、狭義の程朱学ではなく、南宋の閩学・浙学・湖南学・江西学を総称していうこととする。また、道学内部に異なる学派が存在することを強調する際には、「道学諸派」と呼ぶこととする。

これらの学派が、学派の外側からもその当事者からも「道学」という共通の思想と考えられていたということは、これらの学派には、個別の思想上の相違を超えて一定の共通した枠組みが存在したと考えるのが自然であろう。それでは、閩学・浙学・湖南学・江西学を総称する際の広義の道学にはいかなる共通点があり、他の学派とは何が異なるのであろうか。

## 第二節　「聖人学んで至るべし」

「道学」は「宋学」の代表格として挙げられることが多いが、道学が成立した北宋当時は、王安石の「新学」や、蘇軾らの「蜀学」と並び立つ存在に過ぎなかった。「道学」という思想は、これらその他の同時代の「宋学」とはいかなる点が異なるのか。島田虔次は「道学」（＝島田氏のいうところの「宋学」）の特色について以下のように指摘している。

「聖人学んで至るべし」ということこそ、宋学全体の根本的モチーフであり、大前提であった。……聖人学んで至るべしというスローガンの底には、いまや時代の担当者となった士大夫の「自信」があったのである。（島田

虔次『朱子学と陽明学』、三五頁）

このように、島田虔次は「聖人学んで至るべし」を「宋学」の「根本的モチーフ」と指摘している。もっともこれは朱子学を「宋学」の代表と位置づけた上での指摘であり、道学外の儒教思想と比較した上でこのように指摘しているわけではない。道学外の「宋学」も視野に入れて改めてこの「聖人学んで至るべし」の言葉に注目したのが、吾妻重二氏である。吾妻氏は、「道学の聖人概念」（『関西大学文学論集』第五〇巻第二号、二〇〇〇年。後、『朱子学の新研究』、二〇〇四年所収）で以下のように言う。

「学んで聖人たりうる」という聖人可学論は、道学者すべてに共通するスローガンであった。「すべてに」というのは誇張ではない。……これに対して、宋代の非道学系の士人に、このような聖人可学の思想を見出すことは困難である。（吾妻重二『朱子学の新研究』、第二部一篇一章「道学の聖人概念」、創文社、二〇〇四年、一五一～一五二頁）

このように、吾妻氏は「道学」という思想は、宋代の学問の中でも特に、後天的な努力によって聖人に至ることができるという「聖人可学」を説く点に特徴があり、この主張は非道学には見られないと指摘する。吾妻氏は北宋五子や朱熹・陸九淵が「聖人可学」を説いているのに対し、新学の王安石や蜀学の蘇軾などの非道学の士大夫は聖人と凡人の距離を強調する傾向があることを指摘しており、「聖人学んで至るべし」という主張が、「道学」を特色付けるのにふさわしい言葉であることを明かにする。

もっとも、「人は皆学んで聖人になれる」という考え方に宋学の特徴を求める島田氏の見方に異論がないわけではない。湯浅幸孫氏は以下のように言っている。

「聖人学んで至るべし」ということを表わしたもとになる言葉は程伊川の文集にあるんですけど、しかし、あれは、あの時代を特徴付ける意味はないんですね。例えば、孟子でも聖人は人倫の至り、であると言う。つまり、聖人は非常に優れた人にすぎないのだ。……「聖人学んで至るべし」という言葉はなるほど、宋人が最初かも知れないけど、思想内容としては古くからあるじゃないですか。（本田濟編『中国哲学を学ぶ人のために』、世界思想社、一九七五年、五四〜五五頁）

湯浅氏は「聖人学んで至るべし」という思想は宋代を特徴付けるものではなく、孟子が先行している、と言う。湯浅氏の指摘は歴史的な事実と言え、単に「聖人学んで至るべし」という主張のみに着目すれば、道学者の独創ではなく孟子が先行しているのである。著者はこの点に、重要な問題があると考える。

まず、朱熹が孟子以来の「道学」の復興者と位置付けるところの周敦頤や程頤は以下のように言う。

聖は學ぶべきか。曰く、可なり、と。聖可學乎。曰、可。（周敦頤『通書』「聖學」）

聖人は學んで至るべきか。曰く、然り、と。聖人可學而至歟。曰、然。（程頤「顏子所好何學論」）

このように、周敦頤と程頤は、聖人は学んで至ることができるのか、と設問した上でそれを肯定するのである。湯浅氏は聖人可学論は宋学を特徴付けるものではなく、『孟子』が先行すると指摘するが、『孟子』には以下のように言う。

曹交問うて曰く、人皆な以て堯舜と為るべし、諸れ有りや、と。孟子曰く、然り、と。
曹交問曰。人皆可以為堯舜、有諸。孟子曰。然。(『孟子』「告子」下)

「人は皆な堯舜になることができるのか」という弟子の質問に対して孟子はそれを肯定しているのである。堯と舜とは『尚書』や『孟子』に記述され、紀元前二〇〇〇年頃に王位にあったとされる、中国の伝説上の聖王である。堯は聖徳の君主であったが、位を子孫に世襲せずに賢臣の舜に譲り(=禅譲)、舜もまたその賢臣の禹に位を譲ったとされる。古来儒教ではこの堯と舜を上古の理想的君主として尊崇する。周敦頤の『通書』、程頤の「顔子所好何學論」、『孟子』「告子」下の記述は、一見してわかるように、いずれも「聖人可学」を主張する際に問答の形式にしている。これは周敦頤や程頤は『孟子』を踏まえつつ、その内容を敷衍する形で「聖人可学」を説いていることを意味している。このように道学者の聖人可学論とは、道学者の独創ではなく、『孟子』の言葉を祖述する形で説かれているのである。それでは、道学者の聖人可学論が『孟子』に基づいていることを指摘することにいかなる意味があるのか。このことに著者の問題意識が絡んでくるのである。

従来、道学の聖人可学論は、修養論の枠組みで六朝玄学[9]や仏教[10]と比較するかたちで考察されてきた。「道学」は別名「修己治人の学」とも呼ばれ、己を修養することと、他者を正しく治めることとが道学の二つの目的とされる。修養論とは、自己を鍛錬する方法を意味し、「道学」を構成する二つの要素のうち「修己」の枠組みと考えられてきたわけである。

もっとも、近年では、道学の聖人可学論について、道学者は自分自身ですら聖人に至れなかった(少なくともそのようには言明しなかった)ことから、その修養論の実効性に疑問を投げかける見方もある[11]。聖人可学論を、聖人に至るための修養論としてのみ捉えれば、このような疑問が生じるのは当然といえよう。しかし、著者は道学の聖人可学論には別の重要な側面があったのではないかと考える。その点は、聖人可学論の原点たる『孟子』の記述を見ていくなかで明らかとなる。

『孟子』には多くの「聖人可学」を説く節があるが、その中でも後世の影響が大きいものとして以下のような一節がある。

湯王は三度使者を遣って招聘すると、やっと伊尹はついに態度を改めて言った。「自分は田野の中にあって一人で堯舜の道を楽しむより、現在の君主を堯舜のような君主とする方がよい。また、現在の人民を堯舜の時代の人民のようにする方がよい。これを自分で目撃する方がよい。天が民を生育してこのかた、先知先覚の者に後知後学の者を覚らせてきた。私こそは天が生じた人民中の先覚者だ。私は堯舜の正道によって人民を覚らせようと思う。私が人民を覚らせるのでなくて誰にできようか。」

湯三使往聘之、既而幡然改曰。與我處畎畝之中、由是以樂堯舜之道、吾豈若使是君為堯舜之君哉。吾豈若使是民為堯舜之民哉。吾豈若於吾身親見之哉。天之生此民也、使先知覺後知、使先覺覺後覺也。予、天民之先覺者也。予將以斯道覺斯民也。非予覺之而誰也。（『孟子』「萬章」上）

『孟子』の原文で説かれているのは、人は誰でも聖人になることができる、という意味での聖人可学論であることは間違いない。注目したいのは「自分が」聖人になる、ということを説いているのではなく、君主や民衆といった「他者を」聖人へと導くことを主張しているのである。『孟子』のこの一節は「伊尹の志」という言葉として道学へと継承されていくのである。例えば、二程に先立つ道学の祖とされる、周敦頤の『通書』には以下のような言葉が見える。

聖人は天（のような完全無欠性）を目指し、賢人は聖人を目指し、士は賢人を目指す。伊尹や顔淵は大いなる賢人である。伊尹は君主が堯舜のような君主でなく、一人の民衆でも居場所が無いことを、市場で鞭打ちに合うかのように自らの恥と思った。顔淵は「怒りを遷さず、過ちを貳せず」（『論語』「雍也」）、「三月仁に違うことが無かった」（『論語』「雍也」）。伊尹の志すところを志し、顔子の学ぶところを学ぶこと、有り余るほどであれば聖人となり、十分であれば賢人となり、十分でなくとも、名声を失うことはない。

聖希天、賢希聖、士希賢。伊尹・顔淵大賢也。伊尹恥其君不爲堯・舜、一夫不得其所、若撻於市。顔淵不遷怒、不貳過、三月不違仁。志伊尹之所志、學顔子之所學、過則聖、及則賢、不及則亦不失於令名。（『通書』）

周敦頤が説く「伊尹の志」とは、右の『孟子』「萬章」上の伊尹の故事に基づくわけであるが、「顔子の学」と併称する形で説かれている。「顔子の学」とは賢人が聖人を目指す学問であり、「伊尹の志」とは他者を聖人へと教え導く精神とされている。このように、「道学」の聖人可学論とは、単なる自己の修養論としての「修己」の思想ではなく、他者を教え導くことへと発展する「治人」の思想としての側面があるのである。

それでは他者を聖人へと教え導こうとする、ということは、具体的な政治の世界においていかなる意味を持つのか。以下、宋代の政治文化について概観しながら、そのことを論じたい。

## 第三節　宋代の政治文化

### 一　君主独裁制

五代の最後の王朝である後周（九五一～九六〇）の時代、後周の武将の一人であった趙匡胤（廟号は太祖。在位、九六〇～九七六）は、諸将の推戴で後周の禅譲を受けて即位し、宋王朝（北宋、九六〇～一一二七。南宋、一一二七～一二七九）が成立した。弟で二代皇帝の太宗（在位九七六〜九九七）は、太祖の事業を引き継ぎ天下の統一を達成した。太宗は、権限の拡大が群雄割拠を招いた節度使の弊害に鑑み、節度使の権限を縮小する一方、科挙制度を活発化させて文官を重用し、いわゆる文治政治を行い、以降の宋王朝ではこの方針が継承されていく。

このような経緯で台頭することになったのが、科挙によって登用された士大夫官僚である。宋代の政治文化を特色付ける見方として、宮崎市定氏によって提唱された「君主独裁制」論という学説がある。(12)「独裁」という表現のために、用語の理解に混乱が見られるが、(13)この学説について宮崎氏自身は以下のように説明している。

我々が考えている中国近世の君主独裁とは、君主が最後の決裁を下す政治様式を言うのであって、凡ての政務は官僚が案を練りに練り、次に大臣がこれに審査に審査を重ね、最後に天子の許に持ち込んで裁可を請うのである。だから天子が積極的に発議することはむしろ稀である。（宮崎市定『中国史』／『宮崎市定全集』第一巻、岩波書店、一九九二年。初出は一九七八年。三六二頁）

このように「君主独裁制」とは臣下としての士大夫が政治の中身を決定し、皇帝がその裁可を行う政治の仕組みのことをいうのである。宮崎市定は、この「君主独裁制」という用語を、皇帝自らが政治的主体性を発揮する「専制君主制」と対置して位置づけ、この「君主独裁制」の確立を、宋代を前時代と区別する画期と位置づけるのである。

この「君主独裁制」論は、いわゆる「唐宋変革」論から出てきている。「唐宋変革」論とは、唐と宋との間に大きな社会変革を見出す考え方であり、内藤湖南が最初に指摘し、宮崎市定が継承した学説である。政治的には、六朝時代以来の貴族階級が没落して、士大夫階級が台頭して「君主独裁制」と呼ばれる政治の仕組みが定着した。経済的には貨幣経済が浸透して、紙幣も登場した。文化的には木版印刷の発達によって出版文化が花開き書物が手に入りやすくなり、知識が貴族の専有物でなくより多くの人に開かれることになった。思想的には、古来の儒教経典の解釈を墨守することを目的とする漢唐のいわゆる訓詁学から、道学に代表される思弁的傾向の強い性理学へと変化した。このような唐宋変革論は、現在でも国内外で広く受け入れられている見方である。

もっとも「君主独裁制」論については近年ではいくつかの観点から見直しが進められている。例えば、藤本猛氏は「君主独裁制」が行われる宋代以降にも、時折宋の神宗や明の太祖・成祖のような能動的君主が出現することに注目する。そして、「彼らの（能動的君主の：著者補足）個性は後世の制度にフィードバックしていき、段階的に「君主独裁制」を更新・発展させていくものと考えられる。……むろんその後継者たちが主体性をもたなければ、再び「君主独裁制」へと回帰する」（四八四頁）といい、「君主独裁」的な君主と能動的な君主という、二つの君主の形態が各々の皇帝の資質や時代の要請に応じて表れるのが、宋以後の政治の現実だったと指摘している。

宋以後の中国における皇帝政治の実態が右のようであったとしても、宋の時代に専制君主的な皇帝像の他に、「君主独裁制」的な皇帝像が定着したことの画期性は揺るがないであろう。というのも、帝位の世襲によって暗愚な皇帝が出現しても、君主独裁制によって士大夫官僚が政治を主導すれば、政治に大きな動揺は起こらないのであり、それによってもたらされる政治の安定性にこそ、「君主独裁制」の意義があるからである。

このように、宋という時代の特色は、儒教的知識人たる士大夫階級が政治世界で活躍したことにあり、君主もその力を頼る形で、君主権力を強化したのである。もっとも宋王朝も時代が下ると士大夫政治の弊害が出てくることとなる。それが「党争」という現象である。

## 二　士大夫政治と「党争」

先述のように宋の太宗の科挙官僚優遇政策によって、節度使の跋扈という唐末・五代の積弊を解決した宋王朝であったが、第五代皇帝の英宗（在位、一〇六三～一〇六七）の時代になると次なる課題が出現した。それは士大夫官僚が政治の主導権をめぐって、朝廷内で複数の「朋党」と呼ばれる私的な党派を形成して対立する「党争」という現象である。党争自体は、宋代に限らず中国史に普遍的な現象で、宋以前にも後漢の「黨錮の禁」や、唐代の「牛李の争」といった事件があるが、宋代の党争はそれ以前の時代の党争とは大きく異なる点があった。内藤湖南は、先述の唐宋変革を説明する文脈で「朋党」について以下のように説明する。

政治の実際の状態に於ても変化を来して、殊に党派の如きはその性質を一変した。唐の時にも朋党が喧しかったが、唐の朋党は単に権力の争いを専らとする貴族中心のものであったが、宋代になっては、政治上の主義又は学問上の出身関係から朋党が結ばれるようになった。これは政権が貴族の手を離れてから、婚姻や親戚関係から来る党派が漸次衰えて、政治上の意見もしくは利害の合致から党派が作られるようになったのである。つまり庶民を含んだ政治階級の意志の現れて来た一現象であろう。（内藤湖南『中国近世史』第一章「近世史の意義　朋党の性質の変化」、弘文堂、一九四七年）

このように、宋代の党争は「政治上の主義」、「学問上の出身」といったことをめぐって行われた、と指摘している。近年の研究では、唐代の牛李の争においても、政策上の主義・主張の違いを含んでいること、宋代の党争においても、婚姻・親戚関係や地縁は無視できないことが指摘されている。[14] しかし、大筋として宋代の党争が政治上の主義や学問・思想をめぐって交わされたものであり、そうした様相が唐代より顕著であることは否定できないであろう。政策論を主たる争点とする宋代の党争には、議論が活発化することで、政策が磨き上げられる側面もあったが、政務が停滞することによる負の側面の方が圧倒的に大きかった。英宗の頃には「濮議」と呼ばれる党争があり、英宗の四年の治世はほぼすべてこの党争に費やされることとなった。更に党争が本格的となるのは、次の神宗（在位、一〇六七～一〇八五）の時代であった。それは新法党と旧法党との対立である。

神宗の時代には様々な国政の問題点が表面化していた。そうした時代にあって王安石（字は介甫。一〇二一～一〇八六）は、国初以来の様々な制度を大幅に変更し、新たに「新法」と呼ばれる一連の新制度を立てることで改革を推し進めようとしたのである。王安石の政策は青年皇帝神宗やその息子の哲宗を始め、熱烈な賛同者を生んで「新法党」を形成した。一方で、過激な改革は多くの反対者も生んだ。その反対派は司馬光（字は君實。一〇一九～一〇八六）を領袖とし、「祖宗の法は変えるべきではない」と主張し「旧法党」を形成することとなった。

熙寧元年、即位したばかりの神宗は王安石を皇帝の秘書官たる翰林学士に任命した。その際、神宗は王安石に拝謁を仰せつけて以下のようなやりとりをしたと伝えられる。

神宗が仰せになった。「目下の統治は、何を優先すべきだろうか。」王安石は言った。「政策を選択することが先決です。」神宗は仰せになった。「唐の太宗を参考にするのはどうだろうか。」安石は言った。「陛下はまさに堯舜をこそ模範となさるべきです。太宗は見知したことが高遠でなく、行ったことは尽くは古の先王に合致しません。ただ隋の混乱に乗じ、太宗の子孫もみな凡庸だったために、一人だけ賞賛されているというだけです。堯舜の行いは極めて簡単で煩瑣ではなく、極めて肝要で迂遠ではなく、極めて容易で困難ではないのです。ただ末世の学者がそれに通達することができず、常に堯舜は高遠で及ぶことができないとし、聖人が世を統べ法律を立てる際に、中くらいの素質を持った人間（＝「中人」）を基準とした、ということがわかっていないのです。」神宗は仰せになった。「そなたは「君を責難する者」（『孟子』「離婁」上）と言えよう。しかし、朕は、非才の身、そなたの意の通りにできるか心配だ。そなたは思うことをすべて話して朕を輔け、ともにこの道を行き渡らせるのがよかろう。」(15)

宋代にあって、王安石の賛成者も反対者もともに羨望するところの、王安石と神宗との君臣関係はこのやりとりによく表れているといえる。当初神宗は、唐の太宗という、宋から見て比較的時代が近い「名君」を政治の模範とすることを希望した。しかし、王安石は唐の太宗ではなく、聖王「堯舜」こそを模範とすべしと応ずるのである。

第二節の終わりでは、宋代にあって「聖人可学」を説くことは単に自らが聖人に至ることをいうのではなく、他者を教え導こうとする意味があることに触れた。そのことを踏まえてこのやりとりを注意深く見てみよう。

王安石は神宗に対して、唐の太宗ではなく「堯舜」を模範とすべしと説くが、「堯舜」を模範とすることとは結局どういうことなのか。王安石はこのやりとりのなかで、末学の者は堯舜を正しく理解していないといっており、要するに王安石が神宗に模範とすることを求めるのは、一般的な意味での堯舜像ではなく、王安石の理想とする堯舜像なのである。実際に、これに続く神宗の返答は、王安石に低姿勢で教えを請うものであり、更にこの後神宗は日夜王安石と政策を協議し、その翌年には神宗の強力な意志のもと、王安石の新法が実施されることとなるのである。このように、王安石は、堯舜を模範とせよ、と神宗に迫ることで、その「真の」堯舜像を知ると自負する自分が神宗に対して指導的な立場で接することに成功したのである。

「道学」の提唱者であり、「二程」と呼ばれる程顥・程頤の兄弟は王安石ら新法党と対立する旧法党の人員であった。二程は王安石の反対者の立場にあったわけであるが、二程の思想は王安石の思想と単純な対立関係にあったわけではない。というのは、二程の兄の程顥はもともと新法政治の一員だったからであり[16]、程顥の思想は王安石から影響を受けているからである。

その二程の学脈を受け継ぐ朱熹も、皇帝に対してしばしば上奏文を提出して「堯舜傳授の心法」によって自らを修養することを求めている。第六章で論ずるように、朱熹のこの主張には単に皇帝に一心上の修養を求めるだけでなく、自分たち閩学（＝朱熹にとっての真の「道学」）の学徒を登用して、閩学に基づく政治を行うことを求める意図があったのである。

以上のように、宋代にあって「聖人可学」を説くこととは、単に自己を修養・鍛錬することを説くことを意味するだけでなく、他者に対して理想を提示して自分が望む方向へと他者を誘導するという政治的な意味があったのである。

先述のように、道学における聖人可学論の典拠は『孟子』である。本書でも論ずるように、王安石は孟子を尊崇する尊孟論の宋代における先駆者である。王安石の影響下で、従来諸子百家の一人でしかなかった孟子が孔子廟に祀られることになり、また『孟子』は経書の一つに数えられるに至ったのである[17]。また、王安石の批判者である二程も孟子を尊崇する点では王安石と一致している。その『孟子』には以下のような一節がある。

だから大きな功績を挙げようとする君主には、必ず呼びつけにせずに自分から赴くほど礼遇する臣下がいるのです。何かを行おうとすれば、この臣下の意見を求めます。徳を尊び、道を楽しむことがこのようでなくては、一緒に功績を挙げることなどできないからです。だから、殷の湯王は伊尹に対し、湯王はこれに学んでから臣下としたのです。そのため、湯王は容易に王者になることができました。斉の桓公は管仲に対して、管仲に学んでからこれを臣下としました。そのため、桓公は容易に覇者となりました。故將大有爲之君、必有所不召之臣。欲有謀焉、則就之。其尊德樂道、不如是不足與有爲也。故湯之於伊尹、學焉而後臣之。故不勞而王。桓公之於管仲、學焉而後臣之。故不勞而霸。（『孟子』「公孫丑」下）

王安石や朱熹はしばしば皇帝に「大いに為すこと有るの君主」となることを求めているが、その「大いに為すこと有るの君主」とは『孟子』「公孫丑」下のこの記述に基づく。『孟子』の原文では、「大いに為すこと有るの君主」には「召さざる所の臣有り」と続く。この文脈に即する限り、君主に対して「大いに為すこと有るの君主」を求めることとは、君主自身の考えに基づく政治的主体性を奨励したものではない。『孟子』の文脈を踏まえれば、君主に対して臣下の考えを大事にすべきことを説いた言葉なのである。

先述のように、宋代では、「君主独裁制」と呼ばれる、臣下が政治を主導する仕組みが定着したと考えられている。宋代にあって、最も皇帝から多くの信認を得て、辣腕を振るった王安石が『孟子』を尊崇し、また皇帝に「大いに為すこと有るの君主」となることを求め、自身の主張に耳を傾けることを強く求め、そうした姿勢は南宋の朱熹にも見られた。そのことは宋代にあっては『孟子』という古典が、臣下が政治を主導する時代を支える新たな規範として機能していたことを示しているといえよう。王安石によって推進された尊孟の流れは、王安石の批判者である二程にも引き継がれることで、宋代の学問の全体の方向性を決定付けていったと言える。

話を党争に戻そう。実に宋の政治史は党争の歴史であった。旧法党が実権を握っていた元祐年間（一〇八六—一〇九四）には、程頤やその学徒（＝洛党）と蘇軾・蘇轍兄弟やその学徒（＝蜀学）の党争（＝洛蜀の争）があった。そうした事情は南宋もまったく同じだった。南宋初には、対金和平派の秦檜（字は會之。一〇九一～一一五五）と、抗戦派の張浚（字は徳遠。一〇九七～一一六四）の対立があった。そして、本書が論ずる朱熹たちの時代にも、朱熹ら道学派と宰相の王淮（字は季海。一一二六～一一八九）ら反道学派との対立があったのである。反道学派の流れは最終的に韓侂冑（字は節夫。一一五二～一二〇七）へと受け継がれ、韓侂冑は寧宗（在位は一一九四～一二二四）の頃に「慶元の黨禁」によって朱熹たち道学を禁止し、その学問を奉ずるものの仕官や著書の出版を禁止し、朱熹は失意のうちにその生涯を終えることとなる。このように、朱熹たち道学者の学問は、党争と直面するなかで培われているのであった。

近年では道学者の「政治主体」意識に関する研究が増えている。[18] 本書もそうした研究の刺激を受けつつ、道学者は彼らが直面するこうした党争という状況に対していかに対処したのか、という点に特に注意して、彼らの思想を考察したいと考える。それは、単にこれまで注目されなかった点を考察するということではない。

先述のように、道学者は「聖人可学」ということを主張しており、また著者はそのことは単なる修養論ではなく、彼らの政治的活躍と関係していると言った。本書の各章で論ずるように、道学者は皇帝や説得対象の士大夫に「聖人可学」を主張し、ともに目指すべき理想的人格を提示することで他者を導き輿論を形成するかたちで、党争に対抗したのである。道学者は党争に対して多くの思想的労力を傾けており、そこには道学諸派の思想的個性がよく表れているのである。

## 第四節　本書の課題と構成

### 本書の課題

南宋道学は以上述べきたような思想的・政治的文脈の中に存在していた。すなわち、思想的には、「聖人学んで至るべし」という、孟子以降断絶していた古典文化の復興者を自任した。また政治的には、民衆を教化し、士大夫の輿論を主導し、皇帝を教え導く政治主体として存在した。そして、この思想的・政治的意識の接点となっているのが、宋代に経書へと格上げされた『孟子』という古典だったのである。それでは、これらを踏まえた上で、本書の課題をまとめよう。

本書の目下の目的は、これまで朱熹を中心に考察されてきた「道学」について、彼と同時代に活躍した「道学諸派」の思想家たちと比較することで、各々の思想的性格を明確にすることである。その上で、道学諸派の個別の対立を超えて、「道学」とは全体として何を目指す学問であり、その全体の志向性のなかでは、彼ら道学諸派の論争はいかなる意味を持つのか、ということに考えを巡らしてみたいと考える。その際に、本書では以下の点に留意しながら、考察を進める。

まず、「聖人学んで至るべし」と主張する道学の聖人可学論を、これまでのような単なる修養論としてではなく、他者をどのようにして説得するかという説得術として捉えるということである。道学諸派の思想家たちは、「聖人可学」を提唱することで、他者をいかなる方向へと導こうとしたのか。本書では、この点に注意して考察を進める。また、聖人可学論は、「自分が」聖人に至ることを説くだけでなく、「他者を」聖人へと導くことを目指す理論である。その思想は必然的に政治的活動へと結びつく。

そこで著者が次に注意するのが、道学諸派の政治姿勢と彼らの修養論との関わりについてである。道学諸派はそれぞれ独自の修養論を唱え、「聖人に至る」ことを目指したが、その修養論は実は、いかにして他者と関わり、いかにして政治を主導するか、という政治姿勢にも関わっているのである。本書は道学者が直面していた政治情勢に注意しつつ、彼らが個別の政治事件に対していかに対処しようとしたのか、という点を考察して、その対処の方法と、彼らの修養論との関わりについて考察する。

そして第三に、本書では、道学諸派の経書解釈、特に『孟子』解釈に注目する。経書こそは道学諸派の共通の思想的地盤であり、特に『孟子』という古典は聖人可学論と、道学者の政治姿勢の両面に深く関わっているからである。その解釈に注目することで、道学諸派の共通性と相違とを、彼ら自身の問題意識に即したかたちで考察することが可能となるだろう。

## 本書の構成

本書は以上のような問題意識をもって論を進める。そのために、本書は以下のような構成をとる。

まず第一部「思想形成としての古典解釈」では、道学者が経書と向き合うなかで、いかに思想を発展させていっていたのか、という点について考察する。

第一章「孔孟一致論の展開と朱熹の位置——性論を中心として」では、孟子の思想を孔子と一致するものと見なす観点（＝「孔孟一致論」）の漢代から宋代に至る展開を考察する。孔孟一致論は宋代以降は当たり前のものとなったが、宋代以前は孟子は諸子百家の一人に過ぎず、必ずしも孔子の教えの正統な後継者とは見られていなかった。というのも、孔子と孟子の思想には大きな隔たりが存在したからである。『論語』は「性相近く、習相遠し」「上智と下愚とは移らず」のように聖凡の隔たりを強調する一方、『孟子』は「性は善なり、不善無きなり」「人皆な堯舜と為るべし」と言い、聖凡の共通性を強調する。このように、両書は聖人と衆人との違いをどのように捉えるか、という点で大きな隔たりがあったのである。本章は、漢代から宋代に至る各時代の孔孟一致論者が、こうした『論語』と『孟子』の内容的隔たりをいかに調停しているかという点を考察し、漢代より宋代に至る孔孟一致論の展開とその変化を論ずる。そして、朱熹に顕著に見られる『孟子』の思想を『論語』に見出すという「遡及的」な解釈方法がいかにして成立するに至るかを論じ、そうした解釈を可能にする装置としての「道統論」の意義を指摘する。

次の第二章「経書解釈から見た胡宏の位置――「未發・已發」をめぐって」では、朱熹が道学界に台頭する以前に南宋道学の中心的存在だった湖南学の胡宏の思想を扱う。胡宏がしばしば議論し、また後に朱熹によって重点的に批判を受けることになったのが、人間の意識の未発動(=「未發」)と、発動(=「已發」)に関する学説である。従来「未發・已發」については、修養論に関する議論として捉えられてきたが、本章では、二程に始まる、経書解釈に関する議論として捉え直した。本章では、当初二程の時点では、『禮記』「樂記」篇・「中庸」篇の記述に基づく議論であった「未發・已發」に関する思索が、二程子の門人たちに継承されるなかで、次第に『孟子』をめぐる議論となっていくことを論じ、そうした文脈での胡宏の学説や、朱熹の批判の意味を考察する。

以上の考察によって第一部では、道学を特色付ける「聖人学んで至るべし」という思想は、『孟子』の受容に大きく関わっていること、そして道学者は『孟子』の記述と向き合うなかで自己の修養論を形成していることを明らかにする。続く第二部「道学者の思想と政治姿勢」では、道学者の修養論と、彼らが自己の主張をいかに他者へ受け容れさせようとするか、という意味での彼らの政治姿勢との関わりについて論ずる。

第三章「陳亮の「事功思想」と孟子解釈」では、朱熹の代表的な論敵の一人である陳亮の思想について扱う。陳亮は朱熹と「義利・王覇の辨」という論争を行った人物として知られ、彼の学派は、しばしば「事功学派」と呼ばれる。「義利」や「王覇」という言葉は『孟子』を典拠とするが、義利・王覇の弁別を説くこと自体が既に示しているように、『孟子』は一般的に、結果や利益よりも動機や道徳性を重んずる思想家と見られている。一方、陳亮の思想は事功主義、功利主義と評されるように、動機の善悪よりも功利の大小を重んずる思想と見られてきた。そのことから、これまでの研究では陳亮思想を孟子に対立させて位置づけることもあった。しかし、実際には陳亮は若年から晩年に至るまで孟子を尊崇する文章を書いており、しばしば『孟子』を典拠として持論を展開している。本章では、彼の孟子理解を考察して、「事功思想」と称される彼の思想内容を、陳亮の立場に即して再検討する。また、陳亮晩年に状元及第を果たした際の科挙の答案の内容を考察して、そこに現れる陳亮の政治姿勢についても分析する。

第四章「淳熙の党争下での陸九淵の政治的立場――「荊國王文公祠堂記」をめぐって」と第五章「説得術としての陸九淵の「本心」論――仏教批判と朱陸論争をめぐって」では、朱熹の最大の論敵である陸九淵の思想について扱う。

まず第四章では、朱熹と陸九淵が直面した「道学」と「反道学」の党争状態に際して、陸九淵がいかなる態度を取っていたのかを論ずる。著者が注目したのは、党争時期のうち一時的に道学派が優勢だった時期に陸九淵が著した「荊國王文公祠堂記」という著述である。陸九淵はこの著作のなかで、北宋の新法党と旧法党の党争の元凶である王安石を批判するが、その末尾で陸九淵は北宋の党争状態と、当時の南宋朝廷の状況を重ね合わせているのである。陸九淵の目に映った南宋における王安石の再来とは誰であったのか。北宋・南宋を通じて、絶えることなく繰り返された「党争」という現象に対して、陸九淵はいかに対処すべきと考えていたのか。彼が記した書簡を分析するなかでそのことを明らかにする。

続く第五章では、第四章で論じた陸九淵の政治姿勢は陸九淵の心学思想といかに関係するのかを考察する。これまでの研究では陸九淵の心学思想は、その主観的側面、つまり内面をいかに修養するか、という点が考察されてきた。これに対して、本章では陸九淵はいかに他者を説得しているか、という点に着目する形で、「説得術」としての心学思想の一面を明らかにする。そして、朱陸の最後にして最大の論争である「無極・太極」論争を、「いかに他者を正しく説得するか」をめぐる論争として捉え直し、第四章で考察した陸九淵の政治姿勢との関わりについても明らかにする。

第六章「消えた「格物致知」の行方――朱熹「戊申封事」と「十六字心法」をめぐって」では、朱熹の古典解釈と政治姿勢の関係性について考察する。「十六字心法」とは『尚書』「大禹謨」篇で、舜が禹に説いたとされる帝王たるものの心がけを説く十六字の言葉である。朱熹は生涯で幾度も皇帝に上奏文を書いているが、しばしばこの「十六字心法」に言及し、皇帝に「十六字心法」の実践を求める形で、政治改革を求めている。朱熹の「十六字心法」に対する解釈には、時期によって内容上の変化がある。その大きな変化は、朱熹の初期の上奏文では「十六字心法」のなかに「格物致知」を読み込むのに対して、後期の上奏文では「格物致知」に言及せず、「誠意正心」を強調する形で解釈していることである。本章では、その解釈の転機となる朱熹と陳亮との論争と、各上奏文の内容を分析することで、「十六字心法」の解釈の変化には、朱熹の君主に対する要求の変化が影響していることを明らかにする。朱熹は皇帝にいったい何を求め、また何を求めなくなったのか。そしてそのことは、彼の修養論や道統論といかに関係するのか。第六章ではそのことを明らかにする。以上の第二部では、道学諸派の思想家たちの政治姿勢について、彼らが古典といかに向き合っていたのか、という点に注意しながら、考察する。

最後の第三部「政治から歴史世界へ」では、個別の政治現象を超えて、道学者がいかに歴史的世界と向き合ったのかについて論ずる。

第七章「『資治通鑑綱目』と朱熹の春秋学について——義例説と直書の筆法を中心として」では、朱熹が著した『資治通鑑綱目』という歴史書を扱う。『綱目』は、司馬光の『資治通鑑』の体例や筆法に不満を持った朱熹が、大義名分上の観点から『通鑑』を修正・改訂した編年体の歴史書である。朱熹は『春秋』に対して注釈を遺さなかったが、『綱目』の「綱」は『春秋』の筆法に基づいて記述しており、そのことから『綱目』は朱熹の春秋学の成果とみなされている。しかしながら、朱熹の春秋学と『綱目』の内容には大きな齟齬があると指摘されてきた。朱熹は『春秋』における義例説や孔子による一字褒貶を否定し、孔子は事実を直書したのみである、と考えていた。他方で、朱熹は『綱目』においては膨大で綿密な「凡例」に基づいて、多くの褒貶が現れる筆法で歴史を記述しており、『綱目』の内容と朱熹の春秋学には大きな隔たりがあるように思われるのである。本章は、朱熹の春秋学と、『綱目』の凡例や「褒貶」の記述の二方面に再検討を加え、両者には矛盾がなく、むしろ一貫した姿勢を見出せることを明らかにする。

**注**

(1) 鄭玄の『論語』注は早くに散逸しており、旧来、何晏の『論語集解』などの諸書に引用されている部分しか見ることができなかった。しかし、一九〇七年に甘粛省の敦煌で、ポール・ペリオら英仏の探検隊が大量の六朝・唐代の写本を発見し、一九一二年に狩野直喜がそのなかに『論語』の鄭玄注の唐抄本の残巻が含まれていることを発見した。そして、その翌年に羅振玉がペリオから提供された写真に基づいて『鳴沙石室佚書』を出版し、『論語』鄭玄注もそのなかに収められた。以上のような、『論語』鄭玄注にまつわる経緯は、吉川幸次郎『論語（上）』（朝日新聞社、一九六五年初版）一八六～一八七頁を参照。

(2) 例えば、井波律子『完訳論語』(岩波書店、二〇一六年)は『論語』「子罕」篇の当該の条の解説で「朱子の新注をもとに、これは川の流れのように人はたゆまず努力し無限に進歩、向上すべきだ、と説くものだとする読み方もある。しかしこの解釈はあまりに道学臭がつよく、この言葉のゆたかな詩的イメージにそぐわないものである」という。

(3) 『論語』「子罕」篇の川上の嘆に関する様々な解釈と時代背景については、吉川幸次郎『読書の学』(筑摩学芸文庫、二〇〇七年)を参照。

(4) この他に士大夫については、吉川幸次郎「士人の心理と生活」(『講座中国Ⅱ 旧体制の中国』所収、筑摩書房、一九六七年)、村上哲見「文人・士大夫・読書人」(『未明』七、一九八八年、後に『中国文人論』所収、汲古書院、一九九二年)、土田健次郎「中国近世儒学研究の方法的問題」(土田健次郎編『近世儒学研究の方法と課題』所収、汲古書院、二〇〇八年)を参照。士大夫階級は必ずしも世襲ではなく、農・工・商といった身分の者も、科挙を通じて士の位を得ることができたことについては『朱熹的歴史世界』(生活・讀書・新知三聯書店、二〇〇四年)や余英時『士与中国文化』(上海人民出版社、一九八七年)を参照。

(5) 土田健次郎『道学の形成』序章一三～一八頁参照。

(6) 『北溪大全集』「答西蜀史杜諸友序文」の訳は、土田健次郎『道学の形成』序章一七頁を参照し、一部表現を改めた。

(7) 『陳亮集』巻二八(中華書局、一九七四年)/下・三三八頁、致朱熹「又甲辰秋書」「當路之意、主於治道學耳。亮濫膺無鬚之禍。」「無鬚之禍」とは『三國志』袁紹傳で、袁紹が宦官を誅戮した際に、髭の無いものが巻き添えになった故事に基づく。

(8) 南宋における道学諸派の多様な展開について考察した近年の研究については以下を参照。中嶋諒『陸九淵と陳亮――朱熹論敵研究の思想研究』(早稲田大学出版会、二〇一二年)は、従来共通の論敵である朱熹を中心に対極的に位置づけられてきた陸九淵と陳亮の思想を再検討する。そして、陸九淵と陳亮とは「古の聖人と後世の人間との距離を狭めていく」(二一〇頁)発想を持っている点で共通していると指摘する。また、宮下和大『朱熹修養論の研究』(麗澤大学出版会、二〇一六年)は、直接には朱熹を主題として扱うが、湖南学の工夫論について、朱熹よりも二程の思想を正確に継承している面がある可能性を指摘している。いずれもこれまで朱熹の立場から論じられることが多かった道学諸派の思想家を、彼ら自身の立場に即して研究したものといえる。

(9) 玄学とは、六朝時代(二二二～五八九)に流行した『老子』『荘子』『周易』の三書を尊崇する学問である。吾妻重二氏は、道学の聖人可学論を魏晋玄学からの儒教の内在的発展として捉える。吾妻氏は先述の「道学の聖人概念――その歴史的位相」において、道学だけでなく魏晋玄学も聖人可学論を説いていたことを論じ、玄学と道学の聖人観の共通点と相違点を以下のように分析している。すなわち、共通点とは、①同じ善なる行動を行うにしても、聖人は無意識のうちにそれを行うのに対し、凡人は意識してそれを行うというように、「意識の「撥無」」に、聖・凡の違いを見出す点、②自ら「気」を変化させることで聖人に至ることができる、という気質変化論を説く点の二点である。そして、相違点とは、玄学ではごく一部の賢人が聖人に至ることができると考えるのに対し、道学は全ての人間が聖人に至れると考える「開かれた聖人可学論」であることに特徴があるとする。

(10) 宋明理学の聖人可学論に関する初期の研究で、仏教思想の影響を指摘したのは、荒木見悟『仏教と儒教』（平楽寺書店、一九七〇年）である。荒木氏は、華厳教から禅に至る仏教と、朱子学・陽明学とに通底する思想を指摘する。それはすなわち、人間存在を「現実性」と「本来性」の二側面から把握し、「本来性」の側面に人間の理想的な在り方を見出し、「現実性」の側面を理想的な「本来性」の隠蔽として捉える、という人間観である。

(11) 垣内景子氏は、「朱熹の心についての一考察」（『東洋の思想と宗教』一一号、一九九四年）、「朱熹の「敬」についての一考察」（『日本中国学会報』四七号、一九九五年）で、朱熹の工夫論はどこまでいっても「終わらない」構造になっていることを指摘する。更に「「聖人可学」をめぐる朱熹と王陽明――聖人にならなかった朱熹と聖人になった王陽明」（『日本中国学会創立五十年記念論文集』、汲古書院、一九九八年）では、朱熹から「朱子学」を経て王守仁（号は陽明）に到る思想史の流れを、聖人可学論との関係から考察する。つまり、朱熹の本来の思想では「到ることができる」と説かれていた聖人可学論が、朱熹後学の「朱子学」では「到らなくてはならない」と考えられるに至る転換があったとし、絶対に終わることのない構造を持つ工夫論と「聖人に至らなくてはならない」という要請との相反する要素と向き合う中で王守仁の思想が成立したと指摘する。

(12) 「君主独裁制」論に関する近年の研究としては、藤本猛『風流天子と「君主独裁制」――北宋徽宗朝政治史の研究』（京都大学学術出版会、二〇一四年）がある。本書の「君主独裁制」論に対する理解は、藤本書の三～一八頁を参照している。

(13) 例えば王瑞来氏は「君主独裁制」論を批判する文脈で、「皇帝は政治の舞台での主役ではなく、わき役となった……皇権は本格的に象徴化に向かい始めた。」（『宋代の皇帝権力士大夫政治』、汲古書院、二〇〇一年、七～一五頁）と指摘する。しかし、藤本猛氏が指摘するように（『風流天子と「君主独裁制」――北宋徽宗朝政治史の研究』九頁）、宮崎市定の「君主独裁制」論は、そもそも君主が政治的主体性を発揮する制度を意味せず、士大夫官僚が政策を立案して、皇帝が裁可するシステムを指すわけであるから、結局王氏は宮崎市定と同方向の議論をしていることになる。このような例は「君主独裁」の用語に対する理解の混乱を示していると思われる。

(14) 平田茂樹「宋代の朋党と詔獄」（『人文研究　大阪市立大学文学部紀要』第四七巻、一九九五年）五八～五九頁を参照。

(15) 王稱『東都事略』巻七九「王安石傳」、一葉裏～二葉表／『景印文淵閣四庫全書』「神宗曰。方今治當何先。安石曰。以擇術為先。神宗曰唐太宗何如。安石。曰陛下當以堯舜為法。太宗所知不遠、所為不盡合先王。但乗隋亂、子孫又皆昏愚、所以獨見稱述。堯舜所為、至簡而不煩、至要而不迂、至易而不難。但末世學者、不能通知、常以為高、不可及、不知聖人經世立法以中人為制也。神宗曰。卿所謂責難於君、朕自視眇然。恐無以副卿此意、可悉意輔朕、庶同濟此道。」

(16) 宮崎市定「宋代の士風」(『宮崎市定全集』一一巻所収)に以下の記述がある。「程明道は、熙寧から元祐にかけて、新舊両党の中に踊った重要な政治家である。……程明道は最初は熱心な王安石の支持者であって、三司条例司の属官となり、時相陳升之が新法に熱心でないので、流俗を畏れる者だと言って攻撃し、間もなく御史臺に移り、適々王安石が世の非難を厭って、位を辞そうとした時には、程明道は急奏ありと称し、参内して王安石の去るべからざるを論じた程である。後に明道の親分である呂公著が王安石と仲違いして来たので、明道は急に態度を翻して王安石の反対党に鞍替えした(『長編』四五三)」。

(17) 本書、第一章を参照。

(18) 近年の道学研究では、道学を、士大夫の「政治主体」意識を支える学問として捉え直そうとする立場の研究が増えている。アメリカのロバート・ハイムズは南宋士人の意識には、中央志向から地域志向へという変化があり、南宋道学には民間社会の自発性を促す理念があったことを指摘する(Robert Hymes, *Statesmen and Gentlemen: The Elite of Fu-Chou, Chiang-hsi in Northern and Southern Sung*, Cambridge University Press, 1986)。また、ピーター・K・ボルは婺州(金華)を対象として、地域的士人エリートの先賢祠建設などの地域活動と道学との関係を論じ、ハイムズの指摘を具体的に検証する(Peter K. Bol, *"This Culture of Ours": Intellectual Transitions in T'ang and Sung China*, Stanford University Press, 1992)。更に余英時『朱熹的歴史世界』は、朱熹や陸九淵たち道学者の中央政界での活躍を取り上げ、自らの心の修養としての「内聖」と、政治的実践としての「外王」の両側面から道学者の活動を考察している。本邦では、衣川強氏が『朱熹』(白帝社、一九九四年)で官僚としての朱子の活躍を詳細に記している他、木下鉄矢氏は『朱子――〈はたらき〉と〈つとめ〉の哲学』(岩波書店、二〇〇九年)で、地方政治にあって民生の安定向上のために中央権力との対立も辞さなかった「戦う民政官」としての朱熹像を生き生きと描き出している。更に、市來津由彦『朱熹門人集団形成の研究』(創文社、二〇〇二年)は、朱熹独尊になる以前の道学諸派の状況を地域性という点に着目して考察する。市來氏は浙学の中心人物であった呂祖謙の死去を契機として、道学諸派の中心人物が、他の思想家との差異を鮮明化していく過程を考察する。その上で、南宋の「程学」は、中央政府官僚レベルに留まらない広汎な、あるいは地域に埋もれる層までを含む「士」の心を鍛える自己修養の学として発展したと指摘する。道学の哲学・思想と政治上の活動との関係性を分析した研究としては、田中秀樹『朱子学の時代――治者の主体形成の哲学』が挙げられる。田中氏は、南宋の孝宗朝の個別の歴史背景を踏まえつつ、朱熹の封事の内容を、朱熹の修養論との関係に着目して分析する。以上の近年の道学の政治方面の研究の概括は、田中書の二五~二六頁を参照した。

# 第一部　思想形成としての古典解釈

# 第一章　孔孟一致論の展開と朱熹の位置

## ――性論を中心として

# はじめに

「孔孟の教え」と言うと、儒教の同義語となっているほど、今日では孔子と孟子の思想を一貫したものと考える立場は当たり前となっていると言える。むろん、『孟子』の中には孔子を尊崇する言葉がたくさん収められており、孟子が儒家の一人であることは間違いではない。しかし、宋代以前では孟子は荀子と同じく「諸子百家」の一人に数えられるに過ぎず、必ずしも孔子以降の第一人として特別な扱いを受けていたわけではなかったのである。

民国成立以前の伝統的な中国の書物の分類法は「四部分類」と呼ばれる。(1) 四部分類では、すべての書籍を、経（儒家経典やその注釈・解説）・史（歴史書）・子（諸子百家や漢代以降の思想書）・集（文集や文学作品）の四つに分類する。この四分類の中では経部の書物が最も権威があるとされる。現存する中国最古の書目である『漢書』「藝文志」は、『孟子』を経部に相当する「六藝略」ではなく、子部に相当する「諸子略」に分類しており、この分類はその後も踏襲される。南宋の陳振孫（一一八三頃～一二六二頃）の手になる私撰の書目解題である『直齋書録解題』に至って初めて『孟子』を子部ではなく、経部に分類するようになった。

『孟子』の分類が子部から経部に移ったことは、書物としての「格上げ」を意味する。同じ「四書」（『大學』・『中庸』・『論語』・『孟子』）の中でも、『大學』・『中庸』はそもそも経書である『禮記』の一篇で、『論語』は『漢書』「藝文志」の段階で「六藝略」の末に附載されるなど、経書に準ずる扱いを受けていた。儒家経典の中で、子部から経部へと押し上げられた書物は歴史上『孟子』だけであり、そのことからも儒家経典中の『孟子』の特殊な地位がわかると言える。このように、孟子は次第に重要視され、最終的に宋代には経部への昇格を果たすわけであるが、その過程は孟子こそが孔子の正統な後継者だという考え方が浸透していくことを示している。

さて、「序章」でも触れたように、『論語』に描かれる孔子の為人《ひととなり》や言葉と孟子のそれらとの間には、小さくない相違が存在した。孟子を尊崇し、孟子と孔子の思想は一致していると考える立場が出てくると、必然的にこうした孔子と孟子の相違をいかに調停するか、という問題が表に出てくることとなった。本章ではこうした孔子と孟子の思想的一致を主張し、相違を調停しようと試みる議論を「孔孟一致論」と呼ぶこととしたい。

孔孟一致論は漢代から宋代にかけて徐々に形成されるが、その「一致」における内容の変化については、これまで研究されてこなかった。それは孟子を顕彰する立場が宋代に顕著なため、宋代以前の孟子尊崇はその先駆的現象としてしか評価されてこなかったためと思われる。

孔子と孟子の相違の中でも儒家思想の根幹に関わって重要な問題だったのが、性論の違いである。性論とは、人間の生まれながらの本性をいかなるものとして捉えるかということに関する議論である。この点に関して『論語』と『孟子』の間には明らかな距離が存在した。

『論語』は「性相近く、習相遠し」「上智と下愚とは移らず」（ともに、『論語』「陽貨」篇）「中人以上は以て上を語るべし。中人以下は以て上を語るべからず」（同、「雍也」篇）のように、人間の性質を階級的に説明し、上位の性質を持つ者と下位の性質を持つ者の間には隔絶した距離があるように説明する。

一方、孟子は性善説を説いて、「性は善なり、不善無きなり」（「告子」下）と言い、更には「堯舜は人と同じ」（「離婁」下）、「聖人は吾と類を同じくする者」（「告子」上）、「人皆な堯舜と為るべし」（「告子」下）と言い、聖人と衆人との共通性を強調するのである。このように、『論語』と『孟子』の性論には大きな隔たりがあったのである。

本章は、性論や孟子顕彰に関わる先行研究の成果を踏まえつつ、各時代の孔孟一致論者が、右のような『論語』と『孟子』の内容的隔たりをいかに調停したかという点に注目する。そして、漢代(2)より宋代(3)に至る孔孟一致論の展開とその変化について論じ、その上で孔孟一致論における一つの到達点としての、朱熹の『論語』と『孟子』の解釈の特徴を明らかにしたい。

## 第一節　宋代以前の孔孟一致論

孟子を孔子の正統な後継者と見なす評価は単に後世の顕彰ばかりによるのではない。孟子自身がすでにそうした自負心を持っていた。そのことは、例えば『孟子』(4)「盡心」下、『孟子』全篇の最後の部分の以下の記述によって知ることができる。

堯・舜から湯王に至るまでの間は、五百余年であった。禹や皐陶のごときは、堯・舜の事跡を見て知っていた。殷の湯王は、堯・舜の事跡を聞いて知った。湯王から文王に至るまでの間は、五百余年であった。伊尹や萊朱のごときは、湯王の事跡を見て知っていた。周の文王は、湯王の事跡を聞いて知った。文王から孔子に至るまでの間は、五百余年であった。太公望呂尚や散宜生のごときは、文王の事跡を見て知っていた。孔子は、文王の事跡を聞いて知った。孔子から今に至るまで、百数十年、聖人の時代から、このようにそれほど離れていない。孔子の出身地の魯国も私の故国である鄒国に近いこと、このように甚だしい。しかし、孔子の教えを伝える者がいなければ、孔子の教えは絶えてしまうだろう。(5)

殷の湯王は堯舜の政治を知っており、周の文王は湯王の政治を知っていた。このように聖王の政治は後世へと受け継がれていき、最終的に孔子に至ったとする。そして、孟子は孔子の道の未だ得るに難くなく、しかしそれを継承しなければ孔子の道が絶えてしまうことを深く憂慮するのである。このことは孟子が孔子の後継者を自負していたことを示している。ただ、こうした孟子の自負心をよそに、孟子を孔子の後継者とみなす考え方は、必ずしも定着しなかった。『荀子』は「非十二子」篇で孟子を痛烈に批判している。[6] また、前漢の司馬遷の『史記』には「孟子荀卿列傳」があり、孟子を批判した荀子を孟子と同列に扱っている。このように、前漢では、孟子はあくまで荀子と並ぶ諸子百家の中の有力な儒者という程度の扱いだった。

管見の及ぶ限り、孟子を他の諸子と区別した上で、特に高く評価した最も早い例は、前漢末の揚雄（字は子雲。前五三～後一八）である。

## 一　揚雄

揚雄は前漢から王莽（前四五～後二三）の新の時代にかけて活躍した儒者で、名文家として名高い人物である。道学が隆盛する以前は、宋代でも司馬光（字は君實。一〇一九～一〇八六）のような揚雄の崇拝者がおり、[7] 漢代を代表する儒者として扱われることも多かった。しかし漢の爵位を得ながら、後に漢を簒奪して新を建国した王莽に仕えて「劇秦美新」などの文章でその政治を賞賛したことから、出処進退に問題のある人物として、節義に厳格な道学の隆盛とともに批判的に扱われることが多くなった人物である。

揚雄には『法言』という著作があり、この著作は『論語』の文体を模して、自らが孔子のような口ぶりで道を説くことで知られている。その「君子」篇に以下のように言う。

ある者が言った。「先生は諸子を軽視します。孟子は諸子ではないのでしょうか。」答え。「諸子というのは、その智恵が孔子と異なるから諸子なのだ。孟子は異なるだろうか。異ならない。」

或曰、子小諸子、孟子非諸子乎。曰、諸子者、以其知異于孔子也。孟子異乎。不異。（『法言義疏』八、「君子篇」、中華書局、一九八七年初版、下冊、四九八頁）

このように、揚雄は、孟子をその他の諸子と区別した上で、「孔子と異ならない」とまで賞賛しているのである。(8) 揚雄はこのように孟子を賞賛した初期の人物であるが、この後の孔孟一致論者に比べると『論語』や『孟子』の思想内容を総合しようとする意識は強くなく、孟子への言及は多くない。しかし揚雄は『法言』「修身」篇において、人間の性を論じて以下のように言う。

人の性は善悪が混ざったものだ。その善の部分を修養すれば、善人となり、その悪の部分を修養すれば悪人となる。

人之性、善悪混。修其善則為善人、修其悪則為悪人。（『法言義疏』五、「修身」篇、上冊、八五頁）

揚雄は人の性には、善と悪の部分のどちらもが備わっており、善の部分を修養すれば善人となり、悪の部分を修養すれば悪人となる、と説く。揚雄が説く、人の性の善悪とは、いわゆる『孟子』の性善説と『荀子』の性悪説を踏まえている。揚雄のこの性論は、孟子の性善説と荀子の性悪説をどのように理解したものなのか。

ここで『孟子』と『荀子』の性論について見てみよう。孟子は、人は誰でも「他人の痛みを見過ごせない思いやりの心」（「人に忍びざるの心」、『孟子』「公孫丑」上）を持っていることを根拠に、人間の性は善であると主張する。それでは孟子は人間が悪事を犯すことをいかに説明するのか。『孟子』「告子」上に言う。

孟子は言った。「牛山は、嘗ては木々が茂り美しかった。大国の郊外にあったために斧で切り出され、すでに美しいとは言えなくなった。更には、日夜絶え間なく養ったり、雨露が潤したことで、草木が芽生えることが無かったわけではないが、そこに牛や羊を放牧してこれを害してしまった。そのため今ではすっかり禿げ山となってしまい、人々はその姿をみて「最初から材木など無かった」という。これが果たして山の本性といえるであろうか。これは人においても同様で、どうして人に仁義の心が無いといえようか。人においてその良心を放逸する所以は、この切り出される木々の如きものである。絶え間なくこれを伐採しては、どうして美しくできるだろうか。(9)

『孟子』は人の本性を善であると考えるが、無条件に人間の心が善であると考えているわけではない。外的に環境に接する中で正しく対処しないと心は悪に染まっていくと考えるのである。そのことを孟子は、草木が生い茂る山も、人が伐採や放牧を繰り返すことで禿げ山になってしまう、という比喩で示しているのである。このような人間観を「性善説」と呼ぶ。この性善説を批判し、性悪説を説いたのが孟子より半世紀ほど後の荀子である。それでは次に、『荀子』の性悪説を見てみよう。『荀子』「性悪」篇に以下のように言う。

人の性は悪であり、その善は人為によるものだ。さて人の性は、生まれながらにして利益を好む。このことに従うことで、争奪が生じて、譲る心がなくなる。……だから、必ず先生の規範による教化や礼儀の導きがあって、その後に人に譲る心が表れ、礼儀にかない、治まるのである。以上の点から考えると、人の性が悪であることは明白である。その善は、人為によるものだ。

人之性惡、其善者偽也。今人之性、生而有好利焉。順是、故爭奪生而辭讓亡焉。……故必將有師法之化、禮義之道、然後出於辭讓、合於文理、而歸於治。用此觀之、然則人之性惡明矣、其善者偽也。（『荀子集解』巻一七、中華書局、一九八八年初版、四三四～四三五頁）

人には生まれながらに利欲があり、その利欲を原因として、様々な他者との争いが生ずる。荀子はそのことを根拠に人間の性を悪と規定し、外的な規範による矯正を経て初めて善に至ることができると考えるのである。

以上のような孟子と荀子の性論には、「性善」・「性悪」という言葉の表面的な相違はさておき、同方向の人間観を確認することができる。それはつまり、人間の性質は放置すれば容易に悪となるのであり、善なる状態にするためには修養が欠かせないということである。修養しないと悪となる点を本性と考えれば、荀子の性悪説となるのであり、正しく修養すれば善となる可能性があることを本性と見れば孟子の性善説となるのである。両者に違いがあるとすれば、その修養の中身ということになる。孟子は善性の内在を説くことで、心の修養を尊んだのに対して、荀子は善の外来性を説くことで、外的規範としての礼による矯正を尊んだ。両者の性論の違いは、人間観としての違いより、このように修養法としての違いの面が大きいのである。

さて、以上のように『孟子』の性善説と『荀子』の性悪説を確認した上で、揚雄の性論に戻ろう。揚雄は『法言』で、人間の性には善と悪の両面が備わっており、善の部分を修養すれば善人となり、悪の部分を修養すれば悪人となる、と説いていた。

そもそも孟子の性善説と荀子の性悪説は、人間の本性を「善」もしくは「悪」として、一元的に説明していた。だからこそ、孟子においては悪に染まりやすい局面として、荀子においては礼儀によって矯正すべき局面として、いずれも外的環境と接触する上での修養の必要性が説かれる文脈となっていたのである。揚雄のように、善も悪もどちらも内在し、その内在する善悪に対する対処次第で善人にも悪人にもなると説明することは、かえって孟子も荀子もどちらも説くところの、外的環境に接する中で正しく対処するという意味は失われ、著しく内面的な思想となるのである。この点で揚雄の性説は、孟子と荀子の性説を言葉の上では折衷しているものの、結果としての思想は両者と異質なものとなっていると言える。揚雄の聖人観が著しく内面的なのは、以下の点からもうかがえる。『法言』の「問神」篇に言う。

人の心はなんと神明なことだ。つかめばそこにあり、放逸すればなくなってしまう。（「操れば則ち存し、舍つれば則ち亡ぶ。」）常につかんでいることができる者は、聖人であろうか。

人心其神乎。操則存、舍則亡。能常操而存者、其聖人乎。（『法言義疏』八、「問神」篇、下冊、四九八頁）

この言葉は、『孟子』「告子」上の「孔子曰く、操れば則ち存し、舍つれば則ち亡ぶ。出入時無く、其の鄕を知る莫し、惟れ心の謂なるか、と。」に基づくものである。もっとも、この孟子の言葉は、先述の『孟子』の「牛山之木章」の末尾に続く言葉であり、外的な環境の影響で心の善性を曇らさない方法として、孟子は孔子のこの言葉を引用している。しかし、『法言』では牛山章の一節の、心を悪化させる外的環境に接する中で、心をしっかり把持させるという文脈が削られて、単に心を「操存」することを説いているのである。この点も揚雄が修養というものを、外的環境との関わりの中ではなく、あくまで内面的に捉えていることを示している。

また、揚雄は『法言』のこの部分で、『孟子』に現れる「心」の修養の語に基づいて、その修養を完全に行える者は聖人だ、と説くが、凡人が聖人に至れると説いているわけではない。揚雄の聖人観が、孟子のように万人に開かれたものでないことは、以下の記述からわかる。「學行」篇に言う。

学問というものは、それによって君子となることを求める方法である。求めても君子となれないものもいるだろうが、求めもしないで君子となれるものはいない。

學者、所以求為君子也。求而不得者有矣夫、未有不求而得之者也。（『法言義疏』二、「學行」篇、上冊、二七頁）

揚雄は学問による向上を説きつつも、「求むれども得ざる者」のように、学んでも効果がないものの存在を認めているのである。この点で揚雄の性説は諸家の説を折衷しつつも、努力によって変えることができない階層性の存在を容認していると言える。揚雄の性論は以上のような善悪混有説であったが、この性論は揚雄の後の有力な孔孟一致論者王充の性論にも取り込まれている。

## 二　王充

王充（字は仲任。後二七年～一〇〇年頃）は後漢の儒者で、『論衡』の著者として知られる。王充は『論衡』「命祿」篇で「孔子は聖人なり、孟子は賢者なり」と孔孟を併称し、揚雄と同様に孟子を高く評価している。また「知實」篇では以下のように言う。

> 夫聖猶賢也。人之殊者謂之聖、則聖賢差小大之稱、非絶殊之名也。（『論衡校釋』巻二六、「知實」篇、中華書局、一九九〇年初版、第四冊、一〇九六頁）

「聖」とはちょうど「賢」のようである。人の他人と異なって優れた者を聖というのであるから、聖と賢との差は大小の違いであって、全く異なるという意味ではない。

王充は「聖」と「賢」の間には、程度の差があるのみで、絶対的な相違はないとしている。このように、王充は、聖人孔子と賢人孟子の間には絶対的な懸絶はないと考えているものと思われる。一方荀子に対しては「別通」篇で、鄒衍と併称して「通覧之人」[10]という評価を下すのみである。

先述のように揚雄は善悪混有の性論を説いたが、王充も独特の性論を説いた。『論衡』「本性」篇で以下のように言う。

だから私は思うに、孟子が「人の性は善」と言うのは、「中人以上」の者のことであり、荀子が「人の性は悪」と言うのは、「中人以下」の者である。揚雄が「性は善悪混ず」と言うのは、「中人」のことだ。

余固以孟軻言人性善者、中人以上者也、孫卿言人性悪者、中人以下者也。揚雄言人性善悪混者、中人也。(『論衡校釋』巻三、「本性」篇、一四二～一四三頁)

「中人以上」は性が善で、「中人以下」は性が悪で、「中人」は性が善悪混ざり合っていると説明する。王充のこの性論は性三品説と呼ばれる。この解釈は、全体として『論語』「雍也」篇「中人以上は以て上を語るべし。中人以下は以て上を語るべからず」に基づきつつ、「中人以上」・「中人」・「中人以下」にそれぞれ孟子の性善説、揚雄の善悪混有説、荀子の性悪説を当てはめて理解しているのである。主要な性論のすべてを論理の上で包摂して整合的に説明しようとしていると言える。王充は聖凡の懸絶を強調する『論語』の説を根底に据えて自身の性論を説いていることを確認し、次の韓愈を見ていきたい。

## 三　韓愈

韓愈(字は退之。七六八～八二四)は「唐宋八大家」の最初に挙げられる中唐の文人士大夫である。六朝時代以来流行していた騈儷体と呼ばれる文体が技巧に陥っていることを批判し、漢代以前の朴実な文体(古文)を復興させることを主導した人物である。

その韓愈が特に尊崇した古典の一つが『孟子』であった。韓愈は『孟子』を古文の手本としたのみならず、孟子が孔子を継承しようとしたのと同様に、自身も孟子の後継者たらんことを抱負としたのである。韓愈は「原道」で以下のように言う。

その道とは何であろうか。私が言うところの「道」とは、老子・仏陀の道ではない。堯はこれを舜に伝え、舜はこれを禹に伝え、禹はこれを湯王に伝え、湯王はこれを文王・武王・周公に伝え、文王・武王・周公はこれを孔子に伝え、孔子はこれを孟軻に伝えた。しかし孟軻が亡くなった後、それは誰にも伝えられなかった。荀子と揚雄とは道を選び取っても精密でなく道を論じても正確でなかった。(11)

「原道」のこの一節は後世、南宋の朱熹の「孟子序説」にも採用され、道学の道統論の先駆けとも目される重要な一節である。堯・舜・禹の「道」が殷の湯王や周の文王・武王・周公へと継承され、更に孔子に伝わり、最終的に孟子に伝わったが、孟子の後には継承者がいなかったと説く。「原道」のこの言葉は、本章冒頭で取り上げた『孟子』の最後の言葉である、孟子が孔子の「道」を伝えなくては「道」が途絶えると危惧した条を踏まえている。韓愈はその『孟子』の一節を踏まえつつ、孔子の道を復興しようとした孟子の姿に自らを重ね合わせて、孟子の道を自らが継承しようとしているのである。また、韓愈は自らが言う「道」とは老子・仏陀の「道」ではない、と説くが、これは孟子が楊朱・墨翟の異端を弁正して正道の復興を志したように、自らも当時隆盛していた新たな「異端」である道教・仏教を弁正することを宣言しているのである。

このように、韓愈は当代の孟子をもって自ら任ずる人物であった。韓愈は孟子と他の諸子を比較して「讀荀」で以下のように言う。

　孟子は全く純粋である。荀子と揚雄とは大いに純粋だが、わずかに欠点もある。
　孟氏醇乎醇者也。荀與揚、大醇而小疵。(『韓昌黎文集校注』巻一、「讀荀」、上海古籍出版社、一九八六年初版、三七頁)

韓愈は、荀子や揚雄と区別した上で、孟子のみを高く評価する。また同じく「讀荀」で以下のように言う。

私は『孟子』を読んで、初めて孔子の道が尊く、聖人の道が行いやすいことを知った。

始吾讀孟軻書、然後知孔子之道尊、聖人之道易行。（同前、三七頁）

この言葉からは韓愈が『孟子』を手がかりとして、孔子の思想を理解しようとしたことがうかがえると言える。

さて、揚雄と王充とはどちらも尊孟論者で独特の性論を持っていたが、韓愈はどのような性論を持っていたのか。「原性」に以下のように言う。

思うに、性の等級には、上・中・下の三つがある。上の者は善だ。中の者は指導次第で上下する。下の者は悪だ。

曰、性之品有上中下三。上焉者、善焉而已矣。中焉者、可導而上下也。下焉者、惡焉而已矣。（同前、巻一、「原性」、二一頁）

韓愈の性論では王充と同じく、『孟子』の「性善」とは『論語』における「中人以上」の者を語ったものと解釈されている。先述のように、「中人以上」「中人以下」というのは、『論語』「雍也」篇の、「子曰く、中人以上は以て上を語るべし。中人以下は以て上を語るべからず。」に基づく。このように、『論語』は人の素質の高低の違いを強調して説こうとし、「下愚」や「中人以下」の人物を、向上不可能なものと説いた。

彼の性三品説は、『孟子』の性善説を性説の一部に取り入れながらも、大きな枠組みは『論語』の階層的な性説に基づいているものと言える。

先述のように、『孟子』は、「人皆な堯舜となるべし」とも言うように、万人が向上可能であると説くが、階層的な性論を説く『論語』の性論を根本に据える時、この『孟子』が説く、万人の向上可能性はどのように理解されるのか。このことに関連して、韓愈は「原性」で以下のように言う。

質問者は言った。「そうであるなら、性の上下は、最後まで移ることはないのでしょうか。」私は答えて言った。「上の性は、学問によって容易に聡明になり、下の性の者は畏怖して罪を犯すことが減る。このように、上の性のものは教え導くことができ、下の者は制御することができるようになるのだ。その等級については、孔子は「移らず」と言う。」

曰、然則性之上下者、其終不可移乎。曰、上之性、就學而易明、下之性、畏威而寡罪。是故上者可教、而下者可制也。其品則孔子謂不移也。（同前、「原性」、二二頁）

「上の性」を持つ者は学問によって聡明となり、「下の性」を持つ者は、刑罰を畏れて罪を犯すことが減る、とする。つまり、孟子の説くように、確かに万人は向上可能であるが、その向上の性質や程度は『論語』が説くように、性の上下によって定まっている、と考えるのである。

以上を整理すると、次のようになる。揚雄は、『孟子』が説く心の修養法を取り入れ、君子や聖人への向上の可能性を認めるが、それは万人に向けられたものではなく、向上の余地のないものの存在を認める。王充は、『孟子』の性善を、『論語』の言うところの「中人以上」のもの、つまりそもそも素質が高いものを言うものと考え、『孟子』の性論を、『論語』の性論の一部分のみを説く者として理解する。また韓愈は、『孟子』の言うように万人は向上可能である、と考えるが、その向上の程度や性質の内に、『論語』が説くような絶対的な段階性・階層性を見出しているのである。

このように三人はいずれも、『論語』の階層的な性論を自己の性論の基本形としつつ、『孟子』の思想を一部に取り入れることで、『論語』と『孟子』の記述の相違を調停しているのである。特に韓愈は「中人以下」のものにおいても、「その性なりの」向上の可能性を認めており、その点で、揚雄や王充より『孟子』的な傾向をより強く吸収しようとする姿勢があることも指摘できると思われる。

以上は宋代以前の孔孟一致論の一端を示す史料である。このように、宋代以前では、『論語』的な階層的人性観を基本的な枠組みとしつつ、その人性の階層の一つとして、孟子の性善説を取り入れる立場が支配的であった。

それでは、衆人と聖人の一致を説き、万人の向上の可能性を説こうとする『孟子』は、漢代ではどのように理解されたのか。

## 四　漢代における階層的な『孟子』理解

『孟子』の性善論と言っても、漢代においては、宋代のように聖人と衆人とが等しい善性を有するものと理解されていたわけではなく、聖人と衆人には絶対的な違いがあると考えられていたことについて論じたい。

前漢における『孟子』の性善説に対する理解の一端を示すものとして以下の例がある。前漢の大儒董仲舒（前一七六頃～前一〇四頃）の思想を伝えているとされる『春秋繁露』「深察名號」篇に、以下のように言う。

　性には善なる端緒があり、子供が父母を愛することが、畜生よりも善であれば、これを「善」と呼ぶのが、孟子の「善」だ。「三綱五紀」に順い、八端の理に通じ、忠信で博愛で、厚く礼儀を好んで、それでやっと「善」と呼ぶことができるのが、聖人の「善」だ。

性有善端、動〔↓童〕[12]之愛父母、善於禽獸則謂之善、此孟子之善。循三綱五紀、通八端之理、忠信而博愛、敦厚而好禮、乃可謂善、此聖人之善也。（『春秋繁露義證』、中華書局、一九九二年初版、巻一〇「深察名號」篇、三〇三頁）

このように、『春秋繁露』では、『孟子』の性善説を、人が禽獸よりも「善」なることを言うだけで、「三綱五紀に循う」などの「聖人」の「善」よりも一段と低い水準の善性を言うものと見なしている。『春秋繁露』に見える『孟子』の性善説の理解は、人の「性」は皆「善」であるとする点では、宋代の理解と異ならないが、その「善」の内容において、衆人と聖人とで差別があるものと見なしている点で、宋代の理解とは異なっていると言える。これは、漢代における『孟子』の性善説理解を示す断片的な資料であるが、それでは、『孟子』の古注である後漢末期の趙岐（?〜二〇一）の注釈は、『孟子』の性善説をどのように理解していたのか。『孟子』[13]「告子」上の本文には以下のように言う。

だから、およそ類を同じくする者は、すべて互いに似ている。どうして人についてだけこのことを疑うのか。聖人と自分とは類を同じくするものなのだ。

故凡同類者、舉相似也。何獨至於人而疑之。聖人與我同類者。

『孟子』のこの本文に対して趙岐注は、

聖人もまた人である。聖人が覚っているのは、心で知っているからに他ならない。だから身体的な特徴は人と変わらないのだ。だからすべて互いに似ているのだ。

聖人亦人也。其相覺者、以心知耳。故體類與人同。故舉相似也。（嘉慶二十年刊、阮元校『十三經注疏』（以下、

阮元本）所収『孟子注疏』巻一一上、九葉裏）

と注する。このように、古注では、『孟子』の聖人と人が同類ということの意味を、聖人と人とは身体的な特徴が変わらない、との意味で解釈している。また趙岐は『孟子』「離婁」下の、「何を以てか人に異ならんや。堯舜も人と同じきのみ。」に注して、

人は生まれて同じく天地の形から理法を受けている。自分はどうして人に異なることがあろうか。それに、堯舜の容貌は衆人と同じだった。聖人が衆人と異なるのは、まさに仁義の道が内面にあるからだ。

人生同受法於天地之形。我當何以異於人哉。且堯舜之貌與凡人同耳。其所以異、乃以仁義之道在於内也。（阮元本『孟子注疏』巻八下、一一葉表）

とする。このように、趙岐は先の注での「體類」を、「容貌」のような外的、身体的形体の意味として用いていることがわかる。同じ「告子」上篇の前述の章に対して朱熹が、

聖人もまた人である。その本性が善であることは、同じでないものはない。

聖人亦人耳。其性之善、無不同也。（『孟子集注』巻八、「告子」上篇／『四書章句集注』、三二九頁）

と言い、聖人と衆人とは、備わっている「性」の善性が同じである、と解釈するのとは対照的と言える[14]。また趙岐は、『孟子』の本文には直接的には現れないにもかかわらず、「聖人が衆人と異なるのは、仁義の道が内面にあるからだ。」とわざわざ聖凡の区別について断っている。このことから、趙岐は意識して、聖人と衆人との距離を強調して解釈しようとしていることがわかる。同様の箇所は「告子」下にもある。

曹交は質問して言った。「人はみな堯舜と為ることができる、というのは本当ですか。」と。孟子が答えて言った。「そうだ。」と。
曹交問曰。人皆可以為堯舜有諸。孟子曰、然。

この『孟子』の本文に対して、趙岐は注して、以下のように言う。

答えて「そうだ」と言うのは、人は誰でも仁義の心を持っていて、堯舜は仁義を行っている、ということを言っている。
荅曰然者、言人皆有仁義之心、堯舜行仁義而已。（『孟子注疏』巻一二上「告子」下、三葉表）

趙岐は「堯舜と為る」を、「堯舜のような仁義の心を持つこと」と解釈し、文字通り「堯舜のような聖人と為る」という意味としては解釈しないようである。また「人は皆仁義の心有り」の後に、「堯舜は仁義を行う」と続けるように、「仁義の心を有する」だけの衆人と、「仁義を行う」堯舜との間に、一定の区別を設けて解釈するのである。

このように、『孟子』の本文が、聖人と衆人との一致を説こうとする箇所において、趙岐は一貫して、聖人と衆人との間に、一定の差別を見出そうとするのである。こうした趙岐の『孟子』解釈の特徴は、『論語』の階層的な人性観の枠組みの中で、『孟子』の性善説を理解しようとした、王充や韓愈の性論と共通する傾向があるものと言える。このような孟子理解は、『論語』と『孟子』の関係をどのように捉えることで成り立つのか。そのことを考える手がかりとして趙岐「孟子題辭」の以下の記述が一般に挙げられる。

『論語』は五経の神髄（錧鎋）であって、六芸の要領（喉衿）である。『孟子』の書は『論語』に則って模倣している。

論語者五經之錧鎋、六藝之喉衿也。孟子之書則而象之。（『孟子注疏』「題辭解」六葉裏～七葉表）

この記述は、『孟子』は『論語』に準拠して書かれたと、趙岐が理解していたことを示している。このような『論語』と『孟子』に対してする見方は、例えば、『孟子』のすべての題下の注において、『孟子』の篇名一つ一つに、『論語』の篇名との関連性を見出そうとすることにおいても確認できる。(15)『孟子』の本文が、衆人と聖人の一致を説こうとする箇所において、趙岐が頑なに衆人と聖人の別を強調しようとすることの一因は、『孟子』が『論語』に準拠して書かれたとする、趙岐のこうした『孟子』観によるものと考えられる。

以上は主に漢代の孔孟一致論に関わる議論であるが、漢代の孔孟一致論者は、『論語』の記述に基づいて、それに合わせる形で『孟子』を理解しようとする傾向がある、ということが指摘できよう。

## 第二節　宋代における孔孟一致論

### 一　北宋における孔孟一致論の新たな傾向

経学者の周予同氏は、『群経概論』九「孟子」で、『孟子』が諸子から経書として扱われるようになる過程を「孟子的「昇格運動」」と表現しその始まりを以下のように指摘している。

孟子昇格運動は早くは、唐の代宗の寶應二年（七六三年）に礼部侍郎の楊綰が上疏して、『論語』『孝經』『孟子』を合わせて一経とすることを要請していることに見られる（『新唐書』「選挙志」）。また、唐の懿宗の咸通四年（八六三年）には、皮日休（八三〇頃〜九〇〇頃）が『孟子』を学科に加えることを要請している（『皮子文藪』）。このように唐代には、『孟子』を科挙の科目の一つにしようとする動きが存在した。

また、宋代の尊孟思想の勃興については、『四庫全書總目』經部「四書類一」の『孟子音義』の提要の案語に、以下のような要領を得た記載を見ることができる。

考えるに、宋の『禮部韻略』が附記している條式では、元祐年間から『論語』や『孟子』を用いて士大夫を試験している。これによると、当時すでに『論語』『孟子』を尊んで経としていたということだ。しかし、晁公武『郡齋讀書志』は依然として『孟子』を儒家類に並べている。陳振孫『直齋書録解題』に至って、初めて『論語』と同じく経部に入れた。思うに、宋代に孟子を尊ぶのは王安石に始まるものだ。

案宋禮部韻略所附條式、自元祐中即以論語、孟子試士、是當時已尊為經。而晁氏讀書志、孟子仍列儒家。至陳氏書録解題、始與論語同入經部。蓋宋尊孟子、始王安石。（『四庫全書總目』巻三五、經部四書類『孟子音義』提要、案語／中華書局、一九六五年初版、二九〇頁上段）

これに拠ると、哲宗（在位一〇八五〜一一〇〇）の元祐年間には、科挙で『論語』と『孟子』が試みられ、その『孟子』は『直齋書録解題』では、『論語』と同じく経部に入れられ、また宋代において孟子が顕彰されたのは王安石に始まる、としている。

実際に、神宗の元豊七年（一〇八四年）、礼部の上言に依って孟子が顔回とともに配食されている。配食とは祠廟中に新たに祭る対象を加えることを言う。元豊年間は神宗によって新法政治が施行されていた時期であるから、孟子の配食は王安石の影響下で進められたと考えられる。(16)

それでは、宋代における尊孟論の提唱者としての王安石の『孟子』理解について考察したい。[17] 王安石は、『臨川先生文集』[18] 巻七二（以下巻数はすべて『臨川先生文集』に拠る。）「答龔深父書」に以下ように言う。

孟軻は聖人である。賢人というのは行いが皆は聖人に合致せず、ただその智恵が聖人を知るのに十分というだけだ。

孟軻聖人也。賢人則其行不皆合於聖人、特其智足以知聖人而已。（『臨川先生文集』巻七二「答龔深父書」／『王安石全集』第六冊、一二九四頁）

王安石は、孟子のことを「聖人」とした上で、孟子は孔子を知るだけでなく、行いまでもが孔子に合致していると評価する。王安石は孔孟一致論の立場に立っていることが確認できる。しかし王安石の場合、このことは、『孟子』の言説を無条件に受け入れるということを意味しない。王安石は巻六八「原性」において以下のように言う。

「性」は「情」を生じ、「情」があってそれから善悪が表れるのであって、「性」は善悪によって表現することはできないのだ。これが私と二子（孟子・荀子）が異なる理由だ。……それに、諸子が言っていることは、どれも私が言うところの「情」や「習」であって、「性」ではないのだ。……孔子は「性は相近きなり、習は相遠きなり」と言ったが、私の言っていることはこのようなのだ。

性生乎情、有情然後善悪形焉、而性不可以善悪言也。此吾所以異于二子。……且諸子之所言、皆吾所謂情也、習也、非性也。……孔子曰、性相近也、習相遠也。吾之言如此。（『臨川先生文集』巻六八「原性」／『王安石全集』第六冊、一二三四頁）

王安石は、『孟子』が「性善」と言っているのは、人間本性のことでなく実は「情(感情)」や「習(学習)」のことである、として『孟子』の「性善説」に対して修正を加えようとする。更にこの性情論の詳細については、巻六七「性情」で見ることができる。

喜・怒・哀・楽・好・悪・欲の七情が外に発現せずに心に留まっているのが「性」である。喜・怒・哀・楽・好・悪・欲が、外に発現して行為に現れたのが「情」である。「性」というものは「情」の根本であって、「情」というものは「性」の作用である。だから、私は「性と情とは一つだ」と言うのだ。世の者が「性は善であって、その他はない」というのは、『孟子』を読んでも全く孟子の意図を理解できていないものに他ならない。……質問。「そういうことでしたら、性には悪があるのでしょうか。」答え。「孟子は「其の大体を養えば大人と為り、其の小体を養えば小人と為る(「告子」上)」と言った。揚雄は「人の性は善悪が混ざっている」と言った。これは「性」が悪となり得ることを知っているものだ。」
喜怒哀樂好惡欲、未發于外而存于心、性也。喜怒哀樂好惡欲、發于外而見于行、情也。性者情之本、情者性之用。故吾曰、性情一也。彼曰性善、無它、是嘗讀孟子之書、而未嘗求孟子之意耳。……曰、然則性有惡乎。曰、孟子曰、養其大體為大人、養其小體為小人。揚子曰、人之性、善惡混。是知性可以為惡也。(『臨川先生文集』巻六七「性情」/『王安石全集』第六冊、一二二八〜一二二九頁)

王安石は、「性」とは七情が外面に現れずに心の内側にある状態、「情」とは外面に現れた状態とし、両者を同一のものの異なった形態と見て、「性」を「情」に引きつけて理解するのである。更に、王安石は、『孟子』が「人の本性は善である」と説いているとする一般的な性善説の理解は正しくない、とする。王安石は、『孟子』「告子」上の「其の大體に従えば大人と為りて、其の小體に従えば小人と為る。」に基づいて、人の性は不善となり得る要素をも含んでいると、孟子は考えている、と解釈するのである。このように、王安石は、一般的な性善説の理解に対して修正を試みている。更に王安石は巻六八の「性説」において以下のように言う。

孔子は「性は相近きなり、習は相遠きなり」と言った。だから私は孔子に同意するのである。……思うに、善だけを学習する者が「上智」の者で、悪だけを学習するのが「下愚」の者で、善を学習したり、悪を学習したりするのが「中人」の者である。……例えば人がここにいて、不善を為したことが一度もない、ということなら、これを「上智」と呼んでもよい。……ただ移ることが無く、そうであってこそ「上智」と呼ぶことができ、ただ移ることが無く、そうであってこそ「下愚」と呼ぶことができるのであり、どちらも、その卒する際に、それ（「上智」であること、「下愚」であること）を「命」であったとするのである。生まれてから、移ることができない、ということではないのである。

孔子曰、性相近也、習相遠也。吾是以與孔子也。……曰、習于善而已矣、所謂上智者、習于惡而已矣、所謂下愚者。一習于善、一習于惡、所謂中人者。……有人于此、未始為不善也、謂之上智可也。……惟其不移、然後謂之上智、惟其不移、然後謂之下愚、皆于其卒也命之。夫非生而不可移也。（『臨川先生文集』巻六八「性説」／『王安石全集』第六冊、一二三五～一二三六頁）

王安石は、「上智」のことを、善を習得するのみで、悪を為さない者、「下愚」のことを、悪を習得するのみで、善を為さない者とする。つまり、『論語』の「上智」「下愚」を、先天的な素質ではなく、後天的な学習や実践の如何を言うものと理解するのである。王安石は、「下愚」は「下愚」であるから「移ることができない」のではなく、努力して移ろうとしないから「下愚」なのだと理解し、韓愈が主張したような「下愚」なりの向上ではなく、「下愚」とされた人間が「中人」になるような階層を超えての向上を認めようとするのである。

王安石の論は、表面的には、いずれも『論語』の言葉を論拠としつつ、『孟子』の学説に修正を試みるようである。しかし右の「上智」「下愚」に対する解釈に端的に現れるように、その思想の目指す全体的な方向性は、人はみな修養によって向上できる、とする『孟子』的な人間観といえる。

同時に、尊孟論の指導的位置にいた王安石ですら、『孟子』の性善説をそのままの形では受け入れなかった、という点もまた注目される。尊孟論者でありながら、『孟子』の性善説を修正、もしくは特殊な解釈を試みた者としては、蘇轍[19]や胡宏[20]の例もあり、性善説は宋代にあっても抵抗が強かったことがわかる。王安石が『孟子』の性善説を修正する際、必ず『論語』の言を論拠とすることからもわかるように、北宋の尊孟論者においても、宋代以前と同様の、『論語』に基づいて『孟子』を理解しようとする意識が働いていたと考えられる。この点で王安石の思想は、『論語』中心の宋以前と、後述の『孟子』中心の程朱学の過渡期として位置付けることができよう。


また、王安石とは違った意味で、この時代の孔孟一致論の新しい傾向を示す例として、徐積（一〇二八～一一〇三）[21]の性論について簡単に触れておきたい。徐積は『節孝集』巻二八「嗣孟」において、

「性は相近し」である。性は確かに善である。善である点で確かに近いのである。

性相近也。性固善也。善固相近也。（『節孝集』嘉靖四十四年刻本、巻二八、三葉裏）

と言う。これは『孟子』の性善論によって『論語』の性説を理解し、『論語』も性善説を説いていると理解した例である。また『節孝語録』には、

公曰く、孔子は其の略を言い、孟子は其の詳を言う。故に孟子は孔子の解なり。

公曰、孔子言其略、孟子言其詳。故孟子者孔子之解。（『節孝集』付録『節孝語録』七葉表）

と言い、『孟子』を『論語』の義疏として見ることを主張している。これは、『孟子』を通じて『論語』を理解

するということを提唱していると言える。

徐積が『論語』の「性相近し」を性善説を説く者と解したのは、『孟子』を『論語』の義疏と見なし、『孟子』を通じて『論語』を理解したためである、と考えることができる。このように『孟子』に基づいて『論語』を理解しようとする動きが見られるようになったことは、この時代の孔孟一致論の大きな変化であった。

それでは、宋代の孔孟一致論における一つの到達点と言うべき朱熹は、『論語』と『孟子』の関係性をどのように捉えるのか。

## 二　朱熹における『論語』と『孟子』の調停

『論語』と『孟子』の性説に関わる議論は、張載（字は子厚。号は横渠。一〇二〇～一〇七〇）の「本然の性」と「氣質の性」の二つの概念の提唱により、最終的な決着を見るものとされる。この概念の成立の事情についてはすでに多くの研究が存在するので、ここではこの両概念を媒介としていかに『論語』と『孟子』が関係付けられたかということについて論じることとしたい。

「本然の性」とは、すべての人間が天から平等に付与される「善」なる本性のことを指す。その「本然の性」は天から人に付与される段階で、各人の「氣質」の清濁の影響を受け、これによって本来平等であった「性」に個体差が生じる、とされる。こうして個体差が生じた「性」を宋学では、「氣質の性」と呼ぶ。張載はこのような性論を説き、この性論は朱熹にも継承される。朱熹は先述の『論語』「陽貨」篇の「上知下愚」章に対する注で、続けて言う。

これは上章の内容を承けて言っている。人の気質が互いに近い中、美悪が一定して、学習によって移すことができないものも存在する。

此承上章而言。人之氣質相近之中、又有美惡一定、而非習之所能移者。（『論語集注』巻九、「陽貨」篇／『四書章句集注』、一七六頁）

朱熹は『論語』の「上智」の条と、その前条の「下愚」と「子曰く、性相近く、習相遠し」とを関連させた上で、これらをいずれも「氣質の性」について説くものと解釈する。つまり、人の気質は大差のないものであるが、「美悪」が一定して学習によって変わることがないものが「上智」「下愚」であるというように解釈するのである。更にこの章に対する注釈で、朱熹は以下の程頤の説を引く。

程子は言った。「人の性は本来「善」である。移すことができない者がいるのは、どういうことだろうか。その「性」について言えば、みな「善」である。その「才」について言えば、下愚で移すことができない者がいる。いわゆる「下愚」には二つある。「自暴」と「自棄」である。もし人が「善」によって自らを修養すれば、移らないことはない。極めて愚かなものであっても、誰でも徐々に進むことができる。ただ「自暴」の者はこれを拒絶して信じない。「自棄」の者はこれを拒絶して行わない。聖人が一緒にいたとしても、教化して道に入らせることはできないのだ。これが孔子が言う「下愚」だ。」

程子曰、人性本善、有不可移者何也。語其性則皆善也、語其才則有下愚之不移。所謂下愚有二焉。自暴自棄也。人苟以善自治、則無不可移、雖昏愚之至、皆可漸磨而進也。惟自暴者拒之以不信、自棄者絶之以不為、雖聖人與居、不能化而入也、仲尼之所謂下愚也。（『論語集注』「陽貨」篇／『四書章句集注』、一七六頁）

このように程頤は、そもそも性は善であるが、才については下愚で移ることがないものがあると説き、そして「下愚」のことを「自暴自棄」の者と解釈するのである。「自暴自棄」とは『孟子』「離婁」上を典拠としている。

孟子曰く、自ら暴う者は、與に言うこと有るべからず。自ら棄つる者は、與に為すこと有るべからず。言禮義を非る、之を自ら暴うと謂う。吾が身仁に居り義に由ること能わず、之を自ら棄つと謂う、と。
孟子曰、自暴者、不可與有言也。自棄者、不可與有為也。言非禮義、謂之自暴也。吾身不能居仁由義、謂之自棄也。（『孟子集注』巻七「離婁」上／『四書章句集注』、二八一頁）

このように孟子は、発言が「禮義」に悖ることを「自暴」、行いが「仁義」に由らないことを「自棄」と言う。『孟子』においては、仁義禮智は、己の内に先天的に備わっていると考えられているから、愚人が向上できないのは、素質のためではなく、「自暴自棄」な本人の意志のせいと考えられているのである。

それでは、以上を踏まえて朱熹の『論語』解釈に戻ろう。朱熹の『論語』解釈に従うと、『論語』の「下愚」とは、先天的に素質が低い人を指すのではなく、自分が有する道徳性を発揮しようとしない人を指すことになるのである。したがって「下愚」が「移らない」のは、自らの善性を発揮しようとしないからであり、修養次第では愚人であっても徐々に向上することができる、と朱熹は理解しているのである。古注の何晏『論語集解』が引く孔安國注が、同じ『論語』のこの条を解して「下愚は強いて賢たらしむべからず」として、そもそも向上することができないと解釈するのとは対照的である。

このように、朱熹は、『論語』の「下愚」を、『孟子』が説く「自暴自棄」、つまり自ら向上の可能性を放棄する者と理解し、『論語』の内容を『孟子』思想の枠組みで理解することで、両書の内容の相違を調停しているのである。また『論語』の文脈が朱熹の解釈の中でどう生かされているかに目を向けるなら、朱熹は『孟子』が説くような万人の向上の可能性をまず認めた上で、その向上の意欲のうちに、『論語』が説くような階層性を見出していると言える。

さらに朱熹は、一般的に『孟子』の独創と考えられる「性善説」を、『論語』の内に見出そうとするのである。以下ではこのことについて考察したい。

## 三　『論語』の性善説

『朱子語類』[22]（以下『語類』）巻一九の「語孟綱領」は、朱熹が『論語』と『孟子』の関係性をどのように考えていたか、ということを示す問答を多く収録している。以下の『語類』の引用は特に断らない限り、すべて巻一九「語孟綱領」からの引用である。

孔子は人に教える際、ただ「居処は恭しく、事を執りて敬しみ、人と與わりて忠たり」と言って、意味を（その発言の中に）含蓄させ、人に自分からこれを求めさせた。それなのに、『孟子』に至って性善を（言葉にして）説いたのは、もはや聖人とは異なってしまっている。

孔子教人只言居處恭、執事敬、與人忠、含畜得意思在其中、使人自求之。到孟子便指出了性善、早不似聖人了。（『語類』巻一九、曾祖道録／第二冊、四三〇頁）

「孔子は人に教える際、非常に簡明直截で、孟子はやや力を費やして説明する。孟子は必ず「拡充」させようとし、孔子は人に教える際、すぐに工夫の着手点があるようにしている。」質問。「孔子はどうして人に拡充させようとしないのですか。」先生「「居處は恭しく、事を執りて敬しむ」というのは、拡充でなくて何なのだ。」

孔子教人極直截、孟子較費力。孟子必要充廣、孔子教人、合下便有下手處。問、孔子何故不令人充廣。曰、居處恭、執事敬、非充廣而何。（『語類』巻一九、甘節録／第二冊、四三〇頁）

これらの発言によると、朱熹は『論語』「子路」篇の「居處は恭しく、事を執りて敬しみ、人と與《まじ》わりて忠たり」の章には、『孟子』で説かれる性善説や拡充説の内容が含まれている、と考えているようである。これはいかなる理解なのか。この点について今しばらく考察してみよう。まず「居處は恭しく……」とは、『論語』「子路」篇の、

樊遲仁を問う。子曰く、居處は恭しく、事を執りて敬しみ、人と與わりて忠たり。夷狄に之くと雖も、棄つべからざるなり。

樊遲問仁。子曰、居處恭、執事敬、與人忠。雖之夷狄、不可棄也。

に基づく。朱熹は、『論語』のこの条の「居處恭」を修養の成果が外面に現れること、「執事敬」を内面の修養、「雖之夷狄、不可棄也」を何時でも固守して失わないことの意味として解釈する。(23) また、『孟子』の拡充説とは、『孟子』「公孫丑」上の以下の条を指す。

凡そ我に四端有る者、皆擴めて之を充たすを知れば、火の始めて然え、泉の始めて達するが若し。苟し能く之を充たせば、以て四海を保んずるに足る。苟し之を充たさざれば、以て父母に事うるに足らず。

凡有四端於我者、知皆擴而充之矣、若火之始然、泉之始達。苟能充之、足以保四海。苟不充之、不足以事父母。

このように「拡充」とは、人間の道徳的な感情の端緒である四端（惻隠・辞譲・羞悪・是非）を充実させることで、仁義禮智に到達しようとする工夫である。(24)『論語』では、孔子が樊遲に「仁」を問われて、「居處は恭しく」以下の返答をする。朱熹はこの「居處は恭しく」以下の孔子の返答を、「仁」を尋ねた樊遲に対して、孔子が拡充すべき「仁の端緒」を説明したものとして理解するわけである。そもそも「拡充」によって「仁」に

至ることができるとされるのは、『孟子』では万人には四端という善性の端緒が内在していると考えられているからである。朱熹の解釈に従って、『論語』「子路」篇の孔子のこの発言が「拡充」を説いているとすれば、それは性善説の考え方を前提にしていることになるのである。先述の『語類』の引用で朱熹が『論語』の「居處は恭しく」以下の言葉は、性善説を含蓄している、と言っていたのは、以上のような思考によるものと考えられる。

性善説や拡充説はいずれも『孟子』の根幹に関わる思想であり、また一般的には孟子の独創と考えられているが、朱熹はこれらの思想は、『論語』内にすでに備わっていると理解するのである。このような朱熹の解釈には、『孟子』の思想を『論語』の内に遡及させようとする姿勢を指摘できよう。

さて、この『孟子』の思想を『論語』へ遡及させる朱熹の姿勢に着目してみたい。一般的な思想史観では、先行する文献の思想が後世へと継承され発展すると考える。宋代以前の孔孟一致論者が、『論語』を基準として、それに整合的に『孟子』を理解しようとしたのは自然な考え方と言える。

言うまでもなく、後出の思想家が先行する思想家の影響を受けることはあっても、その逆はあり得ない。その意味で朱熹の『孟子』を基準に『論語』を解釈する姿勢はナンセンスに思える。しかし、ある前提に立つことで、この解釈の姿勢はナンセンスではなく、必然となるのである。

その前提とは、孔子と孟子の思想は完全に一致しており、孟子は孔子の思想を発展させたわけではなく、孟子の思想はすべて孔子に淵源するという前提である。つまり「道統論」なのである。

道統論とは堯舜の「道」が禹、湯、文王、武王、周公と継承され、孔子において集大成され、それが曾子、子思を経て、孟子にまで継承され、それが宋代に復興される、と考える思想である。朱熹はこの前提に立つことで、後出の文献の思想を先行する文献へと遡及させて自在に解釈することを可能としているのである。

それでは次に、個々の学説の遡及ということではなく、より包括的な観点から、朱熹が『論語』と『孟子』の思想の関係性を、どのように見ていたのかを考察したい。『語類』には以下のように言う。

夫子の説くことは孟子を包み込んでいるが、孟子の言うことも聖人の教えの領域を逸脱し得ないのだ。
夫子所説包得孟子、孟子所言却出不得聖人疆域。（『語類』巻一九、楊道夫録／第二冊、四三二頁）

この条は、『論語』の内容は『孟子』よりも豊富であり、また『孟子』の内容は『論語』の内容を逸脱することがない、言い換えれば『論語』と整合的であると朱熹が考えていたことを示す。また『語類』巻一二〇には以下のような発言も見える。

もし、『論語』において理解できないところがあったら、少しすると『孟子』において理解できる。『孟子』にあることは、つまり『論語』にもあるのだ。『孟子』は『論語』に勝ると言うことはできない。
如論語上看不出、少間就孟子上看得出。孟子上底、只是論語上底。不可道孟子勝論語。（『語類』巻一二〇、黄義剛録／第七冊、二八八六頁）

この記録によって、朱熹は『論語』において理解しにくい箇所を、『孟子』を通じて理解していたことがわかる。更に、『孟子』を通じて『論語』を理解しようとしながら、わざわざ「『孟子』は『論語』に勝ると言うことはできない。」と断るのは、ややもすると『孟子』を『論語』より重んじてしまうことに対してする朱熹の自戒の念を読み取ることもできよう。実際に『論語』の内容が『孟子』によって解釈されるなら、『孟子』のみを読めばよいのでは、という疑問も生じ得よう。このような疑問に対しては、以下の『語類』の問答が参考になる。

孟子は人に教える際、義理の大要について多く言うが、孔子は身にせまって実践するところに即して人に教える。

孟子教人多言理義大體、孔子則就切實做工夫處教人。（『語類』巻一九、程端蒙録／第二冊、四二九頁）

孟子が「存心」とか「養性」と言うのは、説き方が空虚だ。孔子が人に「居處は恭しく、事を執りて敬み、人と與わりて忠たり」などの語を教えるのは、則ち実践のところに沿って工夫するのだ。このようにすれば、「存心」や「養性」は自然と（『論語』の説く実践の中に）あるのだ。

孟子言存心、養性、便説得虛。至孔子教人、居處恭、執事敬、與人忠、等語、則就實行處做功夫。如此、則存心、養性自在。（『語類』巻一九、程端蒙録／第二冊、四三〇頁）

『論語』と『孟子』には、『論語』の記述が具体的な実践を説くのみで簡明直截なのに対し、『孟子』の記述はより説明的で、性善説のような人間本性に関わる理論や、拡充説のような工夫論を説き、多分に思弁的である、という違いがある。朱熹の孔孟一致論は、『論語』と『孟子』にこうした相異が存在することを一度容認した上で、両者を分析して体系化しようとする点に特色があると言える。つまり、朱熹は『論語』に実践を見出し、『孟子』に理論を見出し、孔子が説く実践の裏には『孟子』が説いたのと同じ理論が背景にある、と考えるのである。このような朱熹の論孟観に従えば、『論語』の内容には、実践と理論の両面が備わっているのに対し、『論語』に比べると理論に偏る『孟子』は、それだけでは実践の部分が不足し、『論語』を読んで初めてその実践の何たるかを知り得るということになるのである。前引の『語類』の問答は、いずれも『論語』の説き方は『孟子』に勝ると言っていたが、これは決して孔子の権威に遠慮しての発言ではなく、朱熹の論孟観の当然の帰結として理解することができるのである。また朱熹は、孔門では「心」のことを全く説かないといっても、「仁」についての弟子の質問に答えるところは、心について取り組むということでなくて、何なのだ。「仁」とはつまり「心」のことだ。ただ当時は「心」という一字を言わなかっただけだ。枅録。(25)

曰、孔門雖不曾説心、然答弟子問仁處、非理會心而何。仁即心也。但當時不説箇心字耳。枅録。（『語類』巻一九／第二冊、四三〇頁）

とも言う。『論語』では「心」のことはほとんど説かれていないが、朱熹は『論語』の最重要概念とも言うべき「仁」を「心」のことに読み替えて理解しようとするようである。「心」は『孟子』全篇を通じての重要概念であるが、これもまた朱熹が『論語』の内に、『孟子』の思想を読み込もうとしたことを示す例と言える。

ここで先述の内容を振り返ろう。宋代以前の孔孟一致論者の性論は、いずれも『論語』の階層的な思想を雛形としつつ、一部に『孟子』の思想を取り込むことで論孟の体系を築こうとしたものであった。また、『孟子』本文が聖凡の一致を強調する箇所で、一貫して両者の区別に言及した趙岐は、「『孟子』は『論語』に依拠して書かれた」とする『孟子』観を持っていた。これに対して『孟子』に基づいて、遡及的に『論語』を理解する朱熹の孔孟一致論の態度は、宋以前において一般的だった論孟解釈の姿勢を根底から覆したものと言える。

しかしながらそのことは、朱熹にとっては、『論語』より『孟子』を重んずるということを意味しなかった。朱熹の論孟解釈は、実質的には、『孟子』に基づいて『論語』の内容を解釈する性質のものでありながら、経書としての『論語』の地位は依然として、否、『孟子』の理論を吸収した分だけ以前にも増して高まるという構造になっているのである。

## 小結

孔孟一致論は漢代から宋代にかけて徐々に形成されてきたが、その内容の変化については、これまで注目されることはなかった。これは一つには、『孟子』が注目されるのは、宋代に顕著な現象であるために、宋代以前の孔孟一致論者は単に宋代の先駆者としてしか注目されず、独自の特徴が注目されることは無かったためであると考えられる。

これに対して、本章では宋代以前の尊孟論者に独特の性論を持つ思想家が少なくなく、また性論は『論語』と『孟子』の思想的違いを示す顕著な例であることに注目し、性論における『論語』と『孟子』の扱いを基準として、程朱学の孔孟一致論とそれ以前の孔孟一致論を比較し、それを通して朱熹の『論語』と『孟子』の解釈の特徴を歴史的に位置づけることとした。その結果、極めて明確な特徴付けを得ることができた。

すなわち、宋以前の孔孟一致論では、『論語』の内容を主としつつ、『孟子』の思想をそれに整合的に理解しようとするのに対し、程朱学の孔孟一致論では、『孟子』の思想を通じて遡及的に『論語』の内容を理解しようとする、という結論を得た。特に朱熹は、『論語』は実践を説き、『孟子』はその理論を説くと考え、両書の思想的な隔たりを、同じ思想の説明の仕方の違いとして処理し、巧みに両書の隔たりを調停しているのである。このような朱熹の論孟解釈の姿勢には、単に孔孟の一致に目を向けるのみならず、孔孟の違いをも包括した形でその思想の体系を構築しようとする、孔孟一致論の一つの到達点を見ることができよう。

## 注

（1）四部分類の成立や沿革については、倉石武四郎『目録学』（東京大学東洋文化研究所附属東洋学文献センター刊行委員会、一九七三年）や井波陵一『知の座標　中国目録学』（白帝社、二〇〇三年初版）を参照。

（2）漢代の性論に関しては、張岱年『中国哲学大綱』（香港・龍門書店、一九六八年）、森三樹三郎「上古より漢代に至る性命観の展開」（創文社、一九七一年）を参照。

（3）宋代における孟子尊崇・孟子批判の展開については、近藤正則「王安石における孟子尊崇の特色——元豊の孟子配享と孟子聖人論を中心として」（『日本中國學會報』第三六集）や、「宋代の孟子批判について——余允文『尊孟辨』採録の非孟論を中心として」（上・中・下）（『漢文教室』四六号・四七号、一九八三年。四八号、一九八四年）が多くの例を挙げ、詳細に考察している。特に、「宋代の『孟子批判』について（中）」には、「孟子の性善説の提唱が特出され、……いわば性善説の提唱こそ孟子の大功であるという積極的な評価が定着するには、程伊川・楊亀山の孟子説を継承した、朱熹の『孟子序説』を俟たねばならない。それ以前においては、むしろ孔子思想を逸脱するものの一つとして扱われていた傾向にある。」とする指摘があり、本章の宋代における孟子の性善論の受容過程に対してする理解も、この指摘に拠るところが大きい。また、大陸では、周淑萍『両宋孟学研究』（人民出版社、二〇〇七年）が宋代の尊孟論と非孟論に関する研究で特に有力と思われる。本章は、これらの先行研究の指摘を踏まえつつ、視点を宋以前の孔孟一致論と、その到達点としての朱熹に広げ、通史的に孔孟一致論の展開を考察する。

（4）四書の経文はすべて中華書局、新編諸子集成本『四書章句集注』のテキストを用いた。ページ数もこれに拠る。

（5）『孟子』「盡心」下篇／『四書章句集注』、三七八頁「孟子曰。由堯舜至於湯、五百有餘歲、若禹、皋陶、則見而知之。若湯、則聞而知之。由湯至於文王、五百有餘歲、若伊尹、萊朱則見而知之、若文王、則聞而知之。由文王至於孔子、五百有餘歲、若太公望、散宜生、則見而知之。若孔子、則聞而知之。由孔子而來至於今、百有餘歲、去聖人之世、若此其未遠也。近聖人之居、若此其甚也。然而無有乎爾、則亦無有乎爾。」

（6）『荀子』「非十二子」篇「略法先王而不知其統、〔猶〕然而猶材劇志大、聞見雜博。案往舊造說、謂之五行、甚僻違而無類、幽隱而無說、閉約而無解。案飾其辭、而祇敬之、曰。此真先君子之言也。子思唱之、孟軻和之。世俗之溝猶瞀儒、嚾嚾然不知其所非也、遂受而傳之、以為仲尼子弓為茲厚於後世。是則子思孟軻之罪也。」

（7）司馬光は揚雄の著作である『法言』に注釈を施しており、また揚雄の『太玄』に模して『潛虚』という著作を著している。司馬光の揚雄崇拝については、同時代に政治的に対立した王安石の孟子崇拝に対抗する意図があったとする指摘もある。また、第七章で論ずるように、揚雄を尊崇する司馬光は『資治通鑑』で、揚雄死去の際に、揚雄が王莽の臣下であったことに触れない書き方をしている。このことについては、朱熹が『資治通鑑綱目』を記す際に改めている。

（8）現存する中国最古の書目である班固の『漢書』「藝文志」は揚雄と同時代の劉向の『別録』の内容を踏襲しているが、先述のようにこれは、『論語』を後の経部に相当する「六藝略」の末に附する一方、『孟子』を子部に相当する「諸子略」に分類している。

（9）『孟子』「告子」上「孟子曰。牛山之木嘗美矣、以其郊於大國也、斧斤伐之、可以為美乎。是其日夜之所息、雨露之所潤、非無萌糵之生焉、牛羊又從而牧之、是以若彼濯濯也。人見其濯濯也、以為未嘗有材焉、此豈山之性也哉。雖存乎人者、豈無仁義之心哉。其所以放其良心者、亦猶斧斤之於木也、旦旦而伐之、可以為美乎。」

（10）『論衡』「別通」篇「周世通覽之人、鄒衍之徒、孫卿之輩、受時王之寵、尊顯於世。」王充の人物評価については佐藤匡玄『論衡の研究』（創文社、一九八一年）「王充における理想的人間像」を参照。

（11）『韓昌黎文集校注』巻一「原道」、一八頁「曰。斯道也、何道也。曰。斯吾所謂道也、非向所謂老與佛之道也。堯以是傳之舜、舜以是傳之禹、禹以是傳之湯、湯以是傳之文、武、周公、文、武、周公傳之孔子、孔子傳之孟軻、軻之死、不得其傳焉。荀與揚也、擇焉而不精、語焉而不詳。」

（12）蘇輿『春秋繁露義證』は「動」の字を「童」に改める。

（13）『孟子』の本文と趙岐注は、芸文印書館景印、嘉慶二〇年刊、阮元校刻『孟子注疏』に拠った。所引の趙岐注には、一部阮元の校勘記に従って改めた箇所がある。

（14）同じ『孟子』のこの条に対して朱熹は『朱子語類』巻一〇四、包揚録／第七冊、二六一一頁において「某十數歳時讀孟子言聖人與我同類者、喜不可言、以為聖人亦易做。今方覺得難。」と言い、修養によって聖人に至ることができる、という朱熹の聖人観の成立に大きな刺激を与えたものであることがわかる。

（15）趙岐『孟子』注の題下の注は、『孟子』「梁惠王」篇の篇名は『論語』「衞靈公」篇に、「公孫丑」篇は「子路」篇に、「滕文公」篇は「衞靈公」篇に、「離婁」篇は「述而」篇、「萬章」篇は「顏淵」篇、「告子」篇は「子罕」篇に、「盡心」篇は「為政」篇にそれぞれ因むと説明する。

（16）王安石の孟子尊崇と元豐年間の孟子の孔子廟配食については、前掲の近藤正則氏「王安石における孟子尊崇の特色——元豐の孟子配享と孟子聖人論を中心として」を参照。

（17）王安石の性論については、内山俊彦「王安石思想初探」（『日本中國學會報』第一九集、一九六七年）を参照。

（18）引用文と頁数は『王安石全集』（復旦大学出版社）所収『臨川先生文集』に基づく。

（19）蘇轍は『孟子』の性論について、人間の「善悪」とは「性」ではなく「習」を指す、と言う。蘇轍『欒城集後集』（『四部叢刊』所収嘉靖版）巻六「孟子解」「孔子曰、性相近也、習相遠也。夫雖堯舜而均有是謂近、及其與物相遇、而堯以為善、桀以為惡、是謂相遠。習者、性所有事也。自是而後相遠、則善惡果非性也。」

(20)『宋元學案』(中華書局、一九八六年初版／第二冊、一三六七頁) 巻四二、五峰學案に、「胡宏、字仁仲、崇安人、文定(胡安國) 之季子。自幼志于大道、嘗見龜山于京師、又從侯師聖于荊門、而卒傳其父之學。」とあるように、胡宏はその父、胡安國を祖とする湖南学派に属する。胡宏の性説としては、『知言』(『胡宏集』所収、中華書局、一九八七年初版)に「先君子曰、孟子道性善云者、嘆美之辭也、不與惡對」とあるように、『孟子』の「性善」の「善」とは、善悪相対の「善」ではなく、嘆美の辞と解釈する。この性説は先君子(胡安國)の説として引かれており、湖南学派で影響力を持っていたと考えられる。この性論については本書、第二章で論ずる。

(21) 徐積は『宋史』巻四五九に「徐積、字仲車、楚州山陽人。……從胡翼之(胡瑗)學。」とあり、程頤の師でもある胡瑗に学んでいる。徐積の性論については、近藤正則『程伊川の『孟子』の受容と衍義』(汲古書院、一九九六年)の附録二、「徐積の孔子性善説について」に詳しい論及がある。近藤氏は徐積の孔子性善論の教条主義的な側面を強調し、「思想史の流れと逆方向を指向」するものと見なすが、『孟子』を『論語』の義疏と見なす観点自体は、後代の程朱の論孟解釈に見られる遡及的な解釈方法を先駆けている面があると思う。

(22)『朱子語類』は中華書局本(一九八六年初版)を用いる。

(23)『論語集注』「子路」篇／『四書章句集注』一四五〇頁　集注「恭主容、敬主事。恭見於外、敬主乎中。之夷狄不可棄、勉其固守而勿失也。」

(24)『孟子』「公孫丑」上「惻隱之心、仁之端也。羞惡之心、義之端也。辭讓之心、禮之端也。是非之心、智之端也。人之有是四端也、猶其有四體也。凡有四端於我者、知皆擴而充之矣、若火之始然、泉之始達。苟能充之、足以保四海。苟不充之、不足以事父母。」

(25)『朱子語類』「語録姓氏」は、「枅、徽續類」と記し、姓を不詳とする。

# 第二章　経書解釈から見た胡宏の位置

## ——「未發・已發」をめぐって

第一章では孔孟一致論の観点から、漢代から宋代に至る性論の変遷を考察し、その中で「人皆な堯舜と為るべし」と説く『孟子』の重要性が次第に高まる過程を論じた。そして『論語』の古い注釈では向上不可能な存在と理解されていた「下愚」が、程頤によって『孟子』で説かれる「自暴自棄」の人と解釈され、意欲次第では向上可能と解釈されたことで、すべての人物が向上可能とする理論が準備されたことを指摘した。このような『論語』中心の性論から『孟子』中心の性論に至る大きな転機となったのが北宋の程顥・程頤兄弟が提唱した「道学」だったのである。二程や朱熹には『孟子』の思想を『論語』に遡及していこうとする姿勢があり、このことは、道学者において『孟子』の教えをいかに解釈するかということが、彼らの思想全体に関わることを示唆している。

程顥・程頤の学問は、その弟子で南劍州（現在の福建省三明市）の人である楊時（字は中立、号は龜山。一〇五三～一一三五）を通じて中国南方へと伝えられた。楊時が故郷へ帰郷する際、程顥は「私の学問は南へ伝わった（「吾道南矣」）」と口にしたと伝えられる。(1) この程顥の言葉には基づく典拠がある。それは、後漢の時代に古文学の大家の馬融（字は季長。七九～一六六）が、その弟子で北海郡高密県（現在の山東省高密市）の人、鄭玄（字は康成。一二七～二〇〇）の帰郷に対して「私の学問は東へ伝わった（「吾道東矣」）」と言ったという故事である。(2) 馬融と鄭玄とは漢代の最も偉大な経学者の一人である。自らと楊時の関係を馬融と鄭玄に重ね合わせる程顥の言葉には自分の学問に対する強い自信とその後継者としての楊時への大きな期待が表れているのである。

さて、南宋における道学の隆盛には、右の二程の高弟楊時の活躍の他に、外的要因が関わっている。北宋王朝は新法党政権下の靖康元年（一一二六）の時に、北方の金朝に戦争で敗れ、皇帝の欽宗と上皇の徽宗をはじめ、多くの皇族や群臣が北方に拉致されるという靖康の変によって滅亡した。翌年に欽宗の弟の高宗が南京（現在の河南省商丘市）に即位し、宋朝を復興した（＝南宋）が、未曽有の混乱の中で誕生した南宋王朝は多額の歳弊を支払うことで金朝との和議を推進し何とか王朝の命脈を保つに過ぎなかった。そのような情勢の下、厳格な大義名分・華夷の別を説く道学は、そうした屈辱的な外交関係に対する反発の世論を吸収する形で南宋で次第に勢力を増していくこととなったのである。本章が扱う胡宏（字は仁仲、号は五峰。一一〇五～一一六一）という人物は、朱熹が登場する以前の南宋の「道学者」の中心人物の一人である。

# はじめに

南宋の儒者、胡宏は二程子の高弟である楊時と侯仲良（字は師聖。生没年不詳。）の二人に師事し、また父の胡安國（字は康候。一〇七四～一一三八）から家学を継承して湖南省の南岳衡山を中心に講学した人物である。その学派は湖南学、もしくは湖湘学とも呼ばれ、胡宏の後継者の張栻（字は欽夫、号は南軒。一一三三～一一八〇）は朱熹の思想形成において少なからぬ影響を与えたことで知られている。楊時と侯師聖は二程の高弟であり、また胡安國も二程に私淑していることを考えれば、胡宏は濃厚な二程の影響下で自己の思想を形成していることがわかる。また、湖南学は一般的に胡安國以来の学統とみなされるが、全祖望が胡宏について、「卒に湖湘の学統を開く」（『宋元學案』巻四二「五峰學案」）と評価するように、胡氏の家学に過ぎなかった胡氏学を、地域的な広がりを持つ学派にまで発展させたのは胡宏の功績と言える。

さて、『知言』(3)はその胡宏の代表的著作で、南宋の浙学の領袖的地位にいた呂祖謙はこの書に対して「張載の『正蒙』にも勝る」と評したとされ(4)、また朱熹も一時は『知言』に傾倒したように(5)、その思想的影響力は湖南学派にとどまらず、南宋の道学界全体に及ぶものであった。

朱熹は張栻・呂祖謙（字は伯恭、号は東萊。一一三七〜一一八一）との議論をまとめて「知言疑義」を著してこの書を批判し、それを通じて、自己の思想を確立し、二程子の真の後継者としての地位を築いていった。このことを裏から言えば、朱熹が胡宏を批判するまでは、胡宏は南宋における二程子の学の後継者を代表する位置にいたと言えるのである。(6) また湖南学の立場から言えば、胡宏の後を承けて湖南学の指導的地位にあった張栻が朱熹の影響を受けて『知言』を批判するに至ったことが、結果として湖南学の瓦解を招いたことを考えれば、『知言』は「湖南学」という学派にとって中心的な経典の役割を果たしていたものと考えられる。

これまで『知言』の内容や湖南学の思想は主として朱熹の視点から論じられることが多かった。(7) 例外的に湖南学の立場から『知言』の思想を論じようとした研究としては、高畑常信氏『宋代湖南学の研究』（秋山書店、一九九六年）が挙げられる。本章はこの研究の成果を学びつつ、以下の点に着目して、胡宏思想を論ずる。

張栻・呂祖謙との討論を通じて朱熹の手で編集された「知言疑義」の内容は、高畑氏がすでに指摘するように、「討論は朱熹の学と湖南学の相違を一層明らかにすることにはなるが、超克したことにはならない」というものである。その理由は、朱熹が胡宏を批判する点は朱熹と胡宏の立脚する前提の違いによるものである、とする。

本章が問題とするのは、そのような出発点の違い、前提の違いは如何にして生じているのか、ということである。本章では、胡宏や朱熹が盛んに議論するテーマを程頤に遡る形で考察しながら、北宋から南宋に至る道学の経書解釈と哲学思想との関わりを考察したい。

# 第一節　程子と程門における「未發・已發」をめぐる思索

胡宏の思想を論ずるにあたって、まず程頤とその門流の思想を論じておきたい。これまで胡宏の思想については、胡宏の批判者としての朱熹と比較する形で論じられることが多かったが、思想史の中での胡宏の位置を理解する上では、胡宏へと至る二程以降の道学の流れの中で捉える視点もまた重要と考えるからである。

「序章」で論じたように、宋代のその他の学派と比べた際の「道学」の特徴は「聖人学んで至るべし」ということを説いた点にある。この考え方は古くは『孟子』に「人皆な堯舜と為るべし」（「告子」下）とあるのに遡るが、実際には『孟子』を含む儒教経典は、常人が「聖人に至る」ための修養法を必ずしも明確に説いているわけではない。そのため、二程やその弟子筋の学者は様々な儒教経典の文章をつなぎ合わせることで、聖人に至るための修養法を確立しようと苦心することとなる。宋明理学では自らを修養・鍛錬することを「工夫」と呼び、各々の思想家が打ち立てた自己修養の理論を「工夫論」と呼ぶ。胡宏ら湖南学と朱熹の思想の対立もこの工夫論をめぐるものである。

さて、程頤以降の道学者が工夫を論ずる上で、しばしば取り上げ、繰り返し議論したのが、『中庸』の「未發」と「已發」という語である。本章でもこの言葉について何度も取り上げることとなるので、まずこの『中庸』の本文を確認しよう。『中庸』には以下のように言う。

喜怒哀楽がまだ発動していない（＝「未發」）ことを「中」と言う。発動してみな節度に適うことを「和」と言う。「中」というものは天下の大本である。「和」というものは天下の達道である。中と和を推し進めるならば、天地が安定し、万物が発育する。

喜怒哀樂之未發、謂之中。發而皆中節、謂之和。中也者、天下之大本也。和也者、天下之達道也。致中和、天地位焉、萬物育焉。（『中庸章句』第一章／『四書章句集注』一七～一八頁）

このように、『中庸』は「未發」と「發」という言葉を用いて、人間の意識が発動していない「未發」の局面での中正な状態と、意識が発動した「已發」の局面での調和のとれた状態とが、究極的には「天地」や「万物」が正しい状態を得ることにまで作用すると説くのである。もっとも、この記述だけ見ても、なぜこの言葉が道学で特別に重視されるのかはわからない。というのも、道学でこの記述が重視されるのは、この『中庸』の一節が他の経書の内容と結びつけられる形で理解されているからなのである。それではまず議論の発端ともいうべき、程頤の学説を見ていこう。

## 一　程頤「顔子所好何學論」

道学で『中庸』の「未發」・「已發」の記述に最初に注目したのは、程頤の「顔子所好何學論」である。(8) この文章は程頤が二十四歳の頃に、(9) 太学で胡瑗（字は翼之。九九三～一〇五九）の下で学んでいた時に書いた試験の答案である。この時、胡瑗は「孔子の門人は三千にも及ぶと言われるのに、孔子が「好学」と認めたのは顔回だけだった。顔回の好んだ学問とはいかなる学問だったのか」と出題した。顔回とは孔子が「一を聞いて十を知る」（『論語』「公治長」篇）と称した賢人で、師に先だって死去した際には孔子が「天は私を滅ぼした」（『論語』「先進」篇）と口にして絶望したほど、未来を嘱望視していた愛弟子である。そして、孔子はその顔回の死後に、弟子の中で好学の者は誰かと君主に問われた際に、「顔回という者が好学だった。不幸にして短命に死んでしまった。今は好学の者はいない。」(10)（『論語』「述而」篇）と口にした。それほどまでに孔子が特別視した顔回が「好んだ」学問とはいかなるものだったのか。胡瑗の出題はそのことを質問するのである。程頤は「顔子所好何學論」でこの胡瑗の出題に対して以下のように答える。

そうであるなら顔子だけが好んだのは、いかなる学問だったのか。それは、学んで聖人に至る道である。聖人は学んで至ることができるのか。できる。学問の道はいかなるものか。天地は精神を生育し、五行（木・火・土・金・水）の優れたものを得たのが人である。その根本は、偽りがなく沈静で、「未發」の状態には五性が備わっており、これを「仁・義・禮・智・信」と呼ぶ。形体が生ずると、外物がその形体に接触し、心を揺り動かす。その心が動くと七つの感情が生じ、これを「喜・怒・哀・樂・愛・惡・欲」と呼ぶ。

然則顔子所獨好者、何學也。學以至聖人之道也。聖人可學而至歟。曰、然。學之道如何。曰、天地儲精、得五行之秀者為人。其本也真而静、其未發也五性具焉、曰仁義禮智信。形既生矣、外物觸其形而動於中矣。其中動而七情出焉、曰喜怒哀樂愛惡欲。（『河南程氏文集』巻八、雜著「顔子所好何學論」／『二程集』（中華書局、一九八一年初版）上冊、五七七頁）

このように程頤は、顔回が好んだ学問とは「学んで聖人に至る道」であるとし、後世「道学」のスローガンとして知られる「聖人学んで至るべし」の語をこの文章で高らかに宣言するのである。そして、程頤は発生論的に人間の本性と感情とはどのように生ずるかを説明する。程頤によると、天が万物を生じた際に、五行の優れたものを得て生じたのが人間である。その人間は、形体が生ずる以前は「仁義禮智信」の五性が備わった理想的な善なる状態にある。しかし、形体が生ずるに及んで外物と接触すると、それに揺り動かされ、「喜怒哀樂愛悪欲」の七情が生ずる、と説く。このように、程頤は人間の本性を天から賦与された純粋な善と考え、不善とは、その善なる本性を備えた主体が外物と接触して主体が動揺することで生ずると考えたのである。

「顔子所好何學論」のこの部分で程頤は、人間が「五行の秀」を受けて生じた際の、「未發」の状態には「仁義禮智信」の五性が備わっている、と説いており、ここに「未發」の語を確認できる。また、「已發」の語は見えないものの、外物に接触して主体が「動く」ことで七情が生じると説いており、このことが『中庸』の「已發」に対応していると思われる。『中庸』の本文では「已發」が節度に適って「和」となることが説かれていたが、この「顔子所好何學論」ではかえって節度から外れる場合のことが説かれている。「顔子所好何學論」は更に以下のように言う。

情既熾、而益蕩其性鑿矣。是故覺者約其情使合於中、正其心、養其性。愚者則不知制之、縦其情而至於邪僻、梏其性而亡之。凡學之道、必先明諸心、知其養、然後力行以求至、所謂自明而誠也。（同前）

人の感情がすでに火が立ちのぼるように勢いが盛んになると、ますます人が元々有する優れた本性を乱してだめにしてしまう。愚者は、感情を制御することを知らず、その感情の赴くままに、勝手気ままにふるまい、よこしまで偏った行いに及んで、自分の元々有する優れた本性を縛り付けてそれを滅ぼしてしまう。だから（聖人に至る）学問の道は、必ずまずはその本性を心に明らかにして、そうしてその本性を養う方法を知り、そうした後に努力して、聖人に至ろうとするのである。これがいわゆる、「明らかにするに自りて誠なるなり（『中庸』）」ということだ。

このように、程頤は外物に触れて「情」が盛んとなることで、「性」が乱されてしまうと説き、だから、聖人に至るための学問は人の本性を明確にし、それを養う方法を知ることが肝要であると言うのである。程頤はここで外物の影響を受ける形で「情」が節度から外れることを説くが、これは『禮記』「樂記」篇の以下の記述を踏まえる。

人が生まれて沈静であるのは、天の本性である。外物に感応して動くは、性の欲である。外物がやって来て、自分の知覚に気がついて、その後に好悪が現れる。好悪が心において節度がなく、知覚が外物に誘われると、自らを省みることができず、天理が滅んでしまう。かの物が人を感じさせることが窮まることがなく、人の好悪に節度がなければ、これは物がやって来て人が物と化してしまったということだ。人が物と化してしまうというのは、天理が滅んで人欲を窮めるということだ。

人生而靜、天之性也。感於物而動、性之欲也。物至知知、然後好惡形焉。好惡無節於內、知誘於外、不能反躬、天理滅矣。夫物之感人無窮、而人之好惡無節、則是物至而人化物也。人化物也者、滅天理而窮人欲者也。（阮元本『禮記注疏』巻三七、十葉）

このように、『禮記』「樂記」篇は、人は生まれながらに「静」なる状態であると説き、外物と接触することで人欲が生じ、悪に染まる危険性が出てくると説く。また、『中庸』の内容を思い返せば、『中庸』では「未發」はそのまま「中」という理想状態であると説くのに対して、「已發」については「節に中たる」ことで初めて「和」という理想状態となると説いていた。つまり、どちらも「静」的な状態に人間の理想状態を見出し、「動」的な状態に悪が生ずる危険性を見出している点でよく似た内容となっているのである。程頤の「顔子所好何學論」は、こうした『中庸』と「樂記」の記述を組み合わせる形で、人間の本来的な理想状態と、理想状態から外れる局面とがそれぞれいかなるものかを説明するのである。そして程頤は、聖人と衆人とが共通している局面を「未發」、聖凡が分岐する局面を「已發」と説明し、衆人が聖人に至るべき道筋を示すのである。

更に程頤はこの続きの部分で、『論語』で説かれる顔回にまつわる言葉を列挙して、顔回が従事した学問とはまさに常人が聖人に至るための学問だったと説明する。

そうであるので、顔子が従事したのは、「礼儀に合わなければ視るな、礼儀に合わなければ聴くな、礼儀に合わなければ言うな、礼儀に合わなければ動くな」（『論語』「顔淵」篇）ということで、孔子は顔回を称しては「一つでも善事ができると常に胸中に銘記してこれを失うことがない」（『中庸』）と言い、また「怒りを遷さず、過ちを繰り返さなかった」（『論語』「雍也」篇）と言ったのは、自分に不善が有ればこれに気がつかないことはなく、これに気がつけば二度と繰り返さなかったということだ。以上が顔回が篤く好んだことである。これを学んでいけば、視聴言動がすべて礼儀に適うことになろう。聖人に異なるのは、思うに聖人はそうしようと思わずともそれができ、努力せずとも節度に適い、自然と道に合うのに対し、顔子は必ずそうしようと思ってからそれができ、必ず努力してから節度に適うのである。だから、顔子と聖人とはわずかな違いしかないと言えよう。

故顔子所事、則曰非禮勿視、非禮勿聽、非禮勿言、非禮勿動。仲尼稱之、則曰得一善、則拳拳服膺而弗失之矣、又曰不遷怒、不貳過、有不善未嘗不知、知之未嘗復行也。此其好之篤、學之之道也、視聽言動皆禮矣。所異於聖人者、蓋聖人則不思而得、不勉而中、從容中道。顏子則必思而後得、必勉而後中。故曰顔子之與聖人、相去一息。（『河南程氏文集』巻八、雑著「顔子所好何學論」／『二程集』上冊、五七八頁）

ここで引用される、礼儀に合わなければ「視・聴・言・動」するな、という『論語』の言葉は、『論語』の原文では否定の命令を示す「勿」の字が四回続くため「四勿」と呼ばれる。『論語』の本文では、顔回が孔子に「仁」について質問した際に、孔子は「「克己復禮」すれば「仁」となれる」と答え、更に孔子が「克己復禮」の細目を説明した際にこの「四勿」を説くのである。「克己復禮」と「四勿」については、儒教における最高の徳目である「仁」について、孔子が最愛の弟子の顔回に説いた条であるという背景のために、道学では特別に重視される。(11)「顔子所好何學論」の文脈の中で理解すれば、「視・聴・言・動」という行為は、いずれも外物と接触する行為である。顔回は、外物と接触して「視・聴・言・動」する際に道に外れることがないよう身を慎んだ、と程頤は説いているわけである。この後の『論語』の引用文の内容も、何かを行う際に自分に内省して過ちがないよう慎重にするという主旨である。このように、程頤は『論語』の顔回に関わる記述を総合しつつ、そこに『中庸』が言うところの「未發」から「已發」に転じようとする際に、内省して慎重に道に適った行動をしようとする顔回の姿を見出し、そしてそうした顔回の行いのうちに常人から聖人へと至ろうとする工夫論を見出すのである。

もっとも、以上の「顔子所好何學論」で説かれる顔回が行った工夫とは、人間の反省が及ぶ局面、つまりは「已發」の時の工夫を論じたものであり、「未發」のことについては「未發」が理想的な状態として説明される以外、特に論じられているわけではない。しかし、『中庸』の原文では「未發」はそのままで「中」とされるのに対して、「已發」は「節に中たる」ことではじめて「和」となると説明されている。つまりは「未發の中」こそが最も重要と考えられているわけであるが、『中庸』は「未發」についてこれ以上触れていない。「未發の中」とは何であるのか、二程や程子門人は思索を続けることとなった。次に胡宏よりわずかに前の李侗の「未發」に関する学説を見ていきたい。

## 二　李侗の「未發」説

李侗（号は延平。一〇九三〜一一六三）は、楊時と同じく南劍州の人である。この人物は生涯任官しなかったが、紹興二十三年（一一五三）に朱熹が泉州道安県主簿に赴任する際に李侗のもとに訪れて以来、朱熹が二十四歳から三十四歳の時までこの人に師事しており、そのため李侗は思想史上青年期の朱熹の師として知られている。その学問の師承関係を示せば、程頤―楊時―羅従彦―李侗―朱熹となる。

李侗の思想はその弟子朱熹が編纂した『延平李先生師弟子答問』（以下、『延平答問』）によって知ることができる。[12] この書物に引用される、李侗の朱熹宛ての書簡に以下のように言う。

> 私は昔、羅先生（羅従彦。号は予章。一〇七二～一一三五）から学問を受けた。先生は一日中、私と向き合って静座し、学問を教える際にも全く話が雑談に及ぶことがなかった。先生は静座を非常に好んでいたが、私は当時まだよく理解しておらず、自分の部屋に戻ってもただ静座しただけだった。先生は「静」中に「喜怒哀楽がまだ発現していない時を「中」と言う（『中庸』）」とある、その「まだ発現していない（＝「未發」）」時、心はどうなっているのかを研究させようとした。このことは学問を進める上で効果があるだけでなく、心を養う上でも大切なことだ。元晦（書簡の送り先の朱熹を指す）は心に弊害がおこることがあって思索できていない。更に『中庸』のこの一句について、これを静座に求めてどうであるかを考えなさい。そうすれば必ず得るところがあるだろう。
>
> 曩時某従羅先生學問、終日相對靜坐、只說文字、未嘗及一雜語。先生極好靜坐、某時未有知、退入室中亦只靜坐而已。先生令靜中看喜怒哀樂未發之謂中未發時作何氣象、此意不唯於進學有力、兼亦是養心之要。元晦偶有心恙不可思索、更於此一句內求之靜坐看如何。往往不能無補也。（『延平答問』／中文出版社、拠清康熙中禦兒呂氏寶誥堂刊本影印『朱子遺書』所収、七〇頁）

李侗は師の羅従彦から受けた教えとして、右のような静座を重んずる修養法を朱熹に伝えている。この李侗が伝える羅従彦の工夫論によると、静座をして心を静めつつ「喜怒哀樂」が未だ発していない自らの心の様子を省察することで、『中庸』の説く「未發の中」を体験できる、と言うのである。この修養法は座禅を想起させるが、李侗にとってはあくまで儒教の修養法だった。そのことはこの引用部の直前に以下のように説かれていることからわかる。

「夜氣」の説（『孟子』「告子」上）が学問する者に大切であるのは、昼間の「存養」（『孟子』「盡心」上）の工夫を兼ねているからだ。（昼間の活動時に）「梏亡（乱れ滅ぶこと。『孟子』「告子」上）」に至らなければ、「夜氣」は清らかに保たれる。もし、昼間に「存養」できていなければ、「夜氣」はどこにあろうか。恐らくこれこそが「一日とか一ヶ月とか短い期間しか存続できない（『論語』「雍也」）」心なのだ。

夜氣之説、所以於學者有力者、須是兼旦晝存養之功、不至梏亡、即夜氣清。若旦晝間、不能存養、即夜氣何有。疑此便是日月至焉氣象也。（同前）

このように李侗は『孟子』の「夜氣を養う」という言葉を説明する文脈の中で、右の静座によって「未發の中」を体験する工夫を説いているのである。つまり、李侗は『孟子』が説く「夜氣を養う」ことを実践するために、右のように静座して心を静め、外物に未だ接していない時の自らの心を省察することを説いたのである。また、この「夜氣」について李侗は右の書簡とは異なるところで以下のように言う。

もし、昼間に心が「梏亡」に至らなければ、「夜氣」は存在し続ける。「夜氣」がなくならなければ、明け方の清澄な気（＝「平旦の氣」（『孟子』「告子」上））がまだ外物と触れあわない時に、静かで澄み切った心（＝「湛然虚明」）を自然と見ることができよう。以上のように孟子が「夜氣」の説を説いたのは、学者に非常に効果がある。

若於旦晝間不至梏亡、則夜氣存矣。夜氣存則平旦之氣未與物接之時、湛然虚明氣象自可見。此孟子發此夜氣之説、於學者極有力。（同前、六九頁）

「夜氣」とは、夜間の冷え冷えとした空気に象徴される、汚れのない純粋な心を指す。あるいは象徴というよりも、夜間の休息時に冷え冷えとした空気に触れる中で自然と汚れのない純粋な心を実際に感じることができると考えられており、これらは一体的と言った方がよいかも知れない。「平旦の氣」も同様に明け方の清澄な空気に象徴される、静かで澄み切った心である。これは、まだ明け方の、つまりまだ活動していないものの、これから活動しようとする際の心の有り様を示す。李侗は「夜氣」を正しく養うことで、明け方のまだ事物に接せず活動していない時に、静かで澄み切った「湛然虛明」の心を体感することができるというのである。

以上の内容と先ほどの李侗の朱熹宛ての書簡の内容と合わせれば、この「湛然虛明」なる心こそが李侗が考える「未發の中」ということになる。李侗はこの「湛然虛明」の心を養うことで、日中の活動時に良心を滅ぼさないようにすることができ、また日中の活動時に心が「梏亡」に至らないようにすることで、汚れのない純粋な心としての「夜氣」を保ち続けることができると考えたのである。李侗の朱熹宛ての書簡で、「夜氣」の説が昼間の「存養」を兼ねると言っていたのは、以上のように夜間に純粋な心を養うことが、日中の活動時に心を汚さないことにつながることを言うのである。

ところで、李侗が引用する「夜氣」や「平旦の氣」はいずれも『孟子』「告子」上の一節である。この一節を訳せば以下のようになる。

孟子は言った。牛山の木はかつて美しかった。しかし、大国の郊外にあったため、人々は斧で木を伐採してしまい、今では美しいとはいえない。昼と夜とが生長させ、雨露が潤して、苗木もまた再び生じたが、人は牛や羊を放牧して食わせてしまい、そのため、今のようにつるつるになってしまった。人は今のつるつるの山を見て、昔から一木も生えていないと思うかもしれないが、それは山の本性ではない。人の本性についてもこれと同じで、どうして人に仁義の心がないだろうか。人が良心を失ってしまう理由もまた、斧が山の木を伐採し尽くすことと同じで、毎日これを伐採して、どうして美しくなろうか。日夜良心が生じて、「平旦の氣」に触れても、その好悪が人と近いものが少ないとすれば、それは昼間のうちに行ったことが、気を乱して亡ぼしてしまっているからだ。気を乱すことを繰り返せば、「夜氣」によっても良心を持続できなくなる。「夜氣」が良心を持続させることができなければ、もはや禽獣と大して違いがない。人はその禽獣のような様子を見て、これを最初から善なる素質がないと言えば、それはどうして人の本性であろうか。だから、本当に養うことができれば、生長しない物はないのである。本当に養うことができなければ、消え去らない物はないのである。

孟子曰。牛山之木嘗美矣、以其郊於大國也、斧斤伐之、可以為美乎。是其日夜之所息、雨露之所潤、非無萌蘖之生焉、牛羊又從而牧之、是以若彼濯濯也。人見其濯濯也、以為未嘗有材焉、此豈山之性也哉。雖存乎人者、豈無仁義之心哉。其所以放其良心者、亦猶斧斤之於木也、旦旦而伐之、可以為美乎。其日夜之所息、平旦之氣、其好惡與人相近也者幾希、則其旦晝之所為、有梏亡之矣。梏之反覆、則其夜氣不足以存。夜氣不足以存、則其違禽獸不遠矣。人見其禽獸也、而以為未嘗有才焉者、是豈人之情也哉。故苟得其養、無物不長。苟失其養、無物不消。（『孟子集注』巻一一／『四書章句集注』三三〇～三三一頁）

孟子のこの一節は、緑が生い茂っていた山が、人間の伐採行為によって禿げ山になってしまったことを譬えに、本来は善である人間の性が、日常の行為次第で悪化することを説く大意である。そのことを説明する際、孟子は日中に行った活動によって良心は汚されてしまい、それを繰り返すことで良心が「夜氣」によっても修復できなくなると説くのである。

孟子はこの「夜氣」を必ずしも明確に説明していない。しかし、大意としては、昼間、つまり活動している時に正しくない行動を取ることが、活動していない時の心に対しても悪影響を及ぼすことを説き、また活動していない時の心を正しく養うことが、活動時の心が正しく機能することにつながることを説いている。李侗はこの『孟子』が説く休息時と活動時の関係を、『中庸』の「未發」と「已發」の関係性として理解したのである。つまり、『孟子』で「夜氣」が心を養うと説いていることに、「未發の中」の体験を見出し、「夜氣」に養われた良心を破壊しないよう日中に活動するということに「已發の和」を見出しているのである。

以上の一節の内容をまとめてみたい。程頤は「顔子所好何學論」で人間の心を「未發・已發」に分ける考え方を示し、「未發」に聖人と凡人とが共通する局面、「已發」に聖凡が分かれる局面を見出した。この「顔子所好何學論」の文脈の中では「未發の中」が必然的に重要な課題となるわけであるが、「顔子所好何學論」の中では特に論じられていなかった。李侗が「夜氣」の記述に基づいて「未發の中」を体験する工夫論を説いたのは、「未發・已發」の考え方を『孟子』に当てはめ、そこから修養方法を導きだそうとしたものと言える。このように、程頤が提唱した「未發・已發」の問題について、その弟子筋の学者たちは継続して取り組んでいたことがわかる。胡宏は李侗とほぼ同時代でわずかに後の人物であるが、それでは胡宏はどのようにこの問題に取り組んだのか。

## 第二節　胡宏『知言』の思想

「未發」・「已發」をめぐって右のような議論があったことを確認しつつ、次に胡宏の『知言』の思想について、特徴的な点を整理しておきたい。先述のように、朱熹は張栻・呂祖謙とともに『知言』に批判を加え、その内容を「知言疑義」としてまとめた。(13)『語類』によると、朱熹は「知言疑義」の内容を以下のように概括している。

「知言疑義」の主要な内容は以下の八点である。性に善悪がないとすること。「心」を「已發」とすること。「仁」を「用」の側面においてのみ言うこと。「心を盡くす」ということを「作用」の方面によって理解すること。涵養を事としないこと。先に知識に務めること。氣象が窮屈なこと。口調が高遠に過ぎること。

知言疑義、大端有八、性無善惡、心為已發、仁以用言、心以用盡、不事涵養、先務知識、氣象迫狹、語論過高。（『語類』巻一〇一「胡康侯」、楊方録／第七冊、二五八二頁）

もっともこの八条について、清朝の考証学者である黄宗羲（号は南雷、梨洲。一六一〇～一六九五）は、『宋元學案』巻四二、「五峰學案」において、更に以下の三点に整理している。

しかし、合わせて言えば、三点だけである。「性に善悪なし」というのが一つ目である（①）。心を「已發」とする、だから、作用のところにおいて、尽くそうとせざるを得ない。「仁」とは人心であり、「已發」とは心のことを言う。だから、作用のところから「仁」のことを言わざるを得ない。この三点は一つにまとめられるのであり、これが二つ目である（②）。この心を察識して、その後に操存するのが、三つ目である（③）。その後の二句は、説き方のことに過ぎない。

然會而言之、三端而已。性無善惡、一也。心為已發、故不得不從用處求盡。仁、人心也、已發言心、故不得不從用處言仁。三者同条、二也。察識此心、而後操存、三也。其下二句、則不過辭氣之間。（『宋元學案』巻四二「五峰學案」／第二冊、一三七七頁）

このように黄宗羲は、朱熹が整理した胡宏思想の特徴の八点は独立した論点ではなく、大きく分ければ、三点にまとめられると分析する。胡宏は「心」のことを「性」が発動した（＝「已發」）状態のことを指すと考えている。また『孟子』においては「仁とは人心」（『孟子』「告子」上）とされている。よって、「心」を「已發」とする前提に立てば論理的帰結として、「仁」とは「已發」の局面に現れることになる。また、「心」が「已發」であれば、「心を盡くす」（『孟子』「盡心上」）という工夫もまた、具体的な現象としての「作用」の側面から取り組むことになる。要するに、朱熹が挙げた「心為已發」、「仁以用言」、「心以用盡」の三点は個別の論説ではなく一つにまとめることができるのであり、「仁以用言」、「心以用盡」の二点は、「心為已發」の前提に立てば当然そうなるという性質の主張として扱うことができるのである。また、「不事涵養」と「先務知識」の二句についても、意識的な反省としての「察識」の工夫を、自身の道徳性を養う「涵養」の工夫より優先することを指しているから、これも一点にまとめられる、と黄宗羲は考えているのである。「氣象迫狹」と「語論過高」との二点は、思想内容ではなく、『知言』の説き方に関するものであるから、ここでは特に論じない。以上のような黄宗羲の整理を踏まえて、朱熹思想との対比で見た胡宏思想の特徴を挙げると以下の三点にまとめることができよう。

①「性」に善悪は存在しない、と考える点。
②「性」を「未發」、「心」を「已發」とする点。
③「察識」の工夫を専ら「存養」に先行すると考える点。

本章ではこれら三点について、それぞれの経書解釈上の根拠を検討することで、胡宏の立場に沿いつつ胡宏の学説の特徴を解明したい。なお②については胡宏と朱熹の立場の相違の根幹に関わるものと考えられるので、本章では便宜上最後に論ずることとする。

## 一　胡宏の性論と天理・人欲観

朱熹は胡宏を「性に善悪無し」と説いていると批判するが、そもそも胡宏は自ら「性に善悪無し」と説いているわけではない。これはあくまで、朱熹が胡宏説に対して下した否定的評価に過ぎない。「性に善悪無し」と説いていると指摘することが、なぜ「否定的」な評価となるのかと言えば、「性に善悪無し」とは、「告子曰く、性は善無く不善無きなり。」（「告子」上）とあるように『孟子』において否定される告子の学説だからである。[14] つまり、朱熹は胡宏の説を告子の説と同様の説と見なしてそれを否定しているのである。それでは胡宏自身は性に関してどのように説くのか。胡宏は『知言』において以下のように言う。

ある者が「性」について質問して言った。「性というものは、天地が成立する所以です。そうであるなら、孟子や荀子や揚雄が善悪によって性を言うのは誤りでしょうか。」答えて言った。「「性」というものは天地や鬼神の深奥である。「善」という言葉でもこれを言い表すには足りない。ましてや「悪」という言葉では言わずもがなである。」ある者がまた尋ねた。「どういう意味でしょうか。」答えて言った。「私は父上（胡安國）から聞いた。「孟子だけが諸儒から抜け出しているのは、孟子は「性」を知っているからだ。」と。私がどういう意味ですかと尋ねたところ、父上は言った。「孟子が性は善であると言ったのは、嘆美の辞である。悪と相対しない。」と。」

或問性。曰性也者、天地之所以立也。然則孟軻氏、荀卿氏、揚雄氏之以善惡言性也非歟。曰性也者、天地鬼神之奥也。善不足以言之、况惡乎哉。或又曰何謂也。曰宏聞之先君子。曰孟子所以獨出諸儒之表者、以其知性也。宏請曰何謂也。先君子曰、孟子道性善云者歎美之辭也、不與惡對。（「知言疑義」所引『知言』／『胡宏集』、中華書局、一九八七年初版、「附録」、三三三頁）

胡宏は「性」とは「天地鬼神の深奥」なのであって、「善」「悪」といった言葉で言い尽くすことはできない、とする。そして、『孟子』が性を「善」と説いたのは、善悪を超えた「歎美の辞」である、とする。胡宏の性論は、孟子の性善説を支持しつつも、その「善」とは「悪」と相対する善ではなく、より根源的な、絶対的な善である、と言おうとする点に特徴があると言える。それでは朱熹はなぜ胡宏の性論は「性に善悪無し」と言っていると理解するのか。朱熹は以下のように説明する。

質問。「「天理と人欲とは、行を同じくして情を異にす」という胡氏の『知言』の語は精密です。「體を同じくして用を異にす」というのは、天理と人欲とを混同して区別ができていないのではないでしょうか。」答え。「胡氏が「性に善悪無し」と説いた、と言ったのはここから来るのだ。本源のところで分別がなく、一緒に扱って、それでこれを「同體」と言ったのだ。彼は道理については精微を尽くしているのに、なんと、ただ一つの大本については分別がないことか。」

問、天理人欲、同行而異情、胡氏此語已精。若所謂同體而異用、則失之混而無別否。曰、胡氏論性無善惡、此句便是從這裏來。本原處無分別、都把做一般、所以便謂之同體。他看道理儘精微、不知如何、只一箇大本却無別了。（『語類』巻一〇一、陳淳録／第七冊、二五九二頁）

「天理」とは天由来の善なる本性、「人欲」とは人間固有の私欲を言う。この問答において、質問者の朱熹の弟子は、『知言』の「天理・人欲は、體を同じくして用を異にし、行を同じくして情を異にす。」（「天理人欲、同體而異用、同行而異情。」）の語のうちの「行を同じくして情を異にす」の部分については是としつつも、「體を同じくして用を異にす」の部分については天理と人欲とを混同していて適切でない、という。そして朱熹は弟子のこの質問を承けて、自分が「胡氏は「性に善悪無し」と説いた」とみなしたのは、このことによるのだ、と説明するのである。

胡宏は、「天理」と「人欲」とは、本体を等しくしつつも作用を異にすると考え、また行いが同じであっても情が異なる、とする。朱熹は『知言』の「體を同じくして用を異にす」の句を問題とし、本体としての「性」において天理と人欲との区別がされておらず、そのことに基づいて「性に善悪無し」を説いているとみなしたのである。もっとも、この点は「天理を存して、人欲を滅ぼす」と説き、天理と人欲を全く相容れないもの、と捉える朱熹の立場を前提としての批判と思われる。よって、この点に関して、胡宏の立場からその思想の内容を検討してみよう。『知言』に以下のように言う。

凡そ、天命が有するもので、衆人が持っているものは、聖人もみな持っている。人は「情」があることを、弊害とするが、聖人は「情」を去らない。人は「才」を有害とするが、聖人は「才」を否定しない。人は「欲」を不善とするが、聖人は「欲」を絶たない。人は「術」を道徳を傷つけるものとするが、聖人は「術」を棄てない。人は「憂」があることを未熟とするが、聖人は「憂」を忘れない。人は「怨」を持つことを寛容でない、とするが、聖人は「怨」を忘れない。

凡天命所有而衆人有之者、聖人皆有之。人以情為有累也、聖人不去情。人以才為有害也。聖人不病才、人以欲為不善也。聖人不絶欲、人以術為傷德也。聖人不棄術、人以憂為非達也。聖人不忘憂、人以怨為非宏也、聖人不釋怨。（「知言疑義」所引『知言』／『胡宏集』附録一、三三三～三三四頁）

胡宏は「天命の有する所」、つまり「性」が有するものにおいて、「情、才、欲、術、憂、怨」は、衆人はこれを不善とするが、これらは聖人も有しているものである、と考える。つまりこれらは、衆人においては不善であっても、聖人においては不善とはならないものであって、よって、「情、才、欲、術、憂、怨」それ自体に善悪はない、と胡宏は考えるのである。それでは衆人と聖人の「情、才、欲、術、憂、怨」の違いはどこにあるのか。胡宏は以下のように説明する。

そうであるならば、どのようにして（聖人は）衆人と区別があるのか。聖人は発動して節度に適い、衆人は発動して節度に適わないのだ。節度に適えば、是であり、節度に適わなければ、非である。是によって行えば正しく、非によって行えば、邪となる。正しければ善となり、邪であれば悪となる。そうであるのに、世の中の儒者が善悪によって「性」を言うのは、なんと不明で、愚かなことか。

然則何以別於衆人乎。聖人發而中節、而衆人不中節也。中節者為是、不中節者為非。挾是而行、則為正、挾非而行則為邪。正者為善、邪者為惡。而世儒乃以善惡言性、邈乎遼哉。（「知言疑義」所引『知言』／『胡宏集』附録一、三三四頁）

胡宏は、「善」「悪」とは「已發」の状態において発動した心が節度に中たるか否かによって生じると考える。つまり、「未發」の段階では「善」「悪」の区別はなく、その意味において聖人と衆人の違いはないのであり、その善悪が生ずる以前の聖人・衆人が共通している状態を、胡宏は「性」と呼んでいるのである。

「天理」と「人欲」の話に戻そう。胡宏は「發して節に中たる」か否かによって聖凡が分かれると考えた。「天理」と「人欲」の区別について、胡宏が「體を同じくして用を異にす」と説くのは、節度に適うことに「天理」、節度から外れることに「人欲」を見出していることを意味する。その意味で胡宏思想において「人欲」は、朱熹のように根底から滅却すべき対象とは考えられていない。適切に制御すべき対象として捉えられているのである。朱熹が「大本において分別がない」と批判する胡宏の思想は胡宏の立場に即せば以上のような主張なのである。それでは次にこの胡宏の思想の経学上の根拠を検討してみよう。

まず、「聖人は発動して節度に適い、衆人は節度に適わない」の表現に着目したい。『知言』原文の「發」とは当然『中庸』の「喜怒哀樂の未だ發せざる、之を中と謂う。發して皆な節に中たる、之を和と謂う」を踏まえる。『中庸』の原文は「喜怒哀樂」の感情に即して説くものであるが、『知言』では「情、才、欲、術、憂、怨」が取り上げられている。

「情、才、欲、術、憂、怨」の語は、いずれも『孟子』を典拠とする言葉である。『孟子』においては「情」と「才」については、性善説の根拠として、万人に内在する善性として説かれる。[15] 性は善でも悪でもない、とする告子の主張に対して、孟子は性が善であることの根拠として、情が善であることと、不善が才（才能）の罪でないことを挙げている。

また「欲」については『孟子』「梁恵王」下の好色・好貨・好勇を説く条に基づく。[16] 略言すれば、以下のような内容である。斉の宣王は孟子に自分の欠点として「好色」「好貨」「好勇」を挙げつつ、自分には王道を行う素質がないと言う。これに対して孟子は宣王にこれらの欲望を抑えることを説かずに、かえって詩書や聖王の故事を引きつつ、古の聖王もこれらの欲望を持っており、この欲望をきっかけとして王道を実現した、と説く。

また、「術」とは「梁恵王」上で、斉の宣王が犠牲の牛を憐れみ、他者の痛みを見過ごせない心（「忍びざるの心」）を起こして羊に替えたことを、孟子が自らの仁なる道徳心を傷つけない方法と評価して「仁術」と称したことに基づく。

「憂、怨」については注に記すが、[17]『孟子』においてこれらの条はいずれも同方向の主張の中で説かれている。つまり、「情、才、欲、術、憂、怨」は、いずれも聖人と衆人とが共通して持っており、またそれらは否定されるべきものではなく、衆人はこれを手がかりとして自らを修養できる、という大意の中で説かれているのである。

胡宏は『孟子』のこれらの語に基づく形で天理と人欲との関係性を捉えているのであり、衆人の「情、才、欲、術、憂、怨」を「人欲」、『孟子』で説かれる聖賢が持つものとしての理想的な「情、才、欲、術、憂、怨」を「天理」として理解しているのである。

また、胡宏にとっての天理と人欲の関係性を示すものとして以下の例も挙げられる。胡宏は『知言』において、目耳口の感覚と色声味の欲について以下のように説明する。

かの人の視覚の五色における、聴覚の五声における、口の五味における、その性は元々持っているのであり、外から来るのではない。聖人はその性によって教え導き、至善に因り、それ故、民が教化されることは容易である。老子は「欲すべきを見ざれば、心をして亂さしめず。(第三章)」と言ったが、欲することができるのは、天下の「公欲」なのであり、これを隠して、見せないようにすることなどできようか。

夫人目於五色、耳於五聲、口於五味、其性固然、非外來也。聖人因其性而道之、由於至善、故民之化之也易。老子曰、不見可欲、使心不亂。夫可欲者、天下之公欲也、而可蔽之使不見乎。(『知言』／『胡宏集』九～十頁)

『知言』のこの条も、複数の『孟子』の記述を結び付けることで構成されている。まず、目耳口と色声味の関係性については『孟子』「告子」上の以下に基づく。

だから、人は誰でも、口は味覚に対して同じような嗜好があり、耳は音声に対して、同じような鑑賞力があり、目は容色に対して同じような審美眼がある、と言える。そうなら、心についてだけどうして同じでないだろうか。心で同じところとは何かと言えば、理であり、義なのだ。

故曰、口之於味也、有同耆焉。耳之於聲也、有同聽焉。目之於色也、有同美焉。至於心、獨無所同然乎。心之所同然者何也、謂理也、義也。(『孟子集注』「告子」上／『四書章句集注』三三〇頁)

このように、『孟子』の原文では、人は皆な口耳目の感覚器官において共通して求める味や声や色がある、と説き、また心においては理義を等しくしている、とする。また、先引の『知言』の「その性は元々持っているのであり、外から来るのではない。」は『孟子』「告子」上の以下の記述に基づく。

同情心はすべての人が持っており……同情心は仁に属す。……仁義禮智は、外から自分を飾るものではなく、もともと自分が具有しているのだ。
惻隱之心、人皆有之。……惻隱之心、仁也。……仁義禮智、非由外鑠我也。我固有之也。(『孟子集注』「告子」上／『四書章句集注』三二八頁)

この『孟子』の原文は、人は皆な「惻隠」の同情心を始めとする四端の心を有しており、四端の心は「仁義禮智」の四徳に対応し、よって四徳は人に内在する、と説く。胡宏は『孟子』の前者の記述における口耳目における味声色と、心における理義とを「人の同じく然る所」と説明する文脈と、後者の「仁義禮智」の固有性を説く文脈とを結びつけて、「目耳口」における「色聲味」を、仁義禮智と同様の人の本性として読み込もうとしているのである。

また、欲望の対象となるものと接しないことで、欲望が起こらないようにする、という『老子』の言葉を引用しつつ、その言葉を否定し、欲望を根底から消し去ろうとする態度を胡宏は拒絶する。そして、正しい欲の有り方として「公欲」という概念を提唱するのである。

そもそも『孟子』の原文は、義理や四徳の内在性を強調するために、同じく万人に内在する感覚器官の欲求の普遍性を引き合いに出したものである。胡宏が目耳口における色声味の欲求について、その正しい欲を「公欲」として強く肯定的に捉えようとするのは、『孟子』が説く、「心における義理」と「目耳口における色聲味」という対応関係に基づいて、色声味の欲求の中に、心における義理のような「天理」を見出そうとしていると言える。

このように、胡宏は人欲の正しいあり方の中に天理を見出す理欲観を持つが、この考え方は『孟子』の記述の中で、欲望が必ずしも否定的に扱われておらず、正しく対処することで道徳心の向上の契機につながるものとして説かれていることに発想を得ているのである。強調しておきたいのは、このことは朱熹との間に重大な解釈上の差異を生じていることである。

朱熹は目耳口における「色聲味」のような「性」を「氣質の性」、つまり身体を構成する物質の拘束を受けて悪に染まる危険性のある「性」と捉え、純粋な善である「本然の性」としての仁義禮智と厳密に区別する。そして、「人欲」を尽く排除することで「天理」が発現するという天理・人欲観を持っていた。また朱熹は「飲食は天理、美味を求めるのは人欲[18]」と言い、朱熹も欲望を一律に否定するわけではないが、これは生存に関わる欲求のみに限定して天理を容認しようとするものである。その点で、「色聲味」の欲求の正しい有り様に天理を見出そうとする胡宏の立場とは全く異なっているのである。

「情、才、欲、術、憂、怨」は、『孟子』において聖人も持つとされ、あるいは修養のきっかけとして説かれ、不善とはされていない。また、『孟子』において、「目耳口」における「色聲味」の欲は、心における「義理」と同じく人に内在するものとして説かれ、不善として退けられていない。胡宏は、このような人の様々な感情や欲求における聖凡の共通性を強調する『孟子』の文脈に基づく形で、天理と人欲とは、本質面で等しく、現象面で節に中たるか否かの違いがあると説明するのである。そして胡宏は、そのような天理と人欲の関係性を「天理人欲、同體異用」という言葉で表現したのである。

以上では胡宏の性論と天理人欲観について論じたが、これは聖凡は何が共通し、何が相違するのか、ということに関する議論である。それでは、次に凡が聖に至る方法としての胡宏の工夫論について論じたい。

## 二　「察識」「涵養」の先後

「察識」とは事物と接触した際に内省して自己の善性を知覚することで、「涵養」とは道徳性を養うことを指し、どちらも宋学で一般的な工夫である。胡宏は察識は涵養に先行し、涵養は察識によって知覚された道徳性を心において養うこととして理解した。これに対し、朱熹は涵養こそが最も根本的な工夫で、察識とは涵養によって整えられた素地の上に行われるべき工夫と考え、またその察識の工夫が、次の涵養の工夫をより有効なものにすると考えた。つまり、涵養と察識の工夫とが相互に作用するという互発説を説いた。また、「未發」の工夫として、意識を専一にして事物に取り組む「敬」を説いた。このような両者の工夫論はそれぞれいかなる経書解釈に支えられているのであろうか。

胡宏が「察識」と「涵養」の順序について明確に説いた記述として、「知言疑義」所引の『知言』の以下の条が挙げられる。

彪居正は「仁を為す」ということについて質問した。答えて言った。「仁を為そうと思うなら、必ずまず仁の本体を察識しなければならない。……他日あるものが質問して言った。「(先生の教えによれば) 人が不仁となる所以は、自分の良心を放逸してしまうからです。放心した状態で、心を求めることは可能なのですか。」答えて言った。「斉王は牛を見てこれを殺すのを可哀想に思ったのは、良心の苗裔が、利欲の間から発現したのだ。一度、これに気がつくことがあれば、これをしっかり掴んで保有し、保有して養って、養って充たせば、ついには大きくなる。大きくなってもやめることがなければ、天地と同じである。この心は人にあって、その発現のきっかけは人それぞれである。これに気がつこうとすることが肝要である。」

居正問為仁。曰。欲為仁、必先識仁之體。……他日某問曰。人之所以不仁者、以放其良心也。以放心求心可乎。曰。齊王見牛而不忍殺、此良心之苗裔、因利欲之閒而見者也。一有見焉、操而存之、存而養之、養而充之、以至于大。大而不已、與天地同矣。此心在人、其發見之端不同、要識之而已。(「知言疑義」所引『知言』／『胡宏集』附録一、三三四～三三五頁)

弟子の彪居正の仁を為すにはどうしたらよいか、という質問に対して、胡宏はまず仁の本体を知らなくてはならない、と答える。また、人の心に「不仁」が生じる原因を、「良心」を放逸するからだ、と説明する。そして「放心」の状態にあっていかにして心を取り戻すことができるのか、という質問に対する胡宏の答えは以下のようである。

胡宏は、放失した「良心」を再び取り戻す方法として、『孟子』「梁惠王」上の「忍びざるの心」を取り上げて説明する。つまり、斉の宣王が犠牲の牛が恐れおののくさまを哀れに感じて見過ごせなかったのは、人倫に接する局面で良心の苗裔が発現したからに他ならないが、人は日常人倫の世界において自然と発現するこうした端緒を掴んで養って充実させ大きくさせなくてはならないのであり、そうすることで仁の本体を知ることができる、と胡宏は考えるのである。そしてその良心の発現の端緒は人によって異なるから、適宜それを察しなければならない、とする。このように、胡宏は「已發」の局面において良心の端緒としての四端を察識することを通じて、その四端が発現させる主体、つまり自分の「性」としての仁の本体を知覚することができると考えたのである。つまり、胡宏は「未發」を意識が働いていない状態と考えるが、「已發」における発現を通じて、間接的に、「未發」の本性を知覚することができ、そのようにして知覚した道徳性を養い育て、充実させることが「存養」や「拡充」の工夫であると考えたのである。

ここで彼が論拠とする経書の記述に注意すれば、いずれも『孟子』の記述を繋ぎ合わせる形で構成されていることに気がつく。まず、「人が不仁となる所以は、自分の良心を放逸してしまうからだ」と胡宏が考えるのは、先述の『孟子』「告子」上の牛山章の内容を踏まえる。

次に、『孟子』「公孫丑」上の四端章は、「惻隠」・「羞悪」・「辞譲」・「是非」の「四端」は「仁義禮智」の「四徳」の端緒であり、人は誰でも人倫において道徳的な感情としての「四端」を発現させるのであり、人はそれを「拡充」して押し広げ満たしていくことで「四徳」へと到達できる、と説く。

胡宏は『孟子』の四端章の、四端をまず「察識」して、次にそれを「拡充」するという記述の順序を、工夫の順序として理解しているのである。つまり、この『孟子』の記述から、「察識」を先にし、「涵養」を後にするという工夫論を読み取っているのである。

それから、『知言』の「操りて之を存し、存して之を養ひ、養ひて之を充たし、以て大に至る。」の表現は、『孟子』の牛山章で引かれる孔子の言葉「操れば則ち存し、舍つれば則ち亡ぶ。出入時無く、其の郷を知る莫きは、惟れ心の謂なるか。」と「公孫丑」上の「凡そ我に四端有る者、皆な拡めて之を充たすを知れば、火の始めて然え、泉の始めて達するが若し。」とを一体にして説いたもので、「以て大に至り、大にして已まざれば天地と同じならん。」の表現は、四端章の末尾の「苟し能く之を充たせば、以て四海を保んずるに足る。」を意識したものと思われる。

さて、胡宏は『孟子』のこの両章の内容を結び付けて解釈することで、先に察識し、後に涵養するという工夫論を説くわけであるが、胡宏がこの両章の内容に注目することの理由として、両章の内容がそもそも似ていることが考えられる。牛山章では、「人に存する者と雖も、豈に仁義の心無からんや。其の良心を放つ所以の者、亦た猶お斧斤の木に於けるがごとし。」のように、放失する「良心」を「仁義の心」と説き、仁義の心を放逸してしまうのは外的環境の影響によると説いている。また、四端章では、四端の心は、井戸に落ちかけている子供を見て惻隠の心が発現するように、外的な人倫に接する際に良心が発現することを説いている。つまり、このように『孟子』の牛山章と四端章の内容は、ネガティブとポジティブの違いはあれども、どちらも人倫の世界で、道徳心が外的な環境の影響を受けることを説いているのである。

まとめれば、胡宏は『孟子』の牛山章と四端章の内容を、日常の世界で発現した良心を察識して、しっかり離さず、それを養い育てるという、同じ大意を説いていると理解して、『孟子』のこの両条の内容を一体にして説いたのが、先に察識し、後に涵養するという工夫論なのである。

『知言』のこの条は、いわゆる湖南学の主要学説の一つである「察識端倪説」を説明したものであるが、以上のようにこの工夫論は、『孟子』の拡充説を説く章の「四端」と、牛山章が説く「良心」とを同一視することで成り立っているのである。それでは涵養を察識に先行するものとして、涵養と察識の互発を説いた朱熹は、このような胡宏の考え方に対していかに反論するのか。朱熹は『知言』のこの条に対する「疑義」で以下のように言う。

また、放心状態で心を求める、という質問はとても切実であるが、その返答の仕方は支離のようだ。心を把持して留めるのと、放逸して失うのとは、一息の隔てもない。放逸したことに気がついてこれを求めれば、もう心はここにあるのだ。今すでに心を放逸してしまい、把持して留めることができない者において、そのことを放置してそれ以上は問わず、他の時に他のところで発現するのに気がつくのをまってから、それに従って把持する、ということであれば、まだその発現に気がつかない間においては、この心はかくて間断してしまい、それ以上工夫を用いるところがなくなってしまう。その発現に気がついてから、これを把持するということであれば、把持するのは発現したその端緒だけ、ということになってしまう。その本源の完全な本体については、いささかも涵養の工夫がない、ということになる。拡充して、天と同様に大きくなろうとしても、私は無理ではないかと思う。

又以放心求心之問甚切、而所答者反若支離。夫心操存舍亡、間不容息。知其放而求之、則心在是矣。今於已放之心、不可操而復存者、置不復問、乃俟異時見其發於他處、而後從而操之、則夫未見之間、此心遂成間斷、無復有用功處。及其見而操之、則所操者亦發用之一端耳。於其本源全体未嘗有一日涵養之功、便欲擴而充之、與天同大、愚竊恐其無是理也。(「知言疑義」所引『知言』／『胡宏集』附録一、三三四頁～三三五頁)

「放心状態で心を求める、という質問はとても切実である」とあるように、朱熹の主張の立場は、『知言』において質問者が「良心を失った放心状態にあって、いかにして心を取り戻すのか」と質問した、その質問者の問題意識に等しい。つまり、真に心を放逸した者は自分が放心状態であることにも気が付かないのではないか、との疑問を発しているのである。胡宏はこの問いに対して、人は「放心」の状態であっても人倫に接する中で自然と「良心」が発現する、と答えた。一方、朱熹は「放逸したことに気がついてこれを求めれば、もう心はここにある」と言い、「放心」に気が付いた時点で心はすでに把持されている、と考えて、そのような意味で牛山章の「操れば則ち存す」の語を理解したのである。つまり、「放心を求める（求放心）」こととは、人倫に発現した四端のような道徳的感情を把持することでなく、自らの「放心」状態に気づくことそれ自体と朱熹は考えた。そして、「放心を求める」こととは、ある心の状態から別の心の状態に至ることを求めることを説くものではないとし、『知言』での質問者が言うような「放心を以て心を求める」という事態はそもそも論理的に起こり得ないと考えたのである。それでは朱熹のこのような考え方はどのような経書解釈に基づくのか。

朱熹は「涵養」と「操存」とをほぼ同義に用いる。(19)「操存」とは『孟子』「告子」上で孔子の語として引かれる「操れば則ち存す」の語に基づく。『孟子』の原文では「操れば則ち存す」は「求放心」を説明する文脈で出てきており、朱熹は「操存」の語を「求放心」の具体的方法を説いたものと理解する。「涵養」と「察識」の互発を説きつつ、「涵養」をより根源的な工夫と捉える朱熹の工夫論は、『孟子』の四端章における四端の知覚からその拡充へという記述に、察識から涵養へという工夫の順序を見出す胡宏の理解を容認しつつ、更に「求放心」を「四端」の察識に先行するより根本的な工夫として理解することで成り立っているのである。[20] つまり、「求放心」から「四端の察識」へという部分のみを見れば、涵養から察識という工夫の順序になり、「四端の察識」から「拡充」へという部分を見れば、察識から涵養という順序になるものとして理解されているのである。

以上のように、胡宏と朱熹の工夫論の差異は、『孟子』「告子」上の牛山章の「求放心」の対象としての「良心」と、「告子」上の四端章での「忍びざるの心」や「四端」との関係をいかに捉えるか、ということに原因しているのである。胡宏と比較した際の朱熹の工夫論の特徴は「求放心」および「操存」を「未發」の工夫にあてることで、四端の知覚などの「察識」の工夫より先行するものとすることである。しかし、胡宏にとっては「未發」とはそもそも知覚が働かない状態のことを指すものであるから、工夫の対象とはなりえない。それではこのような胡宏と朱熹の「未發」と「已發」に対する見解の相違はいかにして生じるのだろうか。ここまで述べてきた議論をまとめる形で考察したい。

## 三　「未發・已發」と「心性」の捉え方について

胡宏の「未發・已發」と「心性」に対する考え方は『知言』の以下の条によって知ることができる。

聖人はその本体を指して「性」と言い、その作用を指して「心」と言う。「性」は発動しないわけにはいかない。発動すれば「心」である。

聖人指明其體曰性、指明其用曰心。性不能不動、動則心矣。（「知言疑義」所引『知言』／『胡宏集』附録一、三三六頁）

このように、胡宏は「心」と「性」とを「體用」の関係で捉え、「心」の本体を「性」、「性」の発動を「心」とする。胡宏の理解では、「性」は形而下にあっては発動せざるを得ないのであって、発動すれは「心」である。

胡宏は、「未發」を知覚が働かない形而上の「性」、「已發」を形而下的な知覚一般を指す「心」として捉えた。これに対して、朱熹は「未發」を「性」、「已發」を「情」と解釈し、「心」については張載の「心は性情を統ぶ」の語を借りて、「未發・已發」に一貫するものとして捉えた。胡宏は「未發」では知覚が働かないと考えるため、そもそも工夫の対象としない。一方、朱熹は「未發」と「已發」をともに形而下の次元で理解し、「未發」を心の比較的「静」なる状態、「已發」を心の比較的「動」なる状態と捉えた。そして、朱熹は先述のように、「未發」では「存養」および「涵養」の工夫を行うとし、「已發」では「察識」を行い、涵養を察識より根源的な工夫としつつ、察識の進展によって涵養も深まるとする涵養と察識が相互に作用する「互発」の工夫論を唱えた。それではこのような両者の「未發已發」の捉え方の違いはいかなる経書解釈を根拠とするのか。

ここで振り返りたいのが、本節で考察した、胡宏の性論における「情、才、欲、術、憂、怨」の扱いである。胡宏は、「情、才、欲、術、憂、怨」は天命としての「性」から「發」しており、これらが「發」して「節」に中たるか否か、によって「善悪」が分かれる、と考えていた。

つまり、「未發」においては、万人の普遍的な共通性としての「性」の観念に当て、「已發」において衆人と聖人の区別が生じる局面を見出した。衆人と聖人との共通性と相違については『孟子』の一貫したテーマである。『孟子』では、「情、才、欲、術、憂、怨」は聖人と衆人とが共通して有するものと考えられているが、胡宏はそのことに基づいて、「情、才、欲、術、憂、怨」自体には善悪はないとして、天理と人欲とは根本を等しくする、という「天理人欲、同體異用」の説を説いたのである。

『孟子』の原文では、「欲」や「術」に関して明確に説かれるように、心に正しく対処する必要を説いている。そして、『中庸』においては「未發」はそのままで「中」であるのに対し、「已發」の局面においては「節に中たる」ことで初めて「和」となるとされる。胡宏はこのような意識の発動の局面で「節に中たるようにしなくてはならない」とされる『中庸』の「已發」の内容に、発動した心に一定の対処を求める『孟子』の内容との接点を見出しているのである。言い換えれば、『中庸』は「已發」において、節に中たるべき対処の必要があるように説いているが、その対処の中身を説いていない。胡宏はこれに『孟子』における「情、才、欲、術、憂、怨」の扱いを関連づけ、そこに節に中たるべき修養法を見出しているのである。また、本節では察識と涵養の順序をめぐる胡宏と朱熹の立場の相違と『孟子』解釈の側面から考察したが、これを「未發」・「已發」の観点から整理すれば以下のようになる。

胡宏は『孟子』の四端章の「四端」の発現という点に、「已發」の局面を見出し、「四端」の察識を通じて「仁の體」としての本性を知覚できる、と説いた。そして、四端から四徳に至る、という『孟子』の原文を、「已發」の四端を通じて、「未發」の本性としての四徳を知覚する、という大意で理解したのである。

一方、朱熹は、四端の察識に関しては胡宏と同じく「已發」の局面とするが、『孟子』の「存心養性」（「盡心」上）や「操存」（「告子」上）のような自分の心性に対処することが説かれる場面に、心の比較的静なる様態としての「未發」の局面を見出した。胡宏は「已發」自体を「心」とするのに対し、朱熹は「心」を「未發」と「已發」とにまたがるものと捉えたが、このような理解は、『孟子』「告子」上の「求放心」と、「公孫丑」上の「四端の察識」とを区別して、「求放心」を本心把持の工夫として、「已發」の工夫の前提と理解したことに対応していると言える。

このように、胡宏と朱熹の思想的相違は「未發・已發」の語の解釈に関わるものであるが、その内容の実質は、『孟子』のいかなる文脈の中に「未發・已發」を見出して捉えるか、という点に関わっていると考えられるのである。

## 小　結

第一節で論じたように、程頤は「顏子所好何學論」で、「未發」を聖人と衆人とが共通する本性の局面と位置づけた。聖人と衆人の共通性という問題は、性善説を説く『孟子』の一貫したテーマであるから、「未發」という言葉を程頤のように理解する道学の徒が、『孟子』の記述に注目するようになるのは必然的だったと考えられる。李侗が『孟子』の記述を手がかりに「未發の中」を体験する工夫論を説いたのはそうした流れであると思われる。

このような経緯を踏まえれば、これまで論じてきた胡宏の思想の特徴が自ずと浮かび上がるものと思われる。胡宏は、「未發」ではなく「已發」の語に着目して、「已發」を「心」とし、「性」を本体、「心」をその作用として捉えたのは、それ以前の道学者が、「未發」を『孟子』に見出そうとしていた状況からの大きな転換であったと考えられる。胡宏は、それまでの程門にとっての難題であった「未發」の議論を知覚が働いていない工夫の対象外として、いわば棚上げにしつつ、より『孟子』の記述に手がかりを得られそうな「已發」の方に注目する形で、「未發」と「已發」を理解しようとしたのである。

胡宏は『孟子』「公孫丑」上の「四端」の発現という内容に着目して、そこに「已發」の局面を見出し、その善なる良心としての四端が発現する原因として人間の本性に「未發」を見出した。このようにして、胡宏は「已發」とつながり得る記述を『孟子』の中に見出しつつ、『孟子』の説く性善論と、程頤以来の聖凡共通の本性としての「未發」の位置付けとを巧みに関連付けることを可能にしたのである。

道学における胡宏の工夫論については右のように位置づけられると思われるが、最後に道学の工夫論そのものの意義についても考えてみたい。本章冒頭部でも触れたように、工夫論とは修養論の意味である。およそ修養論とは、実践・体験の中で論じられるのが一般的であろう。しかし、道学者の工夫論では必ずしもそのような方面での議論は盛んではない。本章が論じてきたように、道学者にとっての一番の関心は諸々の経書の内容と整合的に説明できるか、ということであった。その意味で、道学者の工夫論は、少なくとも表面的には経書解釈をめぐる議論なのである。それでは彼らにとって実践は二の次の問題だったのか。

本章が結論として示したいのは、彼ら道学者にとっては、経書解釈をめぐる思索の中に、工夫の実践の現場が、少なくともその一端があったということである。道学者は、「未發」・「已發」について、それぞれの局面でいかなる工夫を行うかを議論したが、実際には「未發」と「已發」に対する理解がそもそも異なっていた。本章が論じたように、李侗は「未發」と「已發」を社会生活での非活動時と活動時と考え、胡宏は「性」と「心」と考え、朱熹は「心」の比較的「静」なる局面と、比較的「動」なる局面と考えた。つまり、「未發」と「已發」という概念について必ずしも厳格な意味での共通の理解があったわけではないのである。それでは彼らの議論は何をめぐる議論だったのか。

程頤の「顏子所好何學論」の内容がすでにそうであったように、彼ら道学者の議論で共通しているのは、「未發」に聖凡共通する局面を見出し、「已發」に聖凡が分かれる局面を見出すということである。「未發」と表現される以上、その聖人としての理想状態はすでに自己に内在的であるはずである。そうした自己に内在する理想状態は人間生活のいかなる局面に存在するのか、道学者が議論しているのはその点と言える。李侗はこれを、「夜氣」に象徴される外物と触れあわない時の「湛然虚明」なる静かで澄み切った心に見出した。胡宏は、日常生活の中で発現する良心の根源としての「性」と考えた。そして、朱熹は本心を把持して主体を確立している状態にそれを見出した。これらの学説はいずれも経書解釈に基づくが、日常生活の中で体験できる性質のものである。つまり、道学者が「未發」の語をめぐって議論していたのは、人間の理想的な心性を日常生活のいかなる局面に見出すかということだったのである。その点で、彼らの議論はあくまで経書解釈に基づくものでありながら、その内実は現実生活での実践を強く意識していたと言えるのである。道学者は自らの理想状態の所在を経書の記述のうちに求めたが、そうした思索自体が、経書の記述の追体験を通じて、善と悪とが入り交じる自己の内面と向き合い、いかに正しく日常人倫世界と関わるべきかを考える「実践」の現場だったのである。その意味で、道学者の工夫の現場は経書解釈それ自体にあったと言える。

道学の工夫論における『孟子』の重要性と、経書の記述を組み合わせて思想を構築する知的営みの意義を確認して本章を終えることとしたい。

## 注

（1）『龜山語録』「明道在潁昌、先生尋醫、調官京師。因往潁昌從學。明道甚喜、毎言曰。楊君最會得容易。及歸、送之出門、謂坐客曰。吾道南矣。」

（2）『後漢書』巻三五、鄭玄傳「融喟然謂門人曰。鄭生今去、吾道東矣。」

（3）本論の『知言』の引用は『胡宏集』（中華書局、一九八七年初版）所収の『知言』と「知言疑義」に拠る。『知言』の文献上の特徴については高畑常信『宋代湖南学の研究』第二章第三節「知言の板本」に詳しい。略言すれば以下のようである。『知言』はもと一巻で、篇目もなかったが、明の弘治年間に程敏政が刻した際に、「知言疑義」を付録とし、「知言疑義」に引用される条を『知言』から削除したようである（「程敏政胡子知言跋」）。この体裁は粤雅堂本などの通行本（いずれも六巻）や、中華書局『胡宏集』に踏襲されている。現行の『知言』には篇目が付けられているが、これは『四庫總目提要』によると明人が付け加えたもののようである。四庫全書本は『永樂大典』に拠って、「知言疑義」所引の条も『知言』の原文に戻して、旧来の体裁に戻した、とする。

（4）『語類』巻一〇一、李方子録／第八冊、二五八二頁「東萊云知言勝似正蒙。」なお、呂祖謙の著作中からはこの語は確認できない。

（5）朱熹の定論確立以前の中和旧説は胡宏の思想の影響を受けるものであったが、最終的には張栻との議論を経て、胡宏を中心とする湖南学の説を批判し定論を確立するに至る。その経緯は『朱文公文集』巻七五「中和舊説序」に詳しい。

（6）小島毅『朱子学と陽明学』（ちくま学芸文庫、二〇一三年）は、朱熹の登場以前において、南宋の道学の中心的地位にあったのは胡氏学であったと指摘している。また、胡宏と二程子の学問との関わりについては、従来は、その「動」を重視する立場から程顥との関係を強調する見方が強かったが、程頤思想との関係も重要であることについては宮下和大『朱熹修養論の研究』（麗澤大学出版会、二〇一六年）を参照。

（7）朱熹の湖南学の受容とその批判については、友枝龍太郎『朱子の思想形成』の第一節「張南軒の已發察識端倪説と動的人倫の自覚」、第三節「張南軒思想の特色とその変遷」（春秋社、一九七九年初版、一九八九年改訂版）を参照。この研究は朱熹の思想形成を論ずることを目的として、朱熹と張栻の交流に着目したもので、胡宏や『知言』に対する論及は少ないが、張栻思想の分析を通じて湖南学思想の基本的性格についても考察している。

（8）程頤「顔子所好何學論」は、朱熹『近思録』巻二に引用されている。本章での「顔子所好何學論」本文に対する理解は、湯浅幸孫『近思録』（タチバナ教養文庫、一九九六年）を参照した。

（9）程頤「顔子所好何學論」成年については、旧来、朱熹の「伊川先生年譜」に拠って皇祐二年（一〇五〇）、程頤が十八歳の時の作と考えられてきたが、姚名達著『程伊川年譜』（商務印書館、一九三七年）はいくつかの確かな証拠を挙げて嘉祐元年（一〇五六）、程頤が二十四歳の時の作と断定している。本章でも姚氏の考証に従い二十四歳の作として扱う。

（10）『論語』「述而」篇「哀公問。弟子孰為好學。孔子對曰。有顔回者好學、不遷怒、不貳過。不幸短命死矣。今也則亡、未聞好學者也。」

（11）程頤や朱熹は「克己復禮」を「己に克《か》ちて禮に復《かえ》る」と読み、己の人欲を滅却して、天理の状態に復帰することと解釈する。

（12）『延平答問』については、高畑常信『延平答問』（明徳出版社、一九八五年）を参照。

（13）高畑常信氏の研究によれば、「知言疑義」は思想的には乾道五年春の「已發未發説」の成立の時に始まるもので、乾道七年秋には張栻・呂祖謙にまとまった形で示され、乾道八年には議論は収束していた、とされる（前掲『宋代湖南学の研究』七四頁）。現行の「知言疑義」は『朱文公文集』巻七三に収められており、まず朱熹が問題を含むと判断した『知言』の本文とそれに対する朱熹の批判の語が載せられ、その次に朱熹の批判に対する呂祖謙と張栻の意見が書かれ、更にそれに対する朱熹の意見が加えられる、という体裁である。

（14）『語類』巻一〇一、周謨録／第七冊、二五八八頁「曰、知言固有好處、然亦大有差失、如論性、却曰、不可以善惡辨、不可以是非分。既無善惡、又無是非、則是告子湍水之説爾。」

（15）『孟子』「告子」上「曰、乃若其情、則可以為善矣。乃所謂善也。若夫為不善、非才之罪也。惻隱之心、人皆有之。惻隱之心、仁也。仁義禮智、非由外鑠我也、我固有之也、弗思耳矣。」

（16）胡宏にとって『孟子』「梁惠王」下の「好色・好貨・好勇」の条が一連のものと考えられていること、また『知言』のこの条の言う「術」の語が『孟子』の「仁術」を踏まえつつも「忍びざるの心」を指すものと考えられることについては以下によって確認できる。『胡宏集』「與明應仲書」、一一一頁「齊王曰吾好色好貨好勇、而不非之、又有公劉太王文武之事導之。不忍一牛之死、則以為仁術而可以王。」

（17）「憂」と「怨」とについては『孟子』の以下の記述をそれぞれ踏まえる。『孟子』「梁惠王」下「齊宣王見孟子於雪宮。王曰、賢者亦有此樂乎。孟子對曰、有。人不得、則非其上矣。不得而非其上者、非也。為民上而不與民同樂者、亦非也。樂民之樂者、民亦樂其樂。憂民之憂者、民亦憂其憂。樂以天下、憂以天下、然而不王者、未之有也。」、『孟子』「萬章」上「萬章問曰、舜往于田、號泣于旻天、何為其號泣也。孟子曰、怨慕也。」このように、『孟子』では、「憂」は王道を実践する上での前提、「怨」は聖王舜の故事として説かれる。

（18）『語類』巻一三、甘節録／第一冊、二二四頁「問、飲食之間、孰為天理、孰為人欲。曰、飲食者、天理也。要求美味、人欲也。」

（19）操存と涵養とは、『語類』巻九、曾祖道録／第一冊、一四九頁「操存涵養、則不可不緊。進學致知、則不可不寬。」というように、ほぼ同義で用いられている。

(20)『語類』巻一〇一、周謨録／第七冊、二六八九頁にも四端の知覚と「求放心」とを区別する主張があり、やや内容が詳しい。「因論湖湘學者崇尚知言。……如論齊王愛牛、此良心之苗裔、因私欲而見者、以答求放心之問。然雞犬之放、則固有去而不可收之理。人之放心、只知求之、則良心在此矣、何必等待天理發見於物欲之間、然後求之。」

# 第二部　道学者の思想と政治姿勢

# 第三章　陳亮の「事功思想」と孟子解釈

第二章で論じたように、乾道六年（一一七〇）に朱熹は湖南学の領袖である張栻と浙学の領袖である呂祖謙とともに「知言疑義」を著し、当時の「道学」の中心的存在だった湖南学の学説に疑義を呈した。この三名は思想的な相違もあったが、当時の学界から「東南の三賢」と等しく尊ばれ、この三名の切磋琢磨によって「道学」は南宋思想界で勢力を広げることとなった。しかし、そうした情勢は、間もなく転機を迎えることとなる。淳熙七年（一一八〇）には張栻が、翌年には呂祖謙が相次いで死去したのである。この二名の同志を失ったことは朱熹にとって大きな痛手となった。この時期以降の南宋思想界では、朱熹を主たる批判対象として新たな思想を表明するものが相次いで現れ、朱熹は彼らとの論争に追われることとなる。その代表的な人物が浙学の新たな旗手である陳亮と、江西学の領袖である陸九淵であった。

## はじめに

陳亮(1)（字は同甫、号は龍川。一一四三〜一一九五）は婺州永康（浙江省金華県）の人で、浙学の一派である永康学派の領袖として知られる。元々浙学は朱熹の畏友でもある呂祖謙が中心人物であったが、呂祖謙が淳熙八年（一一八一）に死去すると、陳亮は浙学の新たな旗手として台頭することとなった。呂祖謙は伊洛の諸儒の名言集であり道学の入門書である『近思録』を朱熹と共同で編集するなど、その思想的立場は朱熹と重なる面が少なくなかった。しかし、陳亮はそれと大きく異なり、朱熹だけでなく「道学」の提唱者とも言うべき二程までも批判して憚らない人物だった。朱熹はそのような陳亮の台頭を道学を内部から混乱させるものと強く警戒していた(2)。

陳亮と朱熹との間で交わされた論争は「義利・王霸論争」と呼ばれる。この論争で、朱熹は夏・殷・周の三代を「天理」が行われた王道の世で、漢以降は盡く「人欲」が行われた霸道の世に過ぎないとしたのに対し、陳亮は、漢唐は三代と同じく王道の世であると主張した。論争は淳熙十一年（一一八四）に開始され、三年間ほど往復書簡が交わされたが、議論は結局決着を見なかった。このことから、陳亮は、朱熹と論争して最後まで屈しなかった人物として知られる。(3)

陳亮思想を扱う上で注意しなくてはならない点は、陳亮の批判者から見た陳亮思想と、陳亮思想そのものとを区別しなくてはならないという点である。朱熹はこの論争の中で、陳亮は「義と利の両方を行い、王道と霸道を合わせて用いる（「義利雙行、王霸並用」）(4)」と主張していると評する。つまり朱熹は、陳亮が「義（道義）」と「利（功利）」をどちらも求め、「王道」と「霸道」を合わせて行うことを説いていると批判するのである。この「義利雙行、王霸並用」の語は清代の全祖望（号は謝山。一七〇五～一七五五）が記した宋・元時代の学術史である『宋元學案』にも採用されており、陳亮思想の特徴を端的に示す言葉として広く知られている。近年の研究でも陳亮の思想を一種の霸道容認論と見なすものがある。(5)また、陳亮思想をしばしば「事功思想」もしくは「功利主義」と評するのは、陳亮の思想は、動機の善悪よりも功利の大小を重んずる思想と見なすからであるが、(6)こうした見方は朱熹の陳亮評価を背景としているのである。

「義利」と「王霸」とは『孟子』に典拠を持つ言葉である。孟子は、為政者は「利」ではなく「義」を求めるべきと説き、また武力に基づく「霸道」政治ではなく、仁義の人倫道徳に基づく「王道」政治をこそ目指すべきと説いている。こうしたところから、一般的に『孟子』は、結果や利益よりも動機や道徳性を重んずる思想家と見られている。朱熹が右のように陳亮思想を概括するのは、「義利雙行、王霸並用」を説いたとすれば、陳亮の思想は孟子の思想と真っ向からぶつかっていることになり、その思想が誤りであることが自明となるか

らなのである。(7)
実際には陳亮はこの評価に反発しており、(8)「義利雙行、王覇並用」の言葉は陳亮思想に対する客観的な性格付けとは言えない。それにもかかわらず、右のように陳亮思想が概括されてきたのは、朱熹の後世への影響力が絶大であるために、朱熹の陳亮評価が、陳亮自身の思想と混同されてしまった側面があることを示しているのである。

これに対して、本章では、陳亮は少なくとも形式の上では飽くまで朱熹と同じく「義」や「王道」を尊び、「利」や「覇道」を価値の低いものとして説いており、更に陳亮は若年から晩年に至るまで孟子を尊崇する文章を書き、しばしば『孟子』を典拠として持論を展開していることに着目する。陳亮の孟子理解はいかなるもので、その孟子理解は、陳亮思想が「事功思想」と評されることといかなる関係があるのか。(9)本章では、彼の孟子理解に関わる著述を時代順に考察することで、陳亮思想の特徴を批判者の視点からではなく、陳亮の立場から再検討したいと考える。

## 第一節　「語孟發題」と「六經發題」

陳亮はその没年の前年に状元及第を果たすまで、二度の科挙落第を経験している。本章は陳亮思想を考察するにあたって、まず、乾道八年（一一七二）、陳亮が三十歳の時の著述である「語孟發題」と「六經發題」に着目する。この著述は陳亮が二度目の科挙失敗の後、郷里の郷学で教鞭を執っていた際に、六經（『周易』を欠く）と『論語』・『孟子』を彼の思想的立場から解説したものである。ここでは主に「孟子發題」を取り上げ、他の

「發題」については、以降の陳亮思想の発展を論ずる上で重要と思われる部分のみ取り上げる。まず、陳亮は「孟子發題」で以下のように言う。

昔の先儒に以下の言葉がある。「公なるものは、万人に共通で、私なるものはとりどりに分かれる。人心においてその顔のようにそれぞれ異なるものは私心だ」と。ああ、私心は一度芽生えると、止まる所がわからない。
昔先儒有言。公則一、私則萬殊。人心不同、如其面焉、此私心也。嗚呼、私心一萌、而吾不知其所終窮矣。
（『陳亮集』巻一〇「語孟發題　孟子」／上冊、一〇八頁）

この「先儒」の語とは程頤の語で、[10]「嗚呼」以下が陳亮の見解である。[11]程頤のこの語は人間の心における「公」と「私」の側面を説明し、万人に共通するのが「公」、人によって異なるのが「私」であると説明する。陳亮はこの「孟子發題」で、この程頤の語を冒頭に掲げつつ、この語を自分の立場から解説する形で、『孟子』を解説するのである。続いて陳亮は、万人が「公」なる心を保っていた先王の理想の世を以下のように記す。

先王の時、礼制は行き渡って、名分は定まり、心には止まる所が有った。だから天下の人は、それぞれ人の本心を識り、自分の親を親とするだけでなく、他者の親も親とし、自分の子を子とするだけでなく他者の子も子とした。その本心は同じでないことはなかった。
先王之時、禮達分定、而心有所止。故天下之人、各識其本心、親其親而親人之親、子其子而子人之子。其本心未嘗不同也。（同前）

陳亮は、先王の世では、民衆は身近な者に向ける親愛の情を、関係の浅い者にまで向けた（『禮記』「禮運」篇の「大同の世」を踏まえる。[12]）、とする。そして、陳亮は、この親愛の情は、人の「本心」であり、万人が共通して有している、という。冒頭の程頤の言葉との関わりから考えれば、陳亮は、親子の親愛の情は万人が共通して持つから、それは「公」なる心であると考えているのであろう。このように陳亮は、肉親に対する親愛の情としての「本心」を万人が認識することで、その親愛の情は近親から縁の遠いものにまで及ぼされるようになり、天下に太平がもたらされると説明するのである。

以上は「公」なる心が盛んな先王の理想時代についてであるが、次に陳亮は「私」なる心が盛んとなった春秋・戦国時代以降の衰勢の世を以下のように説く。

周王朝の統治が衰え、王者としての余沢が盡き果てると、利害が生じて、人心はそれになびいて、打算する心が内におこり、思惑が心の外に行われ、始めは自分の身の安全を計ろうとして、終いには争奪や誅殺にまで至って、その害悪は四海にまで及んで止まることがなくなった。

周道衰而王澤竭、利害興而人心動、計較作於中、思慮營於外、其始將計其便安、而其終至於爭奪誅殺、毒流四海而未已。（同前／上冊、一〇九頁）

周王朝が衰えて、利害が生ずる状況が興ると、万人が自己の利益を優先して混乱状態に陥る。これは、冒頭の程頤の語の「私則萬殊」に対応するものと考えられる。つまり、利害を求める私心は人によって千差万別であるから、皆が利害を求める時、私心が衝突して「爭奪誅殺」に至る、と陳亮は考えているのである。そして陳亮は以下のようにそうした乱世に対処する教えを説いたのが孟子であるという。

孟子はこの時に生まれ、天下がこのような乱世の極みに至っているのを憐れみ、その流弊は救うことができないが、ただ人心が一度でも正しくなれば、それぞれが自分の本分に従い、天下が定まると思った。ましてや、天下の趨勢は行くところまでいって今にも好転しようとしており（「窮まれば変ず」『周易』「繫辭下傳」）好転してこれに通達することは、手のひらを返すように容易いことだった。孟子はその道理が迅速であることを知っていたが、時の君主は迂遠とした。私は以上のことから、斯道が行い難いのではなく、人心が正しにくい、ということを知ったのである。だから、よく孟子の書を読むものは、人心を正すことを主とすることを知らなくてはならず、人心を正す説を求める者は、義と利の区別をわずかな違いの中で理解しなくてはならない。

孟子生於是時、憫天下之至此極、謂其流不可勝救、惟人心一正、則各循其本、而天下定矣。況其勢已窮而將變乎、變而通之、何啻反掌之易。孟子知其理之甚速、而時君方以為迂。吾是以知非斯道之難行、而人心之難正也。故善觀孟子之書者、當知其主於正人心、而求正人心之説者、當知其嚴義利之辨於毫釐之際。（同前／上冊、一〇九頁）

陳亮は、孟子はこのような乱世に生まれ、人心が正しくなれば、それぞれがその本心に従って、天下が定まると考えた、とする。そして、孟子を読む者は、人心を正すということを知らなくてはならないのであり、また人心を正す説を求めるものは、義と利のわずかな違いを厳密にすることを知らなくてはならない、と説明する。つまり、混乱した天下に太平をもたらすためには人心を正すことが必要だが、人心を正す上で最も根本的に重要なことは、義と利の区別を厳密にすることであり、そのことを説いたのが孟子だ、と陳亮は主張するのである。

さて、このように陳亮は「義利の区別」という点に孟子思想の重点を置くが、「義利の区別」という点を重視すること自体は朱熹も同様であり[13]、一般的な道学的理解にも思える。事実、本章注7の田宏氏の研究も、この著述で陳亮が義利の区別を強調していることを根拠に、この時期の陳亮の思想を、「功利思想」を説くに至った朱陳論争時の思想と区別して扱っている。しかし、「義利の区別」を重視することが同じであるにしても、問題なのはその中身である。陳亮の考える「義利の区別」は朱熹のそれと同じか。そのことを考えるために、陳亮の考える「人心を正す」とは、いかなる心を、いかなる心へと改めることを意味するのか目を向けてみよう。

「孟子發題」の文脈の中では、「義利の弁」のうちの「利」とは「利害」を計る「私心」のことを指し、「義」とは「公」なる「本心」のことを指すものと考えられる。つまり、利害の私心から公なる「本心」へと改めることを陳亮は「心を正す」と説いているわけである。

利害の私心が他者より自己を優先する心を指すことは問題無かろう。注目したいのは「本心」の方である。先述のように、陳亮は、先王の世においては、万民は、その共通の「本心」を持っており、そのため「其の親を親とし人の親を親とし、其の子を子とし人の子を子とす」という状態を理想と位置づけていた[14]。これは『禮記』「禮運」篇に基づく表現であるが、「禮運」篇は親子の情愛を関係の浅い物へも向けることを説くその内容から墨家の兼愛説に近いことが指摘され、儒者の中でも評価の分かれる経典である。陳亮が『孟子』を解説する中で、直接関係がないと思われる「禮運」篇の記述に基づく言葉を用いるのは、自分の理想を説明する上での強い意図があってのことと思われる。それでは陳亮の理想とはいかなるものか。

親や子に対する親愛の情は人の本心であって、人は誰もが有していると考えること自体は、儒者の通念に等しいであろう。陳亮は更に、同じ心が万人において共有されている時、自己にとって身近な者への親愛の感情が、他者にとっての身近の者へも向けられるものと考え、つまり、同じ「本心」を有するものの間で、自己と他者の境界がなくなり、いわば「一体的」となるものと考えているのである。

また、冒頭の内容を振り返れば、陳亮が掲げる程頤の「公なれば則ち一」の語は、もともとは、人の心において「公」なるものは万人に共通することを説くものである。しかし、このことは陳亮にとっては個々人の共通性を説いているだけではない。上古の世では、万人が本心を等しく有していたために争いがなかった、と言う「孟子發題」の文脈の中では、そのような万人がともに有する「本心」が、そうした共通性に基づいて「一体性」を志向するものとして理解されているのである。つまり、陳亮にとっての「公」とは「万人に共通する」という意味と、その共通性より生ずる「一体性」という意味の二つの意味があるのであり、「義」もそうした意味で理解されているのである(15)。

以上を踏まえれば、陳亮にとっての「義」と「利」の区別とは、自分にとって身近な者と関係の薄い者とを分け隔てなく大切に思う心と、自分を優先する心との区別ということになる。

これに対して、朱熹は「義」とは「人心の固有に基づくもの」であり、かつ「天理の公(16)」であると説明する。また「利」とは「利益を求める心」であると言う。つまり、朱熹は人心が固有するものすべてを「義」とするのではなく、人心の内の「天理の公」なる側面を「義」と位置づけているのである。この考え方は、万民が共通して持つか否かに基づいて公・私を区別する陳亮の考え方よりも「義」の含む範囲は限定的であり、抽象性が高いと言える。また、朱熹が「利益を求める心」全般を「利」としているのは、自分を優先する心を「利」とする陳亮の理解より、「利」の含む範囲が広い。

もっとも、この時点での陳亮の主張はこれ以上自身の義利説を敷衍しているわけではなく、朱熹との違いもそれほど鮮明にはなっていない。本節では、「孟子發題」に以上のような朱熹と異なる見解がこの時点で見えていることを指摘するに留め、その他の發題の特徴的な議論を見ていきたい。

陳亮は「孟子發題」で、万人が等しく有する「本心」の存在を強調し、そのことを万人が正しく認識することで太平がもたらされると説くが、この主張は他の「發題」の内容にも関わっている。「論語發題」には以下のように言う。

『論語』の一書は、「下學」の事でないものはない。学ぶ者はその「上達」の説を求めるが、それが得られないと、その深遠そうな言葉を取って、懸命に意味を考え、考えが熟すと、またこのために言葉を作って、「これが精髄だ、あの経文はただその表面的なものだ」などと言う。ああ、これが彼らが死ぬまで経書を読んで、身をやつしても、それでも得るところがあった、と言う所以である。かの道は天下において、本末も内外も無い。聖人の言に、どうして一方だけを挙げて、もう一方を言わないなどということがあろうか。……そうであれば『論語』の書はどのように読めばよいのか。思うに、聡明さを心の内に用いて、ひたすら「下學」に専心して、「その心の同じく然るところ」を求めるのだ。努力が積み重なれば、将来の「上達」は、今日の「下學」のことでないものはないのだ。

論語一書、無非下學之事也。學者求其上達之説而不得、則取其言之若微妙者、玩而索之、意生見長、又從而為之辭、曰此精也、彼特其粗耳。嗚呼、此其所以終身讀之、而墮於榛莽之中、而猶自謂其有得也。夫道之在天下、無本末、無内外。聖人之言、烏有舉其一而遺其一者乎。……然則論語之書、若之何而讀之。曰、用明於内、汲汲於下學、而求其心之所同然者。功深力到、則他日之上達、無非今日之下學也。（同前「論語發題」／上冊、一〇八頁）

陳亮は、「學ぶ者」にありがちなこととして、『論語』に「上達の説」を求め、これを解釈して精妙なものに仕立てようとすることがあると言い、そうした態度に反対する。これは「上達」を「天理に上達する」[17]ことと解し、日常の人倫を説くことが多い『論語』を形而上学的に解釈する傾向のある程頤のような立場を念頭に置くものと考えられる。そして陳亮は、ひたすら「下學」して、「人心の同じくする所」を求め、それを蓄積することで、今日「下學」したことが、将来「上達」するのだと理解する。ここでも陳亮は、「孟子發題」と同じく「人心の同じくする所」を重視する。そして、形而下から形而上へ、という程頤的な思索の発展の方向性を否定し、「上達」を、飽くまで形而下的な実践としての「下學」の蓄積と捉えるのである。「道」に「本末」「内外」はない、という語自体は、道学の常套句であるが、以上の文脈から、陳亮は眼前の形而下的世界に「道」を見出すべきと説いているのである。

更に、「周禮發題」では聖王の政治について、「良好な風氣に従い、時宜に依拠して法を制定した（「順風氣之宜、而因時制法」）」と言い、「書經發題」では、「民の心に従って、時宜に依拠したので、通常の状態にあっても怠らず、異変に遇っても天下は安定していた（「順民之心、因時之宜、處其常而不惰、遇其變而天下安之」）」と言い、いずれにしても、古の聖王は、民の心に順って、時宜に則った政治を行ったと説く。これらは庄司荘一氏が指摘するように[18]、聖王の政治は、古今不変ではなく、「限定した一時代に即して制度を布いた」ことを説くものである。

以上のように論じてきた「六經發題」の内容をまとめよう。陳亮は万人がともに有する心に治乱の転機・学問の重点を見出し、「義利の辨」や「下學上達」という道学の重要タームもこの語との関連の中で理解した。つまり、万人が共有する本心と利を求める私心とを弁別することを「義利の辨」、日常の人倫において「本心」を求めることを「下學」、その努力を積み重ねることを「上達」、万人が共有する心に依拠して、時宜に則した政治を行うことを聖王の理想の政治と理解したのである。

陳亮は、程頤的な「形而下」から「形而上」へ、という学問の段階的発展を意識しつつそれを否定し、形而下の日常卑近なものの中に理想を見出そうとしているのである。また、「義」と「利」の違いを、自他の区別を無くす心と自己を優先する心の違いとして理解している点はすでに朱熹の理解と大きく異なっていることも指摘しておきたい。以上は陳亮思想の基本的輪郭を示すものである。

## 第二節　朱陳論争時の陳亮思想

朱陳論争での往復書簡の内容については、すでに多くの先行研究があるが[19]、本章では陳亮思想の展開を考える上で特に重要と思われる「本領（＝根本の意）」と「工夫」という概念に関わる部分に注目して両者の議論の展開を追ってみたい。これらの語に着目するのは、朱熹との論争の中で、これらの語をめぐって陳亮の主張に変化が見られると思われるからである。

陳亮と朱熹の書簡のやりとりは、淳熙九年（一一八二）に始まるが、朱陳論争は淳熙十一年（一一八四）、陳亮が四十二歳の時に開始され、三年間継続する。この論争の開始時期の陳亮の書簡である「又甲辰秋書」において、陳亮は以下のように自己の立場を述べる。

孟子や荀子は王覇と義利の弁別を説いたが、漢唐の諸儒はその意味を深く理解することができなかった。しかし伊洛の諸儒が天理と人欲とを弁別したことで[20]、王覇・義利の説は大いに明らかになった[21]。

このように陳亮は、『孟子』や『荀子』が説く王覇や義利の説を認め、またそれを天理・人欲の区別によって説明する程子の立場にも同調しているのである。陳亮が否定するのは、同じく程子の、三代は道によって天下を治め、漢唐は智力で天下を掌握した、とする説であり、その説を発展させた朱熹の、三代は天理を行い、漢唐は人欲を行ったとする説なのである。陳亮は、三代と漢唐の統治を根本から異なるものと説明する朱熹らの主張に反対し、両者をどちらも王道が行われた天理の世であると主張したのである。

更に、同じ書簡で陳亮は、漢唐が人欲の世であるなら、三代以降の一五〇〇年もの間、天地と人々はぼろを補いながら月日を過ごしたことになり、それでどうして万物が繁栄し、「道が常存」することを説明するのか、と言う。[22]そして陳亮は漢唐の君主とその他の群雄との違いを強調して以下のように言う。

だから、私が思うに、漢唐の君主は根本（「本領」）[23]が広々として大きくないものはない。そうであるから、その国は天地と並び立つことができ、人や物はこれに依拠して生息したのだ。ただ、時の変遷があって、その間に遺漏がないわけにはいかなかったのだ。曹操は根本がいつもねじ曲がっていて、[24]天地をつかもうとしても定まらず、勝ったり負けたりで、それ以上手の施しようもなかった。これこそ、専ら人欲を行っても、その間にうまくいくものもあって、わずかばかりの天理がその間に行われることもある、というものだ。[25]諸儒の論は曹操以下の者たちに向けるのはよいが、これで漢唐を断ずるのは、どうして冤罪でないだろう。

故亮以為、漢唐之君、本領非不洪大開廓、故能以其國與天地並立、而人物頼以生息。惟其時有轉移、故其間不無滲漏。曹孟徳本領一有蹺欹、便把捉天地不定、成敗相尋、更無著手處。此卻是專以人欲行、而其間或能有成者、有分毫天理行乎其間也。諸儒之論、為曹孟徳以下諸人設可也、以斷漢唐、豈不寃哉。（『陳亮集』巻二八「又甲辰秋書」／下冊、三四〇頁）

陳亮は、「本領」が広々として大きいこと（「洪大開廓」）に為政者が持つべき素質を見出し、漢唐の君主はそれを持っていると称揚する。そして、「乱世の姦雄」として知られる曹操と区別する。程子が言う智力で天下を把持したとか、朱熹が言う人欲に基づく政治を行ったという批判は、曹操のような者にこそ相応しいのであり、漢唐の君主に当てはめるのは正しくないと陳亮は言うのである。本章の「はじめに」で触れたように、朱熹は陳亮の主張は「王霸並用」を説いていると批判していた。しかし、この右の陳亮の主張からもうかがわれるように、陳亮は詐術や武力に基づく覇道の政治を容認しているのではない。程朱が覇道に類すると見なす漢唐の政治を王道だと説いているわけである。つまり、概念としての義と利、王と覇に対する価値判断が論点となっているのではなく（朱・陳両者とも孟子を尊ぶ時点でこの点は動かない）、義利や王覇の中身、漢唐の君主の心に対する評価が論点となっているのである。

また、陳亮はここで漢唐の政治には「滲漏」があり、完全無欠ではないことにも触れている。本章第一節では、陳亮は、古の聖王の政治について、民心に依拠して、「時宜」に則した政治を行ったと理解していたことを論じた。これを踏まえれば、ここで漢唐の不完全であることを、「時の移り変わりのため」と説明するのは、漢唐がそうした時宜の変化への対処が充分でなかったと言うものと思われる。

さて、ここに陳亮思想の重要概念として「本領開廓」の語を確認できる。「本領」とは「根本」という意味であるが、この語の意味するところについて今少し考察してみたい。同じ書簡で陳亮は「開廓」の語を用いて以下のように言う。

人が天地と並び立って三となる所以は、智仁勇の三達徳が一身の隅々にまで備わっているからだ。『孟子』は終日「仁義」を説くが、（『孟子』「公孫丑」上で）公孫丑と話す一段では「勇」のことを詳細に説いて、更にそれが発展して「浩然の氣」となるとしている。思うに、「広々としている（開廓）」ことを担っていくのでなければ、どうして仁義を有していると言えようか。

夫人之所以與天地並立而為三者、仁智勇之達德具於一身而無遺也。孟子終日言仁義、而與公孫丑論一段勇如此之詳、又自發為浩然之氣。蓋擔當開廓不去、則亦何有於仁義哉。（同前）

この一節によると、智・仁は道徳的な素質、勇はこれらを具体的に運用する能力と考えられているようであり、「本領」が「開廓」であることは、この「勇」に対応するものと思われる。陳亮にとっての「本領」とは道徳性を実際に発揮していく上での「気力」と理解されているように思われる。[26]

以上のような「又甲辰秋書」での陳亮の主張に対して、朱熹は、漢唐の創業の主の「心」について、その心は天理に純然としたものでなく、仁義の名を借りて私欲を行ったもので（＝覇道）、ただ同時代に争った他の群雄よりも才能知術の面で上回ったために大きな功業を成したに過ぎない[27]、とする。そして、堯舜から孔子に至る歴代の聖王が伝授した「道」は一日も天地に行われていない、とする。

また、漢唐が人欲の世であるなら、どうやって「道の常存」を言えるのか、と陳亮は「又甲辰秋書」で説いていた。これに対して朱熹は、道の存続はそもそも人が関わるものではなく、古今を通じて道は不滅のものであるから、三代以降の一五〇〇年もの間、人に壊され続けても、結局滅びることはないというだけで、漢唐の君主は何ら道に寄与していない、と応ずる。[28]

陳亮は、続く書簡の「乙巳春書一」において、三皇五帝は無為の治を行ったが、堯舜以降は法制を作ったり、世襲王朝の仕組みを作ったり、反乱者を鎮圧したり無道の王朝に対して革命を行うなど、聖王の世は各人が置かれた時勢に応じて適切に政治の仕組みを変化させたものだった、と主張する。[29]これは「道の常存」には人為は関与しない、とした朱熹の主張に対応するものと考えられるから、陳亮は、聖王の世にあっても、道は人為の積極的な働きかけによって実現されることを言おうとしたのである。また、陳亮は、「心に常泯無く、法に常廢無し」といい、心が常に亡んでいることなどあり得ず、法が常に廃されていることなどあり得ないとし、三代以降の時代でも、統治者の心が尽く人欲だったとは言えない、とする。

これに対して、朱熹は右のような、聖王の政治は恒常不変を目指したものではなく、時宜にかなうことを目指したものだったと見なす陳亮の考え方は、三代を貶め、漢唐を崇めて両者を同格に見るもので、古と今では正しいものが異なり、聖賢の事であっても尽くは手本とはできない、と考えるものだ、と反発する。[30]そして、朱熹は、陳亮の「心に常泯無し」の語自体は誤りでないが、心は「常に泯滅しない」ことを目指すべきで、「常に泯滅することはない」ことを恃みとすべきでない、とする。更に、陳亮の主張は、人心が危ういのに任せ、時として泯滅することを当然のこととし、「道心」がそのままでは「微か」である（『尚書』「大禹謨」）のを放置して、わずかばかりに泯滅しないことがあるのを願うばかりのものだ、と痛烈に批判する。[31]

この朱熹の陳亮に対する批判は陳亮に少なからぬ動揺を誘っている。そもそも陳亮が「心に常泯無く、法に常廢無し」の語を発したのは、朱熹が漢唐の統治は些かも道に寄与しなかった、と説くのに対して、漢唐の統治に肯定的側面が存在することを強調するためだった。これに対して朱熹は陳亮のこの発言の背後にある、漢唐の統治者の心が完全無欠でないことをわかっていながら、そこに強いて道理を見出して肯定しようとする姿勢を指摘し、それを批判するのである。朱熹は右のように陳亮の言葉をうまく利用することによって、陳亮自身の内にある「常に泯滅しない」という理想状態に目を向けさせようとしたのである。そして、朱熹は、道も人も古今に違いはないのであり、心を「常に泯滅しない」ようにする工夫として人欲を消し去る「聖王傳授の心法」を説きつつ、漢唐の世ではなく、聖王の世こそを目指すべきと説くのである。

陳亮の「乙巳春書一」での聖王の政治の人為性を強調する主張は、道の常存は人と関係がない、と言う朱熹の批判に対応していた。ここに至って、朱熹の考える聖王の統治は、「工夫」という人為の産物であるという考えが示されたことは、「道」を積極的な人為の結果によるものと考える陳亮にとって受け容れ易かったと思われる。

以上の朱熹の批判を受け容れる形で、陳亮の論調にも変化が生じる。続く陳亮の書簡（「又乙巳春書之二」）には、「三代は行い尽くしたものであり、漢唐は行い尽くさなかったものである」[32]との語が出て、漢唐が三代に及ばないことが明言されるに至った。そして更に、次の「又乙巳秋書」では、以下のように言う。

私の主張の要点は、根本が広々としていて、工夫が行き渡っているると、三代を成し遂げるのであり、根本はあっても工夫がないと、ただ漢唐を成し遂げるだけだ、ということだ。

亮大意、以為本領閎闊、工夫至到、便做得三代。有本領無工夫、只做得漢唐。（同前、巻二八「又乙巳秋書」／下冊、三五一頁）

このように陳亮は朱熹との論争を通じて、三代と漢唐との分かれ目は「工夫」にある、と明確に意識するに至るのである。この書簡より以前の「又甲辰秋書」でも、漢唐の政治には「滲漏」があり、完全無欠ではないことに触れられていた。しかしそこでは、根本は三代に等しいということが強調され、漢唐を肯定する文脈で説かれ、完全無欠なる聖王の世を目指すべき論調は見出せなかった。これに対して、乙巳年間の陳亮の書簡では、「工夫」の有無こそが聖王と漢唐とを分ける原因で、「工夫」によって三代の世を実現できるとする朱熹の主張に同調する形で、「乙巳春書一」では漢唐は三代に及ばないこと、また「乙巳秋書」では、工夫が完全であれば三代を成し遂げられることが明言され、漢唐に満足せず、三代を目指すべき方向性が示されるに至ったのである。

これまで、朱陳論争は、両者の議論は最後まで平行線をたどった、と整理されてきた。両者が和解することなく最後まで自説を貫いた、という結果だけ見れば、その通りであろう。しかし、両者の議論の展開を見る時、それとは異なる意義を見出すこともできるのである。つまり、陳亮は朱熹の批判を受けて自説を修正した、あるいは少なくとも論争初期の陳亮の主張には見られなかった観点が、論争を通じて現れるようになった、ということである。

もっとも、この論争時では、陳亮にとっての「工夫」の中身は結局明確には説かれていない。この点に関して思索を深めたと考えられる文章が、「勉彊行道大有功」（『陳亮集』巻九）である。

## 第三節　科挙の答案

### 一　省試「勉彊行道大有功」

陳亮は、朱陳論争終結から六年後の紹熙四年（一一九三）に科挙試験で状元での及第、つまり首席合格を果たす。この「勉彊行道大有功」はその際の省試、都で行われる二次試験での答案である。二年後に死去する彼にあっては、最晩年の著述ということになる。

まず、題名の「勉彊行道大有功」とは、『漢書』董仲舒伝が記載する、賢良対策の際に董仲舒が武帝に対して発した言葉を踏まえる。[33] 陳亮は、董仲舒のこの発言の真意を解説する形で、自己の思想を表明するのである。「勉彊行道大有功」の冒頭に以下のように言う。

天下にどうして道と関係のない事物などあろうか。しかし、人心は危うく（『尚書』「大禹謨」）、一瞬たりとも把持しないわけにいかない。その心を把持しないで（『孟子』に言う）「聲色貨利」の状況にふらふらとし、それでいて毎日のあらゆる政務に（『尚書』「皐陶謨」）いい加減に応じて、事がうまくいかないことを責めるのも、その根本を失うものであろう。これは儒者が大いに恐れることだ。

天下豈有道外之事哉、而人心之危、不可一息而不操也。不操其心、而從容乎聲色貨利之境、以泛應乎一日萬幾之繁、而責事之不效、亦可謂失其本矣。此儒者之所大懼也。（『陳亮集』巻九「勉彊行道大有功」／上冊、一〇

〇頁）

「天下に豈に道外の事有らん」の語は、「道に本末内外無し」と言った「論語發題」の主張と同様、眼前の形而下的事物の中に「道」を見出していこうとする主張と考えられる。陳亮は更に「勉彊して道を行えば、大いに功有り」の語を以下のように解説する。

そもそも「道」というのは他でもない。「喜怒哀樂愛惡」（『禮記』「禮運」篇）の感情が正しい状態を得ることだ。（董仲舒の言葉の）「道を行う」とは他でもない。「喜怒哀樂愛惡」の端緒を審らかにすることだ。一瞬たりとも心力を盡くさないことがないようにすることが、「勉強」の実なのだ。（『孟子』「公孫丑」上の）「賢者は位に在り、能者は職に在り」の状態で、一人も安楽でない民は無く、一つも養われない物が無い、という状態に至るのが、「大いに功有り」ということの効験なのだ。

夫道豈有他物哉、喜怒哀樂愛惡得其正而已。行道豈有他事哉、審喜怒哀樂愛惡之端而已。不敢以一息而不用吾力、不盡吾心、則彊勉之實也。賢者在位、能者在職、而無一民之不安、無一物之不養、則大有功之驗也。（同前／上冊、一〇一頁）

このように陳亮は、「勉彊して道を行えば、大いに功有り」の「道」を「喜怒哀樂愛惡」の感情が正しい状態を得ることとし、「道を行う」ことを「喜怒哀樂愛惡」の端緒を審らかにすること、「勉彊」を些かも心力を用いないことがないようにすること、そして「大いに功有り」を万人が相応しい位を得て、万物が養われるようになることと説明するのである。

それでは、「喜怒哀樂愛惡」の端緒を審らかにすることが、どうして万人・万物の安寧へとつながるのか。陳亮は以下のように言う。

堯舜が（『尚書』で）「ああ（都）」とか「しかり（兪）」と言うのは、堯舜の喜びから発せられたものだ。彼らが一度喜ぶと天下の賢者は盡く任用された。（『尚書』中の）湯王の「湯誓」や周の武王の「太誥」は、彼らの怒りから発せられたものだ。（『孟子』「梁惠王」下にあるように）彼らが一度怒ると、天下の暴乱はすべて除かれた。このようにして「道を行」って功績を挙げたのだ。

堯舜之都俞、堯舜之喜也。一喜而天下之賢智悉用也。湯武之誥誓、湯武之怒也。一怒而天下之暴亂悉除矣。此其所以為行道之功也。（同前）

陳亮は、『尚書』や『孟子』の記述に基いて、聖王は自らの「喜怒」の感情を契機として天下の民に安寧をもたらしたと説明するのである。以上は、陳亮の理解に拠れば、「勉彊して道を行えば、大いに功有り」の実例ということになる。

先述のように、「勉彊して道を行えば、大いに功有り」の語は、董仲舒が漢の武帝に説いた言葉である。陳亮は、その漢の武帝が優れた才能と高い志を持った君主で、儒教経典を表彰したことなどは三代の聖王に比肩すると称えた上で[34]、その功業を以下のように評価する。

経典を盡く官に上送したのは、武帝一人の喜びというわけではない。武帝がこれを一人の喜びとしたなら、真偽が混沌としてただの空虚な文化事業となっただろう。夷狄が漢王朝を侵略してきたのは、武帝一人の怒りというわけではない。武帝がこれを自分一人の怒りとしたならば、人々は安心して生活できず、ただの世の戒めとなっただけだろう。もし、武帝が「勉強して道を行う」ということを知り、それで正しくこれを用いていれば、本物の経典が表に現れて、聖人の道は明らかとなり、必ず空虚な文化事業となることはなかっただろう。夷狄を打ち払って中華と夷狄の趨勢は定まり、必ず世の戒めとならず、その功績は計りようもないほどだったであろう。

經典之悉上送官、非武帝之私喜也。用為私喜、則眞僞混淆、徒為虛文耳。夷狄之侵侮漢家、非武帝之私怒也。用為私怒、則人不聊生、徒為世戒耳。使武帝知彊勉行道、以正用之、則表章而聖人之道明、必非為虛文也。誅討而夷夏之勢定、必不為世戒也、其功豈可勝計哉。（同前）

陳亮は、武帝の六経の表彰という文化事業と、その匈奴への外征事業とは、武帝一人の「私」の感情より発したものではなかったとして、武帝の感情を一応容認する。そして、もし董仲舒が言うように、「勉彊して道を行う」ということを知っていたならば、完全無欠の功業を成就していただろう、と言うのである。それでは現実の武帝はどうだったのか。

武帝は優れた素質と大きな計画を持っていたが、「聲色貨利」の欲求にふらふらとしてしまい、毎日の様々な政務（『尚書』「皐陶謨」）に遍く応じたが、これを警戒して慎むことを知らなかったので、どうしていつも弊害とならなかっただろう。

武帝奮其雄材大略、而從容於聲色貨利之境、以泛應乎一日萬幾之繁、而不知警懼焉、何往而非患也。（同前／上冊、一〇二頁）

このように、陳亮は、武帝が「聲色貨利」の欲求が生じ得る局面に対して、警戒して正しく対処していなかったと責めており、その点に武帝が聖王のような理想の世を実現できなかった原因を求めるのである。

ここで、朱陳論争の内容を振り返ろう。朱陳論争の頃、陳亮が朱熹に漢唐と聖王の異なる所以を問われた際、陳亮は漢唐のことを「本領はあっても工夫が足りない」と答えるのみで、その「工夫」の中身については言及していなかった。これに対して「勉彊行道大有功」では、帝王が取り組むべき「工夫」の内容と、漢唐の君主を理想視せずに、聖王の世を目指すべきとする方向性とが示されているのである。

このように、陳亮はこの文章の題名の「勉彊して道を行えば大いに功有り」の語を、董仲舒が武帝を戒めて心の工夫を説いた語と解釈する。更に、陳亮はこの語を解説する上で、この語を利欲にまみれた武帝の心を「淵源正大の理」に正すよう諫めたものとする「説者」の説を挙げる。(35) この「説者」の説は、董仲舒を功利否定の思想家と捉える朱熹のような立場を想定したものと思われる。(36) 陳亮はこの「説者」の説を批判して以下のように言う。

かの「淵源正大の理」なるものは、事物に達していないなら、孔孟の学問は真に迂闊なものということになろう。時の君主が用いなかったのも無理はない、ということになってしまう。

夫淵源正大之理、不於事物而達之、則孔孟之學、眞迂濶矣。非時君不用之罪也。（同前）

このように陳亮は「説者」の解釈を否定し、この語を以下のように、董仲舒が武帝の大事業好きの性質（陳亮が言うところの「事物」）を、道を行う端緒とすべきことを説いた言葉と解釈するのである。

（『孟子』「梁惠王」下で言うところの）斉の宣王の「好色」「好貨」「好勇」は、どれも道を害することに他ならない。孟子はかえってこれを「拡充」（『孟子』「公孫丑」上）することを説いた。「好色」はすべての人が同様に持っているものであるが、これを独身の男女が一人もいない（『孟子』「梁惠王」下）、という状態にまで到達させれば、「勉彊して道を行って」、それによってその同じくする心を達成させた、ということであり、かくして好色は必ず溺れるには至らず、道の害ではなくなるのである。……また、孟子は、生贄の牛を哀れんだ心を「拡充」して、五十歳の者は肉を食べ、六十歳の者は帛の服を着て、大家族であっても餓える者の無いようにして（『孟子』「梁惠王」上）これを「王道」といった。孟子が「王道」を説いたのは、どうして事情に切実でないであろう。

齊宣王之好色　好貨　好勇、皆害道之事也。孟子乃欲進而擴充之。好色、人心之所同、達之於民無怨曠、則彊勉行道以達其同心、而好色必不至於溺、而非道之害也。……不忍一牛之心、孟子欲其擴充之以至於五十之食肉、六十之衣帛、八口之無饑、而謂之王道。孟子之言王道、豈為不切於事情。（同前）

陳亮は『孟子』の記述に基づいて、好色・好貨などの欲求は、一身においては害であっても、「拡充」することで道の害ではなくなる、とする。ここで『孟子』の原文の内容と陳亮の主張の関係について、整理して論じておこう。「好色」「好貨」「好勇」の語は、いずれも『孟子』「梁惠王」下において、孟子と斉の宣王との間の問答に基づく。(37)「好色」「好貨」（「梁惠王」下の原文ではこれに加えて「好樂」も挙げられている(38)）に関する孟子と斉の宣王との問答は、内容をまとめれば、以下のようになる。

斉の宣王は自分の欠点として「好樂」「好色」「好貨」「好勇」を挙げ、自分には王道を行う素質がないと孟子に言う。孟子は宣王に対してこれらの欲求を抑えようとせず、かえって詩書や聖王の故事を引いて、古の聖王もこれらの欲求を持っていた、と宣王に説く。そして、これらの欲求は、聖王と百姓とが同様に持っているもので、聖王はこれらの欲求を自分だけでなく、百姓にも叶えることで「王道」を実現した、と孟子は説明する。このように孟子は、「好聲」「好色」「好貨」「好勇」の欲求を、「王道」を行う契機として説明するのである。

陳亮は『孟子』のこれらの記述に基づく形で、武帝の大事業を好む心もこれと同様に、万人の心と等しくするものとしてこれを拡大・発展させるべきと主張するのである。

このように、『孟子』は好貨・好色などの欲求を王道の契機として説明するわけであるが、他方で『孟子』「梁惠王」上では「利」を厳しく否定する。このことについては陳亮は以下のように言う。

思うに、利害を計算することは、「本心」が持っていてよいものではない。その極まるや、親を忘れ君主を軽んずるに至るのであり、事物の理に達することができないのは、好貨好色の比ではない。ましてや牛を哀れんだ心とは比較にならないのだ。

蓋計較利害、非本心之所宜有、其極可以至於忘親後君、而無可達於事物之理、非好貨好色之比、而況不忍一牛之心乎。（同前）

利害を計算する心は「本心」ではない、と考えるのは、本章第一節の「孟子發題」の「本心」説を引き継ぐものである。「利」を求めるのは「好貨」「好色」と違い、そもそも自分を優先するものであるから、否定されるのである。そして、陳亮はこの文章の最後に以下のように記す。

聖賢が言う「道」は、後世の者が言う「道」とは異なるのである。人主たるものは、「聲色貨利」に溺れやすく、毎日のあらゆる機会を畏れ慎しむべきで、自分が当に行うべきことに努めることを知れば、董仲舒の意図に近づけるであろう。ああ、どうして天下に道と関係のない事物などあろうか。

聖賢之所謂道、非後世之所謂道也。為人上者、知聲色貨利之易溺、而一日萬幾之可畏、彊勉於其所當行、則庶幾仲舒之意矣。夫天下豈有道外之事哉。（同前）

このように陳亮は人主が行うべき工夫として「彊勉行道」を説き、この文章の冒頭で掲げた、道と関係のない事物はない、という語で締めくくる。これは、喜怒哀樂の感情や好貨好色のような欲求の中にこそ「道」があることを強調するものと言える。

第一節・第二節の内容を踏まえる形で、この文章の意義を述べたい。第一節では、陳亮は、万人が共有する本心を根拠として、身近な者に向ける愛情を、関係の浅い者にも向けて、万人が一体的となる状態を理想としていることを論じた。第三節で論じた、自分の「喜怒哀樂愛惡」の感情や、好色好貨の欲望を契機として、万民と感情を等しくし、万民の欲望を充足させるよう努めることで、聖王の世を実現する、という考え方は、こうした第一節の本心論を引き継ぎつつ、『孟子』の工夫論を取り込んで、より具体的な修養法を説く点に特徴があると言える。また、第二節では、陳亮は朱熹との論争を通じて、漢唐に満足すべきでなく、聖王を目指すべきこと、その上で「工夫」が重要であることを自覚したことを論じた。陳亮は、第二節で直面した課題に取り組み、この文章で、朱熹とは異なる欲望肯定的な工夫論を打ち立てているのである。

## 二　殿試

ここまで論じてきた「勉彊行道大有功」は紹熙四年（一一九三）の光宗朝で行われた科挙の省試での答案であるが、陳亮の最晩年の思想を論ずる上でもう一つの重要な著述が、同じ年の殿試での彼の答案である。殿試とは、郷試、省試（礼部試）、殿試と続く科挙試験のうちの最終試験で、皇帝自らが試験官となって受験生に臨み、皇帝の評価が試験の評価に直結する試験である。陳亮はこの時の答案によって、進士第一名、つまり首席合格の栄誉を勝ち取ったのであるが、そのことは彼の答案が光宗の琴線に触れるものであったことを示している。殿試の出題は皇帝が受験者に下問する形式で出されるが、この時の光宗の出題は以下のようなものだった。

朕は乏しい才徳でありながら、寿皇（孝宗）から譲位の大任を承け、日夜身を慎んできたのは、思うに寿皇の教えに遵い厳格な法度に拠るものである。政務に臨んで今に至るまで五年、治績は挙がらず、恩沢が広く及ばないのは、なんと教化の実績が現れず、号令の意図が重んじられていないことか。……汝ら士大夫は下問を待ってすでに久しい。みな至って朝廷におり、朕が古今の道義を考え、統治・教化の根本を推し量るために、風俗を同じくして（『禮記』「王制」篇）、刑罰を清明にし、太平をもたらす方法について、思うことを尽くして逐一述べよ。朕は自ら読むであろう。

朕以涼菲、承壽皇付託之重、夙夜祇翼、思所以遵慈謨蹈明憲者甚切至也。臨政五年於茲、而治不加進、澤不加廣、豈教化之實未著而號令之意未孚耶。……子大夫待問久矣。咸造在庭、其為朕稽古今之宜推治化之本、凡可以同風俗、清刑罰成泰和之效者、悉意而條陳之。朕將親覽。（『陳亮集』巻一一「廷對」／上冊、一一五頁）

このように、光宗は実父で先帝の孝宗から譲位されて五年目となるが統治の実績が一向に出ない現状を嘆きつつ、教化を行い刑罰を正しく執行して天下に太平をもたらすには、どのようにすべきか受験者に意見を尋ねるのである。このような出題に対して陳亮は以下のように答えた。

私の答え。私が聞きますに、人主は厚く身を修めつつ、薄情に天下の人に対処することがなければ、人は皆な堯舜となることができると言います。……そもそも天下の事物に、人心と民衆の意思より重大なことがありましょうか。そしてその枢要は一人の心にございます。人心に同一とするところが無ければ、民衆の意思のあるところはなく、古今の沿革の道義を論じ、軍事や財政の出費や収入を調べ、それによって治乱や安危の変化を尽くそうとしても、土壌がないのに種が芽生えることを求めるようなもので、天下にどうしてこのような道理がございましょうか。

臣對。臣聞、人主以厚處其身、而未嘗以薄待天下之人、故人皆可以為堯舜。……夫天下之事、孰有大於人心之與民命者乎。而其要則在夫一人之心也。人心無所一、民命無所措、而欲論古今沿革之宜、究兵財出入之數、以求盡治亂安危之變、是無其地而求種藝之必生也、天下安有是理哉。（同前、一一六頁）

陳亮は光宗に対して己を修養し、また民衆に対処することで人が皆な堯舜となることを目指すことを説くわけであるが、この主張には、「勉彊行道大有功」で見たような、皇帝に対して現状に満足させずに堯舜の理想時代を実現させようと導こうとする方向性を確認できる。また陳亮は「人心」の同一にするところに基づいて政治を行うべきことを説くが、これは若年時の「語孟發題」や「六經發題」で説かれた本心論と同じ主張である。もっとも、「厚く身を処す」というのは儒者の通念としての修身の重要性を説いているだけのようにも思え、陳亮の主張の力点がここだけでははっきりとしない。その点はこの答案全体の主張から明らかとなる。陳亮は右のように自分の主張の大枠を提示した上で、光宗の政務に対する態度を以下のように評価する。

私はひそかに陛下の寿皇（譲位後の孝宗）への姿勢に感嘆しております。（孝宗が）政治を取り仕切っておられた二十八年もの間、政治の案件の一件一件はどうして陛下のお心にないものがあったでしょう。（光宗から孝宗への）朝夕のご挨拶やご機嫌うかがいの際には、孝宗の言葉を察したり顔色を観たりと、これらからあちらを知る方法は（間接的に孝宗の心を知る方法は）、その糸口はとても多く、また陛下はすでにその要領を得てこれを実際に執り行っておられます。どうして一月に四回寿皇の下に朝勤に向かうことだけを都の美観としましょうか。

臣竊嘆陛下之於壽皇、蒞政二十有八年之間、寧有一政一事之不在聖懷。而問安視寢之餘、所以察詞而觀色、因此而得彼者、其端甚衆、亦既得其機要而見諸施行矣。豈徒一月四朝而以為京邑之美觀也哉。（同前）

陳亮は以上のように光宗が皇太子時代から孝宗の意向をよく察して孝養を尽くしてきたと賞賛するのである。もっとも、この答案の意図するところについては説明を要する。というのも、当時の士大夫の世論では光宗は孝宗に孝養を尽くしているとは全く考えられていなかったからである。

この科挙の殿試が行われていた当時、孝宗は実子の光宗に内禅、つまり皇室内で譲位して太上皇帝となっていた。しかし、光宗は太上皇帝と不和で、孝宗に対して礼を尽くそうとせず、孝宗のいる重華宮への一ヶ月に四回の朝勤の務めを果たそうとせず、これに対して群臣が皇帝を諫めても聞き入れられない状況にあった(39)。陳亮はこの答案で「どうして一月に四回上皇の下に朝勤に向かうことだけを都の美観としましょうか。」というが、これは要するに、光宗はすでに十分に孝宗に対して孝養を果たしているから、一月四回の朝勤にこだわる必要はない、と主張しているのである。

陳亮がこの答案の冒頭で、「厚く其の身を処す」ことが肝要と言っていたが、それは単に儒者の通念としての修身の重要性を強調しているのではない。己に対して「寛厚」な態度で臨むべきこと、つまりは自分の心を根本から改める必要はないと説いているのである。この答案の末尾では、光宗を諫めるものの存在に触れつつ、以下のように言う。

陛下の親孝行のお心は、（孔子の門下で親孝行な人物として知られる）曾子・閔子でさえ及びません。しかしご機嫌伺いの機会が少しでも仕事に奪われると、人は疑うことがございます。陛下がその日のうちに元の通りにすれば、疑う者は、陛下が自身の身に厚く処すること止まることがないと受け入れるでしょう。……（『周易』「離卦」の大象に）「明徳の君子が並び立つのが「離（付着の意）」」ということだ。大人は明徳の人を後継して四方に君臨する（明兩たび作るは離なり。大人以て明を繼ぎ四方を照らす。）」と言い、（「離卦」の）六五の象辞に「雨が降るように涙を流し、ため息をついて憂う（涕を出すこと沱若たり、戚いて嗟若たり。）」と言います。……私が願いますには、陛下におかれてはどうか孝行の心を毎日進め、一事一事を英断していき、安楽の際に精明の心を奮い、謙遜する際に心志を起こし、天下に一人も疑いを持つ者がいなくなるようにすれば、陛下はついに寿皇のために志を継承して事業を祖述したことになります。ですので古今の道義でこれ以上に便益なものはなく、統治・教化の根本でこれを超えるものはございません。

陛下之聖孝、雖曾閔不過、而定省之小奪於事、則人得以疑之矣。陛下之即日如故、而疑者不愧其望陛下之以厚自處為無已也。……明兩作離、大人以繼明照於四方。而六五之出涕沱若、戚嗟若。……豈以陛下之英武而肯鬱鬱於此哉。然而人心不能無疑也。臣願聖孝日加於一日、英斷事踰於一事、奮精明於晏安之間、起心志於謙抑之際、使天下無一人之有疑、而陛下終為壽皇繼志而述事。則古今之宜、莫便於此、治化之本、莫越於此。（同前、一二二頁）

このように、陳亮は光宗が孝宗に朝勤しないことを容認する主張を展開しつつ、群臣が孝宗への朝勤を光宗に迫る状況を、『周易』「離卦」の六五の状況に当てはめて説明するのである。「離卦」の「離」とは付着することを意味し、権力の委譲の際の状況を説いており、つまり孝宗の光宗への譲位という時代状況を意識している。「離卦」の六五とは、「離卦」の下から五番目の爻が陰爻であることを指す。『周易』では、第五爻は天子の位を象徴するが、この位に陰爻が位置して、上下の陽爻によって挟まれているのは、君主の権力が弱く、臣下が権力を振るう様子を意味する。そして「離卦」の六五の象辞が「涕を出すこと沱若たり、戚いて嗟若たり。」と説くのは、このような君権が弱体な状況にあっては、君主は身を慎んで慎重にすべきことを言う。要するに陳亮は、孝宗との不和をめぐって光宗が群臣から諫言を受ける状況を、光宗の不徳によるものではなく、君権が弱体で臣下が発言力を得ている状況によるものと説明し、論点をずらすことで光宗を弁護しているのである。陳亮は「陛下がその日のうちに元の通りにすれば、疑う者は、陛下が自身の身に厚く処することが止まることがないと受け入れるでしょう。」と言い、光宗が孝宗に対して孝養を行う方向で誘導しているが、光宗に対して「元の通り」とすることを求めている以上、根本的に態度を改めることを要求しているわけではない。

光宗は陳亮の答案に対して「父子の関係をうまく取りなしている」と評価したとされるが、これはまさに陳亮の答案が光宗の現状を基本的に容認するものだったことを光宗が歓迎したものに他ならない。

もっとも以上の陳亮の答案の内容は、士大夫界での反響は芳しくなかった。朱熹は『朱文公文集』巻四八「呂子約」で以下のように言う。

最近の（陳亮の殿試での答案の）「都の人が美景を見る」とか「涕を出すこと沱若たり」というのも、その流弊の極地を見ることができよう。

以近日都人觀美、出涕沱若之章觀之、亦可見其流弊之所極矣。（『朱文公文集』巻四八「呂子約」／『朱子全書』第二二冊、二二二一四頁）

「都の人が美景を見る」というのは、陳亮が「一月に四回上皇の下に朝勤に向かうことだけが都の美観ではない」と言ったことを指し、「涕を出すこと沱若たり」とは臣下の立場が強く、不安定な立場にある君主は憂懼して身を慎むべきことを説く『周易』「離卦」六五の象辞である。要するにいずれも、陳亮がこの殿試で光宗のおかれている現状を肯定する主旨で説いた言葉である。

陳亮は、君主の現状を肯定しつつ、万人を満足させる方向へ君主を誘導しようとした。陳亮が殿試で状元の栄誉を獲得することができたのは、こうした陳亮の説得法が君主に受け入れやすかったためである。

しかし、朱熹は陳亮のこうした主張に警戒感を示していた。君主の現状を肯定する説得法がやがては現実の追認となり、問題の根本的解決を遠ざけることにつながると考えたのである。

# 小結

「はじめに」で触れたように、陳亮の思想は、結果としての功利の大きさを第一の価値基準とする「事功主義」としてしばしば理解される。しかしそのような陳亮の考え方が、動機の正しさを問題としていないと見るなら、それは適当ではない。陳亮は、為政者の心が万民と共同的であることが、大きな功業をもたらすと考えており、その意味で事功派と呼ばれる陳亮も動機を重んずる立場にあると言えるのである。

ただし、朱熹の動機主義は功利性・打算を排除するものである。これに対して、陳亮の動機主義は、万民と心を等しくするという意味での動機の公共性を求めるもので、そのようなあり方を「義」、自分一人の利益を求めることを「利」とするものである。陳亮は公共のために「賞罰」によって万民を操縦することを肯定しており(40)、公共の利益を求めるための打算をむしろ奨励する。以上は朱熹と陳亮の「義利の辨」に対する捉え方の違いだが、更に両者には「義」に対する認識が根本的に異なることも指摘できる。

第三節で論じたところによれば、陳亮は、『孟子』を踏まえて「好貨」「好色」などの欲求は、一身においては悪だが、万人においてそれを達成しようと「拡充」すれば、王道のきっかけとなり、善となる、と説いている。つまり、道徳的な善悪の基準を万人との共同性の有無という点に求めている。朱熹にとっては「義」とは絶対的な規範としての本性であるから、一身において悪であることは、共同性を持ったところで、善となることなどあり得ない。

この善悪を共同性の有無において捉える、という点は、陳亮思想の性格を考える上で重要な意味を持っているように思われる。陳亮は朱熹と同様、私欲を否定するが、朱熹のように私欲を滅却することではなく、万人と共同的なものへと発展させることが正しい対処法と考える。本章第三節の「道外の事無し」という主張は、形而下に即して道を求めることを説くもので、その語自体は一見程朱学と相容れないものではない。しかし、陳亮の主張しようとすることは、人の感情・欲求などの「事」は他者と共同的となることで「道」を行うきっかけとなるのであり、抑圧・否定すべき「事」などない、と言うものなのである。

陳亮は、万人と共同的であることを求めるが、それはより多くの功業を求める、ということと一体的である。このような特徴は、結果を重んずるものとしての事功主義と受け取られる一面を形成しているとも言える。しかし、陳亮は飽くまで大きな功業を求めていたのではなく、万人のため、という陳亮にとっての正しい動機を求めていたのである。

また、本章では、陳亮の若年、壮年、晩年の三つの時期の著作を順に考察したが、以上の考察から、陳亮思想において、終始一貫する点と、朱熹との論争を経て新たな展開を迎えた点の二点を指摘できるものと思われる。

第一節での「道に本末内外無し」の語、第二節での「道の常存」、「心に常泯無く、法に常廢無し」という主張、第三節の「天下に道外の事無し」の主張は、いずれも眼前の形而下的事物の中に「道」を見出すことを言い、また、理想を日常・卑近なものへの否定・抑圧としてではなく、その拡大・発展を通じて得られることを主張する文脈の中で説かれている。これは陳亮思想の終始一貫するテーマと言える。

そして、陳亮は、朱熹との論争を通じて、漢唐と三代の差は「工夫」の徹底度に由来し、工夫を徹底させることによって三代の功業を達成できる、という観点を得た。朱熹の説く工夫は人欲を滅ぼすことであったが、論争時には陳亮は「工夫」の必要性を認めつつ、「工夫」の具体的内容には言及しなかった。第三節で考察したように、陳亮はこの「工夫」の内容を『孟子』に求めたのである。

『孟子』の「好貨」「好聲」「好色」の条は、先述の、陳亮の一貫した思想の特徴である、理想を日常卑近なものの拡大発展として捉える傾向に合致しており、陳亮思想を深化させるものとして、『孟子』の思想が役立っていることが指摘できる。これは陳亮思想が朱熹との論争を経て新たな展開を迎えた部分である。

『語類』には、朱熹が『孟子』のこれらの条に対して、「孟子は説き方が粗い」、「孔子と比べて説き方に弊害がある。聖人と賢人との違いがわかる」(41)と弟子に漏らしていることが記録され、またこの条の集注ではわざわざ「曲學阿世の言ではない」と断っている。このことは、朱熹にとって『孟子』のこれらの条はそのまま読めばそう感じかねない内容だったこと示しているように思われる。(42)このように朱熹はこれらの条に対して疑問をもちつつ接したのに対し、陳亮は大いに自己の思想の根拠として取り入れているのである。

## 補説

陳亮は念願の科挙及第の後、自己の科挙合格を孟子に報告する「鄒國公に告ぐる文」という文章を著している。

気力を四端（『孟子』「公孫丑」上）という兆しに用いて、喜怒哀楽の大きな働きとして実行し、その極地を見れば、造化と功業を同じくし、天下の治乱はすべて掌中にある（『孟子』「公孫丑」上）というのに至ります。これこそが鄒公（孟子）が自らの考えを天子に伝達した内容です。「事は古の人の半ばにして、功は則ち之に倍す（『孟子』「公孫丑」上）」というのは、どうして当時の諸子百家の輩のよく知るところでしょうか。私、陳亮らは先日の科挙の文で恐れ多くも国家の一命に接し、次第に世に現れることを願っておりますが、鄒公に助けを請わなくては、一生の志が荒んでしまいます。

用力於四端之微、擧而措之喜怒哀樂之大、較其極、至於與造化同功、而天下之治亂無不在其掌握者也、此鄒公所以自達於天子者也。事半古之人而功則倍之者、豈當時百家衆説之所能知哉。亮等以隨時科擧之文、而竊國家之一命、冀得稍自見於斯世、非乞靈於鄒公則平生之志荒矣。（『陳亮集』巻三〇「告鄒國公文」／上冊、四〇二頁）

「鄒國公に告ぐる文」はこれで全文であるが、最晩年の陳亮にとっての孟子に対する思いが端的に表れている。「四端」の微かな兆しに注意して、「喜怒哀樂」の大きな働きとして実行する、というのは、陳亮が「勉彊行道大有功」の中で自説の根拠にした、聖王が自らの喜びや怒りの感情をきっかけとして王道政治を行ったと孟子が説いていることを念頭に置くものであろう。

また、陳亮は右のような孟子の思想を、同じく『孟子』の「事は古の人の半ばにして、功は則ち之に倍す（手間は古の人の半分で、功績は古の人に倍する、の意）」の言葉で概括している。孟子は為政者に王道の実践を求める際、王道の実行の容易さと効果の大きさを強調するが、陳亮が孟子において重視したのはそうした点だったのである。「鄒國公に告ぐる文」の内容は、陳亮の科挙の答案がそうした自身が理解した『孟子』の思想を存分に発揮したものであると陳亮が自覚していたことを示している。

**注**

（1）陳亮の生涯は、吉原文昭「陳亮の人と生活」（『南宋學研究』、研文社、二〇〇二年、所収）、鄧広銘『陳龍川傳』（新華書店、二〇〇七年）に詳しい。また、本章の引用する陳亮の著作の原文・頁数は『陳亮集・増訂本（上下）』（鄧広銘点校、中華書局、一九八七年。以下、『陳亮集』）による。なお、陳亮の文集『龍川文集』は、葉適の序によると、もとは四〇巻本だったようだが、現存の成化版は三〇巻である。現行本は、ホイト・クリーブランド・ティルマン（Hoyt Cleveland Tillman。中国名、田浩）氏がアメリカ現存の宋刊本『圏點龍川水心二先生文粋』に三〇巻本『龍川文集』にない逸文を発見し、鄧広銘氏が増訂して出版したものである。陳亮の文集の版本は『陳亮集』所収、鄧広銘「陳龍川文集版本考」に詳しい。陳亮の著述の成立年次は、顔虚心『陳龍川先生年譜長編』（『宋人年譜叢刊』、四川大学出版社、二〇〇三年一月、所収）を参照。なお、陳亮の没時は、従来紹熙五年（一一九四）三月とされてきたが、東景南氏は「陳亮生平若干重要問題新考」（上海古籍出版社、二〇〇五年）で、精密な考証のもと、翌年の慶元元年（一一九五）一月と結論づけている。

（2）『朱文公文集』巻三五「與劉子澄」「近年道學、外面被俗人攻撃、裏面被吾黨作壞。婺州自伯恭死後、百怪都出。至如子約、別説一般差異的話、全然不是孔孟規模、却做管商見識、令人駭歎。」朱熹はここでは呂祖倹（字は子約）の名前を挙げるが、この呂祖倹に対して大きな影響力を持ったのが陳亮だった。

（3）葉適の「龍川文集序」には、「其説皆今人所不講、朱元晦意有不與而不能奪」（『陳亮集』下冊、五三二頁）とある。

（4）『晦庵先生朱文公文集』（以下、『朱文公文集』）巻三六「與陳同甫」（『朱子全書・修訂本』所収、上海古籍出版社・安徽教育出版社、二〇一〇年、一五八一頁、以下、『朱文公文集』の引用文・頁数はこれによる。）「願以愚言思之、絀去義利雙行、王霸並用之説、而從事於懲忿窒慾、遷善改過之事。」なお、「義利雙行、王霸並用」の語が陳亮思想を概括するのに相応しくないことについては、鄧広銘「朱陳論辯中陳亮王霸義利觀的確解」（『北京大学報』、一九九〇年第二期）に詳しい。

（5）庄司荘一「陳亮の学」（『東洋の文化と社會』四、一九五五年）、庄司荘一「朱子と事功派」（『朱子学入門』、明徳出版社、一九七四年、所収）などに散見。

（6）Hoyt Cleveland Tillman *"Utilitarian Confucianism : Chen Liang's Challenge to Chu Hsi"* (Harvard Univ. Asia Center, 1982) は、陳亮を「Utilitarian」、功利主義者と位置付けている。また狩野直喜『中國哲學史』（岩波書店、一九五三年）は、陳亮が孟子を尊崇したことに触れつつ、陳亮は「結果主義」で、それ故に「動機主義」の朱熹と対立した、と指摘する（四二二頁）。これに対して、筆者は陳亮は陳亮なりに「動機主義」の立場で、だからこそ『孟子』を尊崇したのであり、朱熹とは求める「動機」の中身が異なるために対立した、と考える。

（7）　田浩『功利主義儒家　陳亮對朱熹的挑戦』（江蘇人民出版社、一九九七年）は、陳亮の思想を『文中子』の系譜を引くとする「功利主義的事功倫理学」（九五頁）とし、孟子や董仲舒の系譜を引くとする朱熹の「動機倫理学」（一〇一頁）と対比して理解する。

（8）　『陳亮集』巻二八「又甲辰秋書」／下冊、三四〇頁「諸儒自處者曰義曰王、漢唐做得成者曰利曰霸、一頭自如此説、一頭自如彼做、説得雖甚好、做得亦不惡、如此卻是義利雙行、王霸並用。如亮之説、卻是直上直下、只有一箇頭顱做得成耳。」このように陳亮は、朱熹が陳亮に対して発した「義利雙行、王霸並用」の評価をそのまま朱熹に送り返して応酬している。

（9）　先述の田浩氏も、陳亮が「孟子發題」で、孟子が力説する義利の区別を肯定することに言及する。しかし、氏は、これを朱陳論争時の陳亮思想と区別し、陳亮が未だ「功利思想」を説いていない時期の思想を示すものと位置づける（『功利主義儒家　陳亮對朱熹的挑戦』五九頁）。なお、田浩氏は陳亮の思想の推移を①乾道四年（一一六八）まで。②淳熙五年（一一七八）まで。③それ以降の三つの時期に分け、①を英雄論議に熱中した時期とし、②で一端道学に傾倒しつつ、③でそれを超克し独自の功利思想を発展させた、とする。この分析については近年でも中嶋諒氏のように賛同する立場もあるが（『陸九淵と陳亮』、二〇一四年）、著者は③の時期の程朱批判に連なる主張が②の時期にすでに見られることから、②と③の区別は田氏が指摘するほどには截然としないと考える。

（10）　『二程集』「河南程氏遺書」巻一五「入關語録」（中華書局、二〇〇四年、一四四頁）「公則一、私則萬殊。至當歸一、精義無二。人心不同如面、只是私心。」なお陳亮の文章では「至當歸一、精義無二」の部分がないが、これは『近思録』巻一の引用に同じ。

（11）　引用の程頤の語に似た例として以下を参照。『二程集』「河南程氏粹言」巻二、心性篇／下冊、一二五六頁「子曰、公則同、私則異、同者天心也。」これと「程氏遺書」の内容を合わせれば、「公」とは万人において共通であるもの、「私」とは万人において異なるもの、と言っているものと考えられる。

（12）　『禮記』「禮運」篇「大道之行也、天下為公……故人不獨親其親、不獨子其子……今大道既隱、天下為家、各親其親、各子其子」「孟子發題」の「親其親而親人之親、子其子而子人之子」の記述は、「故人不獨親其親、不獨子其子」の語を言い換えたものと思われる。

（13）　『孟子』「梁惠王」上の義利の区別を説くところで、朱熹は『孟子集注』で「此孟子之書所以造端託始之深意、學者所宜精察而明辨也。」と注し、また以下の程子説を引く。「程子曰。君子未嘗不欲利、但專以利為心則有害。惟仁義則不求利而未嘗不利也。當是之時、天下之人惟利是求、而不復知有仁義。故孟子言仁義而不言利、所以拔本塞源而救其弊、此聖賢之心也。」

(14) 一般的に儒教では、親子の情愛が尊ばれるのは当然のことであるが、そのような親愛の情愛は飽くまで自分の家族に対してのみ向けられるべきで、広く他者にまで推し及ぼそうと考えるのは墨家の教えに近づくものと、忌避される。『禮記』「禮運」篇はそのような家族に対してだけ情愛を傾けるのは、「大道」が隠れた後のこととして、これらが広く他者にまで及ぼされる「大道」の時代に劣るもの、と説かれている。陳亮が自分にとっての理想の時代の有り様を説明してわざわざこの語を選ぶのは奇妙にも思われるが、陳亮が最も尊んで交際した呂祖謙が、陳亮に対して「亮口誦墨翟之言」と評したとされ（『陳亮集』巻二八、致朱熹「又甲辰秋書」／下・三三九頁）、また楊時に墨家の説に近いと疑われた張載『西銘』に対して陳亮が解説（「西銘説」、同前、巻二三、二六〇頁）を遺していることから、陳亮には万物の一体性や共同体の友愛を尊ぶ傾向があったことを指摘できる。

(15) 陳亮思想における「公」の概念の重要性に着目したものとしては田浩氏の「陳亮論公与法」（田浩編、『宋代思想史論』、社会科学文献出版社、二〇〇一年、所収）が挙げられる。

(16) 『孟子集注』「梁惠王」上「此章言仁義根於人心之固有、天理之公也。利心生於物我之相形、人欲之私也。」

(17) 『論語集注』（『四書章句集注』、一五八頁）「憲問」篇、「下學上達」章、朱注所引程子説「又曰、學者須守下學上達之語、乃學之要。蓋凡下學人事、便是上達天理。」

(18) 庄司荘一「陳亮の變通の理について」（入矢教授小川教授退休記念會、『入矢教授小川教授退休記念中國文學語學論集』、一九七四年）。

(19) 前掲、庄司荘一「朱子と事功派」、前掲鄧広銘「朱陳論辯中陳亮王霸義利觀的確解」、束景南『朱子大伝』（福建教育出版社、一九九二年）、中嶋諒『陸九淵と陳亮——朱熹論敵の思想研究』（早稲田大学出版部、二〇一四年）を参照。朱熹の書簡と陳亮の書簡の対応関係は、前掲『陳亮集・増訂本』が付録する朱熹の書簡に附記され、本章もその考証に従う。

(20) 『二程集』「河南程氏粹言」巻一、君臣篇／下冊、一二一七頁「子曰、王者奉若天道、動無非天者。故稱天王。命則天命也。討則天討也。盡天道者、王道也。後世以智力持天下者、霸道也。」

(21) 『陳亮集』巻二八、「又甲辰秋書」／下冊、三四〇頁「自孟荀論義利王霸、漢唐諸儒、未能深明其說。本朝伊洛諸公、辯析天理人欲、而王霸義利之說、於是大明。然謂三代以道治天下、漢唐以智力把持天下、其說固已不能使人心服。」

(22) 『陳亮集』巻二八、致朱熹「又甲辰秋書」／下冊、三四〇頁「信斯言也、千五百年之間、天地亦是架漏過時、而人心亦是牽補度日、萬物何以阜蕃、而道何以常存乎。」

(23) 筆者は、陳亮の言う「本領」とは「根本」という意味と理解する。陳亮は「秘書必謂漢唐並無些子本領、只是頭出頭沒」（『陳亮集』巻二八、致朱熹「又乙巳秋書」／下冊、三五一頁）というが、これが基づく朱熹の書簡には、「後來所謂英雄則未嘗有此功夫、但在利欲場中、頭出頭沒」とある。陳亮書の「本領」の語は、朱熹の書簡の「功夫」の語を承けている。このことを整合的に理解すれば、為政者の「工夫」の有無に、「道」が行われるかの根本（陳亮の言うところの「本領」）を見出す朱熹に対して、陳亮は漢唐に「工夫」がないことについては朱熹に同調しつつも、「工夫」とは別個に根本があって、その根本は漢唐が三代と異ならないと説いていると思われる。「本領」が「根本」の意味と理解できることは以下を参照。『二程集』「程氏外書」「吾曽歴舉佛説與吾儒同處問。伊川先生曰、恁地同處雖多、只是本領不是、一齊差却。」

(24)「蹺欹」については以下を参照。『語類』巻一九、葉賀孫録／第三冊、七三七頁「曰、便是這般所在、本是平直易看。只緣被人説得支蔓、故學者多看不見這般所在。如一件物事相似、自恁地平平正正、更不著得些子蹺欹。」

(25) 陳亮は曹操の功業は「天理に暗合」したものとする。この主張は、君主の道徳性の善悪と功績の大小とは必ずしも直結せず、利欲に基づく政治であっても、「天理」に「暗合」することがある、とした朱熹の漢唐評価を踏まえつつ、このような朱熹の漢唐に対する評価を、漢唐に劣るものとしての曹操に対して向け、漢唐をこれらから区別して、漢唐の三代に近いものとしての優位を確保しようとするものである。

(26) 先行研究では、陳亮の「本領」の語に対する訳語として、「気概」（庄司荘一）や「intelligence」（田浩）の語を用いる。

(27)『朱文公文集』巻三六「答陳同甫」第六書、一五八三頁「老兄視漢高帝唐太宗之所為而察其心、果出於義耶、出於利耶、出於邪耶正耶。若高帝、則私意分數、猶未甚熾、然已不可謂之無。太宗之心、則吾恐其無一念之不出於人欲也。直以其能假仁借義、以行其私、而當時與之爭者、才能知術既出其下、又不知有仁義之可借、是以彼善於此而得以成其功耳。」

(28)『朱文公文集』巻三六「答陳同甫」第八書、一五八三頁「……千五百年之間、正坐如此、所以只是架漏牽補、過了時日。其間雖或不無小康、而堯舜三王周公孔子所傳之道、未嘗一日得行於天地之間也。若論道之常存、却又初非人所能預。只是此箇自是亘古亘今常在不滅之物、雖千五百年被人作壞、終殄滅他不得耳。漢唐所謂賢君、何嘗有一分氣力扶助得他耶。」

(29)『陳亮集』巻二八、致朱熹「又乙巳春書之一」／上冊、三四四頁「昔者、三皇五帝、與一世共安於無事。至堯而法度始定、為萬世法程。禹啓始以天下為一家、而自為之有。扈氏不以為是也、啓大戰而後勝之。湯放桀于南巣、而為商。武王伐紂、取之而為周。……夏商周之制度、定為三家、雖相因而不盡同也。」

(30)『朱文公文集』巻三六「答陳同甫」第八書／下冊、一五八五頁「來敎云云、其説雖多、然其大槩、不過推尊漢唐、以為與三代不異、貶抑三代、以為與漢唐不殊。而其所以為説者、則不過以為古今異宜、聖賢之事、不可盡以為法、但有救時之志、除亂之功、則其所為雖不盡合義理、亦自不妨為一世英雄。」

(31)『朱文公文集』巻三六「答陳同甫」第八書／下冊、一五八六頁「來書心無常泯、法無常廢一段、乃一書之關鍵。……固無常泯常廢之理、但謂之無常泯、即是有時而泯矣。謂之無常廢、即是有時而廢矣。蓋天理人欲之並行、其或斷或續、固宜如此。至若論其本然之妙、則惟有天理而無人欲。是以聖人之教必欲其盡去人欲、而復全天理也。若心則欲其常不泯、而不恃其不常泯也。」

(32) 『陳亮集』巻二八／下冊、三六六頁「某大概以為、三代做得盡者也。漢唐做不到盡者也。」

(33) 『漢書』巻五六、董仲舒傳「仲舒對曰……彊勉學問、則聞見博而知益明。彊勉行道、則德日起而大有功。」

(34) 『陳亮集』巻九、「勉彊行道大有功」／上冊、一〇一頁「武帝雄材大畧、傑視前古、其天資非不高也。上嘉唐虞、下樂商周、其立志非不大也。念典禮之漂、墜傷六經之散落、其意亦非止於求功四裔、以快吾心而已。固將求功於聖人之典、以與三代比隆、而為不世出之主也。」

(35) 『陳亮集』巻九、「勉彊行道大有功」／上冊、一〇二頁「説者以為武帝好大喜功、而不知勉彊學問正心誠意、以從事乎形器之表、溥博淵泉而後出之、故仲舒欲以淵源正大之理、而易其膠膠擾擾之心、如枘鑿之不相入。此武帝所以終棄之諸侯也。」

(36) 董仲舒には「正其誼不謀其利、明其道不計其功」(『漢書』董仲舒傳)の言があり、朱熹はこの語を『孟子』の「義利の辨」の思想の発展型として高く評価する。

(37) 『孟子』「梁惠王」下「王曰、寡人有疾、寡人好貨。對曰、昔者公劉好貨、詩云、乃積乃倉、乃裹餱糧、于槖于囊。思戢用光。弓矢斯張、干戈戚揚、爰方啟行。故居者有積倉、行者有裹糧也、然後可以爰方啟行。王如好貨、與百姓同之、於王何有。」

(38) 『孟子』「梁惠王」下の「好樂」は「勉彊行道大有功」の文には見えない。「勉彊行道大有功」の「聲色貨利」とあるうちの「聲」が「樂」に対応しているものと思われる。

(39) この科挙が行われた前年の紹熙三年の黄裳「論盡孝壽皇疏」は、孝宗が自らの廃位もしくは殺害を望んでいると光宗が疑っていることに触れつつ、その疑いを払拭しようと光宗を説得している。このように、即位後の光宗は孝宗に対して深い猜疑心を懐いており、孝宗との不和は深刻な状況にあった。光宗と孝宗の不仲については余英時『朱熹的歴史世界』第十二章「皇権与皇極」六節「責善則離——孝宗与光宗的心理沖突」に詳細な考察がある。これによると、光宗は孝宗の第三子で、当初は第二子と太子の位を争う関係にあった。孝宗は光宗を太子とすることに慎重であり、光宗は太上皇帝の高宗の意向で太子となることができた経緯があり、光宗と孝宗には心理的に溝があったとする。

(40) 『陳亮集』「問答下」(上冊、四一～四二頁)では、陳亮は「賞罰」によって天下を統御するのは「義利の辨」に抵触しないのか、と設問した上で、賞罰を行う君主の心が公平であるか、自分の為めであるかに、「義利」の区別があるのであって、賞罰自体が「利」だとは言えない、とする。これは公共の利益の為の打算を奨励するものと考えられる。

(41) 『語類』巻一九、林夔孫録／第二冊、四三二頁「孟子説得便粗、如云今樂猶古樂、太王好色、公劉好貨之類。」『語類』

巻二四、一之録／第二冊、五八九頁「若太王好貨、好色等語、便欲比之孔子、便做病了、便見聖賢之分處。」

(42) 『孟子』「梁惠王」下「王如好色、與百姓同之、於王何有。」集注（『四書章句集注』、二一八頁）「……其法似疏而實密、其事似易而實難。學者以身體之、則有以識其非曲學阿世之言、而知所以克己復禮之端矣。」

# 第四章　淳熙の党争下での陸九淵の政治的立場

## ――「荊國王文公祠堂記」をめぐって

第四章と第五章は陸九淵（字は子静、号は象山。一一三九～一一九三）を扱うが、これを論ずるにあたって、陸九淵の思想と、朱陸の交流の概略について触れておきたい。

陸九淵は、撫州金鶏（現在の江西省金鶏県）の人である。兄の九韶（字は子美、号は梭山。一一二八～一二〇五）、九齢（字は子寿、号は復齋。一一三二～一一八〇）とともに「三陸」とも称せられる。陸九淵の学問は、同時代では朱熹と同じく「道学」の一派と見なされるが、陸九淵自身は特定の二程の門流と師承関係があるわけではない。彼は自分の学問について、「孟子を読んで自得した」と弟子に語っているように[1]、彼にとっての自身の学問の淵源は孟子であって、二程ではなかった。彼は孟子の後継者としての地位に二程ではなく自らを据えようとする立場にあったのである。

陸九淵は朱熹の最大の論敵として有名であるが、それは後世の評価のみによるものではない。彼ら自身が互いに好敵手と認識していたのである。陸九淵と朱熹との交流は共通の友人で、浙学の領袖である呂祖謙の仲介によって始まる。呂祖謙は淳熙二年（一一七五）に、当時思想界で頭角を現し始めた陸氏兄弟と朱熹とを仲介して、江西鉛山の鵝湖寺にて「鵝湖の会」と呼ばれる学術討論会を催した。この時陸九淵は、自分と朱熹の学問の違いを詩で詠じて、「易簡の工夫は終に久大、支離の事業は竟に浮沈（易簡工夫終久大、支離事業竟浮沈）」と表現している[2]。陸学の簡易な工夫は最終的には久しく続き広くにまで及ぶのに対し、「格物致知」によって天下の一物一物の理を窮めることを説く朱熹の学問は末節に拘泥するもので、その事業は埋没してしまうだろうと言うのである。

それでは陸九淵の学問はいかなるものだったのか。陸九淵は、人はみな古来の諸聖人と同じ心を生まれつき保有しており、現実の心にそのまま「理」が現れていると考えていた（＝「心即理」）。朱熹も道理は先天的に万人に備わっていると考える点では陸九淵と同じだが、それは現実そのままの人間が正しく認識できるものではなく、「性即理」つまり人間本性に備わるとされ、正しく修養した後でなくては自分で認識できないものと考えられていた。一方、道理はすでに心に備わっていると考える陸九淵は、経書の学習すら必要不可欠とは考えず、「六經は我が心の注脚」と言い、あくまで「心」を知る手がかりと考えていた。右の詩で陸九淵が自身の学問を「易簡」と称するのは、膨大な読書を必須とせず、道理は現実世界で働く心から知ることができると考える点を指して言っているのである。

朱熹と陸九淵とは、鵝湖の会の後も、淳熙八年（一一八一）に「意見・議論・定本」論争を、淳熙十五年（一一八八）から淳熙十六年（一一八九）にかけては「無極・太極」論争を行っている。両者の議論は結局決着を見るところがなかったが、決裂したわけでもなかった。朱熹は自分の学問を「道問學」（読書や議論を通じて知識を蓄積する学問方法）、陸九淵の学問を「尊德性」（実践・体験によって概括的に道理を知る学問方法）の語によって特徴付けて評価し、陸九淵もこの捉え方を容認している。(3)「道問學」と「尊德性」は『中庸』の中で並称される言葉であるから、要するに両者は自分の思想に欠けている面を相手に見出していたのである。

陸九淵は朱熹より七年早く死去しているが、その死に際して朱熹は門人を率いて葬儀に赴き、「私は告子を失ってしまった」と告げたと言う。(4)告子とは、孟子と何度も論争した、孟子にとっての最大の論敵である。その主張は『孟子』に記述される諸子の思想の中でも異彩を放っており、孟子の反論も熱を帯びている。朱熹は意見の合わない人間を一切認めないと、盟友の張栻からたしなめられるほど性格的に狭量と言われても仕方のない人物だった。朱熹の学問を生涯批判し続けた陸九淵の学問を、孟子が蔑視した楊朱や墨翟ではなく、告子と表現したのは、論争を通じて自己の学問に益することがあった陸九淵に対する朱熹なりの賛辞であろう。

## 本章の課題——「党争」という視角

朱陸の交流の概略は右のようにまとめられるように、二人の関係は対立の一言では説明できない。近年の研究で重要な点は、両者の協力関係を論ずる研究が出てきていることであり、それは朱熹と陸九淵の政治的な立場に関して指摘された[5]。

余英時『朱熹的歴史世界』（生活・読書・新知三連書店、二〇〇四年）は、朱陸が直面していた「党争」という政治状況に注目する。中国における「党争」とは、北宋における王安石ら新法党と司馬光ら旧法党との対立に代表されるように、特定の思想・地縁によって結束した複数の士大夫集団が徒党を組み士大夫輿論をめぐって対立する現象である。北宋における新法党と旧法党との対立は最終的には北宋の滅亡にまでつながり、その弊害は甚大であった。党争によって士大夫の議論が盛んとなり政治が停滞するのは、南宋においても同様であった。

南宋における党争は、孝宗治下の淳熙の末年において、程学としての道学やもしくはこれに接近するとみなされた士大夫（本章では「道学」と呼ぶ。）と道学に反発する士大夫（本章では「反道学」と呼ぶこととする）との間で起こった。余英時氏は、この時に陸九淵は、朱熹とともに道学陣営に立って反道学の政治勢力に立ち向かっていたことを指摘する[6]。余氏の論考は、これまで思想上の対立関係ばかりが注目されてきたこの時代を代表する二人の思想家の、政治上の協力関係という新たな側面を描き出したのである。この指摘は、この時代の「道学」という思想集団の政治的性格を理解する上で重要な示唆を与えると思われるが、以下の点で更なる考究の余地があるものと思われる。

先述の朱陸の間で交わされた「無極・太極」論争は、淳熙十五年（一一八八）から淳熙十六年（一一八九）にかけて行われている。また、道学と反道学との党争状態は、[7] 淳熙九年（一一八二）に開始され、慶元元年（一一九五）に道学が全面的に「偽學」として禁止される（慶元の黨禁）まで継続している。このようにして見ると、余氏が言うところの陸九淵と朱熹の「内聖」方面（内面的修養）での論争は、「外王」方面（政治的実践）で協力している期間と同時に行われていることがわかる。しかし、余氏の論考では、「外王」方面での協調関係を強調する余り、「内聖」方面での両者の対立が「外王」方面での両者の関係性に及ぼしている影響について十分に考察されていないように思われる点が惜しまれる。この点について考察するのが本章と次章の目的である。

本章で注目するのは、陸九淵の「荊國王文公祠堂記」[8]（以下、「荊公祠堂記」）という著述である。この著述は、陸九淵が朱熹と「無極・太極」論争を繰り広げていた時期に重なる淳熙十五年（一一八八）一月に発表された文章で、陸九淵は自ら「聖人が再び世に出ても私の言葉を訂正しないだろう」と称したほどの自信作である。しかし、これまでの研究では、王安石の再評価を試みる著述であるという点が指摘されてきたに過ぎず、[9] その思想的意義や陸九淵当時の党争との関連については十分に考察されていない。

これに対して本章は、この著述の以下の点に着目する。まず、この著述の中で陸九淵は、北宋の新法・旧法両党の対立の様相を、陸九淵自身が生きた当時の政治状況に重ね合わせていることである。加えて、陸九淵はこの文章を執筆した淳熙年間当時、門人に、「無極・太極」論争の際の書簡とこの「荊公祠堂記」とを合わせて読むように薦めている。[10] 以上のことから、この著述は、陸九淵の「内聖」と「外王」の両側面と関わるのであり、この著述の分析を通じて、朱陸の「内聖」方面での対立が「外王」方面にいかに影響を与えているかを考える手がかりが得られることが予想されるのである。本章では、この「荊公祠堂記」を手がかりとして党争時における陸九淵の政治的立場を考察し、陸九淵の心学思想については次章で改めて論ずることとする。

## 第一節　「荊公祠堂記」

まず、陸九淵の「荊公祠堂記」[11]執筆の経緯について述べておきたい。「荊公祠堂記」は北宋の王安石を顕彰する文章であるが、この文章が書かれたのは、王安石の郷里である撫州の知州、銭象祖[12]（字は伯同）が、この地の王安石の祠堂を修復する際に陸九淵に文章を委嘱したことによる。[13]

王安石は新法を推進した北宋の改革者として史上有名である。しかし、南宋当時の一般的な認識としては、北宋の滅亡は、新法党政権が旧法党の賢人君子を放逐して、新法に基づく誤った政治を行ったことによる、と考えられていた。[14]そのため新法の提唱者である王安石の評価は極めて低かった。また南宋政権の正統性の面でも、南宋朝廷は旧法党を支持する必要があったため、[15]当時の士大夫にとって、王安石は批判の対象でしかなく、表立って王安石を顕彰することはまれだった。[16]そのような状況にあって、敢えて王安石の再評価を試みたのがこの著述なのである。それでは「荊公祠堂記」の内容の検討に入ろう。まず、「荊公祠堂記」の冒頭で、陸九淵は唐虞三代の理想の世から春秋戦国以降の衰亡を以下のように記す。

唐虞三代の時、道は天下に行われていた。夏や殷の末期は太平の世から遠く過ぎ去ってはおらず、公卿にまだ正しい法が存在した。伊尹は夏に行き、三仁（微子・箕子・比干）は殷にあって、このようにして道は存在したのだ。

唐虞三代之時、道行乎天下。夏商叔葉、去治未遠、公卿之間、猶有典刑。伊尹適夏、三仁在商、此道之所存也。

（『陸九淵集』（中華書局、一九八〇年初版）巻一九「荊國王文公祠堂記」、二三一頁）

陸九淵は、夏や商の末期は、太平の世から遠くは離れておらず、君主が道を保有していなくとも、臣下の公卿が正しい法を保っていたのであり、夏における伊尹や、殷における三仁（微子・箕子・比干）のような名臣が道を担っていた、と言う。伊尹は元は夏の臣下であるが無道の桀王を斥けるため成湯を補佐し、殷末の三仁は各々の方法で無道の紂王に抗議した。革命の際の「道」の担い手は、殷の成湯や周の武王のような新王朝の君主を挙げて説明することが一般的である。ここで陸九淵が伊尹や三仁を挙げるのは、君主が聖人でなければ、君主を諫める臣下に「道」があることを強調しようとしたものと思われる。続いて陸九淵は、周王朝の王者の余沢が尽きると、諸子百家の説が横行し、中でも老子の教えが漢代に大いに流行したとしつつ[17]、以下のように説く。

孔子が仕官できずに焦っていた時から[18]、長沮・桀溺[19]や楚狂接輿[20]の輩は、密かに孔子の悪口を言っていた。孟子は口を開けば必ず堯舜のことを言ったが、聞く者は堯舜を模範にすることなど到底無理だと考えた。辛うじて途切れないこと糸のようだと言うのも、儒教の勢力が微かであることを喩えるのに足りないくらいだ。千年以上も次第に衰微していったのに、（王安石が）卓然とまたその義理を見たのは、なんと偉大でなかろうか。

自夫子之皇皇、沮溺接輿之徒固已竊議其後。孟子言必稱堯舜、聽者為之藐然。不絶如綫、未足以喩斯道之微也。陵夷數千百載、而卓然復見斯義、顧不偉哉。（同前）

孔子や孟子の当時でさえ、儒教に批判的な者がおり、以降も孔孟の教えは辛うじて途絶えないでいる状態にあったに過ぎなかった。しかし、そうした状況の中で、孔孟の道を復興しようとしたのが王安石である、と陸九淵は説くのである[21]。第一章で確認したように、清代の『四庫提要』は、宋代の尊孟論は王安石に始まるものと見なしていた。陸九淵が「荊公祠堂記」の中で王安石を孔孟の道の復興者と位置づけるのは、こうした『四庫提要』の指摘に先駆けるものと言える。このように、陸九淵は王安石を孔孟の道の復興者と位置づけつつ、以下のように具体的に王安石の関わる事跡を挙げ、その業績を賞賛する。陸九淵が王安石の何を評価しているのかを示す重要な部分であるので、長文を厭わずに引用する。

神宗は王安石（荊公）を近臣として採用すると、唐の太宗はいかなる君主であったかと尋ねた。安石は答えた。「陛下は何事も（『孟子』「離婁上」[22]のように）堯舜を模範となさいませ。太宗は遠い世のことまで知っておらず、行ったことも尽くは法度に適っておりません。」神宗は答えた。「そなたは「君を責難する者」（『孟子』「離婁上」）と言えよう。しかし、朕は、非才の身、そなたの意の通りにできるか心配だ。そなたは思うことをすべて話して朕を輔け、ともにこの道を行き渡らせるのがよかろう。」それからというもの、君臣の議論は堯舜を目指そうとしないものは無かった。また、（煕寧年間に王安石を宰相に任用して）政権を委ねるに至っては、こう言った。「朕を助けるにあたっては、遠慮せずに言いたいことをすべて言うがよい。」また、言った。「朕を監督して叱咤し、「大いに為す有る（『孟子』「公孫丑上」）」ようにさせよ。」また、言った。「生まれつき傑出した才能の者であれば、民衆全体を守ることができよう。道理として「これと力を戮《あ》わせ（『書經』「湯誥」）」るべきで（湯王と伊尹とが力を合わせて善政を布いたように、君主は臣下と共同で事に当たるべきで）、もし無駄に歳月を費やせば、それは「自棄」（『孟子』「離婁上」[23]）というものだ。」秦漢以降の南面の君主でこの義理を知った者が一体いただろうか。後の議論を好む者がこの言葉を聞けば、これを心に隠してその志を計ろうとするのか。曾鞏（魯公）は言った。「陛下の知遇がこのようであるのだから、王安石が身を犠牲にして報いているのも、もっともなことだ。」と。安石はこう答えた。「君主と臣下とが接しては、それぞれがその義を成就しようとするだけです。君主であれば、自ら君主としての努めを尽くそうとし、臣下であれば自ら臣下としての努めを尽くそうとするのであり（『孟子』「離婁上」）、どちらも見返りを求めてのものではありません。」と。秦漢以降、大権を握った臣下で嘗てこの義理を知った者が一体いただろうか。後の議論を好む者がこの言葉を聞けば、これを心に隠してその志を計ろうとするのか。

裕陵之得公、問唐太宗何如主。公對曰。陛下毎事當以堯舜為法、太宗所知不遠、所為未盡合法度。裕陵曰。卿可謂責難於君、然朕自視眇然、恐無以副此意、卿宜悉意輔朕、庶同濟此道。自是君臣議論、未嘗不以堯舜相期。及委之以政、則曰。有以助朕、勿惜盡言。又曰。須督責朕、使大有為。又曰。天生俊明之才、可以覆庇生民。義當與之戮力、若虚捐歳月、是自棄也。秦漢而下、南面之君亦嘗有知斯義者乎。後之好議論者之聞斯言也、亦嘗隱之於心以揆斯志乎。曾魯公曰。聖知如此、安石殺身以報、亦其宜也。公曰。君臣相與、各欲致其義耳。為君則自欲盡君道、為臣則欲自盡臣道、非相為賜也。秦漢而下、當塗之士、亦嘗有知斯義者乎。後之好議論者之聞斯言也、亦嘗隱之於心以揆斯志乎。（同前）

唐の太宗を尊ぶ神宗に対して、王安石は、唐の太宗ではなく、堯舜のような聖人君子をこそ模範とすべしと説く。これに対して、神宗もまたその言葉を忠実に行おうと王安石に助言を求める。このように陸九淵は、王安石が、理想政治の実現へと邁進して私心なく君主を教え導こうとしたことや、またそうした諫言を歓迎してもらえる関係を君主と築いたことを賞賛するのである。この一節で目につくのは、陸九淵が列挙する王安石と神宗の発言の多くは『孟子』の記述を踏まえるものであることである。これらの『孟子』の原文は、いずれも、君主は堯舜のような理想的な君主を模範とすべきで、臣下は自らの君主を理想的な君主へと導くべく諫言すべきであり、君主もまたそうした臣下の諫言を歓迎すべきだ、という趣旨である。「荊公祠堂記」の冒頭部では、王朝は時として君主ではなく臣下が「道」の担い手であることを説き、また陸九淵は、王安石を孔孟の精神の復興者として位置づけていた。ここで、陸九淵が王安石と神宗の事績を、彼らが口にした『孟子』を典拠とする言葉とともに列挙するのは、孟子の精神の復興者として王安石を賞賛しようとしているものと言える。もっとも、陸九淵は、王安石を手放しで賞賛するわけではない。これ以降の部分では王安石に対する批判が展開されており、むしろそうした批判にこそこの文章の重点があるのである。

惜しいことに、王安石の学問は、その志を成就するには十分ではなく、結局その志に背くこととなり、その義理を究めるには十分ではなく、結局その義理を覆い隠すことになってしまった。

惜哉、公之學不足以遂斯志、而卒以負斯志、不足以究斯義、而卒以蔽斯義也。（同前、二三二頁）

このように陸九淵は、王安石の「志」については賞賛しつつも、その学問については志を成就できず、また義理を究めることができなかったものとして批判するのである。王安石の「志」とは、ここまでの内容から考えれば、堯舜の理想政治実現に邁進し、私心無く君主を導こうとした意志のことを指すと考えられるが、それでは王安石の学問とはいかなるものだったのか。

仁宗の頃、江西路の提點刑獄から三司度支判官に復命する際に（王安石が）上奏した「萬言書」（「上仁宗皇帝言事書」）は、時事を指し示しては、問題の端緒を細かく分析し、枝葉は繁茂して、往々にして適切だった。しかし、その綱領を見るに、「今の法度は先王の法度に合致していません。」と言っているのである。しかの義理を究めることができず、結局自ら道理に疎くなってしまったことは、まさにここに表れているのである。王安石がそ王安石が神宗に告げたことも、同じことを言っている。その主君を勉励して、堯舜を模範とさせる、ということだ。しかし、どんなことにでも堯舜を規則としなくてはならない、と言ったのはどうして堯舜を模範としたものと言えようか。唐の太宗は模範とするに及ばない、というのはまだよいが、行うことが尽くは法度に合わない、と言ったのでは、どうして十分に太宗を超えられようか。

昭陵之日、使還獻書、指陳時事、剖析弊端、枝葉扶疎、往往切當。然覈其綱領、則曰當今之法度、不合乎先王之法度、公之不能究斯義、而卒以自蔽者、固見於此矣。其告裕陵、蓋無異旨。勉其君以法堯舜是也。而謂毎事當以為法、此豈足以法堯舜者乎。謂太宗不足法可也、而謂其所為未盡合法度、此豈足以度越太宗者乎。（同前、二三二頁）

陸九淵によると、王安石が神宗に仕える以前の嘉祐三年（一〇五八）に彼が仁宗に対して送った上奏文（「上仁宗皇帝言事書」）にすでに彼の学問の誤りが表れている、とする。その綱領では、今の法度が先王の法度に合致していないことを問題としており、つまり、法度を設けることに意を用いるものだった、と言う。そして、王安石が神宗に対して堯舜を模範とすべきことを説いたことを称えつつも、どのようなことについても規則を設けようとしたことは、かえって堯舜を模範としたものではない、とする。それでは、陸九淵は正しい政治をいかなるものと考えるのか。

よい政治を行えるかは政治を行う人にかかっており、よい人を用いられるかは、用いる者の身が修まっているかにより、身を修めるのは道により、道を修めるのは仁による（『中庸』）。仁とは人心であり、人は政治の根本で、身は人の根本で、心は身の根本である。根本に至っていないのに末節に従事すれば、末節すら治めることはできないのである。

為政在人、取人以身、修身以道、修道以仁。仁、人心也。人者政之本也。身者人之本也。心者身之本也。不造其本而従事其末、末不可得而治矣。（同前、二三三頁）

陸九淵は、王安石の政治は、政治の末節としての法度を定めることにばかり従事しており、法度の根本にあるべき「心」に十分に従事していない、とする。そして、陸九淵は「法度」ではなく「心」に基づく政治を行うべきだと主張するのである。これは陸九淵の「本心」論に関わる主張であるが、「荊公祠堂記」の本文では必ずしも十分に説明されていない。陸九淵の本心論については次章で詳しく考察することとして、ここでは陸九淵が外的な法令によって規制することよりも、内的な人心に基づいて政治を行うべきであることを主張している点を確認するに留める。

このように陸九淵は、王安石の「學」は「心」に基づかず、徒に「法度」に頼るものだったと批判する。つまり、王安石の「學」は、「本心」に基づいて他者に内発的に働きかけるものでなく、外から強制的に他者に対して自己への同調・服従を迫るものだったと陸九淵は批判するのである。以上は王安石の学問に対する批判であるが、同時に陸九淵は、当時の王安石の反対者たちにも批判の矛先を向けている。

「言を知らざれば、以て人を知る無し」（『論語』「堯曰」篇）なのだ。王安石のかつての学問と熙寧年間の政策とは、この「萬言書」（「上仁宗皇帝言事書」）の内容に隠さず詳らかなのである。しかし、王安石を排斥する者は、媚びを売っていると言ったり、迎合と言ったり、祖宗が守ってきたものを変えると言ったり、王安石自身の学問に背いている、と言ったりで、これらはどうして王安石のことをよく理解したものと言えようか。……熙寧年間に王安石を批判した者は、往々にして（安石を）口汚く罵るばかりで、道理によって批判しなかった。公平なものは一、二割もなく、過激なものが八、九割を占めた。上には神宗の信用を得ることができず、下には王安石の誤りを正すことができず、逆に態度を硬化させてしまい、新法の弊害を成就させてしまった。新法の罪とは確かに新旧両党の君子が二分するものなのだ。

不知言無以知人也。公疇昔之学問、熙寧之事業、舉不遁乎使還之書。而排公者、或謂容悦、或謂迎合、或謂變其所守、或謂乖其所學、是尚得為知公者乎。……熙寧排公者、大抵極詆訾之言、而不折之以至理。平者未一二、而激者居八九。上不足以取信於裕陵、下不足以解公之蔽、反以固其意、成其事、新法之罪、諸君子固分之矣。（同前、二三三頁）

陸九淵は、王安石の反対者たちは、王安石の政治の何が問題であったのかを正しく批判できなかった、とする。陸九淵によれば、王安石の学問は、「本心」に基づかないものだったのであり、反対者はその点をこそ批判すべきだったのである。しかし、反対者たちは、王安石を曲学阿世・迎合などと非難した。先述のように、陸九淵にとって、神宗を堯舜のような理想的君主へと導こうとする王安石の「志」それ自体は偽りのない本物であった。だから、反対者の批判は的外れであり、その為に王安石は聞き入れることはなかった、と陸九淵は考えるのである。陸九淵は、この段の最後の部分で新法がもたらした災禍は、王安石だけでなく、王安石を正しく批判できなかった旧法党の人士にも責任がある、と北宋時の新法・旧法の党争を総括するのである。[24] また陸九淵は、上に立つ人間が誤った政治を行い、その反対者たちも正しく批判できないという状況を以下のように記述する。

新法が議論されると、朝廷全体が騒ぎになり、これを実施して間もなく、天下は恐れおののいた。王安石は『周禮』を取って詳細にこれを説明して、自らが学んだことを信じて、全く疑わなかった。君子は努めて争ったが、結局朝廷を去り、小人は王安石に取り入って、密かに王安石の決定を助け、忠良な者は退き、不逞な輩が機会を得たというのに、そのことに全く気付かなかったのは王安石の落ち度である。

新法之議、舉朝讙譁、行之未幾、天下恟恟。公方秉執周禮精白言之、自信所學、確乎不疑。君子力争、繼之以去、小人投機、密贊其決、忠撲屏伏、憸狡得志、曾不為悟、公之蔽也。（同前、二三三頁）

このように、他者に同調を迫る王安石の政権運営は、彼と考えが合わない君子を朝廷から追いやり、替わりに彼に迎合する小人を引き入れる結果をもたらしたと言うのである。更に、陸九淵は、以下のように具体的な事例を挙げて、王安石の政治手法を批判する。

王安石が新法実施を主張する上奏をしてからほどなく、神宗は諫官の程顥が提出した上疏を取り上げて、王安石と話し合い、「簡易の説」に説き及んだ。王安石は言った。「今はまだ簡易ではございません。法度を立ててこそ簡易となります。」熙寧年間の政治は、まさにここに集約されているのだ。この点を論じずに、どうして、制度制定の枝葉末節に無駄な議論を費やすのか。

獻納未幾、裕陵出諫院疏與公評之、至簡易之説。曰。今未可為簡易。修立法度、乃所以簡易也。熙寧之政、粹於是矣。釋此弗論、尚何以費辭於其建置之末哉。（同前）

ここで挙げられる「諫院の疏」とは、熙寧三年（一〇七〇）に新法の実施をめぐって朝議が紛糾していた頃に提出された、程顥が新法の実施を慎重にすべきことを説いた上疏文である。その大意は、天下の理は、「簡易」に基づいて、輿論に従順に行えば、必ず成功するが、今朝廷では議論が紛々として、反対の輿論が強いから、新法を行っても成功しない、という内容である[25]。これに対して王安石は、この記述によると、「法度を定めれば簡易となる」と答えたと言う。程顥の上疏文の内容とこの王安石の発言を合わせて、意を汲んで理解すれば、以下のようになろう。つまり、程顥は、議論の余地のない完璧な政策であれば、朝議は「簡易」となるはずで、異論が紛々となるのは、政策に誤りがあるからだ、と説く。これに対して王安石は、政策を規定の法度として定め、万人がそれに従うことで「簡易」となる、と主張しているのである。陸九淵は、このやりとりの中に王安石の政治手法が集約されている、と説く。陸九淵が王安石に対して批判しているのは、個々の具体的な政策の内容についてではない。このような王安石の、自分の考えを絶対視して、反対者が生じても反対される原因を考えず、反対者を自分に従わせれば解決する、と考えるその思考法を批判しているのである。以上のように、「荊公祠堂記」の内容を確認したが、論点が多岐に渉ったので、ここで一度内容をまとめたい。

「荊公祠堂記」の内容は、南宋当時非難の的であった王安石の弁護を行おうとするものではあるが、評価すべきを評価した上で、「正しく」批判することに本当の狙いがある。王安石の評価すべき点とは、君主を堯舜のような理想的な君主とするべく、私心なく教え導こうとする、孟子の精神の復興者としての彼の「志」である。陸九淵によれば、王安石の理想政治への「志」は本物なのである。そうであるからこそ、時の皇帝や少なくない賢人の心を引きつけたのである。問題があったのは彼の学問の中身である。王安石は、自らの「志」の正しさに絶対の自信を持ち、一切の疑念がなかったが故に、様々な法度を立て、また自らの政策に従う人士を優遇することで、他者に自分の考えに同調することを強制しようとした。陸九淵によれば、北宋の旧法党人士は、王安石の学問がこのように法度に頼って、人に自分の考えを強制したのは、彼の学問が「人心」に基づいていないからだ、と批判すべきだった。しかし、彼らは王安石の「志」の部分を批判したために、王安石は耳を傾けず、かえって意地になって自説を強行することになり、最終的には北宋の滅亡を招いた、と陸九淵は考えるのである。この文章を通じて、陸九淵は王安石という人物の美点と欠点とを分析した上で、この時代に党争が熾烈を極めた原因を考察して、「法度」ではなく「心」に基づく学問こそがこの弊害を解決すると説くわけである。

さて、以上のように陸九淵は王安石をめぐって北宋の党争を総括するわけであるが、陸九淵にとって重要なのは、このような王安石の欠点は、王安石個人の資質に関わるのみに留まらない、ということなのである。陸九淵はこの文章の末尾の方で以下のように言う。

> 近年の学者が一つの主張に付和雷同し、議論が朝廷にあふれているのは、どうして北宋の先人をよく学んだものと言えるだろうか。
>
> 近世學者、雷同一律、発言盈庭、豈善學前輩者哉。（同前、二三四頁）

このように、陸九淵は、彼にとっての同時代の「學者」は、一つの主張に付和雷同して、議論が喧々諤々としており、それは王安石当時の状況を繰り返すものだ、と批判しているのである。つまり、陸九淵は自分の生きた当時の朝廷の状況を、北宋時代の新法党と旧法党の党争状態の再現と考えていたのである。それではこれは具体的にいかなる事態を指すのか。また、南宋の「學者」が一つの主張に付和雷同する状況にあるとすれば、北宋の王安石同様に、付和雷同させる主体があることになろう。陸九淵にとっての、王安石の再来とは一体誰を指すのか。

## 第二節　淳熙年間の党争

陸九淵が「荊公祠堂記」を執筆していた頃の党争とは、孝宗の下で淳熙九年から淳熙十五年まで宰相の位にあった王淮[26]（字は季海。一一二六～一一八九）とその縁故者で構成される王淮派[27]と、当時勢力を伸ばしつつあった道学派との対立である。「本章の課題」で論じたように、この時の党争に関してはすでに余英時『朱熹的歴史世界』に詳細な研究がある。余英時氏の研究では、この党争での「道学派」という言葉を、二程の学脈を承けるか、少なくとも思想的にその影響を受ける集団として扱っているが、本章もその用法に従う。

陸九淵や朱熹が直面したのは淳熙年間の党争であるが、南宋における道学弾圧は、この時に初めて行われたわけではない。これより以前の紹興六年（一一三六）に左司諫の位にあった陳公輔（字は國佐。一〇七六～一一四二）が程頤の学問の禁止を要請したのが最初である。議論に先駆けて論ずれば、陳公輔のこの上奏文での程学批判は、程頤の学問と王安石の学問の共通性を指摘しており、そのことは、後で述べる陸九淵の朱熹批判を理解す見ておきたい。

る上での前提となる。よって、陸九淵の党争に対する考え方を論ずる前に、まず、陳公輔の程学批判の内容を

## 一　陳公輔の程学批判

陳公輔の程学禁止を求める上奏文は李道傳『道命録』に収録されている。『道命録』は両宋の道学弾圧に関わる史料を集めた著作であるが、この陳公輔の上奏文はこの書に収められる南宋の道学弾圧に関わる史料としては最初のもので、朱陸が直面した淳熙時期の道学弾圧の先鞭と言える。この上奏文の冒頭部分に以下のように言う。

朝廷が尊ぶものに、士大夫は従うのであり、士大夫が尊ぶものに、風俗は従うのであり、慎重にしなくてはなりません。我が宋朝は仁宗の嘉祐年間以前、朝廷は「大いに公なる」道を尊び、私意を逞しくしたり私党を立てたりすることはありませんでした。そうであるため、士大夫は気節によって互いに尊重し、議論によって互いに協力したり批判したのであり、互いに私党を作って、付和雷同したり迎合するようなことはありませんでした。この時においては、是非は明らかで、毀誉は公平で、善悪は自然と明らかで、賢愚は自然と表にあらわれ、天下の風俗に「尚同」の弊害はありませんでした。

朝廷所尚、士大夫因之。士大夫所尚、風俗以之、此不可不愼也。國朝嘉祐以前、朝廷尚大公之道、不營私意、不植私黨。故士大夫以氣節相高、以議論相右否、未嘗互為朋比、遂至於雷同苟合也。當是時、是非明、毀譽公、善惡自分、賢否自彰、天下風俗豈有尚同之弊哉。（『道命錄』巻三「陳公輔論伊川之學惑亂天下乞屏絶」／『知不足齊叢書』（中文出版社影印、一九八〇年）第一一冊、七一五〇頁）

陳公輔は、仁宗朝の嘉祐年間以前の朝廷では、「大いに公なる」道が尊ばれ、士大夫は気節をもって互いに議論したのであり、私党が作られるようなことはなかったとする。裏を返せば、嘉祐年間以後は大公の道は尊ばれなかった、ということになるが、これは所謂「濮議」を念頭に置くものである。

嘉祐八年（一〇六三）に仁宗が逝去し英宗が即位したが、英宗は傍系から皇統を継承したため、その生父濮王の礼制上の処遇が問題となった。この際に群臣が議論して政争に発展したのが「濮議」である。「濮議」では、政府中枢の宰相の韓琦（字は稚圭。一〇〇八～一〇七五）や参治政事の歐陽脩（字は永叔。一〇〇七～一〇七二）と、言職の司馬光（字は君實。一〇一九～一〇八六）らが対立し、言職は執政を弾劾し、執政は言職を左遷するなどして、事態は深刻化した。結局、英宗は在位四年で死去したため、濮議は収束することとなったが、思想的・地縁的に連帯する一定の士大夫集団が言論によって士大夫輿論を主導しようとして対立するという構図は新法党と旧法党、更には旧法党内部の程頤ら洛党と蘇軾ら蜀党の対立という形で北宋滅亡まで継続することとなる。

陳公輔の上奏文に戻れば、陳公輔は、濮議以前の朝廷では、私党を立てたり付和雷同することはなく、「尚同の弊」もなかった、と言う。この「尚同」とは、「上に同じ」の意味の『墨子』の語であり(28)、上位に賢人がいることを前提に、下位にいる者が上位の者の考えに異議を唱えず帰一していくことで、天下に太平がもたらされるという考え方である。『墨子』ではこの「尚同」は、推進されるべきものとして説かれるが、陳公輔は墨家を否定する儒家の立場から、批判的にこの言葉を用いているのである。つまり、下位にいる者が事の是非を考えることなく上位の者に迎合し、また上位の者もそうした追随者を歓迎する風潮を、陳公輔は北宋の党派闘争の背景となるものと考えて批判的に「尚同」と呼んでいるのである。陳公輔は嘉祐年間以前は「尚同」の風潮が無かったとするが、以降の世については以下のように言う。

熙寧・元豊（いずれも、神宗朝の年号。新法が実施された）以後というもの、王安石の学問が世に現れて定論となり、一家の学問となり、人々に対して、自分の考えに同調させようとし、蔡京はこれに依拠して紹述の説を支持しました。ここおいて、士大夫の間に次第に「尚同」の風潮が蔓延し、風俗は退廃したのです。ただ、陛下（高宗）は生まれつき聡明で、その学問は精妙で、積年の弊害を改め、天下の「尚同」の風潮を変えようとなさっているのは大変な盛挙でございますが、朝廷の臣下たちは陛下の意向を推し量ることができず、更にはしきりに私意によって程頤の学説を採用し、これを伊川学と呼んで、互いに呼び寄せ集まっております。

自熙豊以後、王安石之學、著為定論、自成一家、使人同己、蔡京因之挾紹述之説。於是士大夫、靡靡尚同、而風俗壞矣。惟陛下天資聰明、聖學高妙、將以痛革積弊、變天下尚同之俗甚盛挙也、然在庭之臣、不能上體聖明、又復輒以私意取程頤之説、謂之伊川學、相率而從之。（同前、七一五〇～七一五一頁）

王安石は自分の学問を王朝の定論として、人々にその学問を学ばせ、また蔡京もそうした方針を継承したことによって、士大夫の間に先述の「尚同」の弊風が広がった、と陳公輔は言う。そして、この上奏文の本題に入るわけだが、陳公輔は、南宋朝廷における、程学を奉じる人士が同じ程学を奉じる者と徒党を組む状況を、こうした北宋の王安石以来の「尚同」の弊風の継続によるもの、と位置づけるのである。陳公輔のこの主張は、南宋において程学を奉じる程子後学に対する批判であるが、続けて陳公輔は程学本体に批判の矛先を向ける。

これによって、時流に乗って利益を争い虚名を飾ろうとする輩が、突然皆な倣って、「堯・舜や文王・武王の道は孔子に伝わり、孔子はこれを孟子に伝え、孟子は程頤に伝え、程頤が死んで伝える者がいない」などと大言壮語しております。……程頤の文に倣い、程頤のような行いを行えば、賢明な士大夫とし、これをしていない者は、皆な賢明でない、とします。思いますに、もし程頤がまだいたとして、国事を十分にこなすことができるでしょうか。自分の学問を採用して、学者にこれを学ばせたら、私党を営むだけでなく、更に「尚同」の弊害もたらすこと、蔡京の紹述の政治が、浅薄卑俗で頑迷固陋を習わしとし、終には天下を後世まで惑わし乱すに至ったのと同じようになるでしょう。

> 是以趨時競利飾詐沽名之徒、翕然胥效、但為大言謂堯舜文武之道、傳之仲尼、仲尼傳之孟軻、軻傳頤、頤死無傳焉。……能師伊川之文、行伊川之行則為賢士大夫、捨此皆非也。臣謂使頤尚在、能了國家事乎。取程頤之學、令學者師焉、非獨營私黨、復有尚同之弊、如蔡京之紹述、且將見淺俗僻陋之習、終至惑亂天下後世矣。（同前、七一五一頁）

この部分は、単に程頤の学に反対する立場から、程頤の学問を悪しざまに非難している、というのに止まらず、程頤の学の重要な特徴を鋭く突いたものと思われる。

つまり、自らは孔孟不伝の学を伝えている、という程頤の道統意識は、自らの学問を絶対的に是として、それと異なる立場を容認しない、という性格を持っていることを陳公輔は指摘し、批判しているのである。そして程頤学が持っているそのような学問上の性質が、同じ学問を奉じる者同士で徒党を組み、また他者にも程学を学ぶことを強いることにつながっていると陳公輔は指摘する。更には、そうした程頤学の性質が、「時流に乗って利益を争い虚名を飾ろうとする輩（趨時競利・飾詐沽名之徒）」のような、程頤の言動を表面的に模倣して私利を得ようとする迎合者の出現を招来していると非難するのである。引用部の末尾に陳公輔は、「私党を営むだけでなく、更に「尚同」の弊害をもたらす（非獨營私黨、復有尚同之弊）」という。彼の目には、道学は単に内部の結束が固いというだけでなく、新たに同調者を作って勢力を拡大する、朝廷の癌のように映ったのである。

陳公輔の程学批判の特徴的な主張は、王安石の学問と程頤の学問とを同じく「尚同」の弊風に連なるものとして同列に扱っている、ということである。程頤は旧法党の人士であり、王安石の反対者であるから、一般的に両者の学問は対立するものと見なされている。しかし、陳公輔は、両者には、どちらも「尚同」の弊害があり、自分の考えを絶対とし、他者に同調を強要する点で同じであると指摘しているのである。

このように、程頤学は自分の考えを他者に強要して、それと異なる立場を認めないという特徴を持つ学問と見られることがあったこと、南宋初の程頤学の党派性は北宋の王安石の新法党に近似するものと考える立場があったことの二点は、陸九淵の主張を知る上での前提と思われる。それでは、次に陸九淵が生きていた時代に目を移そう。

## 二　陸九淵の「尚同の論」批判

陸九淵が「荊公祠堂記」を記した淳熙十五年という時期、当時の南宋朝廷はまさに党争のただ中にあった。事の発端は淳熙九年（一一八二）の七月に当時浙東提舉の位にあった朱熹が、知臺州の唐仲友（字は與正。一一三六〜一一八八）を弾劾したことにある。弾劾は六度にも及ぶ執拗なものでその内容も多岐に渉って詳細なものだった。[29]道学派人士の中には朱熹の唐仲友弾劾に賛同するものが少なくなく、陸九淵もその一人だった。一方、唐仲友の背後には、彼と同郷で姻戚関係のあった宰相の王淮が控えており、王淮は自らの影響下にある者を使って朱熹たち道学陣営への弾圧を強めていった。[30]このように、淳熙末年の朝廷では、朱熹の唐仲友弾劾を契機として、この弾劾を支持するものと、快く思わないものとの間で党派抗争に発展することとなった。

両陣営の対立の背景として、対金政策の違いが挙げられる。王淮は対金和平論者で、王淮が淳熙八年以降長年にわたって宰相の位についていたのは、対金和平を強く望む太上皇の高宗の意向を反映していると考えられている。[31]一方大義名分を重んずる程学の流れを汲む道学派には、中原恢復を唱える者が多く、両派には政策上相容れない対立点があった。こうした南宋朝廷に潜在していた政策上の矛盾点が、朱熹の唐仲友弾劾を契機として、一気に表面化したのである。

さて、朱熹がこの弾劾を行った淳熙九年（一一八二）当時の陸九淵は朱熹の弾劾に対して以下のように全面的な支持を表明している。

朱元晦（朱熹）の浙東での正義の行い（浙東の飢饉に際しての南康軍知事朱熹の荒政を指す）は真に立派で、唐與正（唐仲友）を弾劾した一事は、衆人の心を大いに快くするもので、民衆は彼が去るのを甚《いた》く惜しんだほどだ。士大夫の議論は紛々とならざるを得ないものの、今その是非は次第に明らかとなってきている。

朱元晦在浙東大節殊偉、劾唐與正一事、尤大快衆人之心、百姓甚惜其去。雖士大夫議論中間不免紛紜、今其是非已漸明。（『陸九淵集』巻七「與陳倅」一、九七頁）

書状の文面から察するに、陸九淵は朱熹の唐仲友弾劾に賛同し、またその成り行きを楽観視していたものと思われる。同時期に永康学派の陳亮も朱熹の弾劾に喝采している。(32) 陸九淵も陳亮も朱熹の論敵の代表的な人物であるが、朱熹の弾劾は、道学派内部の対立関係を越えて広く賛同を得ていたことがわかる。(33)

しかし、陸九淵の楽観的な見立てに反して、事態は道学派人士にとって悪い方向へと向かった。まず、唐仲友は罷免されたものの、弾劾した内容の理非曲直は明らかにされないままのうやむやな幕切れとなった。(34) 更に、この一件で、朱熹に目を付けた王淮は道学派への弾圧を開始するのである。この年の十一月には吏部尚書（吏部の長官。正三品）の鄭丙が、翌年の六月には、監察御史（百官を監察する。従七品）の陳賈が相次いで朱熹を弾劾している。二人とも、宰相王淮の意を受けて朱熹を弾劾したものとされる。(35) こうした中、朱熹だけでなく他の道学派人士までもが弾圧を受けることとなり、陸九淵は次の朱熹宛ての書簡で、科挙の採点官が道学を主張して罪を得た、などの道学弾圧の状況を報告している。(36) 臨安の太学の國子正の位にあった陸九淵自身もこの年の冬に勅令所删定官へと遷されている。

しかし、その四年後の淳熙十四年十月には大きな情勢の変化があった。王淮の後ろ盾であった太上皇の高宗が死去し、それに伴って十五年二月には、予てから中原恢復の志があった孝宗の意向で道学派人士の周必大（字は子充・洪道。一一二六～一二〇四）が右丞相に登用されたのである。そして、同年五月には、道学派人士の薛叔似（字は象先。一一四一～一二二一）が王淮を弾劾し、罷免に追い込み、周必大がこれに替わって左丞相に就任している。[37]

以上を踏まえれば、陸九淵が「荊公祠堂記」を記した淳熙十五年一月とは、高宗の死去と道学派の周必大の右丞相就任との中間の時期に位置し、つまり一時的に朝廷内で道学派勢力が伸長し、[38]道学派の王淮派に対する反撃が予想された時期ということになる。

それでは陸九淵は当時の政治情勢をどのように見ていたのか。陸九淵は第一節で扱った「荊公祠堂記」を複数の知人に書き写して送っているが、[39]その中でも、薛叔似に対する書簡では、「荊公祠堂記」と当時の政治情勢とを重ね合わせて説いていることに注目したい。

## 三　「與薛象先」

「與薛象先」書は、淳熙十五年六月頃に書かれたものと考えられる。[40]薛叔似は、永嘉の人で、常に朱熹を慕った人物とされる（『宋元學案』巻五十二）。前年に補欠の諫員である左補闕の位に就いており、この書簡が送られる直前の五月に王淮を弾劾して罷免に追い込んでおり、この時代の党争の当事者の一人である。陸九淵は薛叔似への書簡の中で、「荊公祠堂記」に触れつつ以下のように言う。

王安石は学問が正しくないのに才能と志は高遠であったため、天下を混乱させてしまいました。「荊公祠堂記」ではそのことを詳らかに論じました。思うに、聖人が再び世に出ても私の言葉を変えることはないでしょう（『孟子』「滕文公」下）。北宋当時の諸賢は誰もこのことに言及しておりません。「尚同」の一説は最も卑しいものです。天下の道理はただ是非を論ずるべきなのであり、どうして同異を論ずるべきでしょうか。

荊公之學、未得其正、而才宏志篤、適足以敗天下。祠堂記中論之詳矣。自謂聖人復起不易吾言。當時諸賢、蓋未有能及此者。尚同一説、最為淺陋。天下之理、但當論是非、豈當論同異。（『陸九淵集』巻一三「與薛象先」、一七七頁）

このように、陸九淵は薛叔似に書き送った「荊公祠堂記」が並々ならぬ自信の作であることを吐露している。ここで「尚同一説」という言葉が見えるのは、別の話題に移っているようにも思えるが、これが王安石評価と連続した話題であることは、この書簡が以下のように続けられることからわかる。

熙寧年間に王安石を排斥する者は「尚同の説」を説くものが多くおりました。神宗は嘗て王安石に詰問しましたが、安石は「道徳が一つであれば、風俗は同じになります（『禮記』「王制」篇）」と答え、結局神宗はすぐには斥けませんでした。そうであれば、王安石の説が行われたのはどうして王安石だけの罪でしょうか。最近の諫官の弾劾文を見ると、また「尚同の説」に追従しております。胡氏（胡晉臣、後述）のこの上無い誠実さをもってしてさえ、議論はこのようなのです、その他の者にどうしてこれ以上を望むことができましょう。

熙寧排荊公者固多尚同之説。裕陵固嘗以詰荊公、公對以道德一風俗同之説、裕陵乃不直排者、然則荊公之説行、豈獨荊公之罪哉。近見臺評、復尾尚同之説。以胡君之淳愨無他、議論猶如此、他尚何望。（同前、一七七頁）

新法政治が開始された熙寧年間、王安石を批判する者には「尚同の説」を説くものが多くいた、と言う。そして、神宗はそのことについて王安石に尋ねた、と陸九淵は言う。もっとも、ここの部分の「尚同」の語は、王安石の批判者が王安石のことを「尚同」と言っているのか、陸九淵が王安石の批判者のことを「尚同」と言っているのか、わかりにくい。「尚同」という言葉をそのまま用いる例は見当たらないが、右の陸九淵が説いている話は、『續資治通鑑長編』の熙寧三年（一〇七〇）九月二日の以下の歴史記事に基づくと思われる。

神宗は、新法に反対する者が納得しないことを心配して言った。「あるものは後漢の党錮の禁を持ち出して、今日の状況を喩えているが、どう思うか。」王安石が答えた。「君主が暗愚で、宦官が貪欲で、士大夫に対して横暴で、朝廷を腐敗させたために、党錮の禁となったのです。今日の状況はいったいどうして党錮の禁の時と同じでしょうか。陛下の英明は古の君主を超越しておりますが、ただ剛健さが足りないために、「道徳を統一し、風俗を変化させる（『禮記』「王制」）」ことができず、異論が紛々として止まらないのに他ならないのです。もし、よく努力して倦まず、どんな事も道理によって断行すれば、人情はしばらくすれば自然と変化するでしょう。」

上患異論者不悛、曰。或引黨錮時事以況今、如何。安石曰。人主昏亂、宦官姦利、暴横士大夫、汚穢朝廷、故成黨錮之事。今日何縁乃如黨錮時事。陛下明智、度越前世人主、但剛健不足、未能一道德以變風俗、故異論紛紛不止。若能力行不倦、毎事斷以義理、則人情久自當變矣。（『續資治通鑑長編』巻二一五、熙寧三年九月己丑／中華書局、一九七九年初版、第一六冊、五二三二頁）

この記事は、王安石が同中書門下平章事（宰相）に就任した年で、新法政治が実施され始めた頃の話である。司馬光などの有力な人士が新法に盛んに反対し、王安石は自分の政策に賛成する人士を優遇しようとしたが、司馬光はそれにも反発し、また王安石も反対派が集団で新法に反対する状況を「阿黨」と非難していた。(41)王安石は断固として新法に賛成する人士を優遇する人事を行おうとするが、反対派が納得しないことが予想された。そうした中で、神宗は、ある者の言として、「黨錮の禁」を持ち出して王安石に疑問を呈したのがこの記事である。「黨錮の禁」とは、後漢末に、皇帝を擁する宦官派と「清流」派を自任する官僚派とが対立し、宦官派が自らに敵対する官僚派勢力を禁固刑に処して朝廷から追放して弾圧した事件を指す。神宗は、王安石が自分の政策に賛同する人間だけを登用しようとし、批判的な人間を地方官や閑職に追いやろうとする現状は、後漢における党錮の禁の状況と異ならないのではないか、と尋ねるわけである。これに対して王安石は、党錮の禁の時の宦官派は暗愚な皇帝を擁することで私利を貪り清流派と対立したが、北宋における新法党は英明な皇帝によって支持されているのであるから、状況は同じではない、とする。このように、王安石は、反対派を抑圧して自分に従わせようとすること自体が悪なのではなく、押さえ込もうとする側に道理があるか否かが問題なのだ、と主張するのである。そして、王安石は神宗に足りないのは、正しいと考える政策を徹底して断行する剛健さであるとし、『禮記』「王制」篇の言葉を引きつつ、「道徳を統一し、風俗を変化させる」べきだとする。(42) このように王安石は、反対派の抗議が激しいからといって、彼らの主張に妥協すべきではなく、むしろ思想の統制を徹底して新法党の考え方を浸透させ、旧法党を排斥することによってこそ、党争状態を解消すべきだと主張したのである。

以上の歴史記事を踏まえつつ、「與薛象先」書の内容に戻ろう。「與薛象先」書で陸九淵は、神宗は「尚同の説」に関して、王安石を詰問したと言う。これは、神宗が「黨錮の禁」のことを当時の状況に重ね合わせることについてどう思うか、王安石に尋ねたことを指していると考えられる。「黨錮の禁」では、宦官勢力は自分たちの意に沿わない「清流」派人士を排斥した。神宗が「ある者の言」として「黨錮の禁」を持ち出したのは、王安石が自分に同調することを強要する態度が、「黨錮の禁」に重なるのではないか、と考えたからであり、陸九淵はそうした態度を書簡で「尚同」と言い換えていることになる。この「自分に同調することを強要する」という意味での「尚同」という言葉の使い方自体は、先述の陳公輔の程学禁止を求める上奏文における「尚同」の用法と同じであり、ここまでは問題がない。注意が必要なのは、「與薛象先」書では「王安石の説が行われたのはどうして王安石だけの罪だろうか。」というように、王安石を「尚同」と批判した神宗や新法の反対派もまた、王安石を正しく批判したものではない、と陸九淵は批判していることである。つまり、陸九淵は、「尚同」という態度が正しくないと言いたいのではなく（「尚同」が正しくないのは自明）、「尚同」と言って相手を批判することが正しくない、と言おうとしているのである。この点に注意しつつ考察したい。

陸九淵によれば、神宗は、新法党に賛同する者だけを登用しようとする王安石を、神宗は「尚同」ではないかと批判した。これに対して王安石は「道徳を統一し、風俗を変化させる」の語で応酬し、結局神宗も言いくるめられてしまった、と陸九淵は解する。そして、陸九淵は、王安石の説が行われてしまったのは、王安石を正しく批判できなかった者たちにも責任がある、と論を進める。つまり、神宗が王安石に対して「黨錮の禁」を持ち出して当時の状況に比べたこと（＝書簡中の「尚同」ではないかという批判）は、王安石を正しく批判できていない、と陸九淵は考えるのである。それではなぜ批判として成立しないのか。

王安石のように、自分の考えが正しいと信じている者からすれば、他者に自分への同調を迫ることは『墨子』が説く「尚同」などではなく、「道徳を一にし、以て風俗を變ず」という『禮記』「王制」篇に基づく正しい行為に他ならないからである。だから、王安石の政権運営をいくら「尚同」と言って批判したところで、王安石にとってその批判は王安石が正しくないという前提に立った上での批判であり、自分が正しいと信じている王安石にとってその批判は、単に批判者が王安石の考えに納得していないことを表明しているに過ぎないのである。むしろ、王安石にとってそうした反対者の存在は、「道徳を一つにし、風俗を同じにする」こと、思想の統制を強化して自己への同調を迫ることの必要を更に促すものとして受け取られるのである。この書簡で、陸九淵は「王安石の説が行われたのはどうして王安石だけの罪だろうか。」と言う。これは、王安石の思想の何が間違っているかを正しく批判できずに、自分の考えを他者に押しつける点を批判するに止まった、神宗や、王安石の反対者のことを批判しているのである。第一節で論じた「荊公祠堂記」の内容を踏まえれば、人に自分の考えを強制しようとすること自体が、政治の根本である「人心」に基づかずに、末節に過ぎない「法度」に任せるものであることを批判すべきだった、と陸九淵は考えていることになろう。

以上のことから、陸九淵の「尚同」の説批判とは、自分の考えに同調を迫るという意味での「尚同」は当然正しくないと考えた上で、更に相手のそうした態度を「尚同」である、と言って相手を批判することの無意味さを批判しているのであり、後者の方に主張の重点があるのである。

更に、この書簡の末尾には、「最近の諫官の弾劾文を見ると、また「尚同の説」に追従している。（近見臺評、復尾尚同之説）」との文面が見え、陸九淵は当時の朝廷においてもこの「尚同の説」が行われていた、としている。このことは、王安石の時の党争と陸九淵の時の党争をいかなる点で同様のものと陸九淵が考えていたかを知る上で重要なことと思われる。そのことを考えるために、次に陸九淵の「與羅春伯」書の内容を検討したい。

## 四　「與羅春伯」

「與羅春伯」の宛先である羅點（字は春伯）は、陸九淵の門人で、当時太常小卿（宗廟での儀礼を司る。正四品）の位にあった人物である。書簡の内容から、胡晉臣が林栗を弾劾した淳熙十五年六月から間もなく書かれたものと思われる。この書簡に以下のように言う。

巨悪（王淮を指す）が朝廷を去って、全国の者が維新の政治を属目していますが、ぼんやりとして未だ聞こえてきません。……頂いた手紙に「自分の家の人」と言っているのは、卑しいものではありませんか。頂いた手紙に、朱熹と林栗のことを、「自分の家の中の人が仲違いする」と言いますが、一体誰が他人の家の人だというのでしょう。古人はただ是非邪正を問題にし、自分の家か他人の家かを問題にしませんでした。君子の心というのは必ず非を捨て去って是につき、邪悪なものを捨て去って正しいものに適合することを必ず望むものです。

大蠹之去、四方屬目惟新之政、藐未有所聞。……來書乃謂自家屋裏人、不亦陋乎。來書言朱林之事、謂自家屋裏人自相矛盾、不知孰為他家。古人但問是非邪正不問自家他家、君子之心未嘗不欲其去非而就是、捨邪而適正。

（『陸九淵集』巻一三「與羅春伯」、一七七～一七八頁）

この書簡に言う、「朱林の事」とは、兵部侍郎（兵部の副長官。従三品）の林栗が兵部の部下の兵部郎官（従六品）の朱熹を弾劾した事件を指す。書簡の宛先の羅點は、「朱林の事」を「同じ家の人の仲違い」と考えていたようだが、陸九淵はそうした見方を批判している。これはそれぞれどういう意味なのか。この事件の概要について確認した上で、羅點と陸九淵のこの事件に対する評価について考察しよう。

林栗（字は黄中）の朱熹弾劾は、先述の、王淮と結託した陳賈・鄭丙の「道学」弾圧に連なるものと見なされている。しかし、そうした見方には朱熹を党争の被害者として描こうとする後世の道学史観が入っており、必ずしも適当ではない。

林栗はもともと朱熹と同じく周敦頤を尊ぶ人物である。(43) 陸九淵の書簡からは、羅點が朱熹と林栗を「同じ家の人」と言っていたことがうかがわれるが、このことは、羅點が、林栗を朱熹と同じく道学陣営の人士と見なしていたことを示していると思われる。

実際に、彼の弾劾文では、朱熹の一派を「道学」と呼んで非難するが、程頤については弁護している。(44)「道学」は、二程の学の影響を受ける者と言う意味で用いられることが多いが、林栗は、二程の学とは区別して、特に朱熹の学派を指す意味でこの語を用いている。林栗の弾劾は、陸九淵や陳亮を含む広義の「道学派」全体への弾劾ではなく、飽くまで朱熹と朱熹を奉ずる一派へ向けたものであることがわかる。それでは、なぜ彼はこのように朱熹を個人攻撃するのか。この点には裏の事情があるようで、『道命録』巻六「林栗劾晦庵奏状」の後に、この書の編者で朱熹の門人の李心傳は以下のように記す。

兵部侍郎の林栗はこの数日前に、朱先生と易について論争して意見が合わず、退いてから朱熹に従ってしまったことを恥と思い、かくて朱先生を弾劾したのである。

侍郎林栗數日前、與先生論易不合、退慚其從者、遂劾先生。（『道命録』巻六「林栗劾晦庵奏状」／『知不足齋叢書』（中文出版社影印、一九八〇年、第一一冊、七一六六～七一六七頁）

弾劾の数日前に、林栗と朱熹が『周易』について議論して、それが原因で林栗は朱熹を恨んでこの弾劾に及んだようである。この時の朱熹の主張は文集に収録されており（『朱文公文集』巻七一「雑著」「記林黄中辨易西銘」）[45]、また、『語類』には、朱熹の林栗批判が余りに厳しかったのを陳傅良がたしなめたという話が見える[46]。林栗は、朱熹の苛烈な批判を恨みに思って、弾劾に至ったというのは真相に近いと思われる。

このようにして見れば、この事件は、林栗の私的な怨恨による弾劾ということになるが、朱熹の学問上での他者批判が、道学内部の人士までも政治的に彼の敵に回す結果を招いている、という面も読み取ることができよう。羅點が「同じ家の人が仲違いする」と言ったのは、同じ程学陣営での内輪もめの現状を嘆いたものと思われる。これに対して、陸九淵は、「一体誰が他人の家の人だというのか」と応酬するが、これは羅點の主張に対してどう反論するものなのか。更に陸九淵はこの書簡で以下のように続ける。

舜が四凶を放逐したのも（『尚書』「舜典」）、孔子が少正卯を誅殺したのも（『荀子』「宥坐」篇）、その家族を治めたものに他なりません。妄りに派閥を区別するのは、かえって玉と石を一緒に焼き捨てるようなものです。これこそ学問が至っておらず、自ら私心を用いる者の通弊なのであって、単なる一人の過ち、一言の誤りというのに止まりません。

舜於四凶、孔子於少正卯、亦治其家人耳。妄分儔黨、反使玉石倶焚、此乃學不知至、自用其私者之通病、非直一人之過、一言之失也。（『陸九淵集』巻一三「與羅春伯」、一七八頁）

陸九淵は『尚書』や『荀子』の例を挙げつつ、聖人が悪人を放逐・誅殺したのは、党派が異なるから、そうしたのではなく、同じ一家の人として裁いたのだ、と言う。そして、党派に区別すること自体が、学問が至っておらず、「私心」を用いていることを示している、として強い口調で叱正するのである。そして、陸九淵は、この書簡の末尾で以下のように言う。

最近臺諫が林栗を放逐した際の言葉を見ましたが、その見識が低いことはとても嘆かわしいことです。

近見臺端逐林之辭、亦重嘆其陋。（同前）

ここには「臺端逐林之辭」という語がある。これは侍御史（諫官。諫官の弾劾文は「臺評」とも呼ばれる）の胡晉臣が、林栗の朱熹弾劾に対して、逆に朱熹を弁護する形で林栗を弾劾し返した際の文のことを指している。先に引用した「與薛象先」書で陸九淵が「臺評が「尚同の説」に従っている」と批判していたのも、この胡晉臣の林栗弾劾に向けられたものである。それでは、この時の胡晉臣の弾劾文とはいかなる内容だったのか。それは『道命錄』巻六に引用されており、以下のように言う(47)。

また侍御史の胡晉臣が言った。「林栗は頑固で独断的であり、自分の仲間に味方して、そうでない者を攻撃している、という指摘が、侍従の臣下から起こっております。何事もないのに学者を指弾して私党と決めつけるのは、最も人が聞くのを憎むものです。いわゆる（『新唐書』陸象先傳の）「天下は本と事無くして、庸人 之を擾《みだ》す（何事も問題ないのに、凡人が騒ぎ立てる）」ものに他なりません。」

胡侍御晉臣亦言。栗狠愎自用、黨同伐異之論、乃起于論思獻納之臣。無事而指學者為黨、最人之所惡聞、所謂天下本無事、庸人擾之爾。（『道命錄』巻六／『知不足齋叢書』（中文出版社影印、一九八〇年）第一一冊、七一七〇頁）

胡晉臣は林栗による朱熹弾劾は「黨同伐異」によるものであると批判する。このように、実際には何事もないのに、「黨同伐異」の立場から朱熹に無実の罪を着せようとしたのが、林栗の朱熹弾劾である、と非難しているわけである。これに対して陸九淵は、胡晉臣の弾劾は「尚同の説」を用いたものである、とする。先の「與薛象先」では、神宗が王安石の政権運営を「黨錮の禁」に比べたことを、陸九淵は「尚同の説」と言い換えていた。このことを踏まえて考えれば、陸九淵は胡晉臣の林栗への弾劾文の「黨同伐異」という部分を問題視していることがわかろう。つまり、林栗の弾劾の是非を論ずるべきであるのに、単に「黨同伐異」と批判したことに不満を表明しているのである。では「黨同伐異」という批判はなぜ批判として適当でないのか。

他者を「黨同伐異」（＝「尚同」）と非難することは、それ自体が、「同」と「異」の違いの存在を前提とした上での批判である。つまり、党派の存在を承認した上での批判なのである。羅點に対する書簡では、羅點が朱・林の争いを「同じ家の人が仲違いする」と評価したのに対して、陸九淵は「一体誰が他人の家の人だというのか」と応酬した。これは、羅點の「同じ家の人が仲違いする」という言葉の根底にある、「同じ家」「他人の家」という党派意識の存在を叱正しているのである。

第一節で触れたように、陸九淵は、人は皆、心の同じくする所、「本心」を共有しており、その「本心」に基づく政治を行わなくてはならず、法度によって自分の考えに同調することを強制したり、他人に迎合することは、人が本来共有している「本心」を無視するものだ、と考えていた。この書簡で、陸九淵が、人は皆「一家」であると説くのは、人は本来「本心」を共有していて、対立しないことを強調していると思われる。そして、陸九淵はこの書簡で以下のように続ける。

子供たちが集まって戯れ、ずる賢い輩も交えて、一体何を期待できましょう。国に好ましくないのは、恐らくこの点にあるのであり、他にはありません。

羣兒聚戲、雜以猥狡、尚何所望。非國之福、恐在此而不在彼也。（『陸九淵集』巻一三「與羅春伯」、一七八頁）

この書簡が書かれたのは淳熙十五年六月頃であるが、これは、先に引用したこの書簡の冒頭部分に「全国の者が維新の政治を属目している」とあったように、王淮の罷免を経て、改革を望む機運が高まっていた時期である。この時期には朱熹も政治的に重要な行動を起こしている。

この書簡が書かれる直前の同じ六月には、朱熹が延和殿に「戊申延和奏劄」を上奏している。奏劄の内容は多岐に渉るが、その中に、「長年にわたり位と権力を盗んできた姦物を罷免すれば、ご機嫌取りばかりの無能な輩の党は懼れるでしょう。（罷累年竊位盜權之姦、則柔邪庸繆之黨知所懼矣。）」と言って、これまで長期に渉って権力を握ってきた者の排除を望む一節がある。同年十一月の「戊申封事」でも、自らを北宋の時代に弾圧を受けた旧法党人士に重ね合わせつつ、道学に対する弾圧の不当性を皇帝に訴え、弾圧者の非を鳴らす一節がある。(48)

このように、五月の王淮の罷免を経て、改革への期待が高まる中で、この時期の朱熹は、これまで自分たちを弾圧してきた反道学派に対して逆に反撃する姿勢を示しているのである。

また、先の林栗の朱熹への弾劾文には、朱熹が門人たちと行動を共にし、朱熹が高位高官を得られるよう門人が朱熹を宣伝して回っていると非難している(49)。弾劾文である点を差し引かねばならないが、王淮の罷免によって道学が優勢になりつつある状況下で、朱熹の門人が徒党を組んで朱熹を宣揚し、また朱熹の学徒として自らを売り込もうとするのは想像に難くない。

「與羅春伯」書の引用部分の末尾に、「子供たちが集まって戯れ、ずる賢い輩も交える」と言うのは、王淮罷免後、これまで弾圧されてきた道学派の勢力伸長が予想される中で、道学派における朱熹の信奉者・迎合者が徒党を組んで反対派を放逐することを望み、もしくは自らを道学者として売り込もうとする状況を指していると理解できるように思われる。

ここで、「荊公祠堂記」の内容を振り返れば、「荊公祠堂記」では、自分に同調することを強要する王安石の政治運営が、彼と意見が合わない君子の朝廷からの放逐と、王安石に迎合する小人の流入という事態を招いたことが書かれていた。本節で考察したところによれば、「與羅春伯」で説かれる、淳熙末年の南宋朝廷の混乱状況はまさしくこれと重なるものなのである。自分の考えを絶対的に是として異論を認めず他者に広めようとする朱熹の考え方は、学問的にも政治的にも朱熹の熱心な信奉者・同調者を生む一方で、朱熹から学問上の批判もしくは、政治的に弾劾されたものからは猛烈な反発を買うことになり、朝廷に亀裂を生じさせていたのである。

陸九淵の目に映った南宋朝廷における朱熹は、悪夢のような党争を引き起こした北宋における王安石の再来だったのである。

# 小結

本章「はじめに」で述べたように、余英時氏は、陸九淵は思想方面では朱熹と対立しつつも、政治方面では道学弾圧という状況下で共闘関係にあったことを指摘した。確かに党争の開始時の淳熙九年においては、陸九淵は朱熹に全面的な支持を表明しており（第二節で引用の「與陳倅」）、この時点で両者の政治的立場が非常に近かったことは間違いない。しかし、朱熹の唐仲友弾劾が招いた道学弾圧の影響の大きさを目の当たりにするにつれ、陸九淵は次第に朱熹の考え方に反感を覚えるようになったと思われる。

当初は反道学が道学に対して弾圧を加えていたが、状況に変化の兆しが見えるようになったきっかけが、淳熙十四年の太上皇高宗の死去である。翌年には、道学派の周必大が右丞相として登用され、道学派の勢力伸長が予想された。そのような時期に記されたのが、第一節で論じた「荊公祠堂記」なのである。「荊公祠堂記」では、王安石の、自らの君主を理想の君主に教え導こうとしたその信念は本物である、と評価しつつ、法度に頼って他人に自分の考えを押しつけようとしたことは誤りである説いた。本章で論じたように、この王安石批判には、南宋において他者に自説を押しつけ、党争状態を引き起こしていた朱熹に対する批判を含んでいたのである。

淳熙十五年、朱熹は「戊申延和奏劄」と「戊申封事」で二度にわたって、朝廷内の「小人」の排斥を訴えている。同じ時期、陸九淵は、書簡で道学派が徒党を組んで反対派に対抗している状況を憂慮し、反対派を自派と区別することの非を説いている。このように、陸九淵と朱熹は、同じ道学陣営に属しているといっても、党争状態に対する対応の方針が異なっていたのである。

本章の最後に指摘しておきたいことは、以上の朱陸の政治的立場の違いは、朱陸の思想上の対立と関連している、ということである。陸九淵と朱熹とは、党争が始まる以前の淳熙八年（一一八一）二月に、「意見・議論・定本」論争を行っており、淳熙十五年（一一八八）から淳熙十六年にかけて「無極・太極」論争を行っている。また、陸九淵は門人に、「無極・太極」論争の際の書簡と、本章で論じた「荊公祠堂記」とを合わせて読むように薦めている。このことは、陸九淵が、「荊公祠堂記」で王安石批判の形を取って行った朱熹批判と、「無極・太極」論争での朱熹批判とが内容的に関連していることを示している。次章ではそのことについて論じたい。

**注**

（1）『陸九淵集』巻三五「語録下」門人詹阜民子南所録、四七一頁「某嘗問。先生之學亦有所受乎。曰。因讀孟子而自得之。」

（2）この思想詩については、中嶋諒「鵝湖の会再考――陸九齢、陸九淵の思想詩二首を中心に」（『実践女子大学人間社会学部紀要』第一三集、二〇一七年三月）を参照。

（3）「尊徳性」と「道問學」の語は『中庸』章句二七章「故君子尊徳性而道問學、致廣大而盡精微、極高明而道中庸。溫故而知新、敦厚以崇禮。」に基づく。これに対する朱熹の注は以下の通り。「章句」「尊徳性、所以存心而極乎道體之大也。道問學、所以致知而盡乎道體之細也。」。朱熹は「答項平父」書（『朱文公文集』巻五四）で「大抵子思以來、教人之法惟以尊徳性道問學兩事為用力之要。今子靜所説專是尊徳性事、而熹平日所論却是問學上多了。所以為彼學者多持守可觀、而看得義理全不子細。」と陸九淵の学問を分析する。また、陸九淵は朱子のこの書簡の内容を踏まえ、『象山語録』上で「朱元晦曾作書與學者云。陸子靜專以尊徳性誨人。故游其門者、多踐履之士。然於道問學處欠了。某教人豈不是道問學處多了些子。故游某之門者踐履多不及之。觀此則是元晦欲去兩短合兩長。然吾以為不可。既不知尊徳性、焉有所謂道問學。」と言う。朱熹は「道問學」と「尊德性」の関係を並列的に理解したのに対して、陸九淵は「尊德性」を「道問學」より根本的に捉えている。しかし、朱・陸は互いの学問を「道問學」と「尊德性」の語で特徴付けて評価すること自体は一致していると言える。

（4）『語類』巻一二四「陸氏」、湯泳録／第八冊、二九七九頁「象山死、先生率門人往寺中哭之。既罷、良久、曰。可惜死了告子。」

（5）朱熹の政治上の活動に関する有力な研究としては、束景南『朱子大伝』（福建教育出版社、一九九二年）、衣川強『朱熹』（白帝社、一九九四年）、吾妻重二「朱熹の政治思想」（『朱子学の新研究』所収）、三浦國雄『朱子傳』（平凡社、二〇一〇年）が挙げられる。特に衣川書は、平凡な一官僚としての朱熹の活動に焦点を当てている。また吾妻重二「朱熹の中央権力批判」（『朱子学の新研究』所収）は、朱熹の王淮・留正・趙如愚に対する批判内容を詳細に分析している。一方、官僚としての陸九淵の活躍について言及している研究は多くない。数少ない研究としては、ロバート・ハイムズ（Robert Hymes）の、*Statesmen and Gentlemen: The Elite of Fu-Chou, Chiang-hsi in Northern and Southern Sung* (Cambridge University Press, 1986) が挙げられる。

（6）余英時『朱熹的歴史世界』下冊、四一七頁を参照。なお、余英時氏は、本章が論じる陸九淵「荊公祠堂記」についても論及しているが、「荊公祠堂記」の主張は、「内聖」が「外王」に先行することを説く点で、その立場は完全に朱熹と一致している、と指摘している（下冊、四一六頁）。

（7）淳熙九年（一一八二）の朱熹による唐仲友弾劾を契機とする道学派と王淮派との対立については、宰相を中心とする実権勢力の道学に対する弾圧と捉えられることが多い。しかし、こうした見方は、自らを一方的な政争の被害者と認識する朱熹たち道学の側に立つものであり、公平な評価ではない。実際には、道学側が有利な情勢下では朱熹などは非道学に対し排斥の姿勢を示しており、前掲の余英時書もすでに「党争」として扱っているように、両陣営の対立の実態は党争であったと考えられる。本章では、この時代の道学と非道学の対立を「党争」として扱う。

（8）これまでの研究では「荊公祠堂記」は単に王安石の再評価を試みる早期の著作としてしか注目されてこなかった。近年に至って、周建剛氏が「陸九淵『荊國王文公祠堂記』与朱陸学術之争」（『江西師範大學大學報（哲學社會科學版）』第四六巻第一期、二〇一三年）で、この著述に言外に朱熹批判の意が込められていることを指摘している。著者は更に党争状態という当時の具体的な政治情勢と絡めて、陸九淵がどのような点で朱熹と王安石とを同一視していたのか考察する必要があると考える。

（9）楠本正継『宋明時代儒学思想の研究』（広池学園出版部、一九六二年初版）の「陸象山」の章では、「荊國王文公祠堂記には、王安石が卓然として孟子の支えた堯舜斯道の精神を見たことを偉なりとしている。」（三四二頁）と言っている。また、吉田公平『陸象山と王陽明』（研文出版、一九九〇年初版）には、「陸象山の北宋人士に対する評価を見ると、王安石について積極的に評価する発言がしばしばみられるのが異例であるが、この王安石といえども、孟子の後学としてとりたてて陸象山の先駆者として位置づけて論評されたわけではなかったのである。」（一〇二頁）とあるのは、「荊公祠堂記」の内容を念頭に置いたものと考えられる。

(10)『陸九淵集』巻一五「與陶贊仲」（二）一九四頁「荊公祠堂記與元晦三書併往、可精觀熟讀。此數文皆明道之文、非止一時辨論之文也。」

(11)「荊公祠堂記」については、全体ではないが、福田殖『陸象山文集』「王安石論」（明徳出版社、一九七二年）に訓読と注釈・解説がある。福田書のテキストは『四部叢刊』所収の、嘉靖四十年刊の何吉陽『象山全集』三六巻の萬暦頃の翻刻本である。「荊國王文公祀堂記」のテキストは、この四部叢刊本には、一部省略があるので、本章でのテキストは、中華書局『陸九淵集』に拠る。

(12)錢象祖は臨海の人で、理宗の嘉定元年には左丞相に登っている（萬斯同『宋季忠義錄』巻七、王資材『宋元學案補遺』巻八八）。また、『黄氏日抄』巻四二には「錢伯同、南度之初長公主之孫」とあり、宋の帝室の血縁者のようである。

(13)「荊公祠堂記」の執筆の経緯については、この文章の末尾に以下のように言う。『陸九淵集』巻一九「荊國王文公祠堂記」二三四頁「郡侯錢公、期月政成、人用輯和。繕學之既、慨然撤而新之、視舊加壯、為之管鑰、掌于學官以時祠焉。余初聞之、竊所敬嘆。既又屬記於余、余固悼此學之不講、士心不明、隨聲是非、無所折衷。」

(14)南宋初期の王安石評価については、近藤一成「南宋初期における王安石評価」（『東洋史研究』三八号、一九七九年）を参照。

(15)南宋が旧法党を支持する理由には、北宋が新法党政権時に滅んだこと以外に南宋政権の正統性にかかわる動機があることは、前掲の近藤論文を参照。南宋の高宗は北宋皇族の大半が金朝に拉致された中で例外的に免れた元祐皇太后からの承認という形で政権の正統性を獲得している。この元祐皇太后が哲宗の皇后となる際の立后の立役者が、旧法党の後ろ盾であった宣仁皇太后であった。先述の近藤論文は、「高宗即位の正統性」のために、「宣仁皇太后の評価に疑点を残してはならない」こともあり、南宋政権は旧法党人士を顕彰し、新法党人士を貶める必要があった、と指摘する。

(16)南宋においても、王安石が部分的に評価されることもあったことについて、前掲近藤論文は、高宗が程学と王学の長所を折衷すべしと説いたこと（『建炎以來繫年要錄』巻一五一）などの例を挙げる。

(17)『陸九淵集』巻一九「荊國王文公祠堂記」二三一頁「周歴之季、跡熄澤竭、人私其身、士私其學、横議蜂起。老氏以善成其私、長雄於百家、竊其遺意者猶皆逞於天下。至漢而其術益行、子房之師、實維黄石、曹參避堂以舍蓋公。高惠收其成績、波及文景者、二公之餘也。」

(18)『孟子』「滕文公」上「周霄問曰。古之君子仕乎。孟子曰。仕。傳曰。孔子三月無君、則皇皇如也、出疆必載質。」

(19)『論語』「微子」篇「長沮、桀溺耦而耕、孔子過之、使子路問津焉。……（長沮）曰。滔滔者天下皆是也、而誰以易之。且而與其從辟人之士也、豈若從辟世之士哉。耰而不輟。子路行以告。夫子憮然曰。鳥獸不可與同群、吾非斯人之徒與而誰與。天下有道、丘不與易也。」

(20)『論語』「微子」篇「楚狂接輿歌而過孔子曰。鳳兮。鳳兮。何德之衰。往者不可諫、來者猶可追。已而、已而。今之從政者殆而。孔子下、欲與之言。趨而辟之、不得與之言。」

(21) 孟子が鄒國公に追封されたのは元豐六年（一〇八二）、孔子廟に配享され顔子の次に叙せられたのはその翌年のことである。元豐年間は神宗の親政期で王安石がすでに下野していた時期であるが、新法が行われた時期であるから、王安石の影響下での施策とみて間違い無い。『四庫提要』もまた宋代における孟子尊崇を王安石に始まるものと見なしている。以上は、近藤正則「王安石における孟子尊崇の特色——元豐の孟子配享と孟子聖人論を中心として」（『日本中國學會報』第三六集）を参照。

(22)『孟子』「離婁」上「孟子曰。規矩、方員之至也。聖人、人倫之至也。欲為君盡君道、欲為臣盡臣道、二者皆法堯舜而已矣。不以舜之所以事堯事君、不敬其君者也。不以堯之所以治民治民、賊其民者也。」

(23)『孟子』「離婁」上「孟子曰。自暴者、不可與有言也。自棄者、不可與有為也。言非禮義、謂之自暴也。吾身不能居仁由義、謂之自棄也。」

(24) 陸九淵の「新舊兩罪」論は、程顥の説を踏まえることは以下を参照。『河南程氏遺書』巻二上「元豐己未與叔東見二先生語」／『二程集』上冊、二八頁「新政之改、亦是吾黨爭之有太過、成就今日之事、塗炭天下、亦須兩分其罪可也。」なお、程顥が王安石の支持者から批判者に転じた経緯については、本書序章注16で触れたように宮崎市定「宋代の士風」（『宮崎市定全集』一一巻所収）に以下の記述がある。「程明道は、熙寧から元祐にかけて、新舊両党の中に踊った重要な政治家である。……程明道は最初は熱心な王安石の支持者であって、三司条例司の属官となり、時相陳升之が新法に熱心でないので、流俗を畏れる者だと言って攻撃し、間もなく御史臺に移り、適々王安石が世の非難を厭って、位を辞そうとした時には、程明道は急奏ありと称し、参内して王安石の去るべからざるを論じた程である。後に明道の親分である呂公著が王安石と仲違いして来たので、明道は急に態度を翻して王安石の反対党に鞍替えした（『長編』四五三）」と言う。

(25)『續資治通鑑長編』巻二一〇、熙寧三年四月己卯「顥先上疏言……臣聞天下之理、本諸簡易、而行之以順道、則事無不成。……蓋自古興治、雖有專任獨決能就事功者、未聞輔弼大臣人各有心、睽戻不一、致國政異出、名分不正、中外人情交謂不可、而能有為者也。況于措置沮廢公議、一二小臣實與大計、用賤陵貴、以邪妨正者乎。」

(26) 王淮は婺州金華の人で、紹興十五年の進士。二十七年間の孝宗の在位期間（一一六二～一一八九）は、宰相の登用・罷免が繰り返され、宰相在任期間が三年を超える者は、淳熙八年（一一八一）に右丞相となり淳熙十五年五月に左丞相を罷免されるまで在任七年を数えた王淮一人しかいない。また、衣川強『朱熹』は、王淮が左丞相の位にあった時の右丞相の梁克家は病気がちで、宰相としての活躍を示す記録は見当たらないとし、実質的に「王淮が単独的に宰相であったかのような様子を呈していた」（同書、一九六頁）、と指摘している。

(27) 「道学派」が二程の影響を受ける人士として一応説明できるのに対し、王淮派の政治的性格については一概に説明し難い。代表的な説明としては、中原恢復を説く傾向のある道学派に対して、王淮派は和平を説く集団であると説明することが多い。前掲余英時書（三五六頁）が指摘するように、王淮が宰相に就任した際、前任の宰相の恩顧の四川の人士を留任させたことで多くの人望を集めたとされ、特定の地縁を中心とする勢力でないところに王淮派の一つの特徴があると言える。また、南康軍での荒政の業績から朱熹は提舉兩浙東路常平茶鹽公事に任命されるが、これは当時左丞相の位に就いたばかりの王淮の推挙による（前掲衣川書）。このように、地縁や血縁や学閥といった特定の関係性を拠り所とせずに、官職の登用を通じて新たに自分を中心とする縁故関係を築くところに王淮派の特徴があると言える。

(28) 『墨子』には「尚同」（上・中・下）篇があり、下位にあるものが上位にある者に服従して、国論を統一することで太平がもたらされると説く。

(29) 弾劾の概要については、衣川強『朱熹』（白帝社、一九九四年）を参照。

(30) 王淮と朱熹との関係は当初は友好的だったことについては前掲吾妻重二「朱熹の中央権力批判」を参照。吾妻氏は崇安家居時代に朱熹は飢饉対策の社倉の設営を始めた際、当時知建寧府事だった王淮の超法規的な措置に助けられており、朱熹もそのことを深く感謝していたこと、朱熹の浙東提舉就任は王淮の推薦によるものだったことを挙げている。また、朱熹は唐仲友弾劾より以前の淳熙九年六月に、汚職を弾劾した自分が逆に中傷を被っているのは王淮の差し金であるとして、王淮に辞職を迫る長文の書状を送りつけており、このことが王淮が朱熹に敵対するきっかけの一つとなっていることを、吾妻氏は指摘している。

(31) 高宗と孝宗の対金政策の考えの違いを示す史料として、葉紹翁『四朝聞見録』に以下のように言う。「上（孝宗）侍光堯（高宗）、必力陳恢復大計以取旨。光堯曰。大哥、俟老者百歳後、爾却議之。上自此不複敢言。」孝宗は中原恢復に志があったのに対して、太上皇の高宗は冷淡であり、このため孝宗は高宗の意向を慮って、恢復を口にできなかったようである。高宗死去の後、王淮が罷免され、道学派の登用が進んだのは、元々中原恢復の志のあった孝宗の意向を反映したものと考えられる。

(32) 陳亮は、朱熹の唐仲友弾劾に対して以下のように言う。『陳亮集』巻二八、致朱熹「又癸卯秘書」／下冊、三三六冊「台州之事、是非毀譽、往往相半。然其為震動則一也。世俗日淺小小、舉措已足以震動一世。使秘書得展其所為於今日、斷可以風行草偃。風不動則不入、蛇不動則不行、龍不動則不能変化。今之君子、欲以安坐感動者、是眞腐儒之談也。」このように、陳亮は、国勢が停滞する南宋朝廷を震動させるカンフル注射の役割を果たすものとして朱熹の弾劾を歓迎している。

(33) 本文引用の「與陳倅」書にも触れられているように、朱熹は唐仲友を弾劾する直前の時期に当時浙東地域を見舞っていた飢饉の対策のために浙東提擧として臨安・紹興に赴任し、浙東各州を巡って救荒に奔走し、大きな治績を挙げた。市來津由彦「南宋朱陸論再考」（宋代史研究会『宋代の知識人』、汲古書院、一九九三年、所収）は、この頃の朱熹の浙東陸門に対する評価は大旨好意的であることを指摘し、その事は朱熹が「救荒に協力して当たった経験を共有したときの観察からなされたもの」とする。市來氏は、これを踏まえて、朱熹の浙東陸学に対する好意的評価に、浙東陸学を陸九淵本人を含む江西陸学と区別して接する姿勢を見出す。本文引用の陸九淵の書簡からは、朱熹が浙東陸門に好意的に接していただけでなく、同時期に陸九淵も朱熹を非常に好意的に見ていたことがわかる。

(34) 朱熹の唐仲友弾劾の経過については衣川強『朱熹』（一九九四年、白帝社）第四章「行政官としての手腕」に詳しい。

(35) 林栗の朱熹弾劾の際に、葉適は朱熹を弁護して、鄭丙・陳賈の弾劾を以下のように言う。『水心集』巻二「辯兵部郎官朱元晦状」「近又創為道學之目、鄭丙倡之、陳賈和之。居要津者密相付授、見士大夫有稍慕潔修者、輒以道學之名歸之。……往日王淮表裏臺諫、陰廢正人、蓋用此術。」

(36) 『陸九淵集』巻七「與朱元晦」、九四頁「近者省場檢點試巻官、以主張道學、其去取與蔣正言違異、又重得罪。」

(37) 周必大は「慶元黨禁」に名を連ねている。

(38) 李心傳『建炎以來朝野雜記』巻六「道學興廢」に「周洪道（周必大）為集賢相、四方學者、稍立于朝。」とあり、周必大の宰相就任を契機として、それまで冷遇されていた道学派人士の登用が進んだことがわかる。

(39) 『陸九淵集』所収の陸九淵の書簡の中で、「荊公祠堂記」について言及があるのは、胡大時（字は季随）、薛叔似（字は象先）、陶賛仲（諱不詳）、林夢英（字は叔虎）、郭邦逸と、それから、この祠堂記執筆の依頼者の銭象祖（字は伯同）に対する書簡である。多くの知人に「荊公祠堂記」を読ませようとしていたことがわかる。

(40) 「年譜」は「與薛象先」書を「荊公祠堂記」の書かれた淳熙十五年一月のものとするが、この書簡には淳熙十五年六月の胡晉臣による林栗弾劾のことを言及しているので、一月はあり得ない。仮に六月頃のものと考える。

(41) 『續資治通鑑長編』巻二一五、熙寧三年九月己丑「上曰。司馬光云。如李定不孝、王安石乃欲庇護。如蘇軾雖販鹽、亦輕於李定不孝。然定豈得為不孝乎。安石曰。且勿論李定孝與不孝、陳薦言李定、謝景溫言蘇軾、均是令監司體量指實、不知有何偏異。于是安石又言。近世執政務進朋黨、蔽塞人主、排抑才士、不可駕御者、故今侍從有實材可用者極少、而其相阿黨、不修職事、趣功實者則如一焉。」

(42) 王安石思想における「一道德」の語の重要性については土田健次郎「王安石における学の構造」（宋代史研究会、『宋代の知識人』、汲古書院、一九九三年、所収）を参照。この研究に拠れば、王安石の経書注釈書である『三經義』は、神宗の「一道德」という要請に応じて経術の統一を目指して著したものであり（『續資治通鑑長編』巻二二九）、そして彼の文字学の書である『字説』も「一道德」が根本理念とされる（「字説序」）。更に、王安石は「一道德」の語を「異論が無くなる」ことと執拗に関連付けて説いている（「答王深甫書」三、文集七）。以上のような土田氏の指摘は、王安石にとってこの語は『禮記』「王制」篇に表れる語としての単なる儒家の通念を超えて、自分が正しいと思う思想を広く学者に学ばせることによって世論の統一を図ろうとする自身の政治運営方法の根拠であったことを示しているように思われる。

(43) 林栗は弾劾より前の乾道二年（一一六六年）に、江州の州学に備えられた周敦頤の祠堂に対して「江州學濂溪祠記」（『周敦頤集』一九九〇年初版、中華書局、付録所収）という著述を著している。この中で林栗は周敦頤を二程の師と見なす朱熹の見解にも触れつつ、自身も「先生之道、傳于二程、其所成就夥矣。」と言っており、周・程の師承関係を積極的に認める基本線では、朱熹に同意していたようである。もっとも、この著述に対して朱熹は「近林黄中、自九江寄其所撰祠堂記文、極論濂字邉旁、以為害道、尤可駭歎。」（『朱文公文集』巻三〇「與汪尚書」）と批判しており、当時から朱熹と林栗とは意見が合わなかったようである。

(44) 『道命錄』巻六「林栗劾晦庵奏状」／『知不足齋叢書』（中文出版社影印）、第一一冊、七一六七頁「熹本無學術、徒竊張載程頤之緒餘、以為浮誕宗主、謂之道學。……其作偽有不可掩者、是豈張載程頤之學教之然也。」

(45) 朱熹と林栗の『西銘』解釈の議論の詳細については、余英時『朱熹的歴史世界』「緒論」一四四頁以降を参照。

(46) 『語類』巻一二三、葉賀孫録／第八冊、二九六〇頁「又謂某前番不合與林黄中陸子靜諸人辨、以為、相與詰難、竟無深益。蓋刻畫太精、頗傷易簡。矜持已甚、反涉吝驕。」

(47) 『宋會要集稿』職官七二、七月二十五日の条には「同日、兵部侍郎林栗与郡栗。言者論栗狠愎自用、黨同伐異、無事而指學者為黨、乞黜之以為生事者之戒。」とあり、『道命錄』所引の文面とやや異なるが、大意は変わらない。

(48) 『朱文公文集』巻一一「戊申封事」／『朱子全書』第二〇冊、六〇三頁「一有剛毅正直、守道循理之士、出乎其間、則羣譏衆排、指為道學之人、而加以矯激之罪、上惑聖聰、下鼓流俗、蓋自朝廷之上、以及閭里之間、十數年來、以此二字、禁錮天下之賢人君子。復加崇宣之間、所謂元祐學術者、排擯詆辱、必使無所容措其身而後已。嗚呼、此豈治世之事、而尚復忍言之哉。」

(49) 『道命錄』巻六「林栗劾晦庵奏状」／『知不足齋叢書』第一一冊、七一六七頁「所至輒攜門生數十人、習為春秋戰國之態、妄希孔孟歷聘之風。……熹聞命之初、遷延道途、邀索高價、門徒迭為遊説、政府許以風聞、然後入門。」

# 第五章　説得術としての陸九淵の「本心」論

## ——仏教批判と朱陸論争をめぐって

# はじめに

淳熙末年の党争において陸九淵は朱熹と同じく道学陣営に属していたが、この党争との関わり方はこの二人の間でまったく異なっていた。朱熹は徹底的に反道学派を朝廷から排斥することによって党争状態を終結させようと考えた。他方、陸九淵は自らの考えを絶対的に正しいと考え、他人に自分の考えを強制することの非を訴え、党派意識の解消によって融和的に党争状態を解決すべきと考えていた。第四章ではそのことを論じた。

本章で更に考えたいのは、このような陸九淵の政治上の姿勢は彼の心学思想といかなる関係にあるのか、ということである。というのも、従来陸九淵の心学思想は、他者との議論や経書の学習よりも内省や自得を尊ぶとされ(1)、主観的傾向の強い思想と理解されてきたからである(2)。しかし、右のような陸九淵の政治上の姿勢は、むしろ自分と異なる他者の考えを尊重しているといえる。その点で、前章で考察した陸九淵の政治上の姿勢と、一般的な理解での陸九淵の心学思想とは必ずしも一貫していないようにも感じられるのである。

そこで本章では、これまでの研究とは異なる観点から、陸九淵の心学思想を見直したいと考える。これまでの陸九淵の心学思想については、その内省的側面、つまり自己の心といかに向き合うか、という面ばかりが注目されてきた。これに対して本章では、陸九淵は他者の心といかに向き合っているのか、という観点から陸九淵の心学思想を再考察したいと考える(3)。他者の考え方との関わり方にこそ、陸九淵の心学思想の重要な特徴があるのであり、またその方面での心学思想の特色を考察してこそ、右の陸九淵の政治上の姿勢の意味が理解できると考える。本章は以上を目的として、以下の構成で考察を進める。

まず第一節では、従来の陸九淵の本心論に対する疑問点を提示しつつ、陸九淵の本心論には他者の心を積極的に認める点に特徴があることを指摘する。

第二節では、右の意味での本心論に基づく他者批判の実例として、陸九淵の仏教批判を考察する。その際に朱熹の仏教批判との相違を分析して、両者の特徴を明確にする。

第三節では、朱陸の間で交わされた最大の論争である無極・太極論争の内容を、いかに他者を説得しようとするか、という側面から考察する。

## 第一節　「本心」とは誰の心か

陸九淵の中心学説の一つに本心説という学説がある。(4) その内容は陸九淵の以下の「雑説」の中の一節に詳らかである。

四方上下のことを「宇」と言い、古今のことを「宙」と言う。それはつまり私の心のことである。私の心はつまり「宇宙」なのだ。大昔、聖人が現れたのは、この心を同じくして、この理を同じくした。はるか未来に聖人が現れても、この心を同じくして、この理を同じくする。東南西北海に聖人が現れても、この心を同じくして、この理を同じくする。

四方上下曰宇、往古來今曰宙。便是吾心、吾心即是宇宙。千萬世之前、有聖人出焉、同此心同此理也。千萬世之後、有聖人出焉、同此心同此理也。東南西北海有聖人出焉、同此心同此理也。（『陸九淵集』巻二二「雑説」、二七三頁）

陸九淵のこの「雜説」の記述は陸九淵思想を解説する中で非常に有名な一節である。この記述によると、「宇」とは空間性、「宙」とは時間性を指し、そして人間個々人の心は「宇宙」と同じであると言う。そして古今東西を問わず、聖人は自分と同じ心を持っていると説く。つまり、自分の心は空間的・時間的に絶対的に完全であり、古今東西の聖人といえども、この心と同じである、と説く。

この一節だけを見れば、陸九淵は自分の心（「吾心」）の絶対性を信じ、これを宇宙と同一視して、古今東西の聖人の心と同じであると力強く主張しているように読み取れる。この言葉については、しばしば陸九淵の「六經は我が心の注脚」（『象山語録』巻上）という有名な言葉とともに並べられ、陸九淵は経書を己の心を写す鏡として主観的に読んでいたとも説明される。(5) このように、この「雜説」一節は、陸九淵思想の主観性をよく示す言葉として理解されてきたのである。しかし、注意したいのは、この「雜説」の記述には続きがあり、右の引用はあくまで全体のなかの一部分を抜き出しているに過ぎないということである。右の「雜説」の引用部の直後は以下のように続いている。

近世の「尚同」の説は大いに誤っている。道理のあるところにどうして異なることができようか。古の聖賢は道が同じで志が合わさって、(6)「（君臣が）みな純一な徳を持って（咸有一徳）」（『尚書』「咸有一徳」篇）、それで初めてともに仕事ができたのだ。しかし、同じでないところがあるのは、道理のあるところを尽くは見ることができていないからだ。孔子のような聖人であっても、「顔回は自分を助けてくれるものではない」（『論語』「先進」篇）と言い、「私を啓発してくれるものは子夏（朴商）だ」（『論語』「八佾」篇）と言い、また「私は学んで厭うことがない」（『論語』「述而」篇）と言い、舜は「私が道理に違えば、お前が助けよ。」（『尚書』「益稷」篇）と言い、堯のことを称しては「自分の考えに執着せずに人に従うのは、堯帝だけがよくなさった」（『尚書』「大禹謨」篇）と言ったのである。だから、（聖王は）ただ「ああ」とか「そうだ」と言うだけでなく

「いいや」（『尚書』「堯典」）とも言ったのである。本当に君子であれば、できなくても君子であることを害さないし、本当に小人であれば、できたとしても小人であることは変わらないのだ。

近世尚同之説甚非。理之所在、安得不同。古之聖賢、道同志合、咸有一德、乃可共事。然所不同者、以理之所在、有不能盡見。雖夫子之聖、而曰回非助我、啓予者商。又曰我學不厭、舜曰予違汝弼。其稱堯曰舍己從人、惟帝時克。故不惟都俞、而有吁咈。誠君子也、不能、不害為君子。誠小人也、雖能、不失為小人。（同前）

「尚同」の説とは第四章でも論じたように、『墨子』の思想に基づき、賢人が衆人に自身の考えに同調することを迫ること、もしくは衆人が賢人の考えに同調することをよしとする考え方を意味する。陸九淵は、「尚同」とは、自分で物事の是非を考えずに上位者に迎合すること、もしくは異論を認めず他者に自説を迫ることと考え、この「尚同」の風潮こそが党争を発生させる背景とみなし、しばしば党争を批判する文脈でこの言葉を持ち出す。陸九淵が列挙する経書の引用文は、いずれも古の聖賢が決して自らの考えを絶対視せず、自分と異なる考え方を吸収しようと努めていたことを示す言葉である。古の聖賢は、他者の同意を得られないことがあれば、その原因を自己が道理を洞察しきれていないためであると考え、常に他者から良い考えを学び取ろうとしていた、と陸九淵は言う。つまり、陸九淵にとっては、他者との考えの不一致は自分の思想をより深める契機なのである。だから、この立場から言えば、右の「尚同」の説は、こうした学問をより深める契機を自ら放棄するものにほかならないのである。

このように、この「雑説」の記述の後半は、自らの考えを絶対的に是と考えることが誤りで、他者の善なる考えを学び取ることの大切さを説いているのである。

陸九淵が本節冒頭に示したような意味で「自分の心の完全性」を主張しているとすれば、「雑説」の後半部分は不要となる。なぜなら、真理はすべて自己の心に備わっているとすれば、他者の考えを求めるまでもなく、自己の心を内省しそれを実行すれば事足りるはずだからである。しかし、陸九淵はこの「雑説」で人の意見を受け入れることの重要さ、自分だけが正しいと思い込むことの非を強調している。注目したいのは、この後半部分の主張は、第四章で論じた、自分と異なる考えの存在を尊重する陸九淵の政治上の姿勢と重なる、ということである。よって、後半部分に即して前半部分を理解してみよう。

「雑説」前半で言うところの「私の心はつまり「宇宙」なのだ」という言葉は、主体としての自己の心は古今東西を貫いて本来万人に同じである、ということを言っていることになろう。この一節が説く、心の完全性とは、自己完結的な意味で自分の心が完全であると説いているのではなく、自己と他者を広く含む万人に共通する心に完全性を認めているのである。よって、「雑説」前半部は、自分の心の意識を他者・万物へと押し広げて一体化することを説いているのではなく、万人と一致する心を自己の中に求めることを陸九淵は説いているのである。

右のように理解するとすれば、万人と等しくする心の有り様を求めるには、自己の心を内省することが必要とされるのはもちろんのこと、他者の心に対する洞察もまた重要であり、そしてそうした態度は自己と他者の一致点を模索することにつながると考えられる。「雑説」の後半部分で、他者の同意を得ることの重要さを説くのはそうした文脈の中で理解できよう。それでは万人が等しくする心とはいかなる心なのか。陸九淵が「本心」に関して説いている他の記述を見てみよう。淳熙十六年の「與曾宅之」書に以下のように言う。

『孟子』に言う。「熟慮しなくても理解できることが、「良知」である。勉学しなくてもできることが、「良能」である。（『孟子』「盡心」上）」と。これは「天が私たちに与えたもの（『孟子』「告子」上）」で、「私たちはもとから持っており、外から私たちを鍍金（メッキ）したのではない。（『孟子』「告子」下）」ということだ。だから、「万物はすべて自分に備わっている。自らの身を反省して誠であれば、これほどの楽しみはない。（『孟子』「盡心」上）」と言うのであり、これが自分の「本心」というものなのだ。

孟子曰。所不慮而知者、其良知也。所不學而能者、其良能也。此天之所與我者、我固有之、非由外鑠我也、故曰。萬物皆備於我矣。反身而誠、樂莫大焉。此吾之本心也。（『陸九淵集』巻一「與曾宅之」、五頁）

陸九淵は『孟子』に別個に見える、人間に道徳性が内在していることを説く記述をつなぎ合わせる形で、「本心」を説明する。これによれば、人間が勉学や熟慮をせずとも自然に道徳的な行動ができるのは、天から道徳性を付与されているからであり、それは外から得るものではなく、人間に内在しているのであり、それこそが人の「本心」である、と言うのである。このように、陸九淵が考える「本心」とは『孟子』の「良知」・「良能」とも同一視されており、勉学や熟慮によらずとも人間が日常的に有している道徳的な心を指しているのである。その点で「本心」とは修養の果てに知り得る特別な心を指すのではなく、誰もが日常的に経験する単純・素朴な道徳心なのである。「雜説」で「心」が「宇宙」と等値されるのは、そのような意味での「本心」の普遍性・日常性を強調したものと言える。また、「本心」について淳熙十一年の「與趙監」書には以下のようにも言う。

仁義というものは、人の「本心」だ。『孟子』に言う。「人に存するものは、どうして仁義の心でないだろうか。」（『孟子』「告子」上）と。また言う。「私たちはもとから持っており、外から私たちを鍍金（メッキ）したのではない。」（『孟子』「告子」下）と。「愚かものは及ばない」（『中庸』）というのは、物欲に覆われその「本心」を失うことだ。「賢者や智者はこれに過ぐる」（『中庸』）というのは、意見に覆われその「本心」を失うことだ。

仁義者、人之本心也。孟子曰。存乎人者、豈無仁義之心哉。又曰。我固有之、非由外鑠我也。愚不肖者不及焉、則蔽於物欲而失其本心。賢者智者過之、則蔽於意見而失其本心。（『陸九淵集』巻一「與趙監」、九頁）

このように、人は物欲にまみれることで「本心」を喪失するだけでなく、「意見」に覆われることでも「本心」を喪失する、と陸九淵は説くのである。本章第三節で論じるように、ここでの「意見」とは自分だけの考えを意味する。自分だけの特別な考えを持つことで、かえって誰もが有している普遍的な「本心」を喪失してしまう、と考えるのである。このように陸九淵が説く「本心」とは素朴さ・日常性にその本質があるのである。

さて、陸九淵の考える「本心」とは以上のようなものであるが、ここで本章の「はじめに」の問題に帰ろう。本章の目的は、陸九淵は他者の心といかに向き合っているのか、という側面から陸九淵の心学思想を再考することであった。陸九淵の考える「本心」とは自分だけが持つ特別な心ではなく、万人がみな持っている心である。陸九淵は自分が他者を説得する時のことを『象山語録』（以下、『語録』）の中で以下のように言っている。

私は人に対して話す際、いつも血脈に即して相手を説得する。だから、人はこれを聞き入れやすく、法令の行いのようではない。孟子が斉王に話して、ひたすら民と同じところに即して斉王を導いて、その他のところについても自ずと正しくなるのとちょうど同じだ。

吾與人言多就血脉上感移他。故人之聴之者易、非若法令者之為也。如孟子與齊君言、只就與民同處轉移他、其餘自正。（『陸九淵集』巻三五「語録上」、傳子雲録、四〇一頁）

このように、陸九淵は自分が他者を説得する際の方法を、孟子が斉王を説得した時の方法を例に説明している。これは、第三章でも扱った以下のような『孟子』「梁恵王」下における孟子と斉王のやり取りを指す。斉王は自らの欠点として、「好聲・好色・好貨・好勇」を挙げ、自分は欲深い人間で王道政治を行う資格はない、と言った。これに対して孟子は、これらの欲求は民と同じくするものであり、正しく対処することでむしろ王道政治を行う契機となると斉王を説得するのである。陸九淵は自らの他者に対する説得方法を、このような孟子の説得方法に重ね合わせて説明するのである。孟子は、万人が同じく有する心に即して斉王を説得した。陸九淵は万人が等しく有する心を「本心」と考えた。孟子の説得法とは、陸九淵の考える「本心」に基づく説得法だったのである。『語録』の本文に言う「血脈」とは血管の流れる脈拍を意味する。「血脈」に即して相手を説得するとは、法令のように外から強制して従わせるのではなく、相手の身に切実なところに働きかけることで、内発的に正しい方向へ向かうよう誘導することを言っているのである。同じく『語録』で、陸九淵は自己の他者への説得方法について以下のようにも言っている。

先生（陸九淵）は言った。……「世人が道学を責めるのもまた、全く彼らばかりを責めてもいられない。思うに、驕った口ぶりで門戸を立てては、相手と敵対し、まくし立てては論争し、どうも信服できないところがあるというのは、自然と人に穏やかならざる心を呼び起こすものだ。私は普段、世俗の輩に責めとがめられることがない。責めてくるのは、語録や精義を読む輩だ。程士南（未詳）は最も道学を攻めるが、ある者が彼に私のことを言った。程は言ったそうだ。「道学でも陸氏については攻めるべきものが無い」と。」

先生云。……世之人所以攻道學者、亦未可全責他。蓋自家驕其聲色、立門户、與之為敵、嘵嘵騰口實、有所未孚、自然起人不平之心。某平日未嘗為流俗所攻、攻者却是讀語錄精義者。程士南最攻道學、人或語之以某。程云道學如陸某無可攻者。（『陸九淵集』三五「語録下」李敏求録、四四〇～四四一頁）

これは道学と反道学の党争期の頃の状況を言ったものと考えられる。前章で論じたように、この頃、陸九淵は、朱熹の他者批判がかえって道学弾圧という報復の形で、自分たちに帰って来ている状況を目の当たりにしていた。これに対して、陸九淵は、自分の議論方法は他者を非難しないものだと言うのである。この『語録』の記録によると、普段道学を攻撃する者でさえ、陸九淵に対しては例外的に責め立てることがなかったと言う。このように陸九淵の方法は他者の反発を招かないという点で実際に効果があったと思われ、また陸九淵の口ぶりからは、彼はその方法に大いに自信を持っていたことがうかがわれる。更に、陸九淵の弁論術が他者の心を打つものであったことは、彼の論敵である朱熹も認めるところだったのである。

陸氏は話がうまく、その精神も人を奮起させており、ひとたび彼に鼓舞されるや、たちまちはっきりする。ただし空虚で、まったく根本がない。

陸氏會說、其精神亦能感發人、一時被它聳動底、亦便清明。只是虛、更無底簟。（『語類』巻一二四「陸氏」、黄𠷈録／第八冊、二九七五頁）

朱熹は陸九淵の説得術は結局根本がなくその場限りのものであると考えていたようだが、他者を勉励する力があること自体は評価しているのである。このように、自他ともに広く認めるところであった陸九淵の本心論に基づく説得術とはいかなるものであったのか。本章では陸九淵の仏教批判と、朱熹批判の二つの例を見ていきたい。

## 第二節　朱陸の仏教批判の方法

中国に仏教が伝来したのは一世紀頃の後漢初期の頃と言われるが[7]、仏教思想の伝来は中国思想に大きな衝撃をもたらした。孔子は「未だ生を知らず、焉んぞ死を知らん（『論語』「先進」篇）」と言うように、儒教は人間の生き死にそれ自体について正面から思索する文化に乏しかった。これに対して、輪廻による生まれ変わりや、浄土のような死後の世界を説く仏教思想は右のような儒教思想に飽き足りない中国人の心をつかんでいき、六朝時代以降、尊卑を問わず次第に勢力を拡大させていったのである。しかし仏教は、中華の民からすれば、元来天竺の異民族の宗教であり、仏教が拡大するに伴って中国の伝統的な価値観とぶつかる事態が生じた。その中でも繰り返し議論になったのが、仏教徒が出家して俗世の人間関係を捨てることは、儒教が尊ぶ五倫（君臣・父子・夫婦・兄弟・朋友）を正面から否定するものではないか、ということだった。(8)

さて、話を朱陸に戻そう。陸九淵は朱熹と同じく、仏教思想に批判的であった。(9) 本節では特に「與王順伯」書を取り上げて陸九淵の仏教批判の内容を見ていきたい。特にこの書簡を扱うのは、この書簡での陸九淵の仏教批判の内容に対して、同じく仏教に反対する立場のはずの朱熹が厳しく批判しており、そのことから、朱熹と陸九淵の他者批判の方法の違いが際立つと思われるからである。

## 一　陸九淵「與王順伯」書

この書簡の宛先である王厚之（字は順伯）という人物は、『宋元學案』巻五八に「王厚之、字順伯、其先本臨川人、魏公安禮之後也。」とあるように、王安石の弟、王安禮（字は和甫。一〇三四～一〇九五）の末裔である。また『宋元學案』は「象山學侶」と記すように、この人物は陸九淵とともに学問を講ずる間柄であった。この人物は儒教だけでなく、仏教をも尊崇した人物で、陸九淵の書簡の内容からは、王厚之は儒教と仏教の道は一致すると考えていたことが窺える。(10) この王厚之に対する陸九淵の書簡で、彼は儒教と仏教の違いを説明し、仏教批判を展開する。もっとも陸九淵にとってこの書簡は、単に仏教を批判することだけが目的だったのではない。自分と異なる思想を信じる者に対して、いかに説得すればよいのか、を示すことがこの書簡のもう一つのテーマだったのである。まず陸九淵はこの書簡で、ある学問を学ぶものがそれと異なる他の学問を批判することの困難さを説明しつつ、その解決策を提示する。

およそ、学術には学説と実質とがあります。儒者には儒者の学説が、老子には老子の学説が、釈氏（釈迦）には釈氏の学説があります。天下には学術が多いですが、大きなものはこの三家です。昔ある学説を説くものは、実質があるということに基づき、その後のこの実質を求めるものは、必ずその学説を経由します。ですから総じて学者がその実質を求めようとすれば、必ず先ずその学説を学びます。それを学ぶと、理解できる者と、そうでない者とが出てきます。その実質を理解できる者もいれば、ただ学説を理解するだけで実質を理解するには及ばない者もおります。学説の中にもまた浅深・精粗・偏全・純駁の違いがあります。実質の中にもこうした違いがあります。総じてこれらについてはどれもその一家（儒・道・仏の一家）の中に、自ずとこれらを識別するものがおります。三家（儒教・道教・仏教）の異同・得失・是非を論じて、理解している者とそうでない者、学説と事実、浅深・精粗・偏全・純駁が入り混じる中で互いに非難し合って、その三家が等しく有するものについて知らなければ、それもまた至論とは言えません。(11)

陸九淵の主張は以下のようである。およそ学術には実質と学説とがあり、ある実質を説明するのが学説である。先達の学者がまず実質に基づいて学説を立て、後学はその学説から実質に至ろうとする。しかし、後学が先達者に従って学問するにはいくつかの障害がある。それは、後学が先達の立てた学説を正しく理解できるとは限らず、また先達が立てた学説が正しく実質を説明できているとは限らないことなどである。このように、後学が自分の学術を修得するだけでもすでに困難であるから、自分と異なる学術を正しく批判することは一層困難であると陸九淵は主張するのである。そして、陸九淵は、三教の違いばかりを非難するのではなく、その三家がともに有するところに即して議論するのがよいと主張するのである。それでは儒教と仏教の共通性を踏まえた上でその違いを論ずる方法とはいかなるものであるのか。

陸九淵は儒教と仏教の最も重要な相違とは、儒教が「義」であるのに対し、仏教は「利」であるという点にあると説明する。

私は嘗て「義利」の二字によって儒教と仏教を区別し、また「公私」と言ったのも、その実は要するに「義利」に他なりません。儒教では、人は天地の間に生まれて、万物の中の霊長で、万物の中でも貴く、天地と並び立って三極を為すものと考えます。天には天道があり、地には地道があり、人には人道があり、人でありながら人道を尽くさないと、天地と並び立てないと考えます。人には五つの感覚器官があり、感覚器官には各々の機能があり、そこで是非や得失が生じ、また教育や学問の必要がでてくる、と考えます。その教えが出てくる由来は以上のようで、だから「義」と言い、「公」と言うのです。

某嘗以義利二字判儒釋、又曰公私、其實即義利也。儒者以人生天地之間、靈於萬物、貴於萬物、與天地並而為三極。天有天道、地有地道、人有人道、人而不盡人道、不足與天地並。人有五官、官有其事、於是有是非得失、於是有教有學。其教之所從立者如此、故曰義曰公。（『陸九淵集』巻二「與王順伯」（一）、一七頁）

このように、陸九淵は、人間が感覚器官に基づいて正しく視聴言動し、正しく社会生活を営み、正しく万物を管理し、天地と並び立つことを「義」と言い、これを志す点に儒教の特色があると主張する。それでは陸九淵は、仏教の教えの由来をどのように考えるのか。

仏教では、人は天地の間に生まれて、生死があり輪廻があり煩悩があり、この世を苦しみに満ちたものと思い、これを免れる方法を求めたのです。道を得て明らかに悟れば、人には本来生も死も、輪廻も煩悩もないということがわかり、だから「生死事大」（『景徳傳燈録』五、温州永嘉玄覺禪師）」と言うのです。あなたが言う、菩薩が仏の悟りを得ようとする心をおこしたこと（発心）もこの生死という一大事のことに他なりません。その教えが出てくる由来は以上のようで、だから「利」と言い、「私」と言うのです。ひたすら義で、ひらすら公であるから、経世なのです。ひたすら利で、ひたすら私であるから出世なのです。儒教では「無聲無臭」（『詩経』大雅「文王」）と言い、「無方無體」（『周易』繋辞上傳）といっても、すべて経世済民を目指しており、仏教では永遠に遍く救済するといっても、すべて出世を目指しているのです。

釋氏以人生天地間、有生死有輪迴有煩惱、以為甚苦而求所以免之。其有得道明悟者則知本無生死、本無輪迴、本無煩惱、故其言曰生死事大。如兄所謂菩薩發心者亦只為此一大事。其教之所從立者如此。故曰利曰私。惟義惟公、故經世。惟利惟私、故出世。儒者雖至於無聲無臭無方無體、皆主於經世。釋氏雖盡未來際普度之、皆主於出世。（同前）

陸九淵は、仏教の教えの根源は、苦しみに満ちた現世から逃れることであると主張する。そして、こうした苦しみに満ちた現世から逃れようと志すことを、陸九淵は社会や人倫に背を向ける態度と捉え、「利」や「私」と呼び、儒教の「義」と「公」と対比させるのである。また、儒教の経世済民と仏教の出世という違いは、儒・仏の相違の根本ではなく、この「義」と「利」という相違に伴って生じていると陸九淵は説明する。

この点は陸九淵の仏教批判を理解する上で重要なポイントである。なぜなら、儒教と仏教の相違の根本が経世済民と出世ということにあるとすれば、根本から志す方向が異なり、何ら共通の地盤がないことになってしまうからである。陸九淵は儒教と仏教の相違を、「この世」での経世済民と、「あの世」への出世という、次元の違いとしての位相ではなく、「義」と「利」という同じ現世での社会性の位相で捉えるのである。このように理解して、「義」と「利」を儒仏の相違の根源と位置づけることで、現世の人倫社会に対していかに向き合うか、という共通の地盤の中で儒教と仏教の相違を捉えるのである。陸九淵はこの書簡の冒頭で、三家がともに有するところに基づいて議論すべきと主張していたが、書簡の次の部分で、陸九淵は仏教徒が儒教と等しく有している点に説き及ぶのである。

今、釈氏の説を習うものはみな人です。彼らも人である以上、どうして吾が儒教の仁義を尽く棄てることなどできましょうか。彼らは出家するといっても、上は四恩を報じており、日常生活の中で、この理は心に根付き、滅びようがないのです。彼らは確かにこれを存しているかも知れないのです。しかし、その教えは、これを保存するために起こしたものではありませんでした。ですから、その存するか否かを、深く仏道に至った者は重視しませんでした。私たち儒教では、「人の禽獣に異なる所以は少なく、庶民はこれを去り、君子はこれを存す」(『孟子』「離婁」下)と言います。仏教が憐憫するものは、未だ輪廻から解脱できず、生き死にを繰り返すことで、このことを「聖を愛し、凡を悪《にく》めば、生死の苦海の中に沈んでしまう」(『臨済録』「示衆」)と言います。その意味では、私たち儒教の聖賢はみなただ自分の生死の海の中に沈むだけです。仏教で憐憫することは、私たち儒教には当てはまりません。しかし、儒教の教えはこれを逃れるためにできたのではありません。ですから儒教の教えはこのことを主とはしません。また仏教で憐憫することは、私たち儒教の聖賢には当てはまりません。私たち儒教で憂慮することは、仏教の聖賢には当てはまります。試みに、仏教の聖賢を『春秋』の法によって裁いてみるなら、子供でさえ彼らが免れることがないことがわかるでしょう。教えの由来に従ってこれを見れば、儒教・仏教の違いと公私・義利の区別とは、はっきりと別れていて同じくすることができないものなのです。(12)

このように、仏教徒は出家したものといっても「四恩」(父母・国王・衆生・三宝の恩)に報いようとするように、仏教徒にも人倫を大事にする考え方があり、その点で儒家の尊ぶ仁義の心は仏教徒の中にも生きていることを陸九淵は指摘するのである。そして、陸九淵は、ただ仏教徒はこの道徳心を保持することに努力していない点が儒教と同じでないと言うのである。また仏教では、現世での生死の苦しみから逃れられないことを憐憫するが、儒教では生死の苦しみは受け止めることが当然とされ、そもそも逃れ避けるべき対象とは考えておらず、よって儒教の聖賢は仏教が憐憫する対象にはなり得ないと説くのである。これに対して、儒教で憂慮する人倫の教えについては、仏教の聖賢も免れることができないと言う。

要するに、仏教にとっての教えの根源であるところの生死の苦しみは、儒教にとってはあって当然のこととされ、そもそも逃れるべき対象とは考えられていないのに対して、儒教の教えの根源である日常の人倫は、仏教であっても逃れることのできないものであって、その点で儒教の方が仏教よりも万人に当てはまる「公」なる教えであると主張するのである。

以上のような陸九淵の仏教批判はいかなる点に特徴があるのか。この仏教批判に対して加えられた朱熹の批評を見る形で改めて考察したい。

## 二　朱熹の「與王順伯」書批判

朱熹の仏教批判は、同時代の道学者の中でも批判意識の強いものである。しかし朱熹は紹興二十三年（一一五三）に李侗に出会う以前は、元々禅に傾倒していた[13]。朱熹の仏教批判は、一度は仏教に傾倒した自分自身の体験に裏打ちされているのである。

さて、陸九淵が王厚之に対して儒教と仏教の違いを論じた書簡は、朱熹も読んでいた。しかし、朱熹はこの書簡の内容に強く反発していたのである。『語類』には朱熹が陸九淵の仏教批判の内容に対して以下のように批評していたことが記録されている。

最近、子靜（陸九淵）が王順伯を相手に仏教を論じて言っていたよ。「仏教と私たち儒教の見るところは同じで、義利・公私の間について同じでないだけだ」とね。この説は正しくない。このようであれば、私たち儒教と仏教とはこの道理を等しくすることになってしまう。もしこのようであるなら、どうやって義と利の違いが出てくるのか。ただ根源が異なるためなんだ。私たち儒教では万理がすべて真実であるのに対して、仏教ではすべてが空虚なのだ。

向來見子靜與王順伯論佛云、釋氏與吾儒所見亦同、只是義利、公私之間不同。此説不然。如此、却是吾儒與釋氏同一箇道理。若是同時、何緣得有義利不同、只被源頭便不同。吾儒萬理皆實、釋氏萬理皆空。（『語類』巻一二四、黄罃録／第八冊、二九七五～二九七六頁）

「與王順伯」書で、陸九淵は仏教を批判する際に、仏教を信じる者にも、儒教と同様に、人倫を尊ぶ仁義の心があることを指摘していた。朱熹が「與王順伯」書は「仏教と私たち儒教の見るところは同じ」と主張していると概括するのは、陸九淵の仏教批判が、こうした人倫を大事にする考え方は儒仏の根底のところで共通していると論ずる点に特徴があることを、正しく指摘していると言える。このような陸九淵の主張に対して朱熹は、もし儒・仏の見る心が同じものであったなら、そもそも義利や公私の違いは生じ得ないのであり、両者の見るところが根本的に異なるからこそ、義利・公私の相違が生じるのだ、と言う。そして、朱熹は儒・仏の最も根本的な違いとして、儒教は道理を「実」と考えるのに対して、仏教は道理を「空」と考えている、と指摘するのである。この条の内容のみでは、朱熹の主張を審らかにしがたいが、このことについて朱熹は、『語類』の別の記録で以下のように詳細に説明している。

陸九淵も若年時から仏教を学んでいたが、「儒教と仏教の違いは義と利との違いだ。」と言っていた。私はこう答えてやったよ。「それは第二義だ。根本のところこそが違うのだ。」とね。最初に釈迦は太子の時に郊外に出かけ「生老病死」の「四苦」を目の当たりにし、遂にこれらを嫌悪して雪山に入って修行した。この一切を空虚なものと見なし、ひたすら捨て去ることが積極的でないこと、除き去ることが完全でないことを恐れるばかりで、この点においてこそ我々の儒教は異なるのだ。思うに、（儒教では）一物もこの理を具有しないものはなく、一理も物に違うことはできないと考える。仏教では、万理はすべて空虚と言い、我々儒教では万理はすべて実有であると言う。この違いがあるからこそ、公私や義利の違いがあるのだ。今の仏教を学ぶ者は「心を識りて性を見る」と言うが、一体、何の心を識り、何の性を見るというのか。

陸子靜從初亦學佛、嘗言。儒佛差處是義利之間。某應曰。此猶是第二著、只它根本處便不是。當初釋迦為太子時、出遊、見生老病死苦、遂厭惡之、入雪山修行。從上一念、便一切作空看、惟恐割棄之不猛、屏除之不盡。吾儒却不然。蓋見得無一物不具此理、無一理可違於物。佛説萬理倶空、吾儒説萬理倶實。從此一差、方有公私、義利之不同。今學佛者云識心見性、不知是識何心、是見何性。（『語類』巻一七、廖徳明録／第二冊、三七九〜三八〇頁）

「四苦」とは、釈迦が太子の時、王城の東西南北の門から郊外に出掛け、それぞれの門の外で老人、病人、死者、修行者に出会い、彼らの苦しみを目にして、出家を決意したという所謂「四門出遊」の故事に基づく(14)。朱熹はこの故事に基づいて、釈迦は道理を本来「空虚」なものと考え、あらゆる感覚を虚無にするよう努めるに至り、これこそが仏教の教えの根本だ、と指摘する。つまり、朱熹のこの立場から言えば、仏教が「利」であり社会・人倫に背を向けるのは、本来社会に開かれるところの自己の道徳心から目を背けるからではなく、彼らなりに「空」なる真理に行き着こうと努力しているからであり、その空虚なる真理に至る努力のあり方が結果として儒教から言えば社会に背を向ける「利」・「私」のあり方となるのである。だから朱熹によれば、真理を「実」と見るか、「空」と見るか、という真理の把握こそが儒・仏の最も根本的な相違ということになるのである。

さて、以上の内容から、陸九淵と朱熹の仏教批判の内容と、その特徴について考察してみたい。陸九淵と朱熹の仏教批判には論点が重なる点と相違する点がある。

まず、論点が重なる点は、陸九淵と朱熹はどちらも、儒教と仏教とを比較すれば、儒教は「公」で「義」であるのに対して、仏教は「私」で「利」であると指摘している点である。つまり、両者はどちらも、経世済民へと連なる倫理性・社会性という点に着目して、儒教と仏教との相違を捉えているのである。

それでは陸九淵と朱熹の仏教批判の相違はいかなる点にあるのか。陸九淵は、仏教にも人倫を尊ぶ考え方があることを指摘し、仁義の心は彼らにも内在していると説き、仏教徒も儒教の教えの中で生きていると主張する形で、両者の共通点を見出そうとする。そして、仏教の教えが儒教と同じ方向へと向かわない原因を考え、それが「義」と「利」、つまり自分を優先するか、正しく社会と向き合うかの違いだ、と陸九淵は考えるのである。このように陸九淵は儒・仏には等しく有する共通の地盤があると考え、その点を根本と考える。

これに対して、朱熹はそもそも儒教と仏教とに共通する側面を見出そうとはしない。むしろ学問の根本が異なるからこそ、目標とするところが異なるのであり、その相違する根本を指摘することにこそ朱熹の仏教批判の主眼があるのである。

また、ここで仏教ということを離れて、批判の方法という点から両者を分析してみたい。陸九淵の批判方法は相手の主張を根本から否定せずに、相手の立場を部分的に肯定した上で、それが一面的であることを指摘し、陸九淵が信じる理想へと誘導する形で相手を説得している点に特徴があると言える。こうした方法が陸九淵に説得される者にとって、自身の主張を根本から否定されるより受け容れやすいであろうことは想像に難くない。もっとも、朱熹に比べれば、陸九淵の方法は、主張の相違が生じる根本的原因にまで踏み込んで理解しようとしないということを指摘できよう。このような陸九淵の態度は、朱熹から見れば、道理の根本を見ていない、義理を分析することが分明でないように映るのである。

一方、朱熹の、相手のことを根本から誤っていると指摘する方法は、自他の隔たりを強調する傾向にある。陸九淵が、本章第一節で引用した『語録』の一節で「まくし立てては議論する」というのはこうした朱熹に代表される批判の方法を指すものと思われる。もっとも、朱熹は朱熹なりに「人間一般に共通する地盤」を考え、それに基づいて他者批判を試みようと考えていた。そして陸九淵はその朱熹の方法にも反対していたのである。その点に関わるのが、次に論ずる朱陸の間で交わされた無極・太極論争なのである。

## 第三節　陸九淵から見た無極・太極論争

淳熙九年（一一八二）の朱熹の唐仲友弾劾を契機として、南宋朝廷では道学と反道学の党争状態が勃発した。陸九淵は朱熹と同じく道学陣営に属していたが、この党争に対する対応の方針は朱熹と異なっていた。淳熙十五年（一一八八）の正月、陸九淵は「荊公祠堂記」を記し、その中で、自分の学問を絶対的に正しいと信じて他者に自分の考えを押しつけることの誤りを力説した。第四章で論じたように、この「荊公祠堂記」の内容には、王安石批判の形を借りることで、党争の発端ともいうべき朱熹を批判する意図があった。また、陸九淵は朱熹のように反対派を徹底的に批判・排除することによってではなく、派閥意識を解消し対立派閥と融和する方向で党争状態を終結させようと考えていた。「荊公祠堂記」が書かれたのと同じ時期である淳熙十四年から十六年にかけて交わされ、かつ陸九淵が知人や弟子に「荊公祠堂記」と一緒に読むことを求めたのが[15]、陸九淵と朱熹の間で交わされた最後の論争である無極・太極論争の書簡である。

無極・太極論争で、論争の主題となったのは、周敦頤の『太極圖説』の解釈とその評価についてである。これまで多くの研究でも、その点を中心に考察されてきた[16]。もっとも、陸九淵にとってのこの論争の意義は周敦頤解釈そのものにはなかった。というのも、朱熹は周敦頤を二程に先行する道統の継承者と位置づけて、自己の思想を彼に託して解釈しようとするのに対し、陸九淵はそもそも周敦頤を特に尊んでいるわけではなく[17]、極論すれば周敦頤が何を言っていても構わない立場にあったからである。それでは陸九淵にとってのこの論争の意義はどこにあったのか。この点について、重要な指摘を行っているのが、吉田公平氏の『陸象山と王陽明』（一九九〇年、研文出版）の第二部「陸象山」の一連の研究である。

淳熙十五年に開始される無極・太極論争に先だって、淳熙八年（一一八一）二月に、陸九淵は朱熹の赴任地である南康を訪問しており[18]、この時に両者の間に「意見」・「議論」・「定本」をめぐって論争があった（以下、「意見論争」と呼ぶ）。無極・太極論争とはその時の論争の継続という性格を持っていたのである。吉田氏はそのことを明らかにしている。

さて、意見論争については、陸九淵側に史料が存在せず、この時の陸九淵の主張の詳細を知ることはできない。しかし、南康会見の三ヶ月後に、朱熹はこの時の論争の内容を、朱陸の一回目の会見である鵝湖の会の主催者で、朱陸共通の友人である呂祖謙に書簡で報告しており、その内容から、この時の陸九淵の主張の概要をうかがうことができるのである。吉田氏の指摘と重なるが、本章の重要な前提であるので、引用を許されたい。朱熹は呂祖謙に以下のように言う。

子静（陸九淵）は以前の枠組みそのままだ。彼は学問することの弊害を論じては、「そんなことはそれこそただの意見だ」、「そんなことはそれこそただの議論だ」、「そんなことはそれこそただの定本だ」などと何度も言っていた。そこで私は以下のように言ってやった。「思索する以上は、それこそ意見がないわけにはいかない。講学する以上は、それこそ議論しないわけにはいかない。学問する上での枠組みを総論すれば、どうして定本がなくてよいだろうか。ただ、人の才能や欠点に応じて処方する際には、定本にとらわれてはならないというだけだ。」と。すると彼（陸九淵）は「邪な意見・無駄な議論を多くすることこそが学問の弊害なのだ」、と言った。これに対して私は言った。「そのようであれば、それこそ自分に叱咤すれば、十分過ぎるものだ。「邪」や「無駄」という言葉があって、初めて明確になるのであって、人々に禅に取り組ませないことにほかならない。また、人に教える際には、まず定本を立てて、そこでしっかりできてはじめて定本にとらわれない道理を説くことができるのだ。今君の言うように一概に排斥するなら、禅学のようにならない者がどれだけいるだろうか」と。彼は表面上は肯定したようだったが、結局承服していなかった。(19)

この書簡での朱熹の報告によると、この論争の時、陸九淵は、人と異なる自分だけの意見を持つこと、相手を論駁するために議論すること、既定の原則を措定すること、以上の三点を学問に不要なもの、と主張していたようである。書簡の末尾からは、この論争の時、朱熹の激しい反論にあって渋々従った陸九淵の様子がうかがわれる。しかし、朱熹が感じていたように、陸九淵は納得していなかった。陸九淵は再び朱熹を相手に無極・太極論争で再戦をしかけるのである。

陸九淵にとっての無極・太極論争の意義とは、南康会見の時に議論となった、意見・議論・定本の必要性を主張する朱熹に対して、周敦頤の『太極圖説』の評価という議題の中で、改めて批判する、という意味があったのである。意見・議論・定本はいずれも学問一般の方法論に関わり、また特に自己の思想をいかに他者へと伝えるか、という、説得法にも関わるテーマである。その意味で陸九淵にとって、この論争の目的は、周敦頤の『太極圖説』の個々のテキストや解釈にあったのではなく、より一般的な学問の方法論について議論する意図があったのである。

さて、吉田氏の研究は、無極・太極論争が南康会見時の意見論争の継続という側面があることを明らかにした。吉田氏は、この時の陸九淵の立場について、「朱熹の『太極圖説』理解は、「事実」を理解できないままに、自説を主張する「意見」の人の理解にすぎないのであり、誤れる主張であるから、修正されるべきである」（前掲『陸象山と王陽明』一一八頁）と考え、また「朱熹その人を「意見」の人であるという基本的理解に基づいて、陸象山は朱熹を批判した」（同）と指摘している。本章では吉田氏のこの指摘を踏まえつつ、なお以下の点でさらに研究を進めたいと考える。

右の吉田氏のこの論争に対する総括では、陸九淵にとっての周敦頤『太極圖説』およびその朱熹による注釈『太極圖説解』とは、これらをめぐって自分の意見に固執する朱熹を批判する上での材料として位置づけられているに過ぎない。そうした見方の中では、陸九淵の朱熹に対する批判とは、注釈の思想内容に対する批判ではなく、自説に固執する注釈態度に対する批判ということになる。しかし、陸九淵の意見批判は、『太極圖説解』の思想内容とは関係がなかったのであろうか。むしろ『太極圖説解』の注釈の内容には、陸九淵の思想を揺るがす内容が含まれており、だからこそ陸九淵は執拗なまでにこの論争に精力を傾けたのではないのか。

本節ではこのような観点から無極・太極論争の内容を見直してみたいと考える。もっとも、この論争は扱いが難しい点がある。というのも、先述のように、朱熹は周敦頤『太極圖説』の重要性を説こうとするのに対して、陸九淵が真に批判したかったのは、『太極圖説』を思想の根幹に据えねばならない朱熹の思想の構造にある。両者は表面的には『太極圖説』のテキストと解釈をめぐって論争しているものの、主張の力点は交錯しており、議論は必ずしもかみ合っていないのである。そこで、本節では、陸九淵思想にとって『太極圖説解』での朱熹の主張はいかなる意味を持ったのかということに注意しつつ、以下の二点から考察を進める。

①朱熹の「無極」解釈は、陸九淵の思想にとって何が不都合だったのか。

②この論争で陸九淵はいかなる方法で朱熹を説得しようとしたのか。

以上の二方面から無極・太極論争を見直してみたいと考える。

## 一　「無極」は陸九淵にとって何が問題だったのか

朱熹は四十歳の時（一一六九年）に『太極圖説』を校定して、四十六歳の時（一一七五年）に『近思録』を編集した折に『太極圖説』を巻一の道體篇に収めている。また、朱熹が五十歳の時（一一七九年）には、周敦頤ゆかりの地である南康軍の知事をしていた時に、周敦頤を顕彰するかたわら、あらためて『太極圖説』を校定している。陸九淵が朱熹のもとに訪れ、意見論争を交わしたのは、この二年後のことである。そして、朱熹が五十九歳の時（一一八八年）には、その注釈書である『太極圖説解』を刊行している。[20] 無極・太極論争が交わされたのはその前年の冬から翌年にかけてのことである。[21] 両者の二度の論争は、どちらも朱熹が『太極圖説』を研究する中での節目の時に交わされていることがわかる。

先述のように、この論争での一番の議題は『太極圖説』の解釈と、その評価についてであった。陸九淵の兄である陸九韶（字は子美。号は梭山。一一二八〜一二〇五）と陸九淵とは「無極」という言葉は『老子』に基づくから、[22]『太極圖説』は「無」を諸物の根源と考える老荘の影響を受けた書物で、[23] その内容は取るに足らないと考えた。

一方、朱熹はこの『太極圖説』の「無極而太極」の言葉を老荘と区別し、高く評価する。それは純粋な本文批判の結果というよりは、『太極圖説』の内容を自己の思想体系の根幹に位置づけようとする朱熹の思想上の都合による。それでは朱熹の思想にはなぜ『太極圖説』が必要だったのか。そのことを知るために、まず、『太極圖説』本文の冒頭の部分を見てみよう。

無極にして太極。太極動きて陽を生じ、動極まりて陰を生ず。静極まりて復た動く。一動一静、互いにその根と為り、陰に分かれ陽に分かれ、兩儀立つ。

無極而太極。太極動而生陽、動極而靜、靜而生陰。靜極復動。一動一靜、互為其根、分陰分陽、兩儀立焉。

（『太極圖説解』／『朱子全書』第一三冊、七二頁）

このように、『太極圖説』は冒頭に「無極にして太極」と言い、陰陽が生じる過程を説明する。この後の内容を説明すれば、『太極圖説』は、太極→陰陽→五行→万物というように、太極を始めとして、天下の万物が生成されていくことを説く。そしてその中でも人間こそがその陰陽・五行の秀なるものを稟受して生じるのであり、聖人の教えである「中正仁義」もこの「太極」に由来すると説く。要するに、『太極圖説』では、この「太極」こそが天下の万物・人間の倫理道徳の根源とされているのである。「太極」という言葉から天地の生成を説くのは『周易』繫辞上傳に同じであるが、[24]『周易』には「無極」の表現はない。「太極」に「無極」という表現を加え、天地の生成を説くのはこの『太極圖説』の創意なのである。

それでは朱熹はこの「無極にして太極（無極而太極）」の部分をどのように解釈しているのか。朱熹は『太極圖説解』で以下のように注釈する。

「上天の載《こと》は無聲無臭（『詩経』大雅「文王」）」でありながら、実に造化の枢要で、万物の根本である。だから

「無極にして太極」と言うのである。「太極」と別に「無極」があるのではない。

上天之載、無聲無臭、而實造化之樞紐、品彙之根柢也。故曰。無極而太極。非太極之外、復有無極也。（同前）

朱熹は「太極」を天地・万物の根本法則としての「理」と解釈していた。[25]そして、朱熹は「無極」を解釈して『詩經』大雅「文王」の「上天の載は無聲無臭」の言葉を取り上げる形で解釈し、これを「理」の一面を説明したものと理解した。「無極」の語で表される理の一面とは、理の本体は形体がなく捉え所がない、ということである。[26]そして、「太極」を解釈して「造化の樞紐」と言い、理の作用は万物に及ぶことを説く。要するに朱熹の解釈に拠れば、「無極にして太極」という『太極圖説』の言葉は「理」の本体が形体がなく捉えがたいことを「無極」、その作用が極大で万物に及ぶことを「太極」と表現し、同じ「理」の本体と作用の両面を説明した言葉ということになるのである。論争開始時、陸九淵の兄の陸九韶はこの「無極」の表現を『老子』に基づく言葉として問題視したが、これに対して朱熹は淳熙十四年（一一八七）の書簡で陸九韶に対して以下のように応じている。

「無極」と言わなければ、「太極」は現象界の一物と同じになって、万物の根本となることはできず、「太極」と言わなければ、「無極」は（現象界との関わりがないことになり）虚無に陥ってしまい、万物の根本となることができません。

不言無極、則太極同於一物、而不足為萬化之根、不言太極、則無極淪於空寂、而不能為萬化之根。（『朱文公文集』巻三六「答陸子美」（一）／『朱子全書』第二一冊、一五六〇頁）

このように朱熹によれば、「無極」と「太極」という表現はどちらか一方でも欠かすことのできない一体的な表現であり、これらを合わせて説くことで万物の根本を表現できる、とする。

朱熹は「無極」とは「万物の根本」としての「理」が「無聲無臭」、つまり捉え所がなく直接知覚できないことを表現した言葉であると解釈した。要するに、朱熹が「無極」の表現に固執したのは、「理」を直接的に人間の感覚では知覚できない、抽象的存在として説きたかったからなのである。それでは朱熹が「万物の根本」が「無聲無臭」であると説くことに対して陸氏側はなぜ反発するのか。陸九淵にとっては、「無極」の言葉が『老子』に基づくという以外に、思想的な批判点があったのである。

　この理こそは宇宙が固有するものに他なりません。どうして「無」と言えるでしょう。もし、「無」とすれば、君主は君主らしく振る舞わず、臣下は臣下らしく振る舞わず、父親は父親らしく振る舞わず、子供は子供らしく振る舞いません（『論語』「顔淵篇」）。
　此理乃宇宙之所固有。豈可言無。若以為無、則君不君、臣不臣、父不父、子不子矣。（『陸九淵集』巻二「與朱元晦」（二）、二八頁）

ここで陸九淵は「理」とは「宇宙が固有するもの」と言う。そして、「無」という言葉では表現できない、と言う。思い返したいのは第一節で論じた「雑説」の内容である。陸九淵は「雑説」で「宇宙は吾が心」と説いており、そのことは万人の心は同一であり、道理は普遍的・日常的な存在であることを説くものだった。また陸九淵は「本心」を『孟子』の良知・良能と同一視するように、万人が容易に知覚できる心こそが、理であると理解していた。古今東西の天下の万物が明々白々にその存在を実感・体験する心こそが陸九淵にとっての「理」なのである。その立場から言えば、「理」を形容して「無極」と表現するのは相応しくないのである。また、この書簡で陸九淵は、理が「無極」と表現されるようなものであれば、君臣父子は各々それらしく振る舞わないと説く。これは君臣父子の倫理は日常的に誰もが当たり前のこととして日々実践しているものであるから、「無極」あるいは「無聲無臭」と表現されるようなものではあり得ず、逆にそのようなものであるとすれば、誰も実践できないはずだ、と説いているのである。

このように、朱熹が『太極圖説解』で「理」を「無極」、朱熹の理解に拠れば「無聲無臭」、つまり容易に知覚できないものと理解することは「理」の捉え方という点で陸九淵の本心論と正面からぶつかるのである。陸九淵がこの論争で「無極」の表現に絶えず反発するのはこのような事情があるのである。

以上のような陸九淵側の事情を、朱熹は重々承知していた。朱熹は真の理とは「無極」と表現され得るものであると主張することで、陸九淵の心学思想を否定できると考えていたのである。先に見たように、陸九淵の本心論では、『孟子』が説く、良知・良能とは、万人が等しくする「本心」であり、それはそのまま理だと考えられていた。しかし、朱熹は「良知」に対してそれと異なる見解を持っていた。以下の二条はいずれも『語類』に記録される、『大學』の「格物致知」に関する問答である。

理を窮める（『周易』「説卦傳」）というのは、そのすでに知っているところに基づいてまだ知らないところに及ぼし、そのすでに達しているところに基づいてまだ達していないところに及ぼすものだ。人の良知は、もともと備わっている。しかし理を極めることができなければ、ただすでに知っているところやすでに達しているところに満足して、その知らないところや達していないところを極めることができず、ゆえに一段を見て、さらに一段を見ることをしない、これがその理においてまだ精確でない理由だ。

窮理者、因其所已知而及其所未知、因其所已達而及其所未達。人之良知、本所固有。然不能窮理者、只是足於已知已達、而不能窮其未知未達、故見得一截、不曾又見得一截、此其所以於理未精也。（『語類』巻一五、張洽録／第二冊、三九二頁）

質問「そのすでに知っている道理に基づいて推し致して、その究極にまで至る、というのはどういうことでしょう。」……先生「例えば陸子静は「良知良能」を説き、「四端は心に根ざす」と説く。彼は単にそれらのもの（良知良能や四端）を弄んだだけに過ぎない。それ以外にも取り組むべき事柄はあるのに、彼はそれらに取り組めないばかりか、人がそれらに取り組むことを禁じさえしたのだ。」

問。因其已知之理推而致之、以求至乎其極。……且如陸子靜説、良知良能、四端根心。只是他弄這物事。其他有合理會者、渠理會不得、却禁人理會。（『語類』巻一六、萬人傑録／第二冊、三二三～三二四頁）

朱熹にとって『孟子』の「良知・良能」とは「既知の理」であって、格物・窮理を行って更に究極の理を探求するための手がかりに過ぎない。その点で、良知をそのまま理と考える陸九淵の本心説の立場は理の表層を見ることに満足し極限にまで推し致そうとしない考え方なのである。それでは理の極限とはいかなるものか。朱熹は以下のように言う。

至善とは極限までよいところのことだ。「孝」ということについて言えば、「両親のために、冬には温かく、夏には涼しくし、夜には寝床を世話し朝にはご機嫌うかがいする。（『禮記』「曲禮上」）」というのは「孝」のことではあるが、「無聲を聴き、無形を視る（『禮記』「曲禮上」）」ということまでできて、それではじめていわゆる「孝」を尽くすことができた、ということなのだ。

至善是極好處。且如孝、冬溫夏凊、昏定晨省、雖然是孝底事、然須是能聽於無聲、視於無形、方始是盡得所謂孝。（『語類』巻一四、潘履孫／第一冊、二六七～二六八頁）

「夏には涼しくし、夜には寝床を世話し朝にはご機嫌うかがいする」という比較的自然に行う孝行は孝の基本的なあり方であるが、「孝」の極限は「無聲を聴き、無形を視る（『禮記』「曲禮上」）」という感覚を超えたものであるというのである。ここで『太極圖説解』の内容に帰れば、朱熹は『太極圖説』の「無極」を「無聲無臭」と解し、それは直接知覚できない捉えがたさを意味した。朱熹が「無極」の語を重視し、究極的な理を感覚で直接知覚できないものと説いたことは、以上のように万人が日常的に体験する心に理を見出す陸九淵の本心説を否定する考えを含んでいたのである。

さて、陸氏兄弟が良知・良能を「本心」と考えたのは、人間の善性は外から来るものではなく、内在しているると主張したかったからである。陸九淵にとっての「内在」とは、自身の心にすでに存在していること、つまり他者から教えられるまでもなく、それを正しいと思うこと、もしくは自然に実践していることを指す。陸九淵はそのような意味での万人に「内在」する心を「本心」と呼び、その「本心」こそが理であると考えた。この立場に立てば、自分だけが納得する考えは「本心」とは言えず、万人の共感を得られる主張こそ、「本心」であり「理」であると言えるのである。言い換えれば、陸九淵の学問では、万人と共感できるということにこそ、真理であることの裏付けがあるのである。陸九淵が自分だけの意見や他人を打ち負かすための議論は無意味である、と主張したのは、自分だけの意見や他者を打ち負かすための議論をすることは、他者から共感を得られる「本心」ではなく「私心」を持つことを目指す行為であり、自ら真理から遠ざかる行為にほかならないからである。陸九淵の目には、朱熹の学問とは、論争によって他者を打ち負かして、自説に従わせようとするばかりで、対話相手の内なる善性を信じず、かつての王安石がそうだったように、法令を定めて外圧的に、強制的に他者に働きかける学問と映ったのである。

もっとも、朱熹は陸氏兄弟とは別の次元で理の「内在」を説こうとしていたのである。それは天地・万物の発生の局面において人は等しく完全なる理を「性」として稟受しているという意味での「内在」である。この立場から言えば、万人が日常的に知覚しているか否かはもはや問題ではない。否、天理と人欲の区別ができていない衆人が考える天理は、人欲を区別できていない分だけ真の天理を誤認していることになる。天理の何たるかを見極めた賢人がそれを天理と考えてこそ、それは朱熹が考える意味での天理となるのである。極論すれば、朱熹の立場では、万人が非と考えようが、賢人が是と考えるなら是なのである（むろん、最終的には賢者の導きを経て、万人もそれを是と考えるようになるべきと朱熹は考えるわけだが）。そのような意味での真理を説明する上では「真理」とは精微を尽くした先の、つまりは容易には見え難いものと説かなくてはならない。朱熹が「無極」の表現に固執するのは、朱熹の思想にとってこのような都合があったからなのである。

『太極圖説』の内容と朱陸の意見論争とは以上のように関わっているのである。「無極」を主張し、究極の理は直接的に知覚することはできないと説く朱熹の思想は、「本心」としての理は誰の目にも明々白々なものと考える陸九淵にとって根底を揺るがす脅威だった。しかし、陸九淵はこの論争では自分の本心論を正面からぶつけることをしていない。それを行えば、自説を相手に押しつける朱熹と同類となってしまうからである。それでは陸九淵はいかにしてこの論争で本心論を主張したのか。この論争で朱熹を批判する方法それ自体が彼の本心説の主張だったのである。次にそのことを論じたい。

## 二　無極・太極論争での陸九淵の説得術

無極・太極論争で陸九淵は朱熹に何を求めたかったのか。この論争は当初は陸九淵の兄の陸九韶と朱熹との間で交わされ、途中から陸九淵が兄の主張を引き継ぐ形で論争を継続している。陸九淵は兄が論争を継続しなかった事情を説明しつつ、この論争にかける自らの意気込みを朱熹に以下のように伝えている。

兄の梭山（陸九韶）がこれ以上論弁しない理由は、思いますに、尊兄（朱熹を指す）は頑固に自分の意見を守り、人の発言を蔑ろにし、他人に勝つことを求めて、自分の学問を向上させることを求めていない、と九韶は思ったからです。(「求益」は『論語』「憲問」)。しかし、私はそうとは思いません。尊兄は普段、友人に真摯に接して、自らを戒め正し仲間と切磋琢磨して自分の学問を向上させようとすること、思いますに、大変行き届いております。もし、君子が一人で小人に取り巻かれている、ということなら、人々は自分から忠言を尊兄の近くで口にしないばかりか、忠言を行う能力のある者もいないでしょう。このように、趨勢として、言論は真っ直ぐには進まないものなのです。以前集まった時(南康会見時の意見論争を指す)は、私は尊兄が期待することに沿えないでいることをずっと恥ずかしく思っておりました。最近、少し進歩しましたので、一緒に議論して教えを賜りたいと思います。

梭山兄所以不復辨者、蓋以兄執己之意甚固、而視人之言甚忽、求勝不求益也。某則以為不然。尊兄平日惓惓於朋友、箴規切磨之益、蓋亦甚至。獨羣雌孤雄、人非惟不敢以忠言進於左右、亦未有能為忠信者、言論之横出其勢然耳。向來相聚、每以不能副兄所期為媿。比者、自謂少進、方將圖合辨而承教。(『陸九淵集』巻二「與朱元晦」(一)、二五頁)

陸九淵はまず朱熹に対して、兄の陸九韶が朱熹を徹底的には批判しなかった理由として、朱熹が自分の意見を守ることにばかり熱心で、切磋琢磨する意欲に欠けていたと見たからだろう、と朱熹を批判する視点を提示する。その上で、陸九淵は自分はそうは考えていない、と言い、本当の朱熹は周囲の人間と切磋琢磨することを大事に考えていると評価する。また、もし朱熹の置かれている状況が、君子が一人で小人に取り巻かれている、という状況なら、人々は自分から忠言を言わないばかりか、忠言を行う能力ある者もいない、とも言う。

陸九淵のこの言葉は単なる世辞ではなく、これ自体が本心論に基づく説得術なのである。他人の意見を聴かないと言われるよりも、人と切磋琢磨することを好むと言われた方が受け容れやすく、それは陸九淵にとって

「万人の同じくするところ」である。人と切磋琢磨することを尊ぶという評価を万人が受け容れるのは、陸九淵にとっては、切磋琢磨を尊ぶことが人の「本心」だからである。陸九淵は朱熹自身に内在している他者との切磋琢磨を尊ぶ、という「本心」に働きかけることで、他人の意見に耳を傾けろ、と説得するのである。これは意見論争の文脈の中では「自分だけの意見を持つこと」を否定する立場の継続である。

陸九淵は以降の書簡で、次第に朱熹に対する批判の調子を強めていく。『陸九淵集』巻二「與朱元晦」（二）に以下のように言う。

> 私たちには誰も常なる師というものはなく（『論語』「子張」）、様々な発言が混沌とする中に往来して、随時道を求めます。自分では道理はもう明らかになったと思ったとしても、どうしてそれが私見や思い込みでないとわかるのでしょう。もし、付和雷同して、一人が提唱して百人が追従して、その間違いに気がつかない、とすれば、それこそ、甚く恐るべきことなのです。願わくは、互いに疑問に思って考えが合わない点があれば、同志の間で、各々が思うことを尽くして、努めて互いに切磋琢磨して、一つの「是」のところに帰結することを期待します。
>
> 吾人皆無常師、周旋於羣言淆亂之中、俯仰參求。雖自謂其理已明、安知非私見蔽説。若雷同相從、一唱百和、莫知其非、此所甚可懼也。何幸而有相疑不合、在同志之間、正宜各盡所懷、力相切磋、期歸于一是之地。（『陸九淵集』巻二、「與朱元晦」（二）、二六頁）

この書簡には「付和雷同して、一人が提唱して百人が追従して、その間違いに気がつかない（「雷同相從、一唱百和、莫知其非」）」という表現が見え、このような状況に至らないようにするためにこそ、自分は朱熹とこの議論を行っているのだ、と言っている。ここで、第四章の内容を振り返ろう。「荊公祠堂記」には「近年の學者が一つの主張に付和雷同している（「近世學者、雷同一律」）」という表現が見え、こうした南宋朝廷の現状は北宋の新法党の時代のことをまったく学んでいないと陸九淵は慨嘆していた。「荊公祠堂記」の表現は、「與朱元晦」（二）の表現とよく似ており、「荊公祠堂記」での「近年の学ぶ者」への批判は、この「與朱元晦」（二）が批判するところの朱熹を中心とする学派の状況を念頭に置いて言っていると考えられるのである。また、このことを踏まえれば、先の「與朱元晦」（一）で「もし、君子が一人で小人に取り巻かれている、という状況なら、人々は自分から忠言を言わないばかりか、忠言を行う能力のある者もいない」と言っていたが、これも単なる一般論ではなく、朱熹と朱熹に付和雷同していると陸九淵が見なす、朱熹の門人たちの状況を念頭において批判していることになろう。もっとも、これらの批判は、あくまで形式の上では一般論として説かれていて、直接朱熹には向けられていない。君子が小人に囲まれていても本人は気づいていない、という状況を非と考えるのは、誰もがそう考える当然のことである。それは陸九淵にとって「本心」を意味する。陸九淵は朱熹も同じく持っているはずのこの「本心」に働きかけることで、内発的に朱熹に反省を促そうとしているのである。また、同じ書簡に以下のように言う。

大舜が「大」と称せられる所以は、善を行う際に自他の区別がなく、楽しんで善いところを他者に見出しては自分もそれを行おうとしたからで（『孟子』「公孫丑」上）、他人の善言を聞いてはそれを言い、他人の善行を見てはそれを行い、その積極さは長江や黄河の堤が決壊して防ぎようがないのと同じような勢いでした（『孟子』「盡心」上）。私たちの志は、何を求めるべきでしょうか。ただ「是（正しさ）」ということに他なりません。以前に主張し議論したことを、心に留めて決して忘れず、喜んで天下の者とこれを共同で行うというのであれば、「是」ということになりましょう。今、ひとたび切磋琢磨して自分の非に気づけば、前日に習慣としていたことを放棄すること、その勢いはちょうど落とし穴から這い出るかのように、茨の棘を避けるかのようになり、「維れ新た」（『詩經』大雅「文王」）という自己改革への意志は、長江や黄河の堤が決壊するような勢いとなり、それは、求めるものを得て志を遂げる、というものなのです。

大舜之所以為大者、善與人同、樂取諸人以為善、聞一善言、見一善行、若決江河、沛然莫之能禦。吾人之志、當何求哉、惟其是已矣。疇昔明言善議、拳拳服膺而勿失、樂與天下共之者、以為是也。今一旦以切磋而知其非、則棄前日之所習、勢當如出陷穽、如避荊棘、惟新之念、若決江河、是得所欲而遂其志也。（『陸九淵集』巻二、「與朱元晦」（二）、二六頁）

陸九淵は、『孟子』の言葉を引きつつ、舜は他者に美点を見出して自分もそれに倣ったと言う。このように、自己の考えを絶対視せずに、他者の主張に聞くべき点がないか、顧みることを朱熹に促しているのである。そして、天下の者と共同で行うことができることこそが「是」なる考えだ、と言う。

先の「與朱元晦」（一）では、陸九韶の考えとして、朱熹は、「頑固に自分の意見を守り、人の発言を蔑ろにし、他人に勝つことを求めて、自分の学問を向上させることを求めていない」と言いつつ、陸九淵自身はそのようには朱熹を評価していない、と言っていた。この書簡では、朱熹に対して、舜が他者の善言善行をよく学んだことを強調し、また、自分の考えを改めることに積極的であるべきことを朱熹に説く。これは、実際上、陸九淵は、朱熹が「與朱元晦」（一）で説かれるような欠点を持っていると考えていたからにほかならない。

また陸九淵がこの「與朱元晦」（二）で、最も強い意志を込めて朱熹を批判したのが以下の言葉だった。

周王朝の道が衰えると、うわべをかざる風潮が日に日に顕著になりました。事実は意見のかげに隠れ、正しい教えは弁舌に荒らされました。推量し模写することは巧妙で、（正しい教えに）依倣仮借するかに見えますので、その規則は自分では十分に確信でき、その細目は自分では十分に安住できるのです。

周道之衰、文貌日勝。事實湮於意見、典訓蕪於辨說。揣量模寫之工、依倣假借之似、其條畫足以自信、其節目足以自安。（同前）

周王朝が衰えてから、というもの、事実は意見に隠され、正しい教えは弁舌によって荒らされた、という。これは、自分だけの意見や相手に勝つために論争することの非を訴えていた意見論争の頃からの主張を引き継いだものと言える。もっとも、これらは直接朱熹を批判するものではなく、あくまで一般論として説かれている。しかし、これらの言葉は陸九淵にとって朱熹に向けたものであり、また陸九淵はこの言葉に大きな自信を持っていことは、陸九淵が『語録』のなかで弟子に対してこの言葉を自賛していることからもわかる。

私はかつて晦翁（朱熹）に手紙で言ってやったよ。「推量し模写することが巧妙で、（正しい教えに）依倣仮借するかに見えますので、その規則は自分では十分に確信でき、その細目は自分では十分に安住できるのです」とね。この言葉は切実に晦翁の欠点を言い当てている。

吾嘗與晦翁書云。揣量模寫之工、依倣假借之似、其條畫足以自信、其節目足以自安。此言切中晦翁之膏肓。

（『陸九淵集』「象山語録上」、嚴松録、四一九〜四二〇頁）

さて、陸九淵のこの言葉の内容を説得の方法という観点から見てみよう。この陸九淵の朱熹批判は、直接朱熹を批判するものではなく、周王朝が衰えて以降の衰勢の世の有様を説明する一般論として説かれている。その限りにおいて、陸九淵は、朱熹の思想はそのようである、と決めつけない。「このような状況があれば、誰でも非と思うはずだ」と、朱熹の「本心」に働きかけることで、内発的に自己の置かれている状況に反省を促しているのである。また陸九淵は、朱熹の学説について「自分では十分に確信でき、その細目は自分では十分に安住できる」と指摘する。このようにして、頭から朱熹の学説が誤りであると否定するのではなく、その学説を信ずる当人が正しさを実感しているであろうということを陸九淵は指摘して、その心に働きかけているのである。そして、その朱熹が実感している「正しさ」とは、「（経書の教えを）推量し模写することの巧妙さ」であり「（正しい教えに）依倣仮借するかに見える」こと、要するに経書の記述との表面的なうわべの類似に満足しているに過ぎない、と指摘することで、より根本的な道理の存在に目を向けさせようと誘導しているのである。このように、陸九淵は論争相手の心を、一面では道理のあるものと指摘しつつ、その道理はあくまで一面的なものでしかないと示すことで、相手の心を陸九淵が望む理想状態へと誘導する形で説得するのである。以上の朱熹批判は、誰もが正しいと受け取るような一般論の形で説いている。それは陸九淵にとっては、万人が等しくするところの「本心」に働きかける説得術だったのである。

## 小結

第四章の内容を合わせる形で本章の結論を述べたい。第四章で論じた「荊公祠堂記」では、陸九淵は、王安石に対する人物評価を通じて、自分にとっていくら正しい学問であっても、法度によって強制的に外部から他人に自分の考えを押しつけることは、自分と考えの合わない君子を放逐し、権力にすり寄るだけの迎合者を招来させることになる、と説き、人々が共有する「理」としての「本心」に基づく政治を行うべきことを説いていた。

本章で扱った朱陸論争における陸九淵の主張は、「荊公祠堂記」の主張と重なる。特に陸九淵の朱熹に対する批判の「方法」には、陸九淵の「本心」思想が表れている。先述のように、朱熹に自分の非を改めるに吝かではなく、他者との切磋琢磨を尊ぶ面があることを強調し、むしろそうした面に本来の朱熹の姿を見出す形で、朱熹を導こうとする陸九淵の批判方法自体が、「荊公祠堂記」で書かれる、法度によって強制するのではなく、「本心」によって内発的に相手を説得し感化させる議論法なのである。「與陶賛仲」で陸九淵は、「荊公祠堂記」と無極・太極論争での書簡を合わせて読むよう薦めているが、この二つにはこのような内容的関連があるのである。

また、第四章で論じた淳熙の党争との関わりの中で、朱陸論争の意義を論じてみよう。第四章第二節で論じたように、「荊公祠堂記」が書かれ、無極・太極論争が展開された淳熙十五年という時期は、太上皇の高宗逝去に伴う朝廷の政治情勢の変化の中で、道学派勢力の伸長が予想された時期であった。陸九淵は、この頃の書簡の中で、陸九淵は道学側が徒党を組んで、反対派に対抗している状況を嘆いていた。朱陸論争の中で「與朱元晦」で陸九淵がしきりに自分の考えを絶対と考えるべきではないこと、他者の美点を認めるべきことを説いているのは、朱熹や陸九淵を含む道学勢力の拡大が、「荊公祠堂記」で論じられるような新法党の弊害を起こさないために、反対派を放逐するのではなく、相手に美点を見出しつつ説得して融和させる方向で対処する意図があったものと考えられる。

本章第三節で論じたように、陸九淵と朱熹とは、党争が始まる以前の淳熙八年（一一八一）二月に、意見論争を行っていた。その時陸九淵は、自分だけの意見を持つこと、他人を論破するための議論をすること、学問する上での既定の原則を先験的に措定することを否定して、これらを積極的に認める朱熹と対立した。その当時は、朱熹にやり込められて反論できなかったようであるが、陸九淵は決して自説を棄てたわけではなかった。その翌年の淳熙九年（一一八二）以降、朱熹の唐仲友弾劾を契機として、道学派と反道学派との間で党争状態が激化する中で、陸九淵は、自説以外の考えを認めようとしない朱熹の学問がもたらす弊害を実感するようになり、かえってかつての自分の考えに自信を深めていったのである。

そうした中、太上皇の高宗が死去して、周必大が右丞相で登用され、道学派の勢力伸長が予想される時期に記されたのが、前章で論じた「荊公祠堂記」であった。「荊公祠堂記」では、王安石の、自らの君主を理想の君主に教え導こうとしたその信念は本物であったと評価しつつ、法度に頼って他人に自分の考えを押しつけようとしたことの非を説いた。この王安石に対する批判は、朱熹に対する批判にほかならないのである。

従来、朱熹と陸九淵とは、思想的には対立したが、政治的には、「道学」弾圧という状況にあって共闘関係にあることが強張されてきた。しかし両者はまったく同じ姿勢で弾圧に立ち向かったのではない。淳熙十五年、朱熹は「戊申延和奏劄」「戊申封事」で二度にわたって、朝廷内の「小人」の排斥を訴えている。同じ時期、陸九淵は、書簡で道学派が徒党を組んで反対派に対抗している状況を憂慮し、反対派を自派と区別することの非を説いている。これは、思想方面での朱陸の対立が、党争に対する対応の方針という政治方面にまで及んでいることを示しているのである。

**注**

（1）　例えば、『中国文化辞典』（大修館書店、二〇〇三年）の「心学」の項目には「陸象山は本心である心は、宇宙に充満する理そのものだとして、内観・内省によって理を獲得しようとした。」と記す。

（2）　人民共和国成立期の大陸の宋明理学研究では、張載などの「気」を重視する思想を「唯物論」、朱熹のように「性」を重視する思想を「客観唯心論」、陸九淵たち「心」を重視する思想を「主観唯心論」と分類する方法が一般的で、現代でも依然一定の影響力がある。張岱年『中國哲學大綱』（商務印書館、一九五八年初版）がこうした見方をとる思想史の最も早い例で、この書では「唯心論」とは「人類の思惟が創り上げた観念とか人類の主観精神を世界の根源と説くもの」とされる。以上の、人民共和国成立後の大陸での宋明理学の系統区分的研究については土田健次郎「中國における宋明理學史研究」（『東洋の思想と宗教』三四号、一九八七年）を参照。

（3）いかに他者の心に接するかという角度から陸九淵思想を考察した研究としては、小路口聡『「即今自立」の哲学——陸九淵心学再考』（研文出版、二〇〇六年）、第四章「心の病は医し難し」がある。小路口氏の研究では朱陸の間を渡り歩いた曹立之や胡大時といった人物を取り上げ、彼らが個別に抱える問題に対して陸九淵がどのように対処したかを論じている。小路口氏は「陸九淵が注視するのは、まさしく、そうした各人それぞれ事なり、千差万別な様相を呈して、決して、一般化・普遍化できない、一人一人の具体的な存在者の「心」の有りようなのである。」と結論付けている。

（4）陸九淵の門下で、本心説が陸九淵の教えの中でも特に重要視されたことは以下を参照。『陸九淵集』附録一「袁燮序」、五三六頁「象山先生其學者之北辰泰嶽歟。自始知學、講求大道、不得弗措、久而寖明、又久而大明、此心此理、貫徹融會、美在其中、不勞外索。揭諸當世曰。學問之要、得其本心而已。」

（5）蔡方鹿『陸九淵心学之特徴及其與経学的関係』（鄧暁江『六経注我』（社会科学文献出版社、二〇〇六年）所収）一三～一九頁。

（6）「道同志合」は、意志や理想が一致することを意味する。『三國志』巻一九、魏書、曹植傳「昔伊尹之為媵臣、至賤也、呂尚之處屠釣、至陋也、及其見舉於湯武周文、誠道合志同、玄謨神通、豈復假近習之薦、因左右之介哉。」

（7）『後漢書』巻四二「楚王英傳」「英少時好游俠、交通賓客、晚節更喜黃老、學為浮屠齋戒祭祀。」これは、後漢の明帝（在位、五七～七五）の時代のことである。

（8）唐の高祖の武德九年（六二六）、太史令の傅奕（五五五～六三九）は、仏教を君父の道に背く教えと非難し、仏法を除くことを上奏している。中唐の韓愈の「佛骨を論ずる表」もこれを踏まえて仏教を批判する。以降、仏教を人倫に背く教えとする批判は、儒教側が仏教を批判する際の常套句として定着する。

（9）陸九淵の仏教批判については楠本正継『宋明時代儒学思想の研究』（広池学園出版部、一九六二年）三五一～三五二頁で考察されているが、朱熹と同じく人倫を基準に仏教を批判する点を指摘するに止まり、その批判の相違について十分に考察されていない。

（10）『陸九淵集』巻二「與王順伯」（二）、一七頁「兄前兩與家兄書、大概謂儒釋同、其所以相比配者、蓋所謂均有之者也。」

（11）『陸九淵集』巻二「與王順伯」（一）、一六頁「大抵學術有説有實、儒者有儒者之説、老氏有老氏之説、釋氏有釋氏之説。天下之學術衆矣、而大門則此三家也。昔之有是説者、本於有是實、後之求是實者、亦必由是説。故凡學者之欲求其實、則必先習其説。既習之、又有得有不得。有得其實者、有徒得其説而不得其實者。説之中、又有淺深、有精粗、有偏全、有純駁。實之中亦有之。凡此皆在其一家之中、而自有辨焉者也。論三家之同異得失是非、而相譏於得與不得、説與實、與夫淺深、精粗、偏全、純駁之間、而不知其為三家之所均有者、則亦非其至者矣。」

(12)『陸九淵集』巻二「與王順伯」（一）、一七頁「今習釋氏者、皆人也。彼既為人、亦安能盡棄吾儒之仁義。彼雖出家、亦上報四恩、日用之間、此理之根諸心而不可泯滅者。彼固或存之也。然其為教、非為欲存此而起也、故其存不存、不足為深造其道者輕重。若吾儒則曰。人之所以異於禽獸者幾希、庶民去之、君子存之。釋氏之所憐憫者、為未出輪迴、生死相續、謂之生死海裏浮沈。若吾儒中聖賢、豈皆只在他生死海裏浮沈也。彼之所憐憫者、吾之聖賢無有也。然其教不為欲免此而起、故其説不主此也。故釋氏之所憐憫者、吾儒之聖賢無之。吾儒之所病者、釋氏之聖賢則有之。試使釋氏之聖賢、而繩以春秋之法、童子知其不免矣。從其教之所由起者觀之、則儒釋之辨、公私義利之別、判然截然、有不可同者矣。」

(13)『語類』巻一〇四、輔廣録／第七冊、二六二〇頁「他禪家自愛如此。某年十五六時、亦嘗留心於此。」

(14)『過去現在因果經』巻二（大正、冊三、六二九～六三一頁）「爾時太子、與諸官屬、前後導從、出城東門。……時淨居天、化作老人。頭白背傴、拄杖羸歩。太子即便問從者言。此為何人。從者答曰。此老人也。……爾時太子、百官導從、出城南門。時淨居天、化作病人。……太子即問。此為何人。從者答曰。此病人也。……爾時太子、與優陀夷、百官導從。……出城西門。時淨居天、……化為死人。……太子問言。此為何物。……優陀夷……答言。是死人也。……是時太子、啓王出遊。王不忍違、便與優陀夷及餘官屬、前後導從、出城北門、到彼園所。太子下馬、止息於樹。除去侍衛、端坐思惟、念於世間老病死苦。時淨居天、化作比丘。……子見已、即便問言。汝是何人。比丘答言。我是比丘。」

(15)『陸九淵集』巻一五「與陶贊仲（二）」一九四頁「荊公祠堂記與元晦三書併往、可精觀熟讀、此數文皆明道之文、非止一時辨論之文也。」

(16) 宇野哲人『中国思想』（講談社学術文庫、一九八〇年）は、無極・太極論争での陸九淵と朱熹の主張の要点を以下のように整理している。まず陸九淵の主張の要点は以下のようである。①古の聖賢は「無極」とは言っていない。②「太極」とは理であり中である。③『太極圖説』は老子の説に基づく。④『太極圖説』の内容は周敦頤の別の著述である『通書』には「無極」の語が見えず、その点で『太極圖説』は周敦頤の著述とは考えられない。以上が陸九淵の主張の要点で、これに対する朱熹の主張の要点は以下の通りである。①前の聖人が言っていないことを後の聖人が発明した。②「太極」とは極であり至極である。③「無極」の語は老荘の用法と意味が異なる。④『太極圖説』が『通書』の内容と一致しないのは、各々異なった方面を述べたからである。以上の宇野氏の概括は、『太極圖説』の解釈と評価にのみ着目した際の要点である。

(17) 陸九淵が周敦頤について言及するのは以下の一点のみである。『陸九淵集』巻三四「語録上」傅子雲録、四〇一頁「二程見周茂叔後、吟風弄月而歸、有吾與點之意。後來明道此意却存、伊川已失此意。」

(18) 陸九淵の南康訪問の直接の目的は、前年に死去した兄・陸子壽の揮毫を依頼することであった。なお、この時陸九淵は朱熹の白鹿洞書院で「義利の辨」について講義している。（『陸九淵集』巻二三「白鹿洞書院論語講義」）。本章第二節で扱ったように、朱熹は陸九淵の「與王順伯」書の内容をめぐって、儒釈の相違を「義利」の区別で説明する陸九淵と対面で議論したことがあるようだが、それはこの南康会見のときのことと思われる。

(19)『朱文公文集』巻三四、「答呂伯恭」／『朱熹全書』第二一冊、一五一五頁「子靜舊日規模終在。其論為學之病、多説如此即只是意見、如此即只是議論、如此即只是定本。熹因與説、既是思索、即不容無意見。既是講學、即不容無議論。統論為學規模、亦豈容無定本。但隨人材質病痛、而救藥之、即不可有定本耳。渠却云、正為多是邪意見閑議論、故為學者之病。熹云、如此即是自家呵叱、亦過分了。須著邪字閑字、方始分明、不教人作禪會耳。又教人、恐須先立定本、却就上面整頓、方始説得無定本底道理。今如此一槩揮斥、其不為禪學者幾希矣。渠雖唯唯、然終亦未竟窮也。」

(20) 陳来『朱子哲学研究』(華東師範大学出版社、二〇〇〇年) 七五～九九頁を参照。

(21) 無極・太極論争の経過については、本書巻末記載の年表を参照。

(22)『老子』第二八章「知其白、守其黒、為天下式。為天下式、常徳不忒、復歸於無極。」

(23)『太極圖』・『太極圖説』の思想の由来や作者については、宋代から多くの議論があるが、吾妻重二氏『朱子学の新研究』(創文社、二〇〇四年) 第一篇「周敦頤の「太極図」の考察」は新出の史料を用いつつ、厳密な校証によって『太極圖』・『太極圖説』が周敦頤自らの著作であると断定している。

(24)『周易』繋辞上傳「易有太極。是生兩儀。兩儀生四象。四象生八卦。八卦定吉凶。吉凶生大業。」

(25)『語類』巻一、陳淳録／第一冊、一頁「曰。太極只是天地萬物之理。」同、巻一、萬人傑録／第一冊、二頁「太極只是一箇理字。」

(26) 朱熹が『太極圖説』の「無極」に対して「無聲無臭」を引用することが、理が直接知覚できず捉えがたいことを示していることについては、『語類』で以下のように言っていることからもわかる。『語類』巻六七、李閎祖録／第五冊、一六七九頁「曰。有太極、是有此理。無極、是無形器方體可求。」

# 第六章　消えた「格物致知」の行方

## ——朱熹「戊申封事」と「十六字心法」をめぐって

# はじめに

一般的に朱子学と言うと、既存の政治体制を護持する保守的な思想と考えられることが多い。それは明治以降の日本では朱子学は近代思想の受容を阻害する旧思想として機能した面があるからである。しかし、こうしたイメージは少なくとも朱熹本人には全く似つかわしくない。朱熹の思想は同時代の道学諸派と比べても特に急進的な革新思想だったのであり、その批判の矛先は同時代の高級官僚に止まらず、時には皇帝にまで及んだからである。朱熹の現実政治への提言は万端に及ぶが、なかでも特徴的なのは、上奏文で皇帝の意識改革を求めた点である。

朱熹の上奏文についてはこれまで多くの研究があるが、総じて二方面の指摘が行われてきた。第一は皇帝の一身が修まれば天下が太平となる、という朱熹の上奏文の観念性を指摘するものである(1)。そしてもう一つは朱熹の上奏文に君主権力抑制論を読み込むものである(2)。

もっとも、君権抑制論を読み込む立場に対しては、近年、田中秀樹氏が異論を提出している。田中氏は『朱子学の時代——治者の〈主体〉形成の思想』（京都大学学術出版会、二〇一五年）第二章「朱子学的君主論」で、以下の二つの論点から、朱熹の君主論には君主の政治上の主体性を奨励している面があると指摘している。まず第一点は、朱熹は国家を一人の身体とのアナロジーで説明している点である。田中氏は、朱熹が「君主↓百官」の関係を「心↓身体」の関係で理解していることに注目し、一身の修養論において心を正しく修養すれば身体を主宰できるように、朱熹が当時の皇帝・孝宗に求めたのは、君権の抑制ではなく、孝宗が正しく心を修養した上で、正しく百官を主宰することだったと指摘する。そして、第二点として、田中氏は、朱熹が孝宗に対してしばしば「大有為の君」となることを求めたことを挙げる。(3) 田中氏は朱熹がこの語を孝宗に説いたのは、「主体的な皇帝政治の実現」（二〇六頁）を求めるものだった、と指摘する。

このように、朱熹の君主論については、君主の権力を抑制しているように見える面と、君主の政治的主体性を奨励しているように見える面の両面があるのである。朱熹の君主論を正しく理解するためには、このような二面性が存在することを踏まえて考察する必要があると言える。

ところで、これまでの研究では田中氏のものも含めて、朱熹の上奏文は一連のものとして扱われおり、その主張に変化があることについては十分に注意されてこなかった。これに対して本章では、朱熹の上奏文の主張の変化に着目し、その変化が何を志向しているか、という観点から、右のように未だ明確となっていない朱熹の君主論を考察したいと考える。本章が注目するのは、朱熹が封事でしばしば取り上げる『尚書』「大禹謨」篇「人心惟れ危うく、道心惟れ微かなり。惟れ精に惟れ一にし、允《まこと》に厥《そ》の中を執れ（「人心惟危、道心惟微、惟精惟一、允執厥中」）」の十六字に対する朱熹の解釈の変化についてである。

『尚書』「大禹謨」篇では、この十六字は、聖人の舜が、聖人の禹に、王位を禅譲する際に伝えた言葉とされる。また『論語』「堯曰」篇では、堯が舜に王位を禅譲する際に「允に其の中を執れ」と伝えたと記されている。ここで、『尚書』の記述と『論語』の記述を合わせれば、堯が舜に伝えた「允に其の中を執れ」という言葉を、更に舜が敷衍して「人心惟危、道心惟微、惟精惟一」の十二字を加えて禹へと伝えたというストーリーができあがる。(4)

『尚書』「大禹謨」篇の十六字は、こうした背景の重大さもあって、朱熹を始めとする道学系統の学者が重視する言葉であった。なかでも朱熹は殊の外この言葉を重視し、これを「諸聖相傳心法（「陳同甫に答ふる書」第八書)」と呼んだ。

朱熹はこの十六字を「千聖相傳心法(「戊申延和奏劄五」)」と呼ぶこともあるが、これはこの十六字(以下、「十六字心法」と呼ぶ)の精神が、殷の湯王や周の文王・武王・周公、更には時代が下って孔子・曾子・子思・孟子にも継承され、孟子の絶学の復興者と朱熹が位置づける周敦頤や二程を経て、伊洛の正統を自任する朱熹自身へとつながると考えるからである。このように、この十六字をめぐっては朱熹の道統論の形成と密接な関わりがあると言える。(5)

さて、朱熹は皇帝に対して上奏文を提出して、政治の様々な面での改革を提言する際、しばしばこの「十六字心法」に論及しつつ、この十六字の実行を求める形で皇帝を説得した。

これまでの研究では、この十六字に関して朱熹の解釈に大きな変化があることが指摘されているが、(6)その解釈の変化が、この語が引用されるところの上奏文の内容で果たす役割については十分に考察されていない。「十六字心法」は「人心」「道心」を説く前半部分と、「精一」「執中」を説く後半部分とで構成される。「十六字心法」の解釈は、前半部分の変更と、後半部分の変更が別々に並行して行われているのである。よって前半と後半を別個に考察する必要がある。本章では、まず第一節で「十六字心法」の前半部分の「人心・道心」の語に対する解釈(以下、「人心・道心」論)の変化がいかなるものかを確認し、朱熹がその解釈を変更する転機となった「陳同甫に答ふる」書の内容を分析して、いかなる文脈で朱熹が解釈を改めるに至ったのかを考察する。次に第二節では、朱熹の初期の封事である「壬午應詔封事」と、晩年の「戊申封事」をめぐって、「十六字心法」の後半部分である「精一」「執中」の解釈に変化があることを論ずる。そして、第三節では、朱熹の最後の封事である「戊申封事」全体の文脈の中から、「十六字心法」の解釈の変化がどのような意味を持つのかを考察する。

このことは上の朱熹の君主権力に対する態度を考える上で手がかりとなるのみならず、朱熹にとっての経書解釈が具体的な政治的実践とどのように関わっているのかという点についても重要な示唆をもたらすのである。

## 第一節　「人心・道心」論の変化

### 一　初期の「人心・道心」論

そもそも、『尚書』「大禹謨」篇の「人心・道心」の語に注目するのは北宋の程頤に始まる。程頤には「人心惟れ危きは、人欲なり。道心惟れ微かなるは、天理なり。（人心惟危、人欲也。道心惟微、天理也。）」（『二程外書』）という言葉がある。もっとも程頤はこの言葉をそれ以上特に敷衍していない。初期の朱熹の解釈はこの程子説を敷衍するものだったが、後期の解釈ではこの立場を放棄した。

それでは、朱熹の初期の「人心・道心」論の内容を見てみよう。朱熹の初期の「人心・道心」論は朱熹の心性論に関する思索の中から出てきた(7)。朱熹は本書の第二章で扱った湖南学の心を対象とする工夫論に反対する中で「人心・道心」論を打ち立てたのである。

湖南学では、自らの「心」を観察することで、そこから道理を体得してより高次の境地に至れると考えていた。これに対して、朱熹は、こうした湖南学の心を対象とする工夫は、仏教の心の修養（＝「観心」）と同様だと考え、「観心」の工夫は、一つしかないはずの心を、観察する主体としての心と、観察される対象としての心に二分するものだと湖南学を批判したのである。

そして朱熹は「心」を客体とする工夫を否定して、心の工夫はあくまで主体としての心を修養するものでなくてはならないと考えた。朱熹はその主体としての心を確立する工夫を説くものとして『尚書』「大禹謨」篇の「人心・道心」の語を解釈したのである。その時の朱熹の主張は淳熙元年（一一七四）頃、朱熹が四十五歳前後の時の作と考えられる「観心説」（『朱文公文集』巻六七）によって知ることができる。

（『尚書』「大禹謨」に言う）「人心が危うい」というのは、人欲が兆すことだ。「道心が微か」というのは、天理が見えにくいということだ。心は一つなのである。正と不正の違いによって、名称を異にしているだけだ。「惟れ精 惟れ一」とは、その正しい状態に依拠してその正しさから外れた部分を審らかにすることだ。その外れた部分を斥け、元の正しい状態に戻るということだ。道心を一心として、人心も一心とし、更にもう一つの心がこれを「精一」にするということではない。『孟子』「告子」上で「操りて存す」と言うのは、何かが別の何かを取って保つ、ということではない。「舎てて亡ぶ」と言うのは、何かが別の何かを捨てて無くすということではない。心が自ら取れば亡んでいたものが保たれ、捨てて取らなければ、存在していたものが亡ぶということに他ならない。

夫謂人心之危者、人欲之萌也。道心之微者、天理之奥也。心則一也。以正不正、而異其名耳。惟精惟一、則居其正、而審其差者也。絀其異、而反其同者也。能如是、則信執其中而無過不及之偏矣。非以道為一心、人為一心、而又有一心以精一之也。夫謂操而存者、非以彼操此而存之也。舎而亡者、非以彼舎此而亡之也。心而自操則亡者存。舎而不操則存者亡耳。（『朱文公文集』巻六七「観心説」／『朱子全書』第二三冊、三二七八頁）

朱熹は『孟子』「告子」上の「舎つれば則ち亡ぶ（以下、「舎亡」）」と「操れば則ち存す（以下、「操存」）」[8]の語を、それぞれ、心の主体性を喪失すること（＝「舎亡」）と、心の主体性を把持すること（＝「操存」）と解釈する。[9]そしてこの時期の朱熹は「道心」と「人心」の関係を、この『孟子』の「操存」と「舎亡」の関係で理解していたのである。つまり「人心」とは、心が人欲に揺り動かされ主体性を喪失して客体となってしまった状態、「道心」とは、心が天理とともにある状態と解釈した。そして、「惟れ精　惟れ一」を「人欲」に動かされることなく一身に対する心の主体性を保持する工夫と理解していたのである。

## 二　後期の「人心・道心」論

先行研究が指摘するように、[10] 以上の朱熹の初期の「人心・道心」論が後期の説へと変化する転機となったのが、淳熙十二年（一一八五）春の義利・王覇論争での「陳同甫に答ふる」第八書である。本書第三章で扱ったように、義利・王覇論争は、淳熙十一年（一一八四）から足かけ三年間ほど朱熹と陳亮（字は同甫）との間で交わされた。この論争での争点の一つは、三代以降の中国史上の代表的名君とされる漢の高祖と唐の太宗に対する人物評価についてであった。朱熹は漢高祖・唐太宗の政治的功業を一定程度認めつつも、その統治者としての「心」は「人欲」まみれだったと否定的に評価した。[11] 一方、陳亮は、高祖・太宗には仁義の心があったからこそ大きな功業を挙げたと彼らの君主としての心を賞賛した。[12] このように、朱熹がこの論争の中で「人心・道心」論に言及したのは、両者の議論が統治者の「心」をめぐるものだったからである。それでは、朱熹はこの論争の中で、なぜ前期の「人心・道心」論（以下、「人心・道心」旧説）を改めるに至ったのだろうか。両者の論争の文脈から考察してみたい。

陳亮は朱熹に対する書簡で、近儒が妄りに漢唐を軽んずると批判した上で、「心が常に亡んでいることなどあり得ず、法が常に廃されていることなどあり得ない」と主張し、以下のように漢唐の君主にも賞賛すべき道徳的な心があると主張した。

漢の高祖や唐の太宗それからわが宋朝の太祖は、思いますに天地が彼らを頼りとして常に運行して休むことがなく、人の綱紀も彼らを頼りとしてつながって堕落しませんでした。にもかかわらず道の存亡には、人が関与できるものではない、と言えば誤りでしょう。漢唐の賢君が果たして少しも気力が無かったとすれば、漢唐が卓然と亡びなかったのは一体どうしてなのでしょう。

高祖太宗及皇家太祖、蓋天地頼以常運而不息。人紀頼以接續而不墜。而謂道之存亡、非人之所能預則過矣。漢唐之賢君果無一毫氣力、則所謂卓然不泯滅者果何物邪。（『陳亮集』巻二八、致朱熹「又乙巳書之一」／下冊、三四六頁）

このように陳亮はもし漢唐のような盛世の君主の心に何ら道理がなかったとすれば、君主の心は天下の興亡に何ら関わりがなくなってしまうではないか、と主張するのである。

後にも述べるように、朱熹は皇帝に対する上奏文で、「天下の治乱の根本は君主の心にある」と繰り返し述べている。この書簡で陳亮は、天下の興亡は人君の心によると考えているのは、実は朱熹の考え方と衝突せず、むしろ重なるのである。また、陳亮は、漢唐の時代の民を秩序付けるところの「綱紀」は君主に由来すると考えるが、このように綱紀の根源を君主に求める点でも朱熹の考え方と重なる。それでは両者の違いはどこにあるかと言えば、朱熹は「君主の心が正しければ、天下・国家は治まる」と考えるのに対し、陳亮は「国家が繁栄し、世界に秩序が存在するならば、それは君主の心による」と考えているのである。

純粋に論理の問題として見れば、朱熹と陳亮の違いは、単に「君主の心が正しくなくても、天下が治まる」という事態の存在を認める（朱熹）か否か（陳亮）という点しかない。朱熹は漢唐の君主の心は「天理に暗合」、つまり心は人欲でも、人欲から発した政治が結果として天理に重なる面があったために政治的に成功した、と評価している。ただし、注意が必要なのは、朱熹はこの可能性を積極的に説いているわけではなく、あくまで消極的にその可能性を容認しているに過ぎないということである。朱熹がこの論争で主張したかったのは、王者は「天理に暗合」することによってではなく、正しく心を修養した上で、その必然の結果として偉大な功業を挙げるべきだ、ということだった。そこで、朱熹は次の書簡で以下のように反論する。

> 頂いた書簡の「心が常に亡んでいることなどなく、法が常に廃れているということなどない（「心無常泯、法無常廢」）」という一段こそが、一書の重点です。私が同意するのはこの一段より多いものはなく、異なるのもこの一段より甚だしいものはありません。思うに、この人がいればこの心があり、この心があればこの法があり、確かに常に亡んだり常に廃されているなどという道理はありません。しかし、これを常に亡んでいるわけではないと言えば、つまりは亡んでいる時もあるのです。これを常には廃されているわけではないと言えば、つまりは廃されている時もあるのです。思うに天理と人欲が並び行われて、あるときは途絶え、あるときは続くのは、そのようであるに違いありません。もしその本然の妙を論ずれば、ただ天理があって人欲はありません。だから、聖人の教えは必ず人欲を消し去って再び天理を完全にしようとするのです。心については、常に亡びないということを欲して、常には滅んでいないということを恃みとしません。法については、常に廃されないということを欲して、常には廃されていないということを恃みとしません。
>
> 來書心無常泯、法無常廢一段、乃一書之關鍵。鄙意所同、未有多於此段者也。而其所異、亦未有甚於此段者也。蓋有是人則有是心、有是心則有是法、固無常泯常廢之理。但謂之無常泯、即是有時而泯矣。謂之無常廢、即是有時而廢矣。蓋天理人欲之並行、其或斷或續固宜如此。至若論其本然之妙、則惟有天理而無人欲。是以聖人之教、必欲其盡去人欲而復全天理也。若心則欲其常不泯而不恃其不常泯也。法則欲其常不廢而不恃其不常廢也。
>
> （『朱文公文集』巻三六「答陳同甫」（第八書）／『朱子全書』第二一冊、一五八六頁）

陳亮は、漢唐の盛世の時に現実に存在していた秩序は漢唐の君主によってもたらされたものであるはずだから、漢唐の君主の心には道理が備わっているはずだと言うつもりで、「心が常に亡んでいることなどなく、法が常に廃されているということなどない（心無常泯、法無常廢）」と説いていた。朱熹は陳亮の言葉を逆手に取る形で、陳亮自身が漢唐の君主を完全無欠と評価しているわけではないことを自覚させ、その完全でない所以にこそ目をむけろ、と陳亮に迫るのである。このように、朱熹はあくまで漢唐の皇帝に対して批判的に見るべきだと主張した。

また、朱熹はここで、陳亮の「心が常に亡んでいることなどなく、法が常に廃されているということなどない（「心無常泯、法無常廢」）」という一段は、自分の考えと一致する面もあるが、同時に大きく食い違う面もあると言う。そこで、朱熹は以下のように「人心・道心」論の新説を説くのである。

いわゆる「人心惟れ危うく、道心惟れ微かなり、惟れ精に　惟れ一にし、允に厥の中を執れ。」というのは堯・舜・禹が互いに伝えた秘伝の教えです。人というものは生まれてから「形體の私」に拘束されますから、確かに「人心」がないわけにはいきません。しかし、必ず「天地の正」も稟受していますから、「道心」もないわけにはいきません。日常の間に、「人心」と「道心」とが並び行われて、互いにいれかわって盛んになったり衰えたりしています。一身上の是非や得失、天下の治乱や安危は、これに関わらないものはありません。だから「道心」を選ぶことが精密になるようにして、「人心」と「道心」とを混同しないようにし、「道心」を守ることを専一にして、「天理」を「人欲」に流れないようにすれば、およその行為は一事であっても中庸に適わないものはなく、天下国家に対処して適切でないことはなくなるのです。どうして「人心」がそのままでは危ういのを放置して、時には亡んでいるものをまさにそのようであるべきだとし、「道心」がそのままでは微かなのを放置して、常には亡んでいないということを幸いとするのでしょうか。

所謂人心惟危、道心惟微、惟精惟一、允執厥中者、堯舜禹相傳之密旨也。夫人自有生而梏於形體之私、則固不能無人心矣。然而必有得于天地之正、則又不能無道心矣。日用之間、二者並行、迭爲勝負、而一身之是非得失、天下之治亂安危、莫不係焉。是以欲其擇之精、而不使人心得以雜乎道心、欲其守之一而不使天理得以流於人欲、則凡其所行無一事之不得其中、而於天下國家無所處而不當。夫豈任人心之自危而以有時而泯者、爲當然、任道心之自微而幸其須臾之不常泯也哉。（同前）

朱熹はこの書簡で「道心」を「天地の正」、「人心」を「形體の私」に淵源するものと説明する。ここで旧説の内容を思い返せば、朱熹四十五歳の頃の旧説では「人心」とは心を「舍亡」した状態、「道心」とは心を「操存」した状態と考えていた。つまり心が主宰として機能している状態を「道心」、機能していない状態を「人心」と理解していた。この「陳同甫に答ふる書」が書かれたのは、朱熹の五十六歳の時であるが、六十歳の時に記した「中庸章句序」では「人心」と「道心」の区別を「知覚」の淵源の違いとして説明しており、より表現が洗練されている。(13) つまり、朱熹の後期の説では、「天地の正」に基づいて「道」に適うように正しく知覚する際の主体を「道心」、「形氣の私」に基づいて、つまり「私欲」に引きずられる可能性と隣合わせで知覚する際の主体を「人心」としているのである。

さて、朱熹の「人心・道心」新説は以上のようであるが、それでは朱熹はなぜ旧説を右のように改めたのだろうか。そのことを考える手がかりとなるのは、朱熹の旧説と先の陳亮の説との関係である。

陳亮は、もし漢唐のような盛世の君主の心に何ら道理がなかったとすれば、君主の心は天下の興亡に何ら関わりがなくなってしまう、と考えていた。朱熹もまた「君主の心は天下の大本」と考えており、両者は君主の心が国家の治乱興廢を左右すると考える点では一致していると言える。更に、陳亮は「心が常に亡んでいることはあり得ない」と説いて、心を「亡ぶ」ことと「存する」ことの二面性から理解していた。朱熹の旧説も心を「舍亡」と「操存」の二面から理解しており、その点でも陳亮と同様である。このように、実は朱熹の「人心・道心」論の旧説は、君主の心の主宰性という点に着目する点で陳亮説と親和的なのである。しかし、このことは朱熹にとって彼ら二人の思想が近いということを意味しなかった。むしろ、朱熹は根源が全く異なるにもかかわらず、表面的な類似のために自説が陳亮説の方向に取り込まれることを強く警戒したのである。それでは両者の根源的な違いはどこにあるのか。

陳亮は、現実に存在する「綱紀」の由来を君主の心に求める文脈の中で、「心無常泯、法無常廢」を説いた。この文脈の中では君主が主宰性を発揮することで秩序が形成されることを推奨することになる。これに対して朱熹の新説では、主宰性の有無ではなく、主宰性を「正しく」発動するか否かに焦点を合わせていると言える。このことから、朱熹は、君主が主宰性を発揮することに対して慎重な姿勢を持っていることを看取することができるのである。

このことを言い換えれば、この論争での両者の対立の軸として、不完全であっても現実に存在する秩序の原因を皇帝に求めてこれを賞賛するか（陳亮）、秩序が不完全であることの原因を皇帝に求めて改革を求めるか（朱熹）、という違いがあることを意味しているものと思われる。実際に、同時代の永嘉事功学の陳傅良（号、止齋。一一四一～一二〇三）は両者の議論について、陳亮の説は「驕君」をもたらし、朱熹の説は「亂臣（国を乱す臣下）」をもたらす、と評価した。このことは、朱陳論争での二人の主張が、単なる歴史上の人物評価ではなく、君臣関係をめぐる論争として受け止められていたことを示す[14]。

ともかくここでは、朱熹は皇帝が主宰性を発揮することに対して以上のように慎重だったことを確認しつつ、次に朱熹は現実の皇帝に対する上奏文でどのように皇帝に臨んでいたかを見ていこう。

## 第二節　封事の重点の変化――「格物致知」から「誠意正心」へ

「封事」とは上奏文の一種であり、機密保持のために箱に密封して進奏されるので「封事」と呼ばれる。朱熹は生涯に三度の封事を上奏しており、それは紹興三十二年（一一六二）の「壬午應詔封事」、淳熙七年（一一八〇）の「庚子應詔封事」、それから淳熙十五年（一一八八）の「戊申封事」で、いずれも孝宗に対して上奏したものである。その中でも「戊申封事」は一万二千字にも及び、内容も多岐に渉る畢生の大作である。朱熹は「戊申封事」の中で、これまで幾度も孝宗に上奏してきたことに触れており、そのことから「戊申封事」がそれ以前の朱熹の上奏と連続する性格のものである事が窺われる。後述するように、「壬午應詔封事」と「戊申封事」には、主張に一貫している部分と変化している部分とがあるので、これら両面に注意しながら、封事の内容を見ていこう。

### 一　「壬午應詔封事」

紹興三十二年（一一六二）、高宗は内禅によって皇太子へ位を譲り自身は太上皇帝となり、孝宗が即位した。即位したばかりの孝宗は天下に「直言極諫」を募り、同年八月七日に朱熹はこれに応じて「壬午應詔封事」を上奏した。時に朱熹は三十三歳、孝宗は三十六歳、ともに改革の志に燃える若年のことであった。

「壬午應詔封事」の主な内容は、1「格物致知に基づく正しい学問の講習」、2「大義を明らかにして金との和平を拒絶し、持久戦によって国土の恢復を目指すこと」、3「朝廷内の小人を排斥して綱紀を正し、側近政治をやめること」の三点である。[15]このうち、後の2と3はその後の上奏文でも繰り返されるが、最初の1については後の封事では説かれなくなる。それでは「壬午應詔封事」の1を説く部分を見ていこう。まず、朱熹は十六字心法を取り上げつつ、孝宗に修養の必要性を説く。

私は以下のように聞いております。堯・舜・禹は天子の位を授受して以下のように言いました。「人心惟れ危うく、道心惟れ微かなり、惟れ精　惟れ一、允に厥の中を執れ（『尚書』「大禹謨」）」と。かの堯・舜・禹はいずれも偉大な聖人でございます。「生まれながらに知（『中庸』）」っており、学問に従事しなくてもよいであろうに、それでも「精」と言い「一」と言い、「執る」と言っているのは、「生まれながらに知る」者であっても、更に学問を助けとして完成するということです。

臣聞之。堯舜禹之相授也、其言曰。人心惟危、道心惟微、惟精惟一、允執厥中。夫堯舜禹皆大聖人也。生而知之、宜無事於學矣、而猶曰精、猶曰一、猶曰執者、明雖生而知之、亦資學以成之也。（『朱文公文集』巻十一「壬午應詔封事」／『朱子全書』第二〇冊、五七一頁）

このように、朱熹は十六字心法を挙げつつ、堯・舜・禹のように「生まれながらに知」る、先天的に優れた素質を持つ聖人であっても「精一」「執中」という後天的な修養を疎かにしなかったのであり、それは、学問によってこそ「生知」の素質は成就するからだ、と朱熹は孝宗に説明するのである。このように、朱熹は「大禹謨」篇の「精一」「執中」の語を用いつつ、孝宗に対して学問することの重要性を説くのである。更に朱熹は学問することの効果を以下のように説く。

いにしえの聖明な帝王の学問は、必ず「格物致知（『大學』）」して、かの事物の変化を知りつくし、事物の前例を超えるものや、義理が存在するところを、細かく微かなところまではっきりとさせ、心と目にまざまざとさせ、わずかなところまで隠れてみえないところがないようにしました。すると自然と「意は誠で、心は正しく（『大學』）」なり、それによって天下の任務に応ずること、一と二を数え黒と白を区別するように容易くなりました。ただ、学ばなかったり、学んでも「格物致知」を主としていないと、内外と本末はひっくり返ったり背いたりして、聡明・叡智の素質や親孝行・友愛・謙譲・倹約の美徳があっても、知恵は善を明らかにするには足りず、見識は道理を窮めるには足りず、最終的には天下の治乱に寄与するところが無くなってしまうのです。ですから、人君が学問するか否か、学ぶことが正しいか正しくないかは、小さな心のことでありながら、天下・国家が治まるか否かは、そこに大きく表れるのです。関わることはどうして浅いでしょうか。「易に、始めのところでわずかでも誤ると、最終的な誤りは尽大となる、と言う（『禮記』「經解」篇）」とあるのはまさにこのことなのです。

古者聖帝明王之學、必将格物致知、以極夫事物之變、使事物之過乎前者、義理所存、纖微畢照、瞭然乎心目之間、不容毫髮之隠。則自然意誠心正、而所以應天下之務者、若數一二辨黒白矣。苟惟不學與學焉而不主乎此、則内外本末顛倒繆戻、雖有聰明睿智之資、孝友恭儉之徳、而智不足以明善、識不足以窮理、終亦無補乎天下之治亂矣。然則人君之學與不學、所學之正與不正、在乎方寸之間、而天下國家之治不治、見乎彼者如此其大。所繫豈淺淺哉。易所謂差之毫釐繆以千里此類之謂也。（同前、五七二頁）

古の聖王は「格物致知」に従事して、義理の精微に至るまで極め尽くしていた、と言う。そして、「格物致知」すれば自然と「意が誠となり、心が正しく」なって、容易に天下の任務に応ずることができたと説明し、帝王が「格物致知」に従事することの効用の大きさを強調する。更に朱熹は、皇帝が正しく学問するか否かという点が、天下国家の治乱を左右すると説いて、孝宗に「格物致知」に基づく正しい学問に励むことを強く迫るのである。

「格物致知」・「誠意正心」とは、格物・致知・誠意・正心・脩身・齊家・治國・平天下と続く、いわゆる『大學』の八条目の前半の四項目である。朱熹の工夫論の中では「格物」と「致知」とは別の段階の工夫ではなく、具体的な事物に即して理を窮める（＝「物に格《いた》る」）ことによって「知を致す」ことができる、と考えられているため、朱熹はしばしば「格物致知」として一体にして説く。また「誠意」と「正心」もどちらも心に対する工夫であるため、朱熹はしばしば「誠意正心」として両者を併せて説く。

更に朱熹は以下のように、『大學』の「格物致知」と「誠意正心」の語を十六字心法と関連させ、「格物致知」が古の聖王由来の修養法であることを説明する。

思いますに、「致知格物」とは、堯・舜が言うところの「精一」のことです。「正心誠意」とは、堯・舜が言うところの「執中」のことです。古の聖人が口で授けて心で伝え、彼らの行いに表されたのは、ただこれだけなのです。孔子に至るとそれらを集大成しましたが、進んで君子の位を得て天下に正しい政治を実施することはできませんでした。そのため、退いて六経をおさめて、それによって後世の天下国家を治める者に示しました。その間にあって、その根本と末節、始終と先後の順序がもっとも詳細でかつ明らかであるのは、今は戴氏の『禮記』に見えており、いわゆる「大學」篇がそれなのです。

蓋致知格物者、堯舜所謂精一也。正心誠意者、堯舜所謂執中也。自古聖人口授心傳而見於行事者、惟此而已。至於孔子集厥大成、然進而不得其位、以施之天下。故退而筆之以為六經、以示後世之為天下國家者。於其間語其本末終始先後之序尤詳且明者、則今見於戴氏之記、所謂大學篇者是也。（同前、五七二頁）

朱熹は、堯・舜・禹の三聖人が伝授した「精一」「執中」の精神は時代が下って孔門へと伝わり、その教えは『禮記』「大學」篇に見ることができると言い、十六字心法の思想と孔門の関係を強調する。そして、『尚書』

の「惟精惟一」の「精」と「一」を「精一」と繋げて一つの工夫とみなし、これを『大學』の「格物致知」と同一視し、また『尚書』の「執中」を『大學』の「正心誠意」と同一視して解釈する。

以上の「壬午應詔封事」の内容をまとめれば、朱熹が言おうとしたのは、堯・舜・禹のような先天的に素質に恵まれた「生知」の聖人でさえ「精一」「執中」というような後天的な修養を怠らなかったのであり、「精一」は「格物致知」、「執中」は「誠意正心」を指すものであるから、皇帝は「格物致知」と「誠意正心」の学問に従事しなさい、ということである。この封事を書いた時、朱熹は三十三歳の若年だった。ここには朱熹の政治的主張の原型を確認できる。

これから論ずる、朱熹晩年の「戊申封事」との比較で重要なのは、「壬午應詔封事」では、「大禹謨」の十六字の精神の中に「格物致知」と「誠意正心」の両方を読み込んでいることである。また朱熹はこの封事で、天下の治乱・興亡は皇帝が「格物致知」するか否かにかかっていると言い、「格物致知」すれば自然と「誠意正心」できると説いていることから、この封事での重点は「格物致知」にあると言える。

もっとも、『大學』の本文自体が「格物致知」を最も根本の工夫として位置づけているわけであるから、『大學』を用いて皇帝を説得するこの封事が「格物致知」に励むことを求めるのはむしろ当然のことと言える。なぜそのことをここでわざわざ断るかと言えば、朱熹はこの後の封事では、孝宗に「格物致知」を求めず「正心誠意」のみを説くようになるからである。この変化は一体何を意味するのであろうか。次に、孝宗に対する最後の上奏文である「戊申封事」の内容を見ていこう。

## 二　「戊申封事」

朱熹が「戊申封事」(16)を上奏した淳熙十五年（一一八八）の時期、南宋朝廷は重大な政治的転機を迎えていた。

その発端は一年前の淳熙十四年十一月、南宋の初代皇帝ですでに退位して太上皇帝となっていた高宗が死去したことである。

高宗は対金和平を南宋の「国是」と位置づけ、内禅によって位を孝宗に譲った後も、しばしば人事に介入して和平派の人材を登用して、間接的に主戦論を牽制してきた[17]。高宗の死去はそうした国家の根本政策転換の可能性を意味していた。実際に淳熙十五年二月には、道学派の周必大が右丞相に就き、同年五月にはそれまで朱熹ら道学派を弾圧してきた和平論者で左丞相の王淮が孝宗の意向で罷免されている[18]。対金強硬論者を多く含む道学諸派はこうした政治情勢の変化のなかで、にわかに政治活動を活発化させていた。「戊申封事」よりわずかに先の同じ十一月には永嘉学の葉適らが連名で道学諸派の人士を多く含む三十四人もの人員を朝廷に推薦する薦士書を提出している[19]。このように、当時は長期に渉った道学弾圧を経て、道学が政治の表舞台に立つことが期待される時期だったのである。

淳熙十五年十一月、朱熹が五十九歳の時に孝宗に奉った「戊申封事」はそうした改革の機運の高まる中で書かれた上奏文なのである。上奏文の詳細は後に論ずるとして、ひとまず「戊申封事」で「十六字心法」がどのように扱われているかを確認して問題の所在を示したい。朱熹は「戊申封事」の小字の注釈に以下のように言う。

私が思いますに、『尚書』で舜は禹に告げて言っております。「人心惟れ危うく、道心惟れ微かなり。惟れ精惟一、允に厥の中を執れ」と。かの虚霊（空っぽで自由自在）なる知覚は一つに他なりません。しかし「人心」と「道心」の区別があるのはどうしてでしょうか。思いますに、ある部分は「形気の私」から生じ、ある部分は「性命の正」に由来し、知覚する方法が異なります。そのため、ある部分は危うく不安定で、ある部分は微細で見えがたいのです。しかし、人にはこの形体が必ずありますので、優れた素質を持った「上智」の人であっても「人心」は必ずございます。またこの性も必ずありますので、素質の悪い「下愚」の人であっても「道心」は必ずございます。「人心」と「道心」の両者は小さな中にあって、これを修養する方法を知らなければ、危うい「人心」はますます危うく、微かな「道心」はますます微かとなり、天理の公は人欲の私に勝つことがなくなってしまいます。

臣謹按。尚書舜告禹曰。人心惟危、道心惟微。惟精惟一、允執厥中。夫心之虛靈知覺一而已矣。而以為有人心道心之別者何哉。蓋以其或生於形氣之私、或原於性命之正、而得以為知覺者不同。是以或危殆而不安、或精微而難見耳。然人莫不有是形、故雖上智不能無人心。亦莫不有是性、故雖下愚不能無道心。二者雜於方寸之間、而不知所以治之則危者愈危、微者愈微、而天理之公卒無以勝乎人欲之私矣。（『朱文公文書』巻一一「戊申封事」／『朱子全書』第二〇冊、五九一頁）

このように、朱熹はこの「戊申封事」で「道心」を知覚の「性命の正」に淵源するもの、「人心」を知覚の「形氣の私」に由来するものと説明し、知覚の淵源の区別として「道心」と「人心」の違いを説明するのである。これは朱熹が「陳同甫に答ふる」書で説いた「人心・道心」新説に基づいて孝宗を説得しているものと言える。更に朱熹は続けて、危うい「人心」と微かな「道心」に正しく対処する方法として、「十六字心法」の後半の「惟精惟一」と「執中」の部分について説き及ぶ。

「精」であれば、かの「人心」と「道心」の間を察知して、交えることがありません。「一」であれば本心を正しい状態に維持して離れることがありません。「精」と「一」に従事して少しも途切れることがないようにし、必ず「道心」を常に一身の主として、「人心」がいつも指示を聞くようにすれば、危うかったものは安定し、微かだったものははっきりとし、動く時も静かな時も、言うことも為すことも、自然と過剰であったり足りなかったりという誤りはなくなるのです。

精則察夫二者之間而不雜也。一則守其本心之正而不離也。從事於斯、無少間斷、必使道心常為一身之主、而人心毎聽命焉、則危者安、微者著、而動静云為自無過不及之差矣。（同前）

朱熹は、「十六字心法」の「惟精惟一」の「精」とは「人心」と「道心」とを区別して混同しないことの精密さ、「一」とは正しい「本心」を捉えて放さないことの専一さと理解している。いずれも心に人欲の存在を許さず、正しい状態を維持する工夫と理解しており、『大學』で言えば心が発動する局面での工夫である「誠意正心」に属する工夫として理解している。また、引用部末尾に「過剰であったり足りなかったりという誤りはなくなる（「無過不及之差」）」と言うのは「十六字心法」の「執中」を意識した表現であろう。つまり、ここでは朱熹は「執中」を工夫ではなく、工夫したことによって表れる効験と理解しているのである。

朱熹は「精一」の工夫を経ることで、最終的には常に性命由来の「道心」を一身の主宰として、形気由来の「人心」がその命令を聞くようにせよと説くのである。「人心・道心」旧説では、「道心」のことを「操存」されている心、つまりは主宰性を維持する心と解釈した。この「戊申封事」では、「道心」とは単に主宰性を持つ心ではなく、「正しく」主宰する心と理解されているのである。この変化には、主宰性を発揮することに対して、朱熹がより慎重さを求めるようになったことがうかがわれるのである。

また、「壬午應詔封事」での「十六字心法」の解釈とも比較してみよう。「壬午應詔封事」では「精一」を「格物致知」と解し、「執中」を「誠意正心」と解釈していた。これに対して「戊申封事」では「精」と「一」とを「正心誠意」に類する工夫と理解しており、また「執中」を工夫ではなく、工夫した結果として表れる効験と解釈し、「格物致知」に言及していないのである。(20)

このことは単に個別の解釈の変化を示すものではなく、封事全体の主旨に関わる変化と思われる。というのは、先の「壬午應詔封事」で朱熹は「十六字心法」に言及したが、それは孝宗に正しい学問としての「格物致知」に従事させるために、「格物致知」に励むことが聖王の堯・舜由来の教えであることを説明するためであった。その際、朱熹は天下国家の治乱は君主の学問にかかっていると説いていた。一方、「戊申封事」では以下のように言う。

思うに天下の大本は、陛下の心なのです。……天下の事は千変万化してその端緒は窮まることがありませんが、一つも人主の心に基づかないものがないのは、自然の理なのです。ですので、人主の心が正しければ、天下の事は一事も正しさから発しないものはなく、人主の心が正しく無ければ、天下の事は一事も正しさに依拠することができなくなるのです。

蓋天下之大本者、陛下之心也。……天下之事、千變萬化、其端無窮、而無一不本於人主之心者、此自然之理也。故人主之心正、則天下之事、無一不出於正。人主之心不正、則天下之事、無一得由於正。（同前、五九〇頁）

このように、朱熹は「戊申封事」では、天下の治乱興廃の分かれ目は、君主の「学問」ではなく、君主の「心」として説明しており、天下を太平にするためには、正しい学問に従事することではなく、「心を正す」ことが必要と説いているのである。つまり、「戊申封事」は孝宗に「誠意正心」を実践することを求める文脈で「十六字心法」に言及しているのであり、そのことは「十六字心法」の解釈に「格物致知」が含まれなくなったことと対応しているのである。朱熹の三十三歳の時の「壬午應詔封事」と五十九歳の時の「戊申封事」には、実に二十六年もの歳月が流れている。その内容は一貫している部分が多い一方で、その主張の根幹の部分には以上のような変化があったのである。

それでは、「格物致知」と「誠意正心」とはどのような関係にあるのだろうか。ここで朱熹の工夫論における「格物致知」と「誠意正心」の関係について確認しておきたい。朱熹は『四書集注』に対して生涯改訂を続けたが、「大學章句序」は淳熙十六年（一一八九）二月に、「中庸章句序」はその翌月に書かれており、これらの序が書かれた頃には『四書集注』は一応は完成していたようである。朱熹は「格物致知」について『大學章句』傳第五章で「格物致知」の最終局面を以下のように説明する。

努力すること久しくすると、あるとき豁然として貫通して、万物の表面と内側、細部と大枠とがすべて知り尽くされ、自分の心の全なる本体と大なる作用とがすべて明らかとなる。

至於用力之久、而一旦豁然貫通焉、則衆物之表裏精粗無不到、而吾心之全體大用無不明矣。（『大學章句』傳第五章／『四書章句集注』、七頁）

朱熹は「格物致知」して万物の理を窮めることで、最終的に自分の心の「全なる本体と大なる作用（全體大用）」が明瞭になると言う[21]。更に朱熹は『大學章句』傳第六章の注で、『大學』の経文で「格物致知」の後に「誠意」が続けられる意味について以下のように説明する。

『大學』の経文に「其の意を誠にせんと欲せば、先ず其の知を致す。」と言い、「知至りて后に意誠なり。」とも言う。思うに、心の本体の明瞭さにまだくもったところがあれば、心が発動するところで必ず力を実際に発揮できず、その場限りの自己欺瞞で（『大學』傳第六章）済ましてしまうのだ。しかし、自分の心が明らかであっても、「誠意」のところで慎重にしなくては、その明らかにしたものも自分のものでなくなってしまい、徳を進めるための基礎とはできないのだ。だから、この章の内容については、必ず上章の格物致知章の文脈を承けてこれと合わせて考えた後に、その力を用いることの始めと終わり（格物と誠意）と、その（格物から誠意へ、という）順序が不可逆的で、工夫を欠かすことができないことが以上のようである、ということがわかるであろう。

經曰。欲誠其意、先致其知。又曰。知至而后意誠。蓋心體之明有所未盡、則其所發必有不能實用其力、而苟焉以自欺者。然或已明而不謹乎此、則其所明又非己有、而無以為進德之基。故此章之指、必承上章而通考之、然後有以見其用力之始終、其序不可亂而功不可闕如此云。（同前、傳第六章／同前、八頁）

「誠意」を行う、つまり人欲に引っ張られることなく、心を正しく発動するためには、心の本体の明瞭さを明らかにし尽くしていること、つまりは「格物致知」ができていることが前提条件であると朱熹は考えるのである。また「格物致知」ができているだけでも十分ではなく、「誠意」を実践することによってこそ徳を実践することができる、と説明している。

以上のように、朱熹の工夫論では「格物致知」と「誠意正心」とは表裏一体の工夫とされ、どちらか一方でも欠かすことはできないはずなのである。にもかかわらず、「戊申封事」が「格物致知」に言及しないのはなぜであろうか。

実は右の朱熹の工夫論の構造は「戊申封事」の中でも踏まえられており、そのことを理解してこそ「戊申封事」での朱熹の孝宗に対する要求が何を意味するのかを理解できるのである。それでは、「戊申封事」全体の内容を見ながら考察していきたい。

## 第三節　「戊申封事」と「格物致知」の行方

先述のように、「戊申封事」は道学を弾圧してきた王淮が罷免された後の、政治的転機の時期に書かれた。朱熹はこの封事に多くの期待をかけ「今日の急務」として六項目の改革を提案している。すなわち、①皇太子の教育、②大臣の選任、③綱紀粛正、④風俗を変化させること、⑤民力を愛養すること、⑥軍政を改革すること、の六項目である。(22)

この①から⑥までの順序は、朝廷内から次第に周辺へと改革を押し広げていく構図となっており、この構図は『大學』の脩身・齊家・治國・平天下を踏まえるものである。『大學』が治國・平天下に至る事業を一身上の修養から説き起こすのと同じように、「戊申封事」もまたこれら①から⑥の項目は君主が心を正すか否かにかかっていると説く。朱熹は「戊申封事」の末尾の部分で以下のように言う。

およそこの六事はどれも疎かにしてはなりません。その根本は陛下の一心にかかっております。一心が正しければ六事は正しくならないものはございません。少しでも人心や私欲が介在すれば、一生懸命その六事を正そうと求めても、ただの空文となって、天下の事はいよいよどうしようもなくなってしまうでしょう。ですから、天下の大本というのは、急務の中でも最も緊急のもので、些かたりとも疎かにできないのです。どうか陛下は深くお心に留意して速やかに実行なさってください。

凡此六事、皆不可緩。而其本在於陛下之一心。一心正、則六事無不正。一有人心私欲以介乎其間、則雖欲憊精勞力、以求正夫六事者、亦将徒為文具、而天下之事愈至於不可為矣。故所謂天下之大本者、又急務之最急而尤不可以少緩者。惟陛下深留聖意而亟圖之。(『朱文公文集』巻一一「戊申封事」／『朱子全書』第二〇冊、六〇九頁)

このように、朱熹は君主が心を正すことこそが、天下を治めるための根本であり、君主が心を正しさえすれば、「今日の急務」の六事はすべて解決すると説くのである。

さて、朱熹の工夫論では「誠意正心」とは、心が発動する局面において私心が兆さないよう慎重にする工夫である。[23]この封事で朱熹は孝宗に対して「心を正す」ことを求めているが、これを裏から言えば現実の孝宗の心は未だ正されておらず、「私心」があると朱熹が考えていることを意味する。それでは、朱熹は孝宗の心のいかなる点を正しくないと考えているのか。

そもそも、「私」という言葉はどういう意味なのでしょうか。それは自分だけが所有する領分にとどまって、その外に通じることができないことを言います。だから、匹夫にとっては一家が「私」ということで、その村に通じることができない（匹夫にとっての「私」は自分の家だけであって、村は含まない）のです。……天子について言えば、天が覆うところ、地が載せるところ自分の所有でないものはなく、外に通じないものはございません。それでどうして「私」としましょうか。今その邪念を滅却できずに「私心」を持ってしまって、その家人や近習のことを正すことができないために、「私人」を持つに至るのです。私心によって私人を用いれば、私費がないわけにはいきません。そこで、内側では歳入を消耗し、外側では賄賂の献上品を受け入れ、私財を形成するに至るのです。

且私之得名何為也哉。据己分之所獨有、而不得以通乎其外之稱也。故自匹夫而言、則以一家為私、而不得以通乎其鄉。……至於天子、則際天之所覆、極地之所載、莫非己分之所有、而無外之不通矣。又何以私為哉。今以不能勝其一念之邪、而至於有私心、以不能正其家人近習之故、而至於有私人。以私心用私人、則不能無私費。於是内損經費之入、外納羨餘之獻、而至於有私財。（同前、五九五頁）

まず朱熹は、「私」とは一定の範囲に区切って、外と区別することだ、と主張する。そして、天子は天下のすべてを所有しており、内外を区別することがないから、本来「私」というものがないはずだ、と説明する。とところが、現実の皇帝は「私心」を持って「私人」を作っていると言う。このように、孝宗が自分にとって身近な特定の人物としか密接に関わろうとしないのは、帝王に相応しくない「私」の態度であると朱熹は批判しているのである。

つまり、朱熹は孝宗が「私心」を持っていることを批判するが、それは単に一身上の修養ができていないことを批判しているわけではないのである。「私人」と親しみ、更にその「私人」と親しむことで、国家の歳入を消耗させ、賄賂政治が横行して国家に害悪がもたらされていることを批判しているのである。

このことは具体的にいかなる事態を指すのか。ここで、当時の孝宗の政権運営に目を向けよう。朱熹が「私人」というのは、孝宗の皇太子時代の属官（潜邸旧僚）である龍大淵・曾覿・張説・王抃や宦官の甘昇などの側近のことを指す(24)。紹興三十二年（一一六二）に高宗の譲位によって孝宗は即位したが、太上皇となった高宗は以後も宰執人事などに影響力を持ち、和平論者を起用するなど対金強硬論を牽制していた。一方、孝宗は「御筆手詔」と呼ばれる、皇帝の直筆を建前として宮中から直接実施機関に直下される文書を多用していた。安倍直之氏は「孝宗が宦官も含めた側近を通じて三省（中書・門下・尚書）の掣肘を受けずに政治を動かしうる体制が存在」していたと指摘している(25)。このように、孝宗は宰執人事が高宗によって握られる中、側近を通じて自らの影響力を行使しようとしていたのである(26)。しかし、現実には孝宗による側近政治は様々な弊害を生んでいた。「戊申封事」に先立つ淳熙七年（一一八〇）の「庚子應詔封事」で朱熹は孝宗の側近政治の弊害を以下のように訴えていた。

宰相、台省、師傅、賓友、諫諍の臣に至るまで、皆各々の職を失い、そして陛下がともに親密にし、ともに謀議しているのは、一、二の近習の臣下に過ぎません。この一、二の小人が、上は陛下の心志を誑かし、陛下に先王の大道を信じさせないようにし、功利を求める卑しい説を信じさせようとし、立派な人物の直言を楽しまず、慣れた卑しい状態に安んじさせ、下は天下の士大夫で嗜利無恥な者を招集して、文武に分けて各々その門に入れるのです。好みの人物には陰に手引きして、抜擢して清顕の地位におき、嫌いな人物には密かに悪口を言い、公にも勝手に排斥しております。取り交わされる賄賂は陛下の財を盗んだものであり、大臣将軍の任命は陛下の柄（権力）を盗んだものなのです。……陛下の号令は朝廷から出ずにこの一、二人の門から出ております。名は陛下の独断ですが、実態はこの一、二人の者が密かに陛下の権力を握っているのです。

宰相、臺省、師傅、賓友、諫諍之臣、皆失其職、而陛下所與親密、所與謀議者、不過一二近習之臣也。此一二小人者、上則蠱惑陛下之心志、使陛下不信先王之大道、而悦於功利之卑説、不樂荘士之讜言、而安於私暬之鄙態。下則招集天下士大夫之嗜利無恥者、文武彙分各入其門。所喜則隱為引援擢置清顯、所惡則密行訾毀公肆擠排交通貨賂則所盗者皆陛下之財、命卿置将則所竊者皆陛下之柄。……陛下之號令黜陟不復出於朝廷、而出於此一二人之門。名為陛下之獨斷、而實此一二人者陰執其柄。（『朱文公文集』巻一一「庚子應詔封事」、『朱子全書』第二〇冊、五八六頁）

この一、二人とは龍大淵と曾覿のことを指す。先行研究が指摘するように、龍大淵と曾覿とは賄賂を受け取って人事に大きな影響力を持っていた[27]。後にこれらの側近の不正は露見するところとなったが、孝宗は処罰を徹底せず、また他の側近を重用するなどして、自らの政治姿勢を改めようとしなかった。引用末尾に「獨斷」と言っているように、この側近政治は、孝宗個人の強い意志で推進されたものだった。朱熹が「戊申封事」で「私心」に基づいて「私人」を重用することの非を説くのは、まさにこうした孝宗の「獨斷」的な側近政治を批判しているのである。

以上のように朱熹が「戊申封事」で孝宗に「誠意正心」を求めることには、直近の課題としては孝宗の側近政治をやめさせようとする意図があるわけだが、朱熹が「戊申封事」でこれと並んで皇帝に強く求めているのが、朝廷や地方官の人事を刷新することである。実に「戊申封事」が「今日の急務」として挙げる六項目で、朱熹は繰り返し人事を刷新することを求めているのである。

例えば、「今日の急務」として最初に挙げられる①の皇太子の教育についてである。朱熹は、これまで皇太子を教育する官職に就いてきた者の中に、「よこしまで軽薄、無能ででたらめな輩が、その中に紛れ込んでおり、いわゆる侍講の講義も、かりそめに読み書き・計算を教えるだけで、教訓の効験が現れた、というのを未だ聞いたことがない(28)」と厳しく批判する。そして、「古の聖王が世継ぎの者を教育する際には、必ず端正正直・道術博聞の士を選んでこれとともに生活させ、またその者に邪な者を放逐させ悪い行いを見せないようにした(29)」と言う。これは現在の担当官が適任でなく、人事を刷新することを示唆したものと言える。

また、②の大臣の人事についても、朱熹は、「これまでつまらない人間が位を盗むのを孝宗が許してきた」のは「一念の間に、私邪の心にとらわれ、饗宴でのお気に入りや口達者な輩を斥けることができず、完全に法度によることができていない(30)」ためだと言う。つまり、孝宗が自分との個人的な相性や印象で大臣の官職を任せていると批判しているのである。更に朱熹は続けて、孝宗が「剛明公正」の人を任用しないのは、自分が放恣にできず、私人に害をもたらすのを恐れるためだ、と言う(31)。朱熹はこのように、皇帝が自らの私欲にとらわれているために、自分に対して厳しい態度で臨む臣下を遠ざけてきたと言い、逆にこのような臣下をこそ登用するべきであると説得するのである。

ここでの朱熹の主張の特徴的な論理として、皇帝に迎合的な臣下と、皇帝に対して厳しい態度で臨む臣下という対立軸を示し、前者を皇帝の「私心」の現れ、後者をその「私心」を矯正するものと性格付けて描写していることに注目したい。朱熹は皇帝自らが自分の心を正すことを必ずしも期待しておらず、むしろ、皇帝の私心を正しく矯正できる賢臣を登用することを求めているのである。

「戊申封事」ではないが、「戊申封事」に先立つ「庚子應詔封事」では綱紀の粛正について以下のように言う。

いわゆる綱とは、ちょうど網に（それを引っかける）綱があるようなもので、いわゆる紀とはちょうど糸に糸口があるようなものです。網に綱が無ければ自ずから張ることができず、糸に糸口が無ければおさめることはできません。ですので、一家には一家の綱紀があり、一国には一国の綱紀があるのです。郷は県に総べられ、県は州に総べられ、州は諸路に総べられ、諸路は台省（御史台と三省）に総べられ、台省は宰相に総べられ、そして宰相が多くの職務を総括し、天子とともに政策の可否を決めて政令を出します。これこそが天子の綱紀なのです。しかし、綱紀はひとりでに立つことはございません。必ず人主の心術が正しく、公平正大で、贔屓や道に背いたりする私心がないようにしてから、綱紀に依拠するところができて立つことができるのです。君主の心はひとりでに正しくなることはなく、必ず賢臣と親しみ小人を追い払い、義理の行き着くところを講明し、邪悪なものが入り込む道を塞いでから、正しくすることができるのです。

夫所謂綱者、猶網之有綱也。所謂紀者猶絲之有紀也。網無綱則不能以自張絲無紀則不能以自理。故一家則有一家之綱紀、一國則有一國之綱紀。若乃鄉總於縣、縣總於州、州總於諸路、諸路總於臺省、臺省總於宰相。而宰相兼統衆職以與天子相可否而出政令。此則天下之綱紀也。然而綱紀不能以自立、必人主之心術、公平正大、無偏黨反側之私。然後綱紀有所繋而立。君心不能以自正、必親賢臣遠小人、講明義理之歸、閉塞私邪之路、然後乃可得而正也。（同前、「庚子應詔封事」／同前、五八五～五八六頁）

この「庚子應詔封事」では朝廷から百官、更に万民を秩序付ける「綱紀」は宰相に淵源するものと説明されており、政策の最終的な決定も宰相との合議によるべしと説明されている。以上からは朱熹は、政策の立案・決定に皇帝の意志の介在を遠ざけようとする仕組みを説こうとしていることが読み取れる。

更に、ここでは、君主の心を正すには「必ず賢臣と親しみ小人を追い払い、義理の行き着くところを講明し、邪悪なものが入り込む道を塞いでから、正しくすることができる」と説いていることに注目したい。心を正す上で、義理を明らかにする必要があると説いてるのは、朱熹の工夫論で言えば「格物致知」から「誠意正心」に至る段階に対応している。しかし、この「庚子應詔封事」では、「壬午應詔封事」の時のように、君子自らが「格物致知」の学問に励むことを求めているわけではない。「庚子應詔封事」では「義理を講明」することは「賢臣に親しみ、小人を遠ざけ」ることを通じて培われると説いているのである。つまり、後期の朱熹の封事では「賢臣」こそが「格物致知」の担い手と考えられており、その「賢臣」の導きに従うことで君主の「誠意正心」が達成されると説かれているのである。

「戊申封事」の大臣の任用に関する一節で、朱熹が、君主の心を矯正する「剛明公正」の臣下こそ、大臣に任用すべしと説くのは、この「庚子應詔封事」と同じ方向の議論と思われる。つまり、正しく学問を積んだ（＝「格物致知」した）賢臣こそが皇帝を正しく「誠意正心」へと導くことができると考えられているのである。

以上のことから、朱熹が「戊申封事」で孝宗に「誠意正心」の実践を求めることの裏には、「格物致知」の学問を積んで皇帝の「私心」を矯正（＝「誠意正心」）できる「賢臣」の登用を強く促す意図があることがわかるのである。

もっとも、以上の朱熹の君臣論は、君主の心を正すために本来必要な「格物致知」を、君主本人ではなく「賢臣」に代行させようとするものであるが、それではその次に問題になるのはその「賢臣」の中身ということになろう。朱熹は「戊申封事」で、孝宗が自らの「私心」に基づく政治を行ったために、綱紀が振るわず、君主に迎合することをよしとする風潮や事なかれ主義、賄賂政治が横行するようになった(32)と指摘した上で以下のように言う。

その風俗がすでに定着してしまうと、賢人君子でさえその説を習うことを免れず、剛毅正直で、道を守り理に従う士大夫がその中から身を起こしたとしても、集団で誹謗して排斥し、「道学の人」と呼んでは、言動が過激であるとの罪を加え、上は陛下の聡明さを惑わし、下は流俗を煽動しました。思うに、朝廷の上から村落の間に至るまで、十数年来、この「道学」の二字によって天下の賢人・君子を禁錮してきたこと、ちょうど北宋の崇寧・宣和（徽宗の年号。新法党の時代）の頃の、いわゆる元祐の学術（元祐は哲宗の年号。旧法党の時代の学問）を為すものが排斥・侮辱され、その身をおくことすら許されることがなかったのと同じようです。ああ、これは治世のことだったとしても、なおこのことを言うに忍びないものです。

其俗已成之後、則雖賢人君子亦不免習於其説、一有剛毅正直、守道循理之士、出乎其間、則羣譏衆排、指為道學之人、而加以矯激之罪、上惑聖聰、下鼓流俗。蓋自朝廷之上以及閭里之間、十數年來、以此二字禁錮天下之賢人君子、復如崇宣之間所謂元祐學術者、排擯詆辱、必使無所容措其身而後已。嗚呼、此豈治世之事而尚復忍言之哉。（同前、「戊申封事」／同前、六〇三頁）

第四章で論じたように、淳熙九年（一一八二）の朱熹による唐仲友弾劾を契機として、宰相王淮の意向で「道学」弾圧が開始された。朱熹に対する鄭丙の弾劾文は「道学」を禁ずることを要請していたため、朱熹だけでなく、「道学」を自任、もしくは「道学」の一派と目された陳亮や陸九淵など多くの学派が弾圧の対象となった。朱熹はこの「封事」で、これまで行われてきた道学弾圧を北宋の新法党政権の頃の旧法党弾圧と重ね合わせて説く。

ここで朱熹が描くのは、皇帝の「私心」に靡いて、事なかれ主義に陥った当時の朝廷の風俗と、そうした風俗を改めようと戦ってきた「忠義・名節」の人士としての「道学」派の対決というストーリーである。この筋書きの中では、皇帝が「誠意正心」して「私心」を正すこととは、道学派人士を登用することを意味するのである。朱熹は、自分の先駆者である二程の学徒を含む旧法党が新法党政権下で弾圧される中で、北宋王朝が滅亡に至ったことを説いて、南宋が同じ轍を踏みつつある現状を孝宗に訴えることで道学の登用を強く促すのである。

以上から、「戊申封事」全体を通して、朱熹は一貫した論理によって孝宗を説得していることがわかる。それは、「私欲」（＝君主の個人的意向）を捨て、「誠意正心」（＝君主を教え導く賢臣を受け入れること）するという図式で、孝宗に問題の所在と解決策を提示していることである。

朱熹にとって、現実の皇帝は「私欲」と隣り合わせの危うい存在であり、皇帝が正しく政治を主導することは期待できなかった。朱熹は皇帝が政治を主導するのではなく、賢臣に委ねるべきだ、とこの封事で孝宗に訴えているのである。そしてその政治を委ねるべき臣下こそが、かねてから「格物致知」の学問に基づいて君主の「私心」の存在を察してそれを諫めてやまなかった「剛直」な「道学」の士であると朱熹は説いているのである。このようにして、朱熹は皇帝に「誠意正心」を求めることで、「誠意正心」より根本的な工夫である「格物致知」の担い手としての士大夫の立場を確保し、実質的に士大夫が政治を主導することを正当化しようとしたと言える。

朱熹が「戊申封事」で「誠意正心」を強調して、「格物致知」に説き及ばないことの意味は以上のように説明できる。しかし、理念としての皇帝制はあくまで皇帝を頂点として皇帝が臣下を主宰するものと考えられているはずである。以上のような士大夫主体の政治運営を説いて、皇帝の主宰性はいかにして説明するのか。朱熹はこの封事で「十六字心法」に説き及ぶ部分で以下のように言う。

そうでありますので、古の聖王は「兢兢業業（『尚書』「皐陶謨」）」としてこの心を守り、華やかさで心が揺り動かされる中にあっても、静寂の中で安逸にできる地位にあっても（『知言』(33)）、「これを精にしこれを一にし」（『尚書』「大禹謨」）、「これに克ちこれに復する」（『論語』「顔淵」）ことが、「神明に対するが如く」「淵谷に望むが如く」（『論語』「泰伯」）であって、決してわずかの怠慢もございませんでした。しかしそれでも、隠れた微かなところでは誤りがあって自分では気がつかないかも知れないと心配したのです。

是以古先聖王兢兢業業、持守此心、雖在紛華波動之中、幽獨得肆之地、而所以精之一之克之復之、如對神明如臨淵谷、未嘗敢有須臾之怠、然猶恐其隱微之間、或有差失而不自知也。（同前、五九二頁）

帝王の至高の尊位は活動している時も休んでいる時も常に人欲と隣り合わせの環境であった。だから古の聖王は心に人欲が起こらないよう「精一」や「克己」の工夫を行ったが、それでも自分で気がつかない内に人欲が芽生えることを心配した。朱熹はこのように、古の聖王が自己を律することが徹底的であったことを強調した上で、更に聖王は以下のように手配したと説明する。

そうでありますので、（古の聖王は）師保の官職を設けて自ら開明し、諫官を設けて自らを規律したのです。およそ皇帝の飲食や酒、衣服や休息、日用の器や財貨、かの宦官や妓女の管理はすべて宰相の官に管理されたのです。（古の聖王はこれらの官職を設けることで）自分の左右前後動静、すべて官吏の法によって規制するようにし、わずかな隙間や少しの時間でも、ほんのわずかな私意でも隠すことができないようにしたのです。

是以建師保之官、以自開明、列諫諍之職、以自規正。而凡其飲食酒漿衣服次舍器用財賄、與夫宦官宮妾之政、無一不領於冢宰之官。使其左右前後一動一靜、無不制以有司之法、而無纖芥之隙瞬息之頃、得以隱其毫髮之私。（同前）

古の聖王は「師保」や諫官の官職を設けることで自分を管理し、その官吏による規制は王の私生活の万端にもおよび、私欲が生じる余地がないほどだった、という。

こうした朱熹の君臣観は、君主が百官を統率する、という一般的な儒教の官僚観と大きく異なるように思える。先に政治は宰相が主導することを説き、更に皇帝の私生活についても宰相以下の官吏がこれを管理するとすれば、およそ皇帝が主体性を発揮する余地などないことになるからである。しかし、この点にこそ「戊申封事」に描かれる君主の理念の巧みな点があると思われる。

注目したいのは、ここで考えられている臣下による君主の私生活の規制は、君主権力に対する臣下の掣肘としてではなく、君主自身が己を律するために作った自己管理の仕組みとして説かれている点である。つまり、臣下が君主を規制したり諫めたりして、結果として君主が臣下の意向に従う事態があったとしても、それ自体が君主の御意に淵源するものだと考えられているのである。

そもそも、聖王が「師保の官」や「諫諍の職」を置き、更に身の回りのあらゆる世話を宰相の管轄下にしたのは、朱熹によると、「大禹謨」の「精一」という心の修養に完璧を期するためのものとされている。

以上から、「十六字心法」の解釈から「格物致知」がなくなり、「戊申封事」が「誠意正心」を説いて、「格物致知」を説かないことの意味を考察しよう。

朱熹の工夫論では「格物致知」なくして「誠意正心」は行うことができないと考えられているのであり、その理屈は「戊申封事」でも同様である。つまり、皇帝が正しく「誠意正心」を行うためには、すでに心の「全體大用」を明らかにした「格物致知」の担い手たる士大夫の協力が不可欠なのであり、その点こそ朱熹がこの封事で孝宗に訴えようとしたことなのである。

このように、「戊申封事」が「誠意正心」を求め、「格物致知」について言及しないことは、「獨斷」的政治運営をして政治の重要事項を士大夫と合議せずに自身で裁決しようとする孝宗に対して、最も根本的な工夫である「格物致知」の担い手としての士大夫の立場を確保する意味があるのであり、そこには君主ではなく正しく道を修めた臣下（＝「道学」）こそが政治を主導すべきだ、という本音が隠されていると言えるのである。

朱熹の「戊申封事」はこのように「道学」を学ぶものを登用するべきと訴えているわけであるが、本書で繰り返してきたように、この時代に「道学」と呼ばれることがあった学派は朱熹の学派だけに止まらなかった。この点に関して、朱熹がその他の学派のことを意識したと思われる文面が、封事の末尾で説かれている。

あるものは、陛下は道教・仏教の学問に造詣が深く、識心見性の妙義に通じておられ、古の聖王の道において、図らずも自然と合一している、と考え、その故に、陛下は俗儒の陳腐で時代遅れな教えを喜ばず、目下の務めとしては、むしろ管仲・商鞅の功利の教えを採用するべきだと考えております。……管仲や商鞅の功利の教えなども、また卑しいものです。……今議するものはただ仏教・道教が高遠で、管仲・商鞅の学問が便利であることを見て、聖賢が伝えるところの明善・誠身（『中庸』）・斉家・治国・平天下の教えは、全く新奇の喜ぶべき教えがなく、陳腐な時代遅れの教えで学ぶに足りないと考えております。その陳腐な言葉の中にもともと精妙な道理があり、時代遅れの教えの中にもともと生き生きとした教えがあることを、なんと知らないことでしょうか。

或以為、陛下深於老佛之學、而得其識心見性之妙、於古先聖王之道、蓋有不約而自合者。是以不悦於世儒之常談死法、而於當世之務、則寧以管商一切功利之説為可取。……若夫管商功利之説、則又陋矣。……今議者徒見老佛之高、管商之便、而聖賢所傳明善誠身齊家治國平天下者、初無新奇可喜之説、遂以為常談死法而不足學夫。豈知其常談之中、自有妙理。死法之中、自有活法。（同前、六一一～六一三頁）

朱熹は「今の議する者」は老・仏の学の高遠さや管仲・商鞅の学問の利便性を見て、「儒者」の八条目の教えを軽んじている、と説く。ここで本書序章でみた書簡の記述を再掲しよう。この封事を上奏した淳熙十五年（一一八八）の十一月に先立つ淳熙十二年二月の「劉子澄に與ふる」書で朱熹は以下のように道学の現状を分析している。

近年道学は外側では俗人に攻撃され、内側では我々の党によって破壊されている。婺州は呂祖謙（字は伯恭）が死去してからというもの、百鬼夜行の有様だ。呂祖儉（字は子約。呂祖謙の弟）はまったく孔孟を基準としておらず、あろうことか管仲や商鞅の見識で、世人をがっかりさせている。……陸九淵（字は子静）一味は禅であって、かえっていくらも功利や権謀術数を説かない。目前のことに関しては、学ぶ者の身心を修練させることができており、無力というわけではない。しかし、それ以降はと言うと、段々と依拠するところが無くなり、恐らくはしくじりかねない。

近年道學、外面被俗人攻擊、裏面被吾黨作壞。婺州自伯恭死後、百怪都出。至如子約、別說一般差異的話、全然不是孔孟規模、却做管商見識、令人駭歎。……子靜一味是禪、却無許多功利術數。目下收斂得學者身心、不為無力。然其下稍無所据依、恐亦未免害事也。（『朱文公文集』巻三五「與劉子澄」（十一）／『朱子全書』第二一冊、一五四六頁）

「封事」と「劉子澄に與ふる」書の主張を見ると、内容的に重なっていることに気がつくであろう。どちらも近世の学問を道教・仏教に近似する思想と、管仲・商鞅に接近する思想の二つの系統に分け、それらを自己の思想を中心として対極的に位置づけているのである。

朱熹は「戊申封事」の総括の部分で、直言を憚らない「道学」が、孝宗の「私心」に靡いた朝廷の中で弾圧を受けてきたと説いて、孝宗の「私心」を矯正するために「道学」を任用することを求めていた。しかし、朱熹は「道学」と呼ばれる学派がすべて信用に足ると考えていたわけではなかったのである。

この封事の末尾で、朱熹が管仲・商鞅の学問と仏教・道教の思想を否定することからは、管仲・商鞅の学問に接近すると朱熹が見なしていた浙学と、禅に接近すると考えていた江西学に対する、朱熹の牽制の意図を読み取ることができよう。

先に見たように、朱熹が封事を上奏したのに先立つ淳熙十五年十一月には、永嘉事功学派の雄、葉適が連名で朝廷に人材を推薦する薦士書を提出した。この時の薦士書は、推薦人も被推薦人も道学諸派全体に配慮した人選になっており(34)、道学弾圧の中心人物だった王淮が罷免され、逆に道学派の躍進が期待されるこの時期、葉適らは道学派の大同団結を目指す政権作りを目指していたことがうかがえる。一方、第六章で考察したように、陸九淵は道学と反道学が党派意識をもって対立すること自体に反対して党派意識の解消に努める融和的な態度を示していた。

他方の朱熹は、本章の考察によれば、「道学」の嫡流は自らの学派であると主張して自らの学派の人士をこそ登用すべきであると孝宗に説得し、その他の道学諸派に対して排除の姿勢を示していたのである。

これまでの研究では「道学」は政治的に連帯していたと指摘されてきた。しかし、以上のような朱熹の「戊申封事」での閩学専任論は、同じ時期の道学諸派の中心人物とは異なる動きを示していることを言い添えておきたい。

## 小　結

内容が多岐に渉ったので、本章「はじめに」での問題に遡りつつ、最後に全体の整理と補足を試みたい。

「はじめに」で確認したように、朱熹の上奏文に関しては、朱熹は君主権力を抑制しようとしていたと見なす研究と、「主体的な皇帝政治の実現」を目指していたと見なす研究とがある。これに対して、本章は朱熹が上奏文でしばしば論及する「十六字心法」と朱熹の封事の内容の変化をめぐって、その変化が何を目指しているのか、という観点からこの問題を考察した。

「十六字心法」の前半の「人心・道心」の語に対して、朱熹は当初「操存」と「舍亡」の関係で捉えていたが、後期では「天地」と「形氣」という知覚の来源の区別で解釈した。この転機となったのが、淳熙十二年（一一八五）の「陳同甫に答ふる」書である。それから「十六字心法」の後半の「精一・執中」の語については、朱熹は当初は「精一」を「格物致知」、「執中」を「誠意正心」と解したが、後期の説では「精一」を「誠意正心」に類する心の工夫と解釈し、「執中」を工夫ではなく、工夫の効験と理解した。本章では朱熹の淳熙十五年（一一八八）の「戊申封事」を考察する中でこのことを確認したが、この後期の立場は、「陳同甫に答ふる」書で「十六字心法」に言及する一段ですでに見えている。また、朱熹の初期の封事では「格物致知」が強調されていたのに対し、後期の封事では「誠意正心」が強調され「格物致知」が説かれなくなった。この解釈の変更は淳熙七年（一一八〇）の「庚子應詔封事」を転機としている。本章の考察を経て結論付けたいのは、これらの変化はすべて同じ方向に向かって連動して起こっているということである。

「十六字心法」については、主宰性の有無ではなく、主宰性の正しさを求める方向で学説が変化しているが、この主張は「陳同甫に答ふる」書では、皇帝が政治を主導することに対して慎重さを求める文脈の中から出てきている。また、「庚子應詔封事」で皇帝に「誠意正心」を求めて「格物致知」を説かなくなったのは、「誠意正心」する上で不可欠な「格物致知」の担い手として士大夫の役割を明確にする意図からだった。つまり、いずれも皇帝が政治を主導することを警戒する文脈の中で朱熹は学説を変更していると言えるのである。

もっとも、「戊申封事」の論調からはそうした実質が表に現れない書き方になっている点が興味深い。あくまで皇帝こそが現実政治の根幹であって、皇帝の政治的主体性を求めているような書きぶりになっている点にこそ、「戊申封事」の巧妙な点があると言える。実はこれを可能にしているのが「十六字心法」なのである。

先述のように、朱熹は皇帝のあらゆる公的・私的生活を宰相以下の官吏が管理することを求めた。これは実質士大夫が皇帝を操縦することで政治の実権を握ることを意味する。しかし、「戊申封事」の文脈の中ではこれは士大夫階級が皇帝から実権を奪うことを意味しないのである。朱熹は上記の士大夫による皇帝の管理を、「十六字心法」の徹底、つまりは、君主による主体的な自己管理の仕組みとして説明した。つまり、君主の政治的主体性を否定することなく、その中身を「獨斷」的な政治運営から、臣下の指導を受け入れる方向へと誘導しているのである。「戊申封事」は以上のようにして、実質は臣下が政治を主導すべきことを説いていながら、全体として皇帝の政治的主体性を奨励する書きぶりになっているのである。

本章「はじめに」で述べたように、田中秀樹氏は、朱熹の上奏文には「主体的な君主政治」を奨励している面があることを指摘している。しかし、その主体性とは、賢臣の立案を受け入れ、それを自らの命令として百官へ命令することへの主体性であり、朱熹の意図としては皇帝個人の意向が政策の立案・決定に介在することに消極的だったと結論付けたい。

また本章での考察を踏まえて、朱熹思想における「人心・道心」論の意義についても考察しておきたい。一般的に「人心・道心」論は朱熹の心性論の表明と考えられ、また「人心・道心」論の変化は朱熹の心性論の変化であるとして理解されてきた。[35]しかし、この理解は正確とは言えない。

まず、「人心・道心」という言葉に対する理解はさておき、心の主宰性の有無を「舍亡」と「操存」の二面から捉える立場自体は、後期の「人心・道心」論が説かれて以降も変わっていないのである。[36]単に「人心」と

「道心」という言葉の違いを「舍亡」と「操存」の関係で理解することをやめたに過ぎない。また、人間の「心」に、気質に属する側面と天地の性に属する側面の両面があると考える点も、初期の「人心・道心」論を説いていた時期になかったわけではない。[37] 要するに、「人心・道心」論の前・後期を通じて、人間の心の主宰性の有無を「舍亡」と「操存」の関係で捉え、その主宰性が働く知覚を、気質に由来するものと天理に由来するものとに区別して理解するという心性論の大枠には変化がないのである。変化しているのは、主宰性の有無か、或いは知覚の淵源か、というように心のどの位相で「人心」と「道心」の違いを見出すか、という点であると言える。それでは朱熹思想にとって「人心・道心」論の変遷は何をめぐる思索だったのか。それは「異論の生じ得ない形で、皇帝に臣下の忠言に耳を傾けさせる理論」、「君主が政治を主導するという建前を守りつつ、実際上臣下が政治を主導することを認めさせる理論」をいかにして構築するか、であったと結論付けたい。

　最後に以上を踏まえて、朱熹の思想における道統論の意義について付言しておきたい。朱熹は封事の中でしばしば「十六字心法」の精神がその後の聖王にも継承され、更にはそれが孔子・曾子・子思・孟子に受け継がれ、二程（とその後継者たる自分）に至ると説く。このように、「十六字心法」と道統論とは密接な関係にある。土田健次郎氏はこの道統論の意義について以下のように説明する。

> そもそも朱熹の道統論は、上古の聖神より孔子・曾子・子思・孟子に至る道統と、周程と己を直結させる道統の二つが結びつくところに成立する。そのうち第一の道統と周程が結びつくことは、儒学の正統が周程の学（道学）であることを意味し、周程と己が直結することは、己が道学の正統であることを意味することになる。彼の道統論は儒学内における道学の正統のみならず、道学内における己の正統の主張を含んでいるのである。
> （『道学の形成』第七章「道学の形成と展開」四五〇頁）

このように土田氏は朱熹の道統論には、儒教の中での「道学」の正統性と、「道学」の中での己の学問の正統性という二重の正統性を示す意図があると指摘している。本章が論じてきたことによれば、土田氏が言うところの第一の道統は更に二つの段階にわけて考えるべきだと思われる。つまり、実際に王位に就いたか、それに準ずる政治権力を持った伏羲・黄帝・堯・舜・禹・湯・文王・武王・周公という、聖王の世が一つの段階。それから道が衰退して以降の、道徳はありながら実際に道を施す地位に恵まれず臣下に止まった孔子・曾子・子思・孟子という君子の世がもう一段階である。朱熹はこの二つの段階を結びつけることで、孔子・曾子・子思・孟子は、たとえ身は臣下であっても、その精神は聖王由来であると位置づけたわけである。

朱熹の道統論は、聖人が王位を得た時代が次第に衰退していって、孔子は王者の素質を持っていたが現実には王位を得ることができず、道を世に行うことができなかった、とする一般的な儒家の下降史観をなぞるようである。しかし、朱熹の道統論の文脈では、自身の精神は聖王由来と説くことで、むしろ自身の学問の十全なあり方としては聖王が天下を治めたように広く天下に行われるべきだと主張する力強いメッセージとなるのである。

「十六字心法」は聖王が聖王に伝えた教えであるから、そこには現実の皇帝でさえ軽んずることができない至高の権威がある。朱熹は道統の担い手、つまりは古の聖王の教えである「十六字心法」の精神の復興者を自任した。朱熹はこの「十六字心法」の実践を皇帝に求めることで、理想の帝王としての古の聖王の威光を借りる立場から現実の皇帝を叱咤激励することができたのである。このように、古の聖王に自らの思想の起源を求める朱熹の道統論、儒教的教養人としての士大夫階級の、皇帝権力に対する優位性を主張する内容を含んでいるのである。

## 注

（1）狩野直喜は「朱子の封事などを見るに、天理人欲を説いて、国家の治乱は君徳の如何にありとするが如き、誠に正大の論ではあるけれども、如何にして金を防ぐかといふやうな実際問題には甚だ粗である。」と指摘する（『中国哲學史』岩波書店、一九五三年）。また、丸山真男も、朱熹が皇帝に「誠意正心」すれば天下が治まると説いたことについて、「個人道徳と政治の連続」が見られ前近代的と位置づける（丸山眞男『日本政治思想史研究』東京大学出版会、一九五二年、五九頁）。これらは、朱熹の上奏文を迂遠な観念論と評価したものと言える。こうした評価は、早くは荻生徂徠「己が心身さへ治まり候へば天下国家もをのづからに治まり候と申候説」（荻生徂徠『徂徠先生問答集』（『学問論集』『荻生徂徠全集』第一巻、東京、みすず書房、一九七三年）四三〇頁）に見える。以上の先行研究の整理は、田中秀樹『朱子学の時代』を参照。

（2）張立文『朱熹思想研究』（中国社会科学出版社、一九九四年）の九八〜一〇一頁、蔡方鹿『朱熹与中国文化』（貴州人民出版社、二〇〇〇年）の二七〜二九頁を参照。また、余英時も、朱熹の皇帝観は、実際政策の立案・決定に関わるべきではないとする「虚君」論であると位置づける。また木下鉄矢『朱熹哲学の視軸——続朱熹再読』第五章、「治より理へ——陸贄・王安石・朱熹」（研文出版、一九九九年）は朱熹の君主論を「皇帝機関説」と性格付ける（三一一〜三一三頁）。これは美濃部達吉の「天皇機関説」を念頭に置くものと考えられる。

（3）なお、「大有為の君」については、田中氏は触れていないが、この語は『孟子』「公孫丑」上「故將大有為之君、必有所不召之臣。欲有謀焉、則就之。其尊德樂道、不如是不足與有為也。」に基づく。このように、「大有為の君」つまりは偉大な功績を挙げる君主には、「所不召之臣」つまり、呼びつけにせず、君主が自ら教えを請いに赴くほど厚く礼遇する臣下がいることを言う。田中氏は「大有為の君」の語の意味を「強いリーダーシップを持って主体的に改革に取り組もうとする君主」（一七三頁）と説明するが、『孟子』の文脈に即して理解するなら、むしろ賢臣の忠言を守る君主こそが大きな功績を挙げる、ということを説いていることになろう。また、田中氏は朱熹にとって神宗が「大有為の君」の典型であったことを指摘するが（一七三頁）、これも神宗自身のリーダーシップを評価したものではなく、特定の臣下を厚く信頼して、皇帝がその臣下が説く教えに基づいて政治を実施しようとしたことを評価した（もっとも、朱熹は神宗が信頼すべきだったのは、王安石ではなく程顥だったと考えるわけだが）ものと考えられる。ただし、田中氏が指摘するように、国家と身体のアナロジーから見れば（一一八頁）、朱熹が君主の政治的主体性を単純に否定しているわけではないのは明白と言える。本書の立場は、朱熹の君主論は君権抑制論であると考えるが、その上で、立て前としての君主の主宰性は朱熹の思想体系の中でいかに説明されているのか、を考察する。

（4）『尚書』の「大禹謨」篇は古文だが、『尚書』の古文については、清の閻若璩『古文尚書疏証』以来、後世に偽作された偽古文であることが定説となっている。また、屈萬里『尚書集釋』「偽古文尚書襲古簡注」によると、「大禹謨」篇の「人心惟危、道心惟微、惟精惟一、允執厥中」の文は、『論語』「堯曰」篇「允執其中」と『荀子』「解蔽」篇「故道經曰。人心之危、道心之微。」を一つにつなげたものとされる。朱熹は『尚書』の古文の篇が今文の篇より読みやすいことを根拠に、古文尚書が旧来の姿そのままでない可能性を疑ったが（『語類』巻七八）、晩年には古文を本物と信じる言葉を残しており、結局古文尚書を偽作ではなく本物と信じていたようである。

（5）程顥・程頤は洛陽の人で、その地を流れる伊水・洛水に因んで、二程の学統を「伊洛の学」と称する。

（6）早坂俊広「朱熹の「人心・道心」論（一）――「人心・道心」解釈の展開について」（『哲学』第四三号、一九九一年）、同「朱熹の「人心・道心」論（二）――「精一・執中」解釈を中心として」（『哲学』第四四号、一九九二年）。

（7）朱熹は乾道六年（一一七〇）から淳熙元年（一一七四）にかけて湖南学の学説をめぐって、張栻・呂祖謙などの講友や湖南学の学徒を相手に議論を繰り広げていた。「觀心説」はその総括に当たる文章である。以上は束景南『朱子大傳』（福建教育出版社、一九九二年）第五章「清算湖湘学派的論戦」を参照。

（8）『孟子』「告子」上には「孔子曰。操則存、舍則亡。出入無時、莫知其鄕。惟心之謂與。」とある。朱熹は『孟子』のこの言葉を、人の心が容易に放逸してしまい、主宰性がなくなってしまうことへの戒めの言葉と理解した。なお、『孟子』のこの条に対しては異なる解釈が存在したことは早坂俊広「朱熹の「人心・道心」（一）――「人心・道心」解釈の展開について」を参照。これによれば、呂祖倹（子約）は、心の「操舍存亡出入」を「動靜端無く、方無く、體無きの妙」「神妙不測の妙」と肯定的に理解した。

（9）『朱文公文集』巻四〇「答何叔京」（二六）／『朱子全書』第二二冊、一八三七頁「心説已喻。但所謂聖人之心、如明鏡止水、天理純全者、即是存處但聖人則不操而常存耳。衆人則操而存之、方其存時、亦是如此但不操則不存耳。存者道心也。亡者人心也。心一也。非是實有此二心、各為一物、不相交涉也。但以存亡而異其名耳。」

（10）徐公喜「朱熹十六字心傳道統思想形成論」（『宜賓学院学報』第一期一号、二〇〇四年）を参照。

（11）『朱文公文集』巻三六「答陳同甫」第六書／『朱子全書』第二三冊、一五八三頁「若高帝則私意分數猶未甚熾、然已不可謂之無。太宗之心、則吾恐其無一念之不出於人欲也。」

（12）『陳亮集』巻二八、致朱熹「又甲辰秋書」／下冊、三四〇頁「故亮以為、漢唐之君、本領非不洪大開廓、故能以其國與天地並立、而人物頼以生息。」

（13）『四書章句集注』「中庸章句序」、十四頁「蓋嘗論之。心之虛靈知覺、一而已矣、而以為有人心、道心之異者、則以其或生於形氣之私、或原於性命之正、而所以為知覺者不同、是以或危殆而不安、或微妙而難見耳。」

（14）陳傅良『止齋集』巻三六「答陳同父」三「有德事到濟處便是有理、此老兄之説也。如此則三代聖賢枉作工夫。功有適

成、何必有徳事有偶濟、何必有理、此朱丈之説也。如此則漢祖唐宗、賢於盜賊不遠。以三代聖賢枉作工夫、則是人力可以獨運。以漢祖唐宗賢於盜賊不遠、則是天命可以苟得。謂人力可以獨運、其弊上無兢畏之君。謂天命可以苟得、其弊下有覬覦之臣。二君子立論不免於為驕君亂臣之地、竊所未安也。」陳傅良は、功業の原因に道徳性を見出す陳亮の説は「驕君」を招き、現実の君主の心に道徳性を認めない朱熹の説は「亂臣」をもたらすと考えた。

(15)『朱文公文集』巻一一「壬午應詔封事」／『朱子全書』第二〇冊、五七八頁「然求其所謂要道、先務而不可緩者、此三事是也。夫講學所以明理而導之於前。定計所以養氣而督之於後。任賢所以修政而經緯乎其中。天下之事無出乎此者矣。」

(16)朱熹の「戊申封事」については、高田真治「朱子の戊申封事――朱子の封事と陳学批判（二）」（『東洋研究』第二一号、一九七〇年）が「戊申封事」の全体に渉って書き下しと解説を付けている。また、「戊申封事」をめぐって、朱熹の君主論を考察した研究としては、本章冒頭で挙げた研究の他に、早坂俊広「「戊申封事」に見える朱熹の君主観」（『哲学』第四二号、一九九〇年）がある。早坂氏は朱熹の君主論について「君主の政治上の実質的な権限を極めて限定した形でしか認めていない……君主は、天下統治の〈装置〉としてのみ機能することを余儀なくされる」としつつ、反面「〈装置〉としての君主を積極的に要請する」ものでもあった、と指摘する。

(17)高宗が帝位を孝宗に譲位して以降も、しばしば宰執人事に介入して和平論者登用を促し、主戦論の台頭を牽制していたことについては小林晃「南宋孝宗朝における太上皇帝の影響力と皇帝側近政治」（『東洋史研究』第七号、二〇一二年）に詳しい。

(18)王淮の罷免が孝宗が促したものであることについては余英時『朱熹的歴史世界』を参照。

(19)葉適らの薦士書が出された年について、『宋史』の葉適の列伝の記載が誤っており、淳熙十五年の十一月と考えられることの考証については、余英時『朱熹的歴史世界』を参照。

(20)「十六字心法」の「精一」と「執中」の解釈が「壬午應詔封事」と「戊申封事」とで変化していることについては早坂俊広「朱熹の人心・道心論（二）――精一・執中解釈を中心として」（『哲学』第四四号、一九九二年）がすでに指摘している。

(21)万物の理を窮めることで、自分の心の「全體大用」が明らかにできると考えられているのは、朱熹は外物を単なる物体としてではなく生命活動や運動を含む「事」として捉えており、その「事」を通じて自身の心を含む「人」を見ているからである。市川安司『朱子哲学論考』（汲古書院、一九八五年）を参照。

(22)『朱文公文集』巻一一「戊申封事」／『朱子全書』第二〇冊、五九〇頁「今日之急務、則輔翼太子、選任大臣、振舉綱維、變化風俗、愛養民力、修明軍政六者是也。」

(23)『語類』巻一六、林子蒙録／第三冊、三五四頁「又云。意有不誠時、則私意為主、是主人自為賊了。到引惹得外底人來、四方八面無關防處、所以要得先誠其意。」

(24) 田中秀樹「南宋孝宗朝における朱子の側近政治批判」（『朱子学の時代――治者の〈主体〉形成の思想』所収）一七六頁～一七七頁を参照。田中氏は、紹興三十二年に劉度が龍大淵の、翌年には曾覿の人事に反対し、陳俊卿や龔茂良が近臣勢力と対立したことを挙げ、朱熹に限らず多くの士大夫官僚が孝宗の側近政治に対して不満を持っていたことを指摘している。

(25) 安倍直之「南宋孝宗朝の皇帝側近官」（『集刊東洋学』第八八号、二〇〇二年）、九五頁。

(26) 小林晃「南宋孝宗朝における太上皇帝の影響力と皇帝側近政治」（『東洋史研究』第七一号、二〇一二年）は、孝宗が側近政治を行った原因について、「孝宗・光宗両朝において、太上皇帝は通時的に宰執人事に関与できた……孝宗は対金政策の路線をめぐり、太上皇帝と意見を齟齬させていた……こうした状況下で孝宗が可能な限り自らが望む政策決定を行おうとすれば、宰執を排除した側近政治を行うしか方法はなかった」（九三頁）と結論付けている。

(27) 前掲の安倍直之「南宋孝宗朝の皇帝側近官」を参照。

(28) 『朱文公文集』巻一一「戊申封事」／『朱子全書』第二〇冊、五九七頁「夫自王十朋・陳良翰之後、宮寮之選、號為得人、而能稱其職者、蓋已鮮矣。而又時使邪佞儇薄、闒冗庸妄之輩、或得參錯於其間。所謂講讀、亦姑以應文備數、而未聞其有箴規之效。至於從容朝夕、陪侍遊燕者、又不過使臣宦者數輩而已。」

(29) 同前、五九八頁「此古之聖王教世子者、所以必選端方正直、道術博聞之士與之居處、而又使之逐去邪人、不使見惡行。」

(30) 同前、五九九頁「其所以常不得如此之人、而反容鄙夫之竊位者、非有他也。直以一念之間、未能撤其私邪之蔽、而燕私之好便嬖之流、不能盡由於法度。」

(31) 同前「若用剛明公正之人以為輔相、則恐其有以妨吾之事害吾之人而不得肆。」

(32) 同前、六〇三頁「綱紀不振於上、是以風俗頽弊於下。蓋其為患之日久矣。而浙中為尤甚。大率習為軟美之態、依阿之言、而以不分是非、不辨曲直、為得計。下之事上、固不敢少忤其意、上之御下亦不敢稍咈、其情惟其私意之所在、則千塗萬轍經營計較必得而後已。甚者以金珠為脯醢、以契券為詩文、宰相可啗則啗宰相、近習可通則通近習、惟得之求無復廉恥。父詔其子、兄勉其弟、一用此術、而不復知有忠義名節之可貴。」

(33) 『胡宏集』所収『知言』紛華篇、一四頁「胡子曰。行紛華波動之中、慢易之心不生。居幽獨得肆之處、非僻之情不起、上也。起而以禮制焉、次也。制之而不止者、昏而無勇也。理不素窮、勇不自任、必為小人之歸、可恥之甚也。」

(34) 『水心集』巻二八「上執政薦士書」。この薦士書が葉適の単独のものではなく、葉適・袁樞・羅點・詹體仁・馮震武の連名によるものであることの考証は余英時『朱熹的歴史世界』を参照。この薦士書の推薦人は、永嘉学の葉適、道学ではないが『資治通鑑記事本末』の著者として知られる袁樞、陸九淵の講友で朱熹を尊んだとされる羅點、朱熹の門人の詹體仁、周密の幕客である馮震武の五名である。被推薦人は、陳傅良、劉清之、勾昌泰、祝環、石斗文、陸九淵、沈煥、王謙、豊誼、章穎、陳損之、鄭伯英、黄艾、王叔簡、馬大同、呂祖儉、石宗昭、范仲黼、徐誼、楊簡、潘景憲、徐元德、戴溪、蔡戡、岳甫、王枏、游九言、呉鎰、項安世、劉爚、舒璘、林鼐、袁燮、廖德明、以上の三四名である。このうち、道学との関係が指摘できるものを道学諸派の中で分類するとその内訳は以下のようになる。閩学系は、劉清之、林鼐、劉爚、廖德明の四名。江西学系は、陸九淵、石斗文、沈煥、豊誼、徐誼、石宗昭、楊簡、舒璘、袁燮・馬大同の一〇名。浙学系は陳傅良、鄭伯英、呂祖儉、潘景憲、徐元德、戴溪、王枏の七名、湖南学系が范仲黼・游九言の二人となっている。全体として、浙学と江西学を主体としつつ、朱熹たち閩学や湖南学にも配慮した人選と言える。中心人物である張栻を失いすでに衰退していた湖南学系の人員が少ないのは当時の学派としての実勢力を反映したものと思われるが、閩学の人員が比較的少ない点が注目される。朱熹に代表されるように閩学が他の道学諸派との共存を目指さないことを警戒したものと考えられる。葉適らの薦士書の意義については別稿を期したい。

(35)　例えば、早坂俊広「朱熹の「人心・道心」論（一）――「人心・道心」解釈の展開について」、同「朱熹の人心・道心論（二）――「精一・執中」解釈を中心として」は、朱熹の「十六字心法」をめぐる解釈の変化について、「人心・道心」に関しては四段階、「精一・執中」については前後の二段階に分類し、微細な変化にまで注意して考察している。早坂氏は、本章でも取り上げる「陳同甫に答ふる」書を朱熹の「人心・道心」論形成の一つの転機として取り上げる。早坂氏がこの「陳同甫に答ふる」書に対して、「形気」論を導入して「人間の身体性を肯定的に捉える方向性が認められる」と指摘するのは、専ら心性論の観点からこの「人心・道心」論を扱ったものと言える。

(36)　『語類』巻九六「程子之書二」葉賀孫録／第六冊、二四六六頁「曰。操則存、舍則亡、出入無時、莫知其郷。更怎生尋所寓。只是有操而已。……只操、便是主宰在這裏。」「語録姓氏」によると、葉賀孫の記録は「辛亥（一一九一年）以後」のものであるから、朱熹は晩年に至ってもこの説を変えていなかったことがわかる。

(37)　『朱文公文集』巻三二「答張欽夫　又論仁説」／『朱子全書』第二一冊、一四一三頁「上蔡所謂知覺、正謂知寒暖飽饑之類爾。推而至於酬酢佑神、亦只是此知覺無別物也、但所用有小大爾。然此亦只是智之發用處、但惟仁者為能兼之。故謂仁者心有知覺則可。謂心有知覺謂之仁則不可。」これは、「仁是四肢不仁之仁、不仁是不識痛癢、仁是識痛癢。」（『上蔡語録』）と言う謝良佐（号は上蔡）の説に対する朱熹の反論である。

# 第三部　政治から歴史世界へ

# 第七章　『資治通鑑綱目』と朱熹の春秋学について

## ——義例説と直書の筆法を中心として

これまでの章で述べてきたように、道学諸派の領袖たちは各々が孟子の後継者を自負した。第一章で触れたように、そうした宋人の孟子尊崇は『孟子』を子部から経部へと押し上げるに至った。宮崎市定が宋代を東洋のルネサンスの時代と位置づけたように、宋代は復古の精神が強くなった時代である。そうした時代にあっては、様々な書物を、書物の祖としての経書と関連付けようとする風潮が強くなったのであり、それは史学にも及んだ。目録学の四部分類では、歴史書を収める「史部」の部立ての成立が最も遅れる。歴史書は、『漢書』「藝文志」では、「六藝略」のうちの「春秋類」に分類され、もともとは『春秋』の後継的な書物と見なされてきたからである。漢代以降、歴史書が増大していくと、「春秋類」が不均衡に増えていくこととなった。「春秋類」の劇的な量的増加は、分類の質的な変更を強いることとなり、『隋書』「経籍志」では、『春秋』以降の歴史書を「史部」として『春秋』から独立させて扱うに至った。しかし、歴史書の祖が『春秋』であるという意識は途絶えることなく続いていた。南宋の朱熹に至ると、再び『春秋』以降の中国の歴史を『春秋』の精神によって再編しようとする意識が強まったのである。こうして朱熹が著したのが『資治通鑑綱目』であった。それはあたかも、時代が遠くなり過ぎて鑑戒を読み込むことが困難となった『春秋』に代わって、宋代士大夫のための新たな『春秋』を書き記すかの如き試みであった。

## はじめに

『資治通鑑綱目』(1)（以下、『綱目』）は朱熹が司馬光の『資治通鑑』（以下、『通鑑』）を改訂して著した編年体の通史である。朱熹は『綱目』執筆の際に、その要領を示した「凡例」を弟子と共有して、この「凡例」に基づいて分担執筆し、朱熹が最終的に全体を点検してこの書を成書した。一度は完成したものの、その後も改訂が加えられ、結局朱熹の生前には書き終わらず最終的に弟子の続筆を経て完成している。扱う時代は、中国の戦国時代の開始と位置づけられる、晋が韓・魏・趙の三国に分裂した周の威烈王二十三年（前四〇三）から[2]、北宋建国の前年の後周顕徳六年（九五九）までの一三六二年である。この書物は朱熹が一から書き著した書物ではなく、司馬光の『通鑑』の「体例」や「筆法」を、朱熹が考える『春秋』の「体例」や「筆法」に基づいて、修正・改訂した著作である。「体例」とは全体の体裁や記述の形式のことを意味するが、単なる編修上の方針ではなく、例えばどの王朝の紀年を用いるか、などのように価値判断を含むことがある。また、「春秋の筆法」とは、史実を記述する上での漢字一字一字の厳密な使用法を意味する。本来書くべきことを書かないことによって表にできない事情があることを示す場合もある[3]。「筆法」も価値判断を含んでおり、その価値判断の方に重きを置く場合は「一字褒貶」と呼び、小さな言い回しの違いの中に深遠な教えがあるという意味で「微言大義」とも言う。このように『春秋』は特殊な文体を持つ歴史書と考えられていた。

ここで簡単に『春秋』の概要について触れておこう[4]。『春秋』は孔子が記したと信じられていた年代記で、孔子が生まれ育った魯国の歴史を記し、十二代の魯公の即位の年次によって紀年している。『春秋』の紀年は、魯の隠公元年（前七二二）に始まり、哀公十四年（前四八一）で終わる。この間の二百四十二年を「春秋時代」と呼ぶのは、この『春秋』という書名に由来する。

さて、『春秋』が経書として尊ばれ、また歴史書の模範とされてきたのは、それが孔子が作った歴史書だと考えられてきたからである。『春秋』と孔子との関係を伝える最も古い史料は『孟子』である。『孟子』「滕文公」下に以下のように言う。

世が衰え道が行われなくなると、邪説や暴行がはびこるようになった。臣下で君主を弑殺する者が現れ、子で父を殺す者が現れるようになった。孔子は懼れて『春秋』を作った。『春秋』は天子の事業である。ゆえに孔子はこう言った。「後世に私の真意が知られるとすれば、それはただ『春秋』を通じてであろう。また、後世に私が非難されるとすれば、それもただ『春秋』のためであろう。」……孔子が『春秋』を完成させると乱臣賊子は懼れた。

世衰道微、邪說暴行有作、臣弑其君者有之、子弑其父者有之。孔子懼、作春秋。春秋、天子之事也。是故孔子曰。知我者其惟春秋乎、罪我者其惟春秋乎。……孔子成春秋而亂臣賊子懼。

この記述からは以下のような孔子と『春秋』の関係を読み取ることができる。つまり、孔子が『春秋』を著したことは、混乱する世の中を鎮める意図があったこと。そして、孔子が『春秋』を通じて自分を理解することができる、というほど、『春秋』は孔子が自分の精神を託した書物であること。それから、『春秋』という歴史書を記すことは本来王者が行うべきことで、孔子は『春秋』を執筆することが分際を超えるとの非難を受けることを覚悟していたこと。以上である。また、『史記』「孔子世家」は孔子と『春秋』の関係を以下のように言う。

（孔子が）『春秋』を作るに及んでは、記述すべきは記述し、削るべきは削った。（孔子の高弟の）子夏といった弟子たちでも、一字も付け加えることはできなかった。

至於為春秋、筆則筆、削則削、子夏之徒不能贊一辭。

このように、『春秋』という書物は、修正や補足の余地がないほど、一字一字が厳格に記されている、と考えられていたのである。以上は『春秋』をめぐる儒家の通念であった。

朱熹の『綱目』はこの『春秋』の精神を受け継ぐ書物であり、朱熹は多くの点で『春秋』の様式を『綱目』に取り入れている。まず、『綱目』は、歴史記事の大要を「綱」として大書し、その詳細を「目」として小字で記したが、この体例は『春秋』の解説書の一つである『春秋左氏傳』（以下、『左傳』）の経と伝の関係に倣ったものである。また、『綱目』で「綱」を書き記す際には、朱熹は「春秋の筆法」を採用している。朱熹は五経の中で唯一『春秋』にのみ注釈を著さなかったが、このように『綱目』は朱熹の考える『春秋』に倣ったものであるから、朱熹の春秋学の成果とみなすことができると言える。

しかしながら、ここに問題が存在する。朱熹が「春秋の筆法」に対して持っていた見解と、現実に朱熹が『綱目』で示した筆法との間には大きな隔たりがあるように思われる、ということである。

先述のように、一般的な春秋学では、『春秋』という歴史書は孔子の手に成っており、孔子は歴史に対して儒教倫理に基づいて「一字褒貶」や「微言大義」と呼ばれる価値評価を加えたのだと考えられてきた。

これに対して、朱熹はこの『春秋』の通念に疑問を持っていたのである。朱熹は、『春秋』には孔子の「一字褒貶」は存在せず、その褒貶の読み解き方を説明する「義例」もまた後世の人間が想像に任せて作ったに過ぎないとし（義例説の否定）、孔子は『春秋』の原史料である魯史の記載に基づいて事実を直書したのみであると主張（直書説）していたのである。このように、朱熹はそれまでの春秋学を支えてきた最も基本的な前提に対して否定的な見解を持っており、そのために『春秋』の注釈には慎重にならざるを得なかったのである。

朱熹は『春秋』に対して、以上のような見解を持っていた。にも関わらず、朱熹が「春秋の筆法」を採用して記したはずの『綱目』に対しては、歴史記事を叙述する際の筆法を示した膨大な凡例(5)を残し、また褒貶を含む筆法で多くの歴史記事を記したのである。

『春秋』において義例説を否定し、直書説を提唱した朱熹が、他方で『綱目』においては、膨大で綿密な

「凡例」に基づいて、多くの褒貶を含んだ筆法で歴史を記述したのである。この二つの態度には、大きな隔たりがあるものと思われ、事実これまでの研究でもしばしばその点が指摘されてきたが(6)、いまだにこの二つの乖離した態度を説明する明確な解答が出されるには到っていない。

このような研究状況にあって、本章では、朱熹の義例説や直書の筆法に関する見解と、『綱目』の褒貶を含む筆法の両面に再検討を加える。そして、その考察を通じて両者には矛盾が無く、寧ろ一貫した姿勢が見られるということを論じ、朱熹の春秋学の成果としての『綱目』の実相を明らかにしたい。

## 第一節　義例説と直書説の再検討

春秋学における朱熹の独創的な見解は、「義例説の否定」と「直書説の提唱」という二点にまとめられる。これまでの研究では、朱熹のこれらの見解の独創性を強調する余り、朱熹が伝統的な春秋学から継承した部分については、十分に注意を払ってこなかった。朱熹は伝統的な義例説の何を捨て、また何を継承したのか。この点を知る上での手がかりとして、『朱文公文集』(7)巻八二、「書臨漳所刊四經後」の以下の記述が挙げられる。

私の父（朱松）は『左傳』を好み、毎夕必ず一巻を読み終えてから就寝した。だから、私は幼くて学問を受ける以前から、『左傳』に聞き慣れていた。成長して次第に諸先生や年長者に従学するようになって、『春秋』の義例について質問すると、時にはその中の一、二の大きなものを窺い知ることはあっても、結局にわかに自分の心の中で信じることができなかった。だから、これまで一言もみだりに発言してこなかったが、ただ『春秋』

の君臣父子の大倫大法の際に関しては、感じるところがあった。紹熙庚戌（一一九〇年）冬、十月壬辰、新安の朱熹が謹んで記す。

熹之先君子、好左氏書、毎夕讀之、必盡一巻、乃就寢。故熹自幼未受學時已耳熟焉。及長稍從諸先生長者、問春秋義例、時亦竊其一二大者、而終不能有以自信於其心。以故未嘗敢輒措一詞於其間、而獨於其君臣父子大倫大法之際、為有感也。……紹熙庚戌冬、十月壬辰。新安朱熹謹書。（『朱文公文集』巻八十二「書臨漳所刊四經後　春秋」／『朱子全書』第二四冊、三八九〇頁）

この記述から、朱熹は父親の影響で幼い頃から『左傳』に親しんでいたこと、それから「微言大義」を説明する「義例」に対しては夙に疑念を持っていたことがわかる。ただし朱熹は、『春秋』に「君臣父子の大倫大法」が備わっているということ自体は否定せずに、感じることがあった、とも言っている。つまり、朱熹は義例説に対しては懐疑的であったが、『春秋』に道徳的な内容が含まれていること自体は否定していないのである。

「義例」説や「一字褒貶」という春秋学の用語は、もともと「春秋の三伝」と呼ばれる権威的な解説書の『春秋』に対する説明に由来する。「春秋の三伝」とは『公羊傳』・『穀梁傳』・『左傳』の三つで、先に引用した書後で言及する『左傳』はその一つである。

それでは、朱熹の三伝に対してどのような見解を持っていたのか。『語類』巻八三、春秋に以下のように言う。

『左傳』は史学で、『公羊』・『穀梁』は経学だ。史学は事柄を記録して詳細であるが、道理の上では劣っている。経学は道理の上では功があるが、記事には誤りが多い。

左氏是史學、公穀是經學。史學者記得事却詳、於道理上便差。經學者於義理上有功、然記事多誤。（『語類』巻

八三「春秋」、陳淳録／第六冊、二一五二頁）

このように朱熹は、『左傳』に対しては、記載する歴史記事が詳細であることを評価し、『公羊』・『穀梁』については、そこに説かれる義理を評価する。ただし、『公羊』・『穀梁』が説く義理についても以下のように言っている。

質問「『公羊傳』と『穀梁傳』はどうでしょう。」先生「『公羊』・『穀梁』の説に依拠すれば、あのような道理もあろう。ただし恐らくは聖人の当時はこのような意図はなかっただろう。」

問公穀如何。曰。據他説亦是有那道理。但恐聖人當初無此等意。（同前、陳淳録／第六冊、二一五一頁）

朱熹は飽くまで、『公羊』・『穀梁』が説いている道徳の内容を評価したまでで、『春秋』本来の義理を説明したものとして適当であると必ずしも評価しているわけではないのである。また三伝以外の注釈の中で、朱熹が最も高く評価する胡安國の『春秋傳』（以下『胡氏傳』）についても以下のように言う。

孫明復、趙匡、啖助、陸淳、胡安國は、どれも上手に説いていて、道理も皆なもっともだ。……もし、聖人が当時『春秋』を作った時のことを論じるならば、その意図にはそれほど多くの意味があるかはわからない。

如孫明復、趙、啖、陸淳、胡文定、皆説得好。道理皆是如此。……若論聖人當初作春秋時、其意不解有許多説話。（同前、陳淳録／第六冊、二一五一頁）

このように、朱熹は、『胡氏傳』が説く義理はもっともだと評価するが、それが『春秋』本来の内容を正しく理解したものであるかはわからない、という慎重な態度を取っているのである。

一方、朱熹は『左傳』については、「『春秋』は『左傳』を据えて読むのがよい。」、「（『春秋』は）ただ史書を読むように読みなさい。」(8) などの発言を残しており、父親の影響もあってか、『春秋』の伝の中では、歴史記事が豊富な『左傳』を最も重視していたようである。以上からは、『春秋』を歴史書として読み、義理の問題については別個に論じようとする朱熹の『春秋』に対する姿勢を読み取ることができよう。

また話を「書臨漳所刊四經後」に戻せば、朱熹は若年から義例説に疑念を持っていたようであるが、引用の末尾の「結局自分の心の中で信じることができなかった。(而終不能有以自信於其心。)」という書きぶりから、紹熙庚戌の現在(一一九〇年)においても、義例説を信じていなかったであろうことが推測される。それでは、朱熹は何故義例説を否定するのか。『語類』に以下のように言う。

『春秋』が記すところの、「しかじかの者が、しかじかの事をした」というようなのは、もともと魯史の旧文に依拠して筆削してできたものだ。最近の学者は『春秋』を読むと、必ず「この字はこの人を譏っている」と言おうとする。このようであれば、それはつまり孔子はひたすら自分の私意に任せて、濫りに褒貶を行ったということになる。孔子はただ直書しただけで、それで善悪は自然と現れているのだ。春秋所書、如某人為某事、本據魯史舊文筆削而成。今人看春秋、必要謂某字譏某人。如此、則是孔子專任私意、妄為褒貶。孔子但據直書而善惡自著。(同前、周謨録／第六冊、二一四六頁)

このように朱熹は、一般的な春秋学と同様に、孔子は『春秋』を記す際に「筆すべきは筆し、削るべきは削った」と考えるが、それは褒貶を寓したものではなく、ただ事実を「直書」したものだった、と考えているのである。

しかしながら、春秋学においては、孔子の一字褒貶こそ、『春秋』が大義を発揚する所以とされてきたのではないか。これを否定して、『春秋』にどうして「君臣父子の大倫大法」が備わっていると言えるのであろうか。この点については、『語類』の以下の発言が参考になる。

『春秋』は最初に（魯の隠公の）即位のことを記さないのは、君臣に関することだ。仲子の嫡庶の分のことを記すのは、夫婦に関することだ。邾と同盟することを記すのは、朋友のことだ。鄭伯が段に勝ったことを記すのは、兄弟に関することだ。（『春秋』は）最初を見るだけでも、人倫が全て備わっている。

春秋一發首不書即位、即君臣之事也。書仲子嫡庶之分、即夫婦之事也。書及邾盟、朋友之事也。書鄭伯克段、即兄弟之事也。一開首、人倫便盡在。（同前、記録者名欠。／第六冊、二一六〇頁）

この条で朱熹が挙げる事例は、いずれも隠公元年の記述に関するものである。いずれの記事も単なる歴史の記録で、そこには、その歴史事象に対する孔子の評価が含まれているわけではない。しかし朱熹は、これらの歴史記事そのものに、人倫に関する教訓が備わっていると考え、それ故、『春秋』には孔子の一字褒貶が無くとも、自ずとその内容には大義が備わっていると見なしたのである。朱熹が『春秋』の三伝の中では歴史記事が豊富な『左傳』を重視したのも、大義は孔子の一字褒貶にではなく、歴史事実そのものに備わると考えたためであろう。

義例説の否定と直書説の概要については、以上のようにまとめられるが、それでは今度は逆に、義例説を否定する朱熹は『春秋』の筆法に何らの規則性も見出さないのか、ということに目を向けてみたい。『語類』に以下のように言う。

質問。「（『春秋』で）魯公は弑殺されても「薨」と記されるのは、なぜでしょう。」先生「晉史は「趙盾、君を弑す」と記し、齊史は「崔杼、君を弑す」と記すが、魯は違った。恐らくこれは「周公の垂法」、「史書の舊章」というものだ。」

問、魯君弑而書薨、如何。曰、如晉史書趙盾弑君、齊史書崔杼弑君、魯却不然、蓋恐是周公之垂法、史書之舊章。（同前、萬人傑録。／第六冊、二二六四頁）

『春秋』は、魯君が弑殺されても「薨」とのみ記して、魯君の死去が弑殺によるものであることを明言せず、死去した場所を記さないことで、婉曲的に弑殺であったことを示す。朱熹はこの筆法を、「周公の垂法」、「史書の舊章」と見なしている。

さて、ここでこの「周公の垂法」「史書の舊章」という表現に注目したい。これは晋代の左伝学者の杜預（二二二～二八四）の「春秋序」[9]を踏まえる。

『左傳』が要旨を掲げて例を言う（＝「凡例」）のは、どれも国家を治める際の通常の制度（經國之常制）で、周公が定めた法令（周公之垂法）で、史書を書き記す上での旧来の規則（史書之舊章）である。

其發凡以言例、皆經國之常制、周公之垂法、史書之舊章。（「春秋序」／阮元本『春秋左傳注疏』巻一、十二葉裏）

朱熹の春秋説は少なからず杜預の影響を受けているものと思われるため、ここで杜預の義例説について、簡単に触れておきたい。

そもそも『春秋』の義例とは、もともと、『春秋』の三伝において「凡」以下で始まる、『春秋』の経文の筆法を説明する記述のことを指す。杜預は、『左傳』において、「凡」以下に記される義例を、孔子が筆削する以前から存在する、歴史を記述する際の筆法を定めた規定と考え、それを「凡例」または「正例」と呼んだ[10]。また杜預は、『春秋』の経文で「凡例」とは異なる書法がされている記述を「變例」と呼び[11]、その「變例」こそが孔子の「一字褒貶」であり、孔子が『春秋』を筆削した真意だと考えたのである。

先に引用した『語類』に言う「周公の垂法、史書の舊章」とは要するに、杜預が提唱した義例説の内の「凡例」に他ならない。よって、朱熹が『春秋』の義例説を否定したという場合に、朱熹が否定したのは「變例」のことであり、孔子の筆削以前から存在する史官の筆法の規定である「凡例」の存在は認めているということになるのである。(12)

もっとも、『語類』の記録はいつのものであるかが不明であるため、以上のような『春秋』に対する見解が朱熹の定論であったかは、これだけでは断定できない。また以上の朱熹の見解は、『春秋』における孔子の関与を極力小さく見ようとするものの如くであり、朱熹が『春秋』のどこに孔子の役割を見出していたのかも明確ではない。この二点に対する解答となるのが、『朱文公文集』巻六〇の「潘子善に答うる書」の以下の記事である。

私は思うに、『春秋』のことを聖人が褒貶を下した書と見なす学説は古くて久しいものだ。しかし、聖人はどうして事実を損なってまで自分で一字の功績を加えようなどとしただろうか。その事実が元々そうだったというのに即して、これを記述しただけだ。……「『春秋』は魯史の旧名である（杜預「春秋序」）」と言うように、孔子がこの経を創ったわけではないのである。もし、史官の記録が伝わってそれが全く元々の記録を失わないものなら、どうして聖人はこのことを自分の任務としただろうか。ただ、史官が職務を守らず、策書や記注が多く「舊章」に違ってしまった。だから、聖人は「史法の舊例」に即して、その事実を直書して、事実が失われないようにしたのだ。全く褒めたり貶めたりすることに意図は無かったのだ。

某謂春秋為聖人褒貶之書、其説舊矣。然聖人豈損其實、而加吾一字之功哉。亦即其事之固然者、而書之耳。……春秋即魯史之舊名、非孔子之創為此經也。使史筆之傳、舉不失其實、聖人亦何必以是為己任。惟官失其守而策書記注、多違舊章。故聖人即史法之舊例、以直書其事、而使之不失其實耳。初未嘗有意於褒之貶之也。

（『朱文公文集』巻六〇、「答潘子善書」／『朱子全書』第二三冊、二九一八頁）

この書簡において、朱熹は『春秋』経文の成立に以下の二段階を想定する。まず史官が「舊章」に従って、歴史を記述する。しかし、その記述には「舊章」を遵守しきれていない記事が少なからず存在した。そこで第二段階として、史官が書き損なった記事を、孔子がその「舊章」に基づいて直書し、「實」を失わないようにした、と朱熹は考えるのである。要するに朱熹は、孔子の作業は飽くまで「舊章」を守っていない記事を「舊章」に合うよう修正したに過ぎないと考えているのである。いずれの段階でも「舊章」に従うことが想定されており、よって以上の過程を経て成立する、朱熹の考える『春秋』の姿とは、歴史記述者の主観に左右されない「舊章」遵守の歴史書ということになろう。また、この朱熹の『春秋』経文の成立に対する見解は、杜預「春秋序」の以下の記述を踏まえている。

周王朝の道徳は衰微し、官吏は自分の職掌を喪失し、上にいる者は『春秋』の筆法を世に知らしめることができず、他国からの赴告を竹簡に記したものや、諸々の記注は、多く「舊章」に違ってしまった。孔子は魯史の竹簡に書かれた記録によって、その真偽を考えて記したのだ。その典礼は、上は周公の遺制を用い、下は将来の法を明らかにし、教えはあるのに、文に弊害のあるところは、削ってこれを訂正し、勉励したり戒めとしたりした。それ以外のところは、魯史の旧文をそのまま用いた。

周德既衰、官失其守、上之人不能使春秋昭明、赴告策書、諸所記注、多違舊章。仲尼因魯史、策書成文、考其眞偽而志。其典禮、上以遵周公之遺制、下以明將來之法、其教之所存、文之所害、則刊而正之、以示勸戒。其餘則皆即用舊史。（「春秋序」／阮元本『春秋左傳注疏』巻一、九葉表～十葉表）

「春秋序」の引用の前半部分の、史官が魯史を記す際、「舊章」を遵守しきれなかったと記すまでは、『文集』

の「潘子善に答うる書」の内容とほぼ同じと言える。しかし後半部分の、魯史の記述に対して孔子が果たした役割を記す部分は大きく異なっている。杜預の「春秋序」では、孔子は基本的に魯史の記述をそのまま用いた、としつつも、史官が記した記事の「真偽を考え」た上で、教えを害するところは書き改めて「勸戒」を示した、としている。これに対して、朱熹の「潘子善に答うる書」は、孔子は「舊例」に則して直書したのみで、褒貶に意図はなかった、としているのである。ここに、朱熹の杜預説に対する取捨の態度が鮮明に現れていると言えよう。つまり、朱熹は、杜預が唱えた「史書の旧例」としての凡例説については踏襲しつつも、孔子が新たに褒貶したという変例説に関しては否定しているのである。また、「聖人は史法の舊例に即して、以て其の事を直書し」とあったように、朱熹は、「直書」を「舊例」に即して記述することと考えているのである。

陳来『朱子書信編年考証』は、この書簡を、戊午（一一九八年）八月の作として、朱熹の最晩年に属するものとしている。これによって、「舊章」の存在を認め、「一字褒貶」を否定する朱熹の義例観は、朱熹の定論であったことがわかると言える。

このように、朱熹は『春秋』経文は「凡例」に基づいて書かれたものであると考えていた。また先述のように、朱熹は「歴史事実そのものの内に大義が備わる」と考えていた。この二点を、合わせて考えれば、朱熹は『春秋』において、何かしら史実以上のことを伝えようとする、歴史記述者の作為の存在を否定しているようにも思える。そこで次に問題になるのが、朱熹にとっての『春秋』は、一定の価値観で歴史を記述しようとする、歴史記述者の作為の存在を完全に否定するものであったのか、ということである。この点については『語類』に以下のように言う。

（春秋時代の）当時天下は大いに乱れていたため、孔子はひとまず事実に依拠して記し、その是非や得失を、後世の公平な議論に託したのだ。思うに言外の意があっただろう。無理に一字一字に褒貶を求めるのは、恐らくは正しくない。

當時天下大亂、聖人且據實而書之、其是非得失、付諸後世公論。蓋有言外之意。若必於一字一辭之間、求褒貶所在、竊恐不然。（『語類』巻八三「春秋」、輔廣録／第六冊、二一四九頁）

この条で朱熹は、『春秋』の一字褒貶を否定し、直書説を主張しつつ、そこには「言外の意」があった、と言う。つまり朱熹は、事実を直書することと、「言外の意」を込めることとは、両立することと考えているのである。また、直書された事実に込められる「言外の意」の存在については、『語類』巻五五の沈僩録（「語録姓氏」によると戊午（一一九八）以降の記録とされる）の以下の記録に確認することができる。

孔子は既にその中（『春秋』経文）に直書している。「夫人姜氏 齊侯と某に會す」、「公 夫人姜氏と與に齊侯と某に會す」、「公 齊に薨ず」、「公の喪 齊自り至る」、「夫人 齊に孫る」と言うのは、これらの記事がはっきりと示されているからには、伝が無くても（その事情は）わかるのだ。

孔子已自直書在其中。如云、夫人姜氏會齊侯于某、公與夫人姜氏會齊侯于某、公薨于齊、公之喪至自齊、夫人孫于齊、此等顯然在目、雖無傳亦可曉。（『語類』巻五五、沈僩録／第六冊、一三一八頁）

朱熹がここで挙げる『春秋』の経文は、『左傳』で説かれる詳細も合わせて整理すれば、以下のようになる。魯の桓公は夫人の文姜とともに斉国を訪問したが、斉の襄公はその文姜と姦通した。それを知った桓公が、文姜と襄公を指弾したところ、逆に桓公は襄公の怒りを買って殺され、桓公の遺骸は斉から魯に送り返されたが、夫人文姜は魯に帰らなかった。これらの事情は『左傳』にその詳細が書かれるが、朱熹はたとえ伝が無くとも、右のように列挙した『春秋』経文の記載のみから、その経緯は自ずと分かると言うのである。実際に『春秋』の経文の記載を見ると、『左傳』ほど事情をはっきりとは記さないが、夫人の行動を繰り返し記していて、事の顛末をそれなくにおわせる筆法になっている。強調しておきたいのは、このような例であっても、朱熹は「直書」と呼んでいることである。

先述のように、朱熹にとって「直書」とは、予め定められた凡例に従って、私意を交えずに歴史事実を記すことを意味した。しかしそのことは決して、歴史の記録者が道徳的価値判断を歴史記事の内に織り込もうとすることを完全に否定したものではない。つまり、その事実を記すことによって自ずと現れる毀誉褒貶、それから、そのような毀誉褒貶が現れることを見越して歴史を「直書」する記述者の作為、この二点の存在を、朱熹は「直書の筆法」に認めているのである[13]。朱熹の春秋学における、義例説と直書説の詳細については、以上のように整理することができる。それでは次に朱熹のこのような春秋観は『綱目』の編纂にいかに吸収されたのか。

## 第二節 『綱目』凡例と朱熹の春秋学

「はじめに」でも触れたように『綱目』の編纂には複数の弟子が関与しており、『綱目』の序文が書かれた乾道壬辰（一一七二年）には一度は初稿ができていたものと思われるが、その後も継続して改訂が加えられ、結局朱熹の生前には書き終わらず、門人の趙師淵の続筆によって『綱目』は完成した。『綱目』の成立にはこのような経緯があるため、現行本がどこまで朱熹の意を反映したものであるのかは不明な点が多い[14]。しかし、『綱目』には、朱熹が門人と共同編集した際の編集方針を示した「凡例」[15]が存在し、また『朱文公文集』や『語類』中にも、『綱目』の編集に関わる書簡や発言が散見するため、『綱目』の編集過程において、どのような議論があったか、伺い知ることができる。

本節では、これらの『朱文公文集』や『語類』に見える『綱目』関係の資料と、「凡例」の内容を中心に考察し、一章で確認したような朱熹の春秋学が、『綱目』やその「凡例」の形成にいかに反映されたかを論ずる。まず、『綱目』の初稿成書段階とその後の修正段階での編集方針の違いについて触れておきたい。初稿成書段階での「凡例」の編集方針を示すものとして、『綱目』の序文中に以下の記述がある。

司馬光と胡安國の四書に依拠して、別に義例を作り、増やしたり減らしたり修正したりして、この編（『綱目』）を完成させた。

因兩公四書、別為義例、增損檃括、以就此編。（『朱文公文集』巻七五「資治通鑑綱目序」／『朱子全書』第二四冊、三六三三頁）

このように、乾道八年（一一七二）の初稿完成の時点では、「兩公四書」（司馬光の『通鑑』、『通鑑目録』、『通鑑擧要暦』と胡安國の『通鑑擧要補遺』）に依拠して「義例」を製作したと説明している。しかし、この序文が書かれた七年後の淳熙六年（一一七九）のものと考えられる[16]『朱文公文集』巻四六の「李濵老に答うる書」では、以下のように言っている。

『通鑑』を最近読みながら考えるに、その正閏の際や名分の実に関して、納得いかないところがある。そういうわけで、以前『春秋』の義例を取って、少し修正を加えて、別に一書を作ったが、完成には及ばなかった。

通鑑之書、頃嘗觀考、病其于正閏之際、名分之實、有未安者。因嘗竊取春秋条例、稍加檃括、別為一書而未及

就。（『朱文公文集』巻四六「答李濵老」／『朱子全書』第二二冊、二一一六頁）

「別に一書を為す」の「一書」とは、『綱目』の「凡例」のことを指すものと思われるが、朱熹は、『通鑑』の体例や筆法に疑義を呈した上で、「春秋の条例」を用いて「凡例」を作った、と言っている。つまり朱熹は、「凡例」の作成に関して、乾道八年の『綱目』序では、「春秋の条例」に基づいて凡例を作ったと説明するのに対し、七年後の淳熙六年の書簡では、「兩公の四書」に依拠して作成した、と言っているのである。このことによって朱熹の『綱目』の改訂は、その編集方針を示す「凡例」の改訂を伴ったものであり、またその凡例の改訂が[17]、「春秋の条例」の吸収を伴ったものであったことが推測されるのである。それでは、この「春秋の条例」に基づく「凡例」の改訂とはいかなるものだったのか。このことを示す史料として、淳熙十三年（一一八六）のものとされる『文集』巻三七、「尤延之に答うる書」の以下の記述が挙げられる。

お手紙で仰る揚雄のことですが、君子が思いやりをもって事物に接するという心を知るのに十分です。私が考えますには、揚雄を王舜のような輩と比べますと、王莽に仕えた理由は異なっていても、王莽に仕えたことは同じです。ですので、『春秋』の「趙盾」や「許止」の例を取って、一概に王莽の臣下として記述するのは、それによって万世の臣下の戒めを著しているのです。逆賊に仕えるという心が無かったとしても、死を畏れて生を貪った上で、その後の事跡があるのであるから、揚雄も誅絶の罪を免れることができないのは明かです。これこそが『春秋』の謹厳の法というものです。司馬光の変例は、何に基づいているのか、わかりません。

垂諭楊雄事、足見君子以恕待物之心。區區鄙意、正以其與王舜之徒、所以事莽者雖異、而其為事莽則同。故竊取趙盾許止之例、而槩以莽臣書之、所以著萬世臣子之戒。明雖無臣賊之心、但畏死貪生、而有其迹、則亦不免於誅絶之罪。此正春秋謹嚴之法。若温公之變例、則不知何所據依。（『朱文公文集』巻三七「答尤延之」／『朱

子全書』第二一冊、一六三二頁）

この書簡で朱熹は、『通鑑』が揚雄の死去に際して揚雄が王莽の臣下であったことを明記しないことを問題にしている。朱熹は、『春秋』の「趙盾許止」の例に基づいて、揚雄を王莽の臣下として記述するのがよく、またそのように記述することが「春秋の謹厳の法」である、と説くのである。「趙盾」、「許止」[18]の例はいずれも「春秋の筆法」として有名なものであるが、朱熹はこれらに対して独自の解釈を持っている。ここではより代表的な「趙盾」の例について確認する。

趙盾の例とは、『春秋』の宣公二年の経文に、「秋九月乙丑、晉の趙盾、其の君夷皐を弑す。」とあるのに基づく。『左傳』や『公羊傳』によると、この記録は、孔子の筆削の結果ではなく、晋史の記録に遡るものとされ、また実際に弑殺したのは、趙穿であって、趙盾ではなかった、とされる。それにも関わらず、晋史において趙盾が弑殺したもののように記録される理由について、『左傳』と『公羊傳』は、それぞれ別々の見解を示すが[19]、いずれにしても、晋の史官が、趙盾が弑殺の犯人を処罰しなかったことの責任を重く見て、趙盾を犯人として記録したものとして説明する。一方朱熹はこれらとは異なる見解を持っていた。朱熹は『語類』巻一三七「戰國漢唐諸子」において以下のように言う。

（『春秋』の）趙盾の一件などは後世の人は多くの言葉を費やして（趙盾を）見逃そうとするが、その実これは自明なことだ。司馬昭が高貴郷公を弑したことなどは、司馬昭がまさか自分で手を下したわけではあるまい。必ず（趙盾の場合も）武器を持って君命を帯びた、賈充や成濟のような輩がいたのだ。

如趙盾一事、後人費萬千説話與出脱[20]、其實此事甚分明。如司馬昭之弑高貴郷公、他終不成親自下手。必有抽戈用命、如賈充成濟之徒。（『語類』巻一三七「戰國漢唐諸子」、葉賀孫録／第八冊、三二六八頁）

『語類』が趙盾の事件の引き合いに出す司馬昭の故事とは、略述すれば以下のようになる。魏の末期、司馬昭は皇帝曹髦（高貴郷公）を疎ましく思い、賈充に命じて曹髦弑殺を計画し、賈充は部下の成濟に命じて曹髦の弑殺を実行し、弑殺の後、司馬昭は実行犯である成濟を処刑し、賈充の罪を問わなかった、というあらましである。

朱熹は趙盾の一件を、この司馬昭の高貴郷公弑殺の一件と同列視する。[21] つまり、『春秋』の経文や『左傳』が基づく晋史が、趙盾を弑殺したものとして記したのは、『左傳』や『公羊傳』が説くように、弑殺犯を討伐しなかった趙盾の責任を問うたものではなく、文字通り弑殺の首謀者が趙盾であるということを記したものに他ならない、と朱熹は考えていたのである。これは朱熹が、『春秋』経文の、趙盾が弑殺したという記載を、事実をそのまま記録した「直書」の筆法として理解していたことを示している。

ここで揚雄の話に戻れば、朱熹は『春秋』の「趙盾許止」の筆法、つまりは直書の筆法に従って、揚雄が王莽の臣下であったことを包み隠さず記述するのがよい、と考えるのである。それでは具体的にどのように記述するのがよいのか。同じく淳熙十三年（一一八六）のものとされる『朱文公文集』巻三七、「尤延之に答うる書」には以下のように言う。

思いますに司馬光の旧例に、「凡そ王莽の臣下が死去した際には皆な「死」と記す。例えば、太師王舜の類である。」とあります。ただ揚雄に関してだけ、王莽の朝廷に仕えた官職を隠して、「卒」と記しているのは、曲筆と言っても過言ではありません。かえって、司馬光の本例に従って「莽の大夫の揚雄死す」と記すことは避けられず、そうすれば、死を畏れて節義を失う輩を警告するのに十分で、司馬光の「直筆」することを定めた正例を少しも改めることになりません。

按温公舊例、凡莽臣皆書死、如太師王舜之類。獨于揚雄、匿其所受莽朝官稱而以卒書、似涉曲筆。不免却按本例書之曰、莽大夫揚雄死、以為足以警夫畏死失節之流、而初亦未改温公直筆之正例。（『朱文公文集』巻三七、「答尤延之」／『朱子全書』第二一冊、一六三一頁）

朱熹は、司馬光の旧例（現在は確認できない）[22]には、王莽の臣下の死去を「死」という字を用いて記述する規定が存在した、と言う。王舜については、『通鑑』巻三七、天鳳三年の条に、「太師王舜、莽の位を簒ひて自り後、病悸寖劇して、死す。」と「死」と言う文字を用いて記録するが、揚雄については、『通鑑』巻三八、天鳳五年に、「是の歳、揚雄卒す。」と記し、「死」の字が用いられていない。これに対して、朱熹は揚雄の死去についても、王舜同様に「死」の字を用いて記録せねばならない、と言うのである。『綱目』巻八上は、「莽大夫揚雄死す。」と記しており、揚雄が王莽の臣下であったことを明記し、また「死」という文字を用いるが、これは朱熹の意識としては「一字褒貶」を行ったものではなく、司馬光の旧例に従って「直書」したものなのである。

さて、ここで注意したいのは、朱熹は、自身の大義名分論の観点のみから、筆法を改めると言っているのではなく、「司馬光の「直筆」することを定めた正例を少しも改めることになりません」というように、司馬光の凡例を遵守すれば自ずとそう記すことになる、と考えていることである。前引の「尤延之に答うる書」では、『春秋』の「趙盾許止」の例に基づいて、揚雄を王莽の臣下として隠さずに明記しなければならないことを説き、また朱熹にとっては、「趙盾許止」の筆法とは「直書」を意味した。この「尤延之に答うる書」では、司馬光の旧例に基づいて、揚雄の死去を「死」という字を用いて記述しなければならないと説き、またそのような司馬光が定めた体例を「直筆の正例」としている。つまり、朱熹は、司馬光が定めた『通鑑』の例に、朱熹が考える意味での『春秋』の「直書」の筆法を見出しているのである。[23]

朱熹の理解によれば、『通鑑』のこの筆法は、「一字褒貶」ではなく、第一節で確認したような、事実を「直書」することで自ずと褒貶が表れるとした、『春秋』の「直書」の筆法に相当するものである。『通鑑』の記述を改めた朱熹の『綱目』の役割は、司馬光が自らの凡例を遵守しきれなかった部分を訂正し、その精神を貫徹せしめようとするところにあったと言うことができるのである。

朱熹は『春秋』においても『通鑑』においても、「直書」の筆法を選び出して『綱目』に吸収しようとするが、最後に朱熹はその他の史書からもこのような筆法を見出し、『綱目』に取り入れていることについて確認しておきたい。『語類』で、朱熹は以下のように言う。

また、私は歴史記述の筆法の良いものを選び取った。重臣が勅命を私物化する際、多く（の史書）は、「しかじかの人をしかじかの王公とする」と記す。しかし范曄は「曹操自ら立ちて魏公と為る」と記した。『綱目』もこの例を用いた。

某又參取史法之善者。如權臣擅命、多書以某人為某王某公。范曄却書曹操自立為魏公。綱目亦用此例。（『語類』巻一〇五「朱子二　論自注書　通鑑綱目」、李方子録／第七冊、二六三七頁）

この発言は『綱目』の凡例に関するものと考えられるが、朱熹は「歴史記述の筆法の良いもの」を取り入れたとし、『後漢書』の曹操に対する筆法を採用したと言う。この『語類』の問答に表れる曹操の例は、『綱目』の凡例の「崩葬」の門の自注で以下のように反映されている。

王莽、董卓、曹操らが自ら政権を得て官職を遷し、建国したことに関しては、范曄『後漢書』に依拠して、「自為」「自立」と記す。

至王莽　董卓　曹操等自其得政、遷官、建國皆依范史、直以自為自立書之。（『通鑑綱目』「凡例」／『朱子全

書』第一一冊、附録、三四八六頁）

王莽・董卓・曹操が権力を握るのは、形式的には皇帝の勅命ではあっても、実質的には弱体の皇帝に圧力をかけた結果である。そうした際には、朱熹は范曄『後漢書』の「自為」、「自立」と記す筆法を用いる、と規定しているのである。『後漢書』を見れば、献帝本紀の建安十八年に、「夏五月丙申、曹操自ら立ちて魏公と為る。」と言い、「自立」という表現が見える。一方、『通鑑』は同じ記事を、「夏五月丙申、冀州十郡を以て、曹操を封じて魏公と為す。」と記している。『綱目』の本文は、『後漢書』と全く同文である。『綱目』に見える「曹操自立」の記述は、朱熹の意図としては『通鑑』に対して筆削を加えたものではなく、『通鑑』が、朱熹にとっては不適切な形で『後漢書』の記述を改めたのを、范曄『後漢書』の元の記述に戻したものなのである。これも先に述べた朱熹の春秋学の立場から言えば、一字褒貶ではなく、旧例に基づく「直書」と言うことになる。

同様に『綱目』が褒貶を現したとされる記事として、蜀漢正統論や、武周の時代を唐の中宗の時代の継続と見なした例が有名であるが、これらについても、『綱目』の「凡例」の中で、その基づくところが明記されている。つまりこれらの『通鑑』に対する改変は、朱熹としては「褒貶」ではなく、旧史に基づく「直書」なのである。[24]このように『綱目』における「褒貶」の現れる例は、『通鑑』に先行する史書の記述や方針を襲用したものであり、[25]その点で朱熹自身が自ら褒貶しておらず、「史法の良い者」を選び出したものに他ならないのである。また『綱目』の「凡例」について、朱熹は『綱目』の序で、

よってその意図を述べて、凡例はこのように巻首に並べ、そして後の君子を待つ。

因述其指意、條例如此列於篇端、以俟後之君子云。（『朱文公文集』巻七五「資治通鑑綱目序」／『朱子全書』第二四冊、三六二三頁）

と言っており、『綱目』は本来「凡例」を参照しながら読まれるように書かれていたことがわかる。つまり、『綱目』の一見褒貶が現れる記事も、朱熹の意図としては、他の史書の記載を「直書」したものであることが読者にわかるように編集しようとしていたのである。

朱熹が『綱目』において目指した「直書」とは、このように他の史書から選び出した筆法を集成して構成した「凡例」を遵守することで、私意を交えず歴史事実を記すことであった。このことは、本章第一節で論じたように、朱熹が、『春秋』は魯国の「舊例」によって定められた規定に従って記されており、「一字褒貶」のような規定を逸脱した修正は存在しない、と考えていたことと同内容であると言える。ここに朱熹の春秋学と『綱目』の一致点としての「直書」の筆法と「凡例」を見出すことができるのである。

# 小結

「はじめに」で述べたように、朱熹が『春秋』の義例説を否定し、直書説を提唱したことと、『綱目』で膨大で綿密な「凡例」に基づく、多くの褒貶的な筆法を残したことには、大きな隔たりがあるものと考えられてきた。これまでの研究では、朱熹の春秋学における一字褒貶の否定という点を基準とし、『綱目』の褒貶的な記述を門人の続筆に係るものとしたり、『綱目』は若年の著作であって、その筆法は朱熹の定論ではない、などと説明してきた。

これに対して本章では、朱熹の春秋学に対する見解と、『綱目』の凡例や褒貶的な筆法の二方面にそれぞれ再検討を加え、これまで矛盾すると指摘されてきた両者を調停することを企図した。そして第一章・第二章の考察を経て両者に「凡例」遵守と「直書」という一貫した姿勢が見えることを論じた。

もっとも以上のような朱熹の意図にも関わらず、歴史的には『綱目』は、朱熹が『春秋』における孔子の立場に立って、『通鑑』を筆削して褒貶を加えた書として読まれた。このことは単なる後世の無理解によるものとして片付けられるものか。最後にこの点に触れつつ、今後の課題を提示したい。

まず、今日の目から見れば、『綱目』の「凡例」の内容は、倫理上の観点から史実を書き分けることを目的に作られており、史実に倫理的評価を紛れ込ませる傾向があることは明白である。つまり、「凡例」に基づいて歴史を記述することに記述者の主観が入り込む余地がないとしても、その「凡例」の内容自体は結局、凡例の記述者の主観を反映したものではないのか、という疑問が生じ得る。このような「凡例」の「恣意性」は朱熹の意に反してかえって微言大義を想起させる結果を招いたと考えられる。

また、朱熹は『春秋』の微言大義は、『春秋』の経文と魯史の旧文とを比較することで初めて明らかにできるはずだ、という主旨の発言を残していた[26]。朱熹は魯史の旧文がわからないのに、憶測に任せて微言大義を論じることに否定的であったが、微言大義の存在自体を完全に捨て切れていたわけではなく、その点で朱熹の春秋学は「揺らぎ」があったと言える。『春秋』の場合は魯史が残っていないために、微言大義を明らかにすることは困難だが、『綱目』については『通鑑』が残っているために、比較は容易である。そのために、朱熹が『春秋』で果たせなかった「微言大義」の解明を、後世の学者は『綱目』において果たそうとしたのである。以上のように朱熹自身が『春秋』に対して抱えていた問題が、後世の、聖人朱熹の微言大義を明らかにしようとする「綱目学」の成立に繋がっていると考えられる。

更に、朱熹の峻厳な道徳主義に基づく筆法は、かえって現実の歴史上の王朝の非道徳性を際立たせることとなった。特に「凡例」遵守の方針のもとでは、秦・晋・隋のような簒奪・無道の王朝も、「正統」の王朝として記述する。このことは後世の道学者の反発を招くこととなったが、これも「綱目学」の重要問題であった。元代以降活況を呈する「綱目学」の成立と、その成果としての『綱目』に対する諸注釈の思想史的意義については今後の課題としたい。

**注**

（1）引用の『綱目』の本文及び「凡例」は『朱子全書』（上海古籍出版社、二〇一〇年）所収のものを用いた。また『資治通鑑』は一九五六年初版の中華書局本を用いた。

（2）『春秋』の紀年は哀公十四年（前四八一）までであり、『綱目』の開始年との間には七十八年の空白がある。これは『通鑑』の繫年が周の威烈王二十三年（前四〇三）に始まるのに『綱目』が従ったものであり、『通鑑』がこの年から起筆したのは、孔子の著作である『春秋』の後を直接受けることを司馬光が遠慮したためと考えられている。この空白の七十八年については、朱熹の弟子筋の金履祥（一二三二～一三〇三）が『資治通鑑前編』を著している。

（3）『春秋』は魯の君主が薨去した際、死去した場所を記す場合と、記さない場合とがあり、記さない場合は、弑殺や他国での謀殺など正常な死に方をしなかった場合である。

（4）『春秋』に関する概要は、野間文史『春秋学——公羊伝と穀梁伝』（研文出版、二〇〇一年）を参照。

（5）現行本に附されている「凡例」は、元代に発見されたものであるが、『朱文公文集』の續集巻二「蔡季通に答うる書」に「凡例」という表現が見える以外に、朱熹の基本資料中に「凡例」という呼称は見られず、『朱文公文集』や『語類』に「條例」、「義例」という表現が散見される。これら「條例」「義例」の内容は現行本の「凡例」の内容と一致もしくは、関連しているので、本章はこれらの書簡中に見える「條例」、「義例」といった表現も、『綱目』の凡例を指すものとして扱った。

（6）『綱目』の筆法と朱熹の『春秋』に対する見解との矛盾を指摘した先行研究としては、内藤湖南が「語類にあるかかる説（春秋直書説〔引用者注〕）は、『通鑑綱目』を作ったことと大いに矛盾するやうであって、その点からいふと、綱目は果して朱熹の真意であったか疑問である。……ともかく綱目は彼の考えではなくとも、大体に於て彼の考を受けたものであることは明かである。ただ一字の褒貶は自らしたのではない。」（『支那史学史1』東洋文庫、一九九二年、三二四頁）

とあるのが早く、またこの立場の主張の要領を得たものと言える。近年では呉懐祺『中國史學思想史・宋遼金巻』（黄山書社、二〇〇二年）も、両者が矛盾したものであると指摘し、また湯勤福『朱熹的史学思想』五章四節「従朱熹親撰通鑑綱目看其編纂思想的演変」（斉魯書社、二〇〇〇年）が、『綱目』の「凡例」の偽作説を主張したのも、同じ疑問を出発点としている。なお湯書の「凡例」偽作説に対しては、郭斉「關與朱熹編集『資治通鑑綱目』的若干問題」（『四川大学学報（哲学社会科学版）』、二〇〇一年）が既に反証を試みており、本章もこれに従い、「凡例」を朱熹の真作として扱う。呉書や湯書とは逆に両者を一貫したものと見なす立場としては、銭穆『朱子新學案』（巴蜀書社、一九八七年）が、本章第二節でも考察する『綱目』の「曹操自立」の例を挙げ、『綱目』の筆法は褒貶を寓したものではなく、事実を直書したものであると指摘するのが挙げられるが、部分的な指摘に留まる。また、『朱子學入門』（明徳出版社、一九七四年）所収の鎌田正「朱子と春秋」が「ひそかに思うに、……そのつとに悟得した正名を骨子とする春秋の大義は、その著『資治通鑑綱目』において発揚されたものではあるまいか。」と指摘するが、示唆に留まり、具体的な検証はない。本章は鎌田説の指摘に刺激を受けつつ、朱熹の春秋の義例説と『綱目』の筆法に両面において再検討を加え、両者の間の隔たりを調停することを試みる。

（7）『晦庵先生朱文公文集』は『朱子全書』（上海古籍出版社、二〇一〇年）所収のものに依拠する。

（8）『語類』巻八三、輔廣録／第六冊、二一四九頁「春秋之書且据左氏。」、同、潘時舉録／第六冊、二一四八頁「問春秋當如何看。曰。只如看史様看。」

（9）嘉慶刊本、阮元校刻「十三經注疏」所収『左傳注疏』に基づく。

（10）杜預「春秋序」「其發凡以言例、皆經國之常制、周公之垂法、史書之舊章。仲尼従而脩之、以成一經之通體。」

（11）杜預「春秋序」「諸稱書、不書、先書、故書、不言、不稱、書曰之類、皆所以起新舊發大義、謂之變例。」

（12）趙伯厚『春秋學史』（山東教育出版社、二〇〇四年）も、朱熹は『春秋』の例の存在を全面的に否定するわけではないことについて触れているが、その存在を認める例と、否定する例にいかなる区別があるのか、論及していない。

（13）また、『語類』巻八三、李壯祖録／第六冊、二一四八頁に「或人論春秋、以為多有變例、所以前後所書之法多有不同。曰、此烏可信。聖人作春秋、正欲褒善貶惡、示萬世不易之法。」とも言い、朱熹は「變例」の存在を否定しつつも、孔子が『春秋』において褒貶を示そうとする意思があったこと自体は肯定している。すなわち、『春秋』における孔子による一字褒貶の存在を否定しつつも、歴史を直書することで褒貶を示そうとする意図が孔子にあったという考えを表明している。

（14）以上のような『綱目』の編纂の経緯は中砂明徳『江南——中国文雅の源流』（講談社選書メチエ、二〇〇二年）を参照。

（15）『綱目』の「凡例」は元代に再発見され、その発見も紆余曲折を経たもので、近年偽作説を唱えるものも出たが（注6

の湯勤福書）、「凡例」はこれまで朱熹の真作としてみなされてきたものであり、また既に湯勤福書には、前述の郭斉論文の反論もあるため、本章では朱熹の真作として扱う。

(16) 朱熹の書簡の編年は、いずれも陳来『朱子書信編年考証（増訂本）』（三連書店、二〇〇七年）に依拠した。

(17) 序文執筆後の『綱目』の改訂が「凡例」の改訂を伴っていたことについては、淳熙四年（一一七七）の「張敬夫に答うる書」に、「通鑑綱目、近再修至漢晉間、条例稍舉、今亦慢録數項、上呈。」と見えるのによってわかる。

(18)「許止」の例についても、朱熹は「一字褒貶」ではなく、先行する史書の内容をそのまま記した「直書」と見なしていたことについては以下を参照。『語類』巻八三「如許世子止嘗藥之類如何。曰、聖人亦只因國史所載而立之耳。聖人光明正大、不應以一二字加褒貶於人。若如此屑屑求之、恐非聖人之本意。」

(19)『左傳』では、弑殺事件が起こった当時、趙盾は亡命する途中であったが、まだ晋国の境域にいたため、晋国の法に従って弑殺犯を処罰すべきであったが、趙盾はそれを行わなかったため、弑殺犯として記述された、とする。一方、『公羊傳』は、国内にいたかどうかではなく、君臣の大義に従って弑殺犯を処罰すべきであったのに、それを行わなかったことを問題にする。日原利国『春秋公羊傳の研究』（創文社、一九七六年）参照。

(20)「出脫」の語については以下を参照。『語類』巻八〇、邵浩／第六冊、二〇七四頁「伯恭凡百長厚、不肯非毀前輩、要出脫回護。」

(21) この説は、『胡氏傳』の宣公二年の趙盾弑殺に対する以下の解釈に基づく。『春秋胡氏傳』（浙江古籍出版社、二〇一〇年）巻一六「宣公上」二五三頁「以高貴郷公之事觀焉、抽戈者成濟、唱謀者賈充、而當國者司馬昭也。為天吏者、將原司馬昭之心而誅之乎。亦將致辟成濟而足也。故陳泰曰、惟斬賈充可以少謝天下耳。昭問其次、意在濟也。泰欲進此、直指昭也。然則趙穿弑君、而盾為首惡、春秋之大義明矣。」

(22) 司馬光の凡例は、南宋の乾道年間に司馬光の子孫の司馬伋によって、『通鑑前例』という名で出版されていたようであるが、序文の内容から、司馬光当時の姿を完全な形で伝えたものではなかったことがわかる。鄔國義「『通鑑釋例』三十六例的新發現」（『史林』一九九五年、四期）は『增節入注附音司馬温公資治通鑑』から『通鑑釋例』（『通鑑前例』に同じ）の全文を発見した、とするが、そこにもこの例は見えない。

(23) 清代の夏炘は『述朱質疑』巻七「資治通鑑綱目跋」において以下のように言う。「大夫揚雄死。此雖綱目之特筆、實温公之舊例也。春秋書崩薨卒而不書死。曲禮曰、庶人曰死。庶人不得見於史、故不書死。此春秋之例也。」このように、夏炘は『綱目』が揚雄の死去に対して「死」という字を用いるのは、実は司馬光の本来の旧例に従ったもので、更に司馬公の旧例は『禮記』「曲禮」篇に基づくものであると指摘している。

(24) 蜀漢正統論については、「凡例」の「正統」の条の「漢」に対する自注で、「起高祖五年盡炎興元年。此用習鑿齒及程子説。」と説き、また武則天に関しては、「凡例」の歳年の条で「正統雖絶而故君尚存、則追繫正統之歳而註其下。」と言い、その注に、「如唐之武氏、用范氏唐鑑及胡補遺義例。」と説く。いずれにしても朱熹は、自分の独創ではなく、先人の説に基づくと主張している。

(25)『綱目』の筆法の多くが、先行する史書に基づくことは趙翼『陔餘叢考』巻一五「綱目書法有所本」を参照。

(26)『語類』巻八三、周謨録／第六冊、二一四六頁「今若必要如此推説、須是得魯史舊文、參校筆削異同、然後為可見、而亦豈復可得也。」

コラム

## 道学と三國志

現代の日本人にとって三國志と言えば、劉備や諸葛亮、関羽が活躍する蜀漢が善玉で、魏が悪役として描かれるイメージが一般的であろう。もう少し歴史に詳しい方であれば、こうしたイメージは明代の小説『三國志演義』の影響によるもので、もともとの陳寿の正史『三國志』は魏を正統としていたことを知っているかも知れない。

それでは、『三國志演義』に先だって蜀漢を三国時代の正統としたのが朱熹であることはどれほど知られているだろうか。朱熹より以前、北宋の名臣司馬光の『資治通鑑』は諸葛亮が魏を攻めたことを「諸葛亮入寇」と記述した。「寇」とは「倭寇」という言葉があるように賊の侵略を意味し、『資治通鑑』は蜀漢を魏にたてつく反乱者として扱ったのである。朱熹はこの記述に対する違和感を出発点として、新たに『資治通鑑綱目』という歴史書を記した。この書物で、朱熹はいわゆる三国時代を漢王朝の継続と捉え、蜀漢を正統としたのである。

朱熹が蜀漢に肩入れしたことには理由がある。朱熹が生きた南宋王朝は、国土の北半分を異民族の金王朝に奪われ長江以南の僻地に追いやられていた。朱熹をはじめ南宋の多くの士大夫はその南宋王朝の現状を、魏によって中原を奪われ四川の僻地（＝蜀）に建国した蜀漢に重ねたのである。

朱熹は、秦・漢以降のあらゆる歴史人物に対して辛口の評価を下したが、例外的にその人間性を賞賛してやまなかったのが、現代人には「孔明」の字で馴染み深い諸葛亮だった。諸葛亮には古今の名文とされる「出師の表」という文章があり、それは丞相諸葛亮が自らを三顧の礼で迎えた先帝劉備に対する恩義を回顧しつつ、幼少の皇帝劉禅に、中原恢復と漢王朝の復興を説く内容である。朱熹は「出師の表」に表れる、君主を激励して教え導く諸葛亮の姿に、彼が信じる臣下としての忠義の精神の理想型を見出したのであった。

諸葛亮に憧れたのは朱熹だけではない。湖南学の領袖の張栻は「諸葛武侯傳」という諸葛亮の伝記を著している。張栻の父親の張浚は蜀の出身で、文官でありながら抗金の名将として知られ、秦檜の対金和平政策に反対し、主戦論をリードして宰相にまでなった人物である。宋代の軍制では、武官に権限を与え過ぎて群雄割拠を招いた唐末・五代の反省から、武官ではなく文官が軍の指揮権を握ったが、実際にはその任に耐える人材は多くなかった。そうした中、中国の歴史上、文官でありながら軍事的にも辣腕を振るった人物として再評価されたのが蜀漢の丞相諸葛亮だったのである。張栻は「諸葛武侯傳」を著し、蜀の僻地に追いやられつつ皇帝を鼓舞して中原恢復を志して幾度も兵を挙げた諸葛亮に、主戦論者の中心的存在であった自らの父親の姿を重ね合わせていたと言われている。

また、永康事功学の陳亮も諸葛亮の崇拝者だった。彼はもとの名前を陳汝能と言ったが、長じて「亮」と名乗ったのは、実に諸葛亮を崇拝して現代の諸葛亮たらんと志したからである。一一八一年十一月に陳亮は公務で近くに立ち寄った朱熹を自宅に招いている。その際に共に議論した庵を、その後陳亮は諸葛亮がしばしば「膝を抱えながら詩を吟じた」故事に因んで「抱膝」と名付け、諸葛亮に因んだ詩の作成を朱熹に依頼している。もっとも、朱熹の対応は冷淡で、相手にせずに突き返している。英雄豪傑を尊ぶ陳亮の諸葛亮像が、朱熹が思い描く忠臣としての諸葛亮像とかけ離れていることがわかっていたからであろう。

このように南宋士大夫は思い思いに自らの理想の臣下像を諸葛亮に託した。こうして肥大化した諸葛亮像は明代の『三國志演義』を経て、現代に至っている。

# 終章

本書が扱った宋という時代には、それまで政治を担ってきた世襲の名門貴族の多くが没落し、これに代わって科挙と呼ばれる難関の試験によって登用される科挙官僚が活躍した。その科挙官僚の母体が儒教的知識人たる士大夫階級であった。

新たな時代の担い手には、それを推進する新たな価値観が必要であった。道学成立以前、というより北宋を通じて学問の中心的存在だったのは、王安石の思想である。王安石は旧来の政治制度の弊害を分析して、それを是正するため国家のあらゆる方面で新たに制度を定め、また自身の理念を天下の士大夫に学ばせ、反対派を排斥することで、理想政治の実現を目指した。

このような新たな法律・制度を定めることを主たる学問の目的とする王安石の学問に反発する形で、程顥・程頤兄弟が創始したのが「道学」であった。序章で述べたように、道学は「聖人学んで至るべし」ということを説き、人間性を陶冶して理想的人格たる聖人に至ることを目標として学問することに特徴があった。もっとも北宋期の道学は、別名「洛学」(＝洛陽の学問)とも呼ばれるように、特定の地域で勢力を持つ程度の影響力しかなかった。道学が本格的に勢力を拡大させたのは南宋だったのである。北宋は新法党政権の時に、異民族の金王朝から国土の北半分を奪われ滅亡した。間もなく臨安を都として誕生した南宋王朝では金王朝と和平することで命脈を保ったが、屈辱的な和平に対する士大夫の不満は強かった。そうしたなか、厳格な華夷の別を説く道学は、金との和平に反対する世論を吸収することで次第に勢力を拡大させていったのである。

さて、序章で論じたように、土田健次郎氏は、南宋で「道学」と呼ばれることのあった学派には、実際には四つの別個の学派(湖南学・浙学・閩学・江西学)が含まれていたことを指摘した。第二章で論じた胡宏は湖南学の、第三章で論じた陳亮は浙学の、第一章・第六章・第七章で論じた朱熹は閩学の、第四章・第五章で論じた陸九淵は江西学のそれぞれ中心人物、もしくは有力者である。本書ではこれら道学諸派の思想を一つ一つ検討した。もっとも、本書ではあくまで道学諸派に対して個別に設定したテーマをめぐって考察したのみで、必ずしも全体で共通した課題をめぐって分析できたわけではない。また、本篇では紙幅の都合上、十分に敷衍できなかった点もある。故にこの「終章」では、いくつかの観点から各章の内容を振り返りつつ適宜補足し、本書なりに道学諸派の諸相を総括したい。

## 第一節　道学者の政治姿勢

中国の伝統的通念としての皇帝制では、皇帝とは天命を受けた天下で最も有徳の人物とされる。そして、臣下とはその皇帝を補佐して皇帝の恩沢を天下に行き渡らせることが使命とされる。その建前から言えば、皇帝が臣下を操縦し、臣下は皇帝の意向に従って動くのが本来の姿であるはずである。しかし宋代にあっては、現実としてそうでなかっただけでなく、建前の面でも新たな考え方が出てきた。君主独裁制と呼ばれる宋代に定着した政治の仕組みでは、士大夫官僚が練りに練った政策案を、皇帝が裁可し、皇帝の命令の下に百官が実施した。つまり、士大夫官僚こそが政策の中身を決定し、また実行したのであり、その士大夫官僚の実務能力の前には、皇帝は象徴的な役回りが求められたのである。

序章の第三節や第四章で触れたように、北宋の神宗の治世（一〇六七〜一〇八五）における王安石の出現はこうした時代状況を象徴している。王安石は臣下の身でありながら、皇帝に対して教師のように振る舞い、自身の政策や理論を神宗に教え、皇帝の権威を借りる形で自らが理想とする政治を実現しようとした。陸九淵はこのような王安石の出現を孔孟の精神の復興を目指すものと位置付けたが、陸九淵が評価したのは、王安石が立案し、神宗が容認して百官に命ずるという君臣関係にあったのである。旧法党に属する程顥・程頤の思想の流れを引く道学は、本来新法党に反対する立場にある。第六章の注で触れたように、朱熹は、神宗を指導したのが王安石でなく程顥であれば、神宗は真に偉大な君主となれただろうに、と嘆いている。このように、臣下が君主を導く君臣関係を理想視する点では、王安石の批判者である陸九淵や朱熹も、王安石と同じだったのである。

また、第六章で論じたように、朱熹が道統論を説いたことには、孔子以降の世にあっては真の道の担い手は君主ではなく道を学んだ臣下であることを示して、君主に対する士大夫の優越性を主張する意味があった。もっとも一口で士大夫が政治を主導することを目指す、と言っても、「いかに主導するか」には道学諸派の間でその姿勢に違いがあったのであり、その点にこそ道学諸派の個性がよく表れているのである。それではまず朱熹の政治姿勢を見てみよう。

第四章〜第六章で論じたように、朱熹は自身の門人・講友と政治的に連帯し、自身の学説と異なる考えを持つものに対しては論争をしかけ、または論争に応じて、異論を屈服させることで自身の思想を広めようとした。このようにして朱熹は朝廷を自身の思想で染め上げることを目指したのである。

以上の朱熹の政治姿勢は朱熹の修養論と一体的である。朱熹の修養論の理念は「天理を存して、人欲を滅ぼす」という言葉に集約される。この修養論では、万物の準則としての「天理」と、それを阻害する人間の利己心としての「人欲」とを背反する関係で捉え、「人欲」を消滅させなければ「天理」は現れず、また「天理」を保持することで「人欲」は消滅する、と考える。この修養のモデルに基づいて、朝廷を改革しようとすれば、「天理」の担い手としての「道学」（道学諸派ではなく、真の道学としての朱熹の学派＝閩学）が政治を導き、「人欲」にとらわれていると朱熹がみなすところの道学の反対者を徹底的に排斥する、という政治姿勢につながるのである。実際に、第六章で論じたように、朱熹は「戊申封事」で、孝宗が私心の赴くままに側近政治を行っていることを諫め、「誠意正心」の修養を行って意識改革することを求めた。この封事で「誠意正心」を行うこととは、道学派人士を積極的に登用することを意味した。このように、朱熹の「戊申封事」は、右で述べた人欲を滅ぼす修養論と、朱熹にとっての政敵を排斥する政治姿勢とが、一体となるかたちで説かれているのである。

朱熹の政治姿勢は以上のようであるが、同じ道学の一員でありながら、朱熹とは異なる姿勢で政治に関わろうとしたのが、朱熹の代表的な論敵である陸九淵と陳亮である。第四章で論じたように、陸九淵は、右のような朱熹の政治姿勢は、自己の考えを絶対視して、それを他者に押しつけるもので、かつて新法党を形成して反対派を弾圧した王安石の姿勢と同じであると考えた。陸九淵は、朱熹のように自分の考えを押し付ける態度で他者に接するのではなく、他者の美点を積極的に認め、自己と他者との共通する地盤を模索し、そこに立脚して、他者を説得しながら士大夫輿論を形成することを目指したのである。また、このような陸九淵の政治姿勢は、陸九淵の心学思想と一体的である。

第五章で論じたように、陸九淵は万人が共通して有する心（＝「本心」）こそが道理であり、自分だけが持つ考えとは「私心」に過ぎない、と考えた。この思想が政治方面に向けられるとき、右のような士大夫全体に共通する考えを見出し、その考えに働きかけることによって輿論を主導しようとする政治姿勢へとつながるのである。

以上のような朱熹と陸九淵の政治姿勢は、士大夫輿論をいかに形成するか、という点で方法が異なっていても、士大夫こそが政治を主導すべきと考える点は同じと言える。これと異なって、皇帝の政治的主体性を奨励する政治姿勢だったのが陳亮である。第三章で論じたように、陳亮は皇帝の意向を基本的に肯定しつつ（朱熹から見れば皇帝に迎合して）、それを天下に役立てる方向で誘導することが臣下の役割であると考えた。この考え方も陳亮の修養論と関係している。

第三章で論じたように陳亮は、「義」と「利」の区別に関して、「義」を万人の利益を求めること、「利」を他者より自己の利益を優先すること、と理解した。つまり「義」、すなわち道徳的であることとは、功利を求めないことではなく、自分だけでなく他者一般に利益をもたらすことであると考えたのである。そして陳亮は、欲望の心を否定・抑圧するのではなく、むしろ他者も自分と同様の欲望を持っていることを認識して、自分だけでなく他者一般の欲望を実現することを目指すことで「天理」を実現できる、とする修養論を説いていたのである。

陳亮が皇帝の政治的主体性を奨励しつつ、それを天下に役立てる方向で誘導することが臣下の役割であると考えたのは、右のような陳亮の修養論を前提とすれば、皇帝の欲求は否定すべき対象ではなく、王道を行う契機となるからなのである。

以上のように、同じ「道学」の中には異なる政治姿勢を持つ考え方が存在したのである。すなわち、同じ思想を有するもので団結して、異なる思想を持つものを排斥するという政治姿勢（＝朱熹）。そして、党派意識を捨て自分と異なる思想を持つものの美点を認め、自他の共通の地盤を模索しつつ、他者を説得して士大夫の輿論の形成を目指すという政治姿勢（＝陸九淵）。それから、皇帝の政治的主体性を奨励し、それを天下に役立てる方向で誘導する政治姿勢（＝陳亮）である。そしてそのそれぞれの政治姿勢は彼らの哲学・修養論と一体的だったのである。

更に、以上のような道学諸派の政治姿勢・修養論は、彼らの『孟子』解釈と密接に関係しているのである。

## 第二節　孟子の再来というパラダイム

序章では道学の成立には『孟子』の受容が大きく関わっていることについて触れた。特に「聖人学んで至るべし」という言葉に代表される聖人可学論は道学に顕著な考え方だが、その聖人可学論は「人皆な堯舜と為るべし」と説く『孟子』に淵源するものである。また『孟子』には「大いに為すこと有るの君には、必ず召さざる所の臣下あり（偉大な功績を挙げる君主には、呼びつけにせずに自らその元に赴くほど礼遇する臣下がいる）」という言葉がある。『孟子』の原文では、この後、古の名君が賢臣のもとで学問を学んだ後これを任用したと続く。宋代にあって最も君主から多くの信認を得て実権を振るった王安石は、しばしば神宗を相手に「大いに為すこと有るの君」となることを求めている。これは『孟子』のこの句を踏まえて、王安石の思想を神宗が自ら学ぶことを求めたものと言える。第一章では、宋代に『孟子』が経書の列に加わったのは、王安石の意向によるものと考えられることに触れた。このことは、宋代にあって『孟子』という書物が、臣下が皇帝を教え導き、皇帝の権威の下で臣下が政治を主導することを正当化する規範として機能していた面があることを示していると言えよう。

このような『孟子』の位置づけは、王安石に反対する道学にも影響を与え、次第に宋代士大夫の通念として定着していったと言える。道学者が注目したのは、孟子の思想に止まらなかった。道学者の関心は孟子の人格面にもおよび、彼ら自身が現代に生まれた孟子の再来をもって自任していたのである。もっとも、彼ら道学者にとっての孟子観は一様ではない。そのため、彼らの思想は同じく孟子を祖としながら、大きく異なる方向で発展したのである。先述の道学諸派の政治姿勢の違いも、この孟子観の違いと関係している。

道学諸派の思想家は、『孟子』から何を学び取り、それぞれいかに発展させたのか。本書の各章はいずれもこのことと関連するテーマであるが、本文では必ずしも十分に敷衍できなかった。以下では、道学者の「孟子の再来」という自負心を、一つのパラダイムとして注目する形で、本書の内容をまとめてみたい。

第二章で論じたように、朱熹は張栻・呂祖謙とともに胡宏『知言』に疑義を呈し、「知言疑義」を作成して湖南学の学説を批判した。それから、第三章で論じたように、朱熹は陳亮と義利・王覇論争を、また第四章・第五章で触れたように、陸九淵とは、三度に渉って論争を交わし、「道学」の内部の主導権争いを展開した。そして、第六章で論じたように、朱熹は孝宗に対して三度の封事を上奏しており、側近政治を批判するなどして繰り返し皇帝の意識改革を求めた。このように、朱熹の人生は他者批判の繰り返しで、朱熹は自分が正しくないと考える思想の存在を決して容認せず、徹底的にそれを改めようとしたのであった。このような自身の学問上の、もしくは政治上の姿勢に関して、朱熹は以下のように言っている。

私は人とあることを話し合うと、徹底的に教え尽くそうとする。もし少しでも不完全なところがあれば、どうしてそのままにできるだろう。もしある事に取りかかって、正しくないところがあるなら、力を尽くして分析して正しいことを教える。また、『孟子』を見るに、あのように曖昧に見過ごすことなどあろうか。一字でも間違いがあれば、すぐに徹底的に争う。これは孟子が完全なる極限を、完全に透徹して理解していて、言わずにはいられなかった、ということだ。

某與人商量一件事、須是要徹底教盡。若有些子未盡處、如何住得。若有事到手、未是處、須著極力辨別教是。且看孟子、那箇事恁地含糊放過。有一字不是、直争到底。這是他見得十分極至、十分透徹、如何不説得。（『語類』巻一七、葉賀孫録／第二冊、三七八頁）

『語類』のこの条は、『大學』の「止至善」について説いている部分である。義理の究極まで知り尽くし、そこに止まって離れないということについて朱熹が弟子に解説する一段である。

朱熹は『大學』の「格物致知」を、事物に即して義理の究極を窮めることと解釈した。そして朱熹にとって義理の究極を窮めるということは、他者に対して、それと異なる誤った考えを認めず徹底的に改めることを求めることと一体だった。朱熹は他者に対して義理を説くにあたって一字の誤りも許さない自己の態度を、孟子の姿に重ねて説いていたのである。それは具体的には『孟子』の劈頭の以下の箇所である。

孟子は梁の恵王に会った。王は言った。「そなたは千里を遠しとせずやって来た。やはり吾が梁国に利益を与えてくれるのか。」孟子は答えて言った。「王はどうして利益など仰るのでしょうか。仁義こそが問題なのです。……まことに義理を軽んじ利益を優先すれば、人から奪わなくては満足しなくなります。仁義の道徳がありながら自分の親を後回しにするものはなく、また仁義の道徳がありながら自分の君主を軽んずるものはおりません。ただ仁義こそが問題なのです。どうして利益など仰るのでしょうか。」

孟子見梁惠王。王曰。叟不遠千里而來、亦將有以利吾國乎。孟子對曰。王何必曰利。亦有仁義而已矣。……苟為後義而先利、不奪不饜。未有仁而遺其親者也、未有義而後其君者也。王亦曰仁義而已矣、何必曰利。(『孟子』「梁惠王」上)

孟子はこのように、梁の恵王が「利」の一字を口にすることさえ許さず、「利」ではなく「義」をこそ求めるべきと王を説得するのである。第六章で見たように、朱熹は皇帝に「私心」を捨て去って心を「誠意正心」することによって意識改革することを迫った。君主の権威を物ともせず、利己心を捨てさせ、公共性に目を向けさせる朱熹の態度は、まさに梁の恵王に対して義利の弁別を力説した孟子の態度を彷彿とさせよう。

また、第四章で触れたように、朱熹は林栗と『周易』や張載『西銘』について論議した際、林栗に対する批判が余りに苛烈だったため、直後に林栗から朝廷で弾劾を受けるという報復を受けている。この時の林栗批判について、道学のうちの浙学の一派である永嘉学の陳傅良から朱熹はたしなめられたが、朱熹はそれに以下のように反論している。

（陳傅良は）また言っていたよ。私は以前林栗や陸九淵たちと議論すべきではなかった、互いに論難して、結局大きな収穫はなかった、とね。彼が思うには、表現があまりに精密だとかえって簡潔性を損なって受け入れられにくくなってしまい、矜持が高すぎると、かえって驕慢に陥ってしまうのだそうだ。一体、これ以上どうすれば大きな収穫があると言うのだろうね。孟子が楊朱や墨翟を斥けたのも、ただこのように斥けたのだ。

又謂某前番不合與林黄中陸子靜諸人辨、以為、相與詰難、竟無深益。蓋刻畫太精、頗傷易簡、矜持己甚、反涉吝驕。不知更何如方是深益。若孟子之闢楊墨、也只得恁地闢。（『語類』巻一二三、葉賀孫録／第八冊、二九六〇頁）

朱熹の他者批判は非常に苛烈だった。そのため批判相手の報復をまねき、そのことで朱熹は論敵の陳傅良からたしなめられた。しかし、『語類』でのこの発言を見る限り、朱熹はこうした反発をまったく意に介していない。というのも、朱熹は自身の他者批判を、孟子の楊朱・墨翟に対する「異端弁正」と重ね合わせていたのである。

『孟子』における楊朱・墨翟の教えとは、「洪水」や「禽獣」よりも害悪が甚だしく、それらの教えを根絶せねば、孔子の教えが明らかとならないとまで孟子が非難した「異端」思想である（『孟子』「滕文公」下）。右の『語類』での発言を見る限り、朱熹が林栗や陸九淵と議論した際、朱熹には議論によって切磋琢磨して互いの学問を向上させようとする意志など毛頭ない。孟子の楊朱・墨翟に対する態度、つまりは誤った思想の後世に対する影響力を根絶する意図で議論に臨んでいたのである。第五章で論じたように、陸九淵が朱熹に対して、他者を批判することばかりに躍起になって、切磋琢磨して自分の学問を向上させようとする意欲に乏しいと批判するのは、朱熹の他者批判の意識を正しく理解した上で批判していると言える。このように、朱熹は『孟子』の義利の弁や異端弁正を、自身が他者と議論する際の姿勢のモデルとしており、そしてそのことは、先述の政治姿勢にもつながっているのである。朱熹は『孟子』のなかから、他者の誤りを根本から批判し、異論を封殺する形で他者を導く態度を学び取ったのである。

もっとも、『孟子』に現れる議論法は、朱熹が注目したような、他者を根本から否定する方法ばかりではない。これと異なる点に着目する形で自己の思想を発展させたのが、陸九淵と陳亮なのである。

陸九淵は、弟子に誰から学問を授けられたのかを尋ねられて、『孟子』から「自得」したと答えるほど（『陸九淵集』巻三五「象山語録」下）、自身の学問を『孟子』に淵源すると強く自負していた。その陸九淵は、無極・太極論争の際に、前述のような朱熹が他者と議論する際の態度を暗に批判して、以下のように言っていた。

大舜が「大」と称せられる所以は、善を行う際に自他の区別がなく、楽しんで善いところを他者に見出しては自分もそれを行おうとしたからで（『孟子』「公孫丑」上）、他人の善言を聞いてはそれを言い、他人の善行を見てはそれを行い、その積極さは長江や黄河の堤が決壊して防ぎようがないのと同じような勢いでした（『孟子』「盡心」上）。（『陸九淵集』巻二、「與朱元晦」（二）、二六頁）（原文は本書二四四頁に掲載）

陸九淵は『孟子』の言葉を挙げつつ、聖人の堯舜は自分の考えを絶対視せずに、他者の善言・善行をよく学んだと言い、議論の際の朱熹の態度を改めるよう牽制するのである。更に陸九淵は「與曾宅之」書で以下のように言う。

孟子は「かの道は大通りのようなものである。どうして知り難いだろうか。」（『孟子』「告子」下）と言った。……古の聖賢の言葉は大抵符節を合わせるように一致している（『孟子』「離婁」下）。思うに、心とは同じ一つの心であり、理とは同じ一つの理である。究極の妥当さは同一のところへ帰着するのであり、正確な道理は一つしかない。この心がこの理であり、二つあることなどあり得ない。だから、夫子は「我が道は一貫している。」（『論語』「里仁」）と言い、孟子は「かの道は一つだ。」（『孟子』「滕文公」上）と言ったのだ……孟子は「思索せずとも知っていることがその「良知」だ。学ばずともできることがその「良能」だ。」（『孟子』「盡心」上）と言い、これが「天が私に付与したもので、私はこれをもとから持っており、外から飾り付けているのではない。」（『孟子』「告子」上）ということなのだ。だから「万物は私に備わっている。身に振り返って誠であれば、楽しみはこれほど大きいものはない」（『孟子』「盡心」上）と言うのであり、これこそが吾らの「本心」なのだ。

孟子曰。夫道若大路然、豈難知哉。……古聖賢之言、大抵若合符節。蓋心、一心也。理、一理也。至當歸一、精義無二、此心此理、實不容有二。故夫子曰。吾道一以貫之。孟子曰。夫道一而已矣。……孟子曰。所不慮而知者、其良知也。所不學而能者、其良能也。此天之所與我者、我固有之、非由外鑠我也。故曰。萬物皆備於我矣。反身而誠、樂莫大焉、此吾之本心也。（『陸九淵集』巻一「與曾宅之」、三頁）

このように、陸九淵は『孟子』の言葉を列挙する形で、自身の本心説を解説する。ここで陸九淵が主張しているのは、真の道理とは決して知り難いものではなく、もっとも身近な「本心」こそが道理なのであり、本心としての道理は万人が誰でも容易に知覚可能である、ということである。

陸九淵は孟子を尊崇し、孟子の後継者を自任したが、その注目した箇所は朱熹とは異なっていた。陸九淵は、道の日常性、その道の体得の容易さ、聖人と凡人あるいは自他の共通性を重視する姿勢を『孟子』から学び取ったのである。

最後に陳亮についても論じておこう。第三章で論じたように、一般的に「事功主義」と評され、道徳の正しさよりも功利の大きさを重視すると考えられている陳亮であるが、陳亮自身は孟子の尊崇者であり、『孟子』に基づいて持論を展開していた。

陳亮が着目したのは『孟子』「梁惠王」下における、好聲・好色・好貨・好勇の欲求の扱いである。『孟子』はこのうちの「好色」に関する一段で以下のように言う。

斉の宣王「私には悪癖がある。好色なことだ。」孟子「昔、周の太王（古公亶甫《せんぽ》）もまた好色で、夫人の姜氏を愛しました。『詩経』にこうあります。「古公亶甫は、早朝馬を駆り、西水の流れに沿って、岐山のふもとに着き、ここで姜とともに、住まいを営んだ。」（『詩経』大雅「緜」）と。古公亶甫の頃、家の中には婚期を逃して愚痴をこぼす女はおらず、家の外には年頃になっても独身の男はおりませんでした。王がもし好色で、万民と同じであれば、王者となることに何の不足がありましょう。」

王曰、寡人有疾。寡人好色。對曰、昔者大王好色。愛厥妃。詩云、古公亶甫、來朝走馬、率西水滸、至于岐下。爰及姜女、聿來胥宇。當是時也、内無怨女、外無曠夫。王如好色、與百姓同之、於王何有。（『孟子』「梁惠王」下）

「好色」は為政者の不道徳として典型的であろう。斉の宣王は自分が好色であることを気に病んで、王道政治を行う資格がない、と言う。しかし、孟子は周の太王の故事を示しつつ、王者が好色であること自体は決して不道徳ではなく、万人の模範となるような好色であれば、天下の男女は自然と結婚を望んで、独身者はいなくなる、と言うのである。このように、孟子は好聲・好色・好貨などの欲求は、それ自体は悪ではなく、王者が自分と同様に万民もその欲望を実現できるよう促すことで王道政治が実現すると説くのである。陳亮は右のような孟子の斉の宣王に対する説得術を自らの思想に取り入れている。

第三章で論じたように、陳亮は光宗朝の科挙で状元、すなわち首席合格を果たしている。当時、光宗は、その実父で上皇の孝宗と不和で、光宗は規定の月に四回の孝宗に対する朝勤を果たそうとせず、群臣が繰り返し諫めても聞き入れず、物議を醸していた。そんな折、陳亮はこの時の科挙の答案で、巧みに光宗の心をつかんだのである。陳亮は、光宗が孝宗に対して孝養に至らぬ点があるのは、孝宗の教えを守って日々政務に励んでいるためだと言い、光宗の心の奥底には十分に孝心があると指摘した。そして、月に四回の朝勤ばかりが孝養ではなく、孝宗の志を継いで心志を奮って政務に取り組むことこそが、孝宗に対する孝行であり、それこそが万人の光宗に対する疑いを解くことになる、と説くのである。

陳亮は光宗の現状を否定することなく肯定し、そこに王道政治を行う契機を見出して、働きかけたのである。陳亮は念願の状元及第後、「鄒國公に告ぐる文」で孟子に科挙合格を報告するのも、彼の右の答案の精神が孟子由来であると自負していたからであろう。以上のように、陳亮は『孟子』から、権力者の意向に逆らうことなく、自己の主張を受け入れさせる弁論術を学んだのである。

## 第三節　道学における「論争」の意義

最後にまとめて論じたいのは、道学諸派の思想家における「論争」の意義である。本書では道学諸派の思想家たちの論争について多く扱った。なかでも、第三章で取り上げた朱熹と陳亮の間で交わされた義利・王覇論争と、第五章で論じた朱熹と陸九淵の間で交わされた無極・太極論争とは、道学者の論争として最も有名なものである。これまでの研究ではこれらの論争は、いずれも議論が最後まで平行線だったことが指摘されるのみだった。しかし、本書の考察を通じて、これらの論争はそれぞれの思想家の思想形成に大きな影響を果たしていることが指摘できるのである。

本書第六章では『尚書』大禹謨のいわゆる「十六字心法」の解釈の変化について扱った。その中で、朱熹の「十六字心法」の解釈の変化は、陳亮との義利・王覇論争を転機としていることを論じた。義利・王覇論争の際、陳亮は「心が常に亡んでいることはありえない」と主張して、漢唐の名君の心に天理を見出し、君主の政治的主体性を奨励した。第六章で論じたように、その陳亮の主張は、君主が統治者としての主体性を確立することを説く、朱熹の「十六字心法」の旧説と類似していた。当時、孝宗の「独断」政治に批判的であった朱熹は、陳亮の態度が皇帝に迎合的であると警戒して、自身が説く「十六字心法」が陳亮の説と同様に受け取られないように、自説を修正したのである。

最終的に朱熹の「十六字心法」は「戊申封事」に現れるように、「格物致知」棚上げ論という形で定まった。この朱熹の「十六字心法」の最終形では、本来、朱熹の修養論の要であるはずの「格物致知」を君主が行うべき修養から棚上げにし、「格物致知」の次の段階であるはずの「誠意正心」を皇帝に求めた。その意図は、「誠意正心」を正しく実行するための「格物致知」の担い手として士大夫の役割を確保することにあった。このようにして朱熹は、皇帝の政治的主体性を否定することなく、事実上士大夫が政治を担う理論を提唱したのである。以上のような「十六字心法」の解釈の変化には、皇帝を教え導く存在であるべき（と朱熹が考える）ところの士大夫でありながら、かえって皇帝の政治的主体性を奨励した陳亮に対する反感が作用しているのである。

先述のように、一般的に朱陳の義利・王覇論争は、両者の思想的隔たりを互いに確認したに止まると指摘されてきた。しかし、本書の考察によれば、陳亮もまた、朱陳論争を契機として自身の思想をより発展させているのである。朱陳論争で陳亮は、漢唐の名君の心には、仁義の道徳心があることを強調し、三代以降は尽く人欲の世と説く朱熹に反発した。陳亮は当初、漢唐の統治を正当化する主張を繰り返すのみであったが、朱熹との議論を通じて、漢唐といえども三代には及ばないこと、統治者の修養如何によって三代の統治を実現可能であることを説くに至り、単に現実を正当化するのではなく、理想の統治を目指す方向性が提示されるのである。朱陳論争の時にはこの理想の統治を達成するための修養法は説かれなかった。しかし、陳亮の最晩年の「勉彊行道大有功」では自らの欲望を契機として王道を行うという内容の修養論が説かれるに至るのである。この修養法を説いたことには「天理を存して人欲を滅ぼす」ことを説く朱熹の修養法に対する反発の意図があった。このような陳亮の思想の発展は、朱熹が望んだ方向ではないものの、聖人の理想政治を目指すべきと考える朱熹から刺激を受けているのは間違いない。

以上は朱熹と陳亮の両者が、朱陳論争を通じて、相手の思想に反発する形で、自分の思想を発展させているということについてである。同様に、朱陸論争も朱陸の両者の思想形成に大きな影響を与えている。

無極・太極論争で、朱陸の間でもっとも大きな議論となったのは、理の究極を「無極」と表現することの是非であった。朱熹は「無極」を「無聲無臭」、つまり、人間の感覚で直接知覚できないことと解釈した。朱熹が「無極」の表現にこだわったのは、究極の理とは「格物致知」によって精微を極限まで知り尽くした末に到達できるもので、容易に見ることができないと言いたかったからである。陸九淵がこの説に反発したのは、この考え方が自身の本心論と真正面からぶつかるからである。陸九淵の本心論では、万人に共通して存在する「本心」にこそ道理があり、「本心」とは万人が日常的に容易に知覚しているものと考えられていた。

そもそも、無極・太極論争に先立って、朱陸は南康で陸九淵と会見し論争を交わしている。この論争では学問における意見・議論・定本の必要性が議題となった。「定本」とは学問の方法・順序を予め措定することを意味する。朱熹は思想を明確にするためには、意見を持つことが先決で、自分の意見を他者に広めるためには議論と「定本」が必要と考えた。これに対して陸九淵は、本心論の立場から、万人は本来共通の心を持っているから、自分だけの意見、他者を打ち負かすための議論、人を規定の型にはめる定本は学問に無用であると主張した。

このことを踏まえて、無極・太極論争を見れば、朱熹が『太極圖説』の「無極」の記述を重視したことには、陸九淵の心学思想を封殺する意味があったことを伺い知れるのである。

周敦頤『太極圖説』は、万物に関してその発生の段階から説き起こす。すなわち、万物が究極の道理としての「無極にして太極」なる「理」から生ずるとすれば、陸九淵とは異なる形で、つまり本人の自覚とは無関係に、「理」の「内在」を説くことができるのである。そして、理の様態が「無極」、つまり「無聲無臭」であるとすれば、万人が容易に知覚できないことも説明できる。そうであれば、真の道理は、誰もが日常的に知覚しているものではなく、学問を窮めた賢人・先達が教えるものでなくてはならなくなる。朱熹は陸九淵の本心論を批判対象とすることで、『太極圖説』を自己の思想体系に取り入れ自分の思想をより強固にしているのである。

「道学者」の代表格として知られ、後世「朱子」と敬称を付けられ、尊崇の対象となった朱熹。もっとも生身の人間としての彼は「粘着質」とも評され、意見の不一致を決して認めず、執拗なまでに他者を批判することを繰り返した。しかし、彼の執拗さは、飽くなき道理の探求と他者を導こうとする使命感の表出なのである。朱熹の完全性への希求は、第一には自分自身に向けられる。朱熹は他者を批判するなかで、自身の理論を柔軟に改めているのである。つまり、他者の批判を踏まえることで、異論の余地のない、より完全な理論を構築していこうとしたのである。後世、「朱子学」として仰がれることとなる彼の思想は、決して彼が自身の先駆者と認める、いわゆる道統上の人物の思想のみの影響を受けて成立しているのではない。彼と対立し、時には彼が罵倒して非難した論敵との交流のなかで醸成されていったのである。

そのことは彼の論敵にとっても同じだった。決して現実に妥協せず、究極まで理想を追い求めようとする朱熹の理想主義は、他者を奮起させた。朱熹が自らの理想を主張して他者に強く教えれば教えるほど、彼ら論敵は、朱熹の強硬な姿勢に対する違和感を出発点として、朱熹とは異なる理想を提示することによって朱熹に対抗しようとしたのである。朱熹本人が望んだのとは異なる形ではあるが、朱熹はこの時代の道学諸派の多様な思想的展開に大いに貢献しているのである。

「はじめに朱子・朱子学ありき」のドグマ的な道学観がもはや時代遅れであることは著者も承知している。本書が一貫して「朱子」ではなく「朱熹」と記してきたのも、「道学諸派」という観点を示すなかで、朱熹を絶対視せず、できる限り相対化して考察することを心がけたからである。もっとも、以上のように研究を進めるなかで、やはりこの時代の朱熹の影響力の強さを改めて実感した次第である。

「聖人学んで至るべし」とは道学のスローガンである。本書が論じてきたことによれば、聖人に至ることとは、必ずしも一身の精神的な境地を言うのではない。「聖人は人倫の至」（『孟子』「離婁」下）とも言う。人倫、つまりは社会に対する主体性の確立にこそ、聖人の聖人たる所以があるのである。南宋の道学者は、「聖人学んで至るべし」という言葉に思索をめぐらすなかで、自分が信じる理想をいかに他者へと伝えていくか、また他者に伝わり得るものとしていかに自分の思想を磨いていくか、ということに取り組んだのである。道学諸派の思想家の哲学・修養論と、彼らの政治姿勢とが一体的であることは、まさにそうした事情を示している。

社会に流されることなく社会と向き合い、困難な現実に直面しても理想を棄てず、己の殻に閉じこもることなく己を研鑽し、他者をも導いていこうとした道学者の姿は、現代に生きる私たちに、なにがしかの示唆を与えてくれるように思えてならない。

## 第四節　残された課題

最後に本書の構成の意図について説明しつつ、今後の課題を示したい。本書は七章構成であるが、第七章の『資治通鑑綱目』に関する研究は、それまでの章と必ずしも直接的に関連していない。これは著者が課程博士論文を執筆するなかで、次第に問題意識や興味関心が移ったことが原因である。著者の課程博士論文の当初の構想では、朱子学の「道統論」と「正統論」の歴史的展開を考察するはずであった。

道統論とは儒者の思想的正統性、正統論とは王朝の政治的正統性に関する議論である。朱熹の道統論では、孟子から周敦頤に至るまで千年以上も道統が断絶し、その間には誰も道統を担った人物はいないとする。つまり、非常に高いレベルでの思想的一貫性を求めている。しかし、正統論に関しては、単に「中国を統一し、二代以上存続した王朝」と定義し(「通鑑綱目凡例」)、秦・晋・隋などの簒奪・無道の王朝を「正統」に数えるなど、王朝成立の道義性をまったく問題にしないドライな内容である。このように高い理想を求める道統論に対して、現実に妥協的な正統論は、本来別個に扱わねばならない性質のものなのである。しかし、両者は、朱熹の思想が受容され制度化し、「朱子学」が成立する過程で次第に接近していき、混同されるようになっていったのである。そして政治的正統性を論ずる朱熹の正統論も、本来の朱熹の意図を離れて、道統論同様に高い理想を説いているもの、と考えられるようになったのである。

博論の当初の計画では、朱熹にとってはまったく別物であったはずの道統論と正統論とが次第に関連するものとして受け取られるなかで、朱熹本来の思想とは異なる形での「朱子学」が成立することを論ずる構想だった。本書の第一章はその「道統論」に関する最初の論文で、本書の第七章の『通鑑綱目』に関する研究は、「正統論」を論ずる前段階の論文という位置づけであった。それが、朱熹の「道統論」を論ずるためには、他の道学者の道統論と比較するのがよいだろうと考え、次第に興味の中心が、道学諸派へと移っていった。第二章・第三章はそうした問題意識で書いている。また他の道学諸派を研究していくなかで、道学者が直面していた「党争」という状況が彼らの思想形成に少なからぬ影響を与えていることに気がつき、政治方面にも視野を広げる必要に迫られた。そのため、第四章・第六章のように、政治上における道学者の活動に焦点を合わせ研究を進めた。以上のような経緯で、本来研究テーマの二本柱の一つであった正統論は蚊帳の外に押しやられる格好となってしまった。しかし、遠回りはしたが、本書の研究はこれから正統論を研究していくなかで役に立つとの手ごたえを得ている。本書が考察してきたような道統論の意義を踏まえた上で、今後は正統論についても、改めて取り組んでいきたい。

また、政治方面にまで視野を広げたことで、著者は自分の力量不足を痛感することとなった。真に政治上の活躍を含めて道学の思想を分析するためには、南宋の流動的な政治情勢を、複雑な官僚機構や士大夫個々人の人間関係を十分に把握した上で、総合的に考察する必要があるからである。本書で扱ったのは、あくまで思想史を専門とする著者が何とか扱える範囲での課題に過ぎない。陸九淵が孝宗の面前で力説し、孝宗から評価されたと考えられる「輪対」や、道学諸派の各派の人員を推薦する葉適の薦士書の意義など、道学の展開上、重要であることは明らかであるが、著者の力量不足のために本書で扱えなかった課題は多い。政治史を専門とする研究者であれば、綿密で詳細な考察が可能と思う。本書の考察が少しでもそうした今後の道学研究の手がかりになれば、と願う。

最後に本書の構成とすでに発表した論文・口頭発表との関係を記しておく。本書は、二〇一八年に学位を授与された課程博士論文『道学の展開』を礎稿として、体裁や表現の統一を施したほか、大幅な加筆と修正を行い、全体として倍以上の分量となっている。ただ論旨そのものは大きくは変更していない。

序　章　書き下ろし
第一章　孔孟一致論の展開と朱熹の位置――性論を中心として（初出時「孔孟一致論の展開と朱子の位置――性論を中心として」、『日本中国学会報』六五号、二〇一三年）
第二章　経書解釈から見た胡宏の位置――「未發・已發」をめぐって（初出時「胡宏と朱子――兩者の相異の根源としての經書理解」、『中国思想史研究』三七号、二〇一六年）
第三章　陳亮の「事功思想」と孟子解釈（初出時「陳亮の「事功思想」とその孟子解釈」、『集刊東洋学』一一六号、二〇一七年）
第四章　淳熙の党争下での陸九淵の政治的立場――「荊國王文公祠堂記」をめぐって（東北中国学会、二〇一八年度学会、東北大学、二〇一八年五月二十七日）口頭発表
第五章　説得術としての陸九淵の「本心」論――仏教批判と朱陸論争をめぐって（書き下ろし）
第六章　消えた「格物致知」の行方――朱熹「戊申封事」と「十六字心法」をめぐって（台湾、二〇一八年東亞儒學的經典與文化國際學術研討會、二〇一八年十一月三日）口頭発表
第七章　『資治通鑑綱目』と朱熹の春秋学について――義例説と直書の筆法を中心として（初出時「『資治通鑑

綱目』と朱子の春秋学について――義例説と直書の筆法を中心として」、『東方学』一二七号、二〇一四年）

終　章　書き下ろし

# 参考文献一覧

項目ごとに発表年代順に配列。

## 一　資料


鄭玄『論語鄭氏注』／『鳴沙石室佚書』（東方学会、一九二八年）。

『宋會要輯稿』（上海古籍出版社、一九五七年）。

『四庫全書總目』（中華書局影印、一九六五年初版）、上・下冊。

陸九淵『陸九淵集』（中華書局、一九八〇年初版）。

程顥・程頤『二程集』（中華書局、一九八一年初版）。

朱熹『四書章句集注』（中華書局、一九八三年初版）。

全祖望『宋元學案』（中華書局、一九八六年）。

胡宏『胡宏集』（中華書局、一九八七年初版）。

汪榮寶『法言義疏』（中華書局、一九八七年初版）。

陳亮『陳亮集・增訂本』（鄧広銘点校、中華書局、一九八七年）上・下冊。

黄暉『論衡校釋』（中華書局、一九九〇年初版）、全四冊。

李燾『續資治通鑑長編』（中華書局、一九九三年）。

黎靖德『朱子語類』（中華書局、一九八六年初版）、全八冊。

趙翼『陔餘叢考』（河北人民出版、二〇〇三年）。

朱熹『朱子全書（修訂本）』（上海古籍出版社・安徽教育出版社、二〇一〇年）、全二七冊。

王資材『宋元學案補遺』（中華書局、二〇一二年）。

王安石『王安石全集』（復旦大学出版社、二〇一六年）全一〇冊。

李心傳『建炎以來朝野雜記』（中華書局、二〇一六年）。

李心傳『道命録』／『知不足齋叢書』（中文出版社影印）。

## 二　訳注・概説書

島田虔次『朱子学と陽明学』（岩波書店、一九六七年初版）。

吉川幸次郎『論語』（朝日新聞社、一九六五〜一九六六年）上・下冊。

金谷治『孟子』（朝日新聞社、一九六六年）。

小島祐馬『社會思想史上における「孟子」』（三島海雲「カルピス文化叢書」、一九六七年）。

福田殖『陸象山文集』（明德出版社、一九七二年）。

本田濟編『中国哲学を学ぶ人のために』（世界思想社、一九七五年）。

島田虔次『大学・中庸』（朝日新聞社、一九七八年）上・下冊。

加賀栄治『孟子』（清水書院、一九八〇年）。

平岡武夫『論語』（集英社、一九八〇年）。

友枝龍太郎『朱子文集』（明德出版社、一九八四年）。

湯浅幸孫『近思録（上・中・下）』（たちばな教養文庫、一九九六年）。

三浦國雄『「朱子語類」抄本』（講談社、二〇〇八年）。

橋本秀美『論語――心の鏡』（岩波書店、二〇〇九年）。

中純夫編、朱子語類大学篇研究会訳注『『朱子語類』訳注　巻一四』（汲古書院、二〇一三年）。

土田健次郎『論語集注』（平凡社、二〇一三〜二〇一五年）全四冊。

中純夫編、朱子語類大学篇研究会訳注『『朱子語類』訳注　巻一五』（汲古書院、二〇一五年）。

井波律子『完訳論語』（岩波書店、二〇一六年）。

## 三　年譜・伝記・考証

束景南『朱子大傳』（福建教育出版社、一九九二年）。

衣川強『朱熹』（白帝社、一九九四年）。

顏虚心『陳龍川先生年譜長編』（『宋人年譜叢刊』、四川大学出版社、二〇〇三年）。

陳来『朱子書信編年考證（增訂本）』（三聯書店、二〇〇七年）。

鄧広銘『陳龍川傳』（新華書店、二〇〇七年）。

三浦國雄『朱子傳』（平凡社、二〇一〇年）。

## 四　研究書

### （1）単著・日本語

後藤俊瑞『朱子の實踐哲學　哲學篇』（目黒書店、一九三七年）。

内藤湖南『中国近世史』（弘文堂、一九四七年）。

安田二郎『中國近世思想研究』（弘文堂、一九四八年）。

狩野直喜『中國哲學史』（岩波書店、一九五三年）。

楠本正継『宋明時代儒學思想の研究』（広池学園出版部、一九六二年初版）。

荒木見悟『仏教と儒教』（平楽寺書店、一九七〇年）。

森三樹三郎『上古より漢代に至る性命觀の展開』（創文社、一九七一年）。

吉川幸次郎『吉川幸次郎全集』（筑摩書房、一九七三年）。

國士館大学附属図書館編『楠本正継先生中國哲學研究』（國士館大学附属図書館、一九七五年）。

日原利国『春秋公羊傳の研究』（創文社、一九七六年）。

佐藤匡玄『論衡の研究』（創文社、一九八一年）。

大濱晧『朱子の哲学』（東京大学出版会、一九八三年）。

市川安司『朱子哲學論考』（汲古書院、一九八五年）。

梅原郁『宋代官僚制度研究』（同朋舎出版、一九八五年）。

佐野公治『四書學史の研究』（創文社、一九八八年）。

寺地遵『南宋初期政治史研究』（溪水社、一九八八年）。

友枝龍太郎『朱子の思想形成』（春秋社、一九八九年初版、一九七九年改訂版出版）。
吉田公平『陸象山と王陽明』（研文出版、一九九〇年）。
内藤湖南『支那史学史』（東洋文庫、一九九二年）、二冊。
宮崎市定『中国史』／『宮崎市定全集』第一巻（岩波書店、一九九二年）。
村上哲見『中国文人論』（汲古書院、一九九二年）。
近藤正則『程伊川の『孟子』の受容と衍義』（汲古書院、一九九六年）。
高畑常信『宋代湖南学の研究』（秋山書店、一九九六年）。
木下鉄矢『朱熹再読――朱子学理解への一序説』（研文出版社、一九九九年）。
松川健二『宋明の論語』（汲古書院、二〇〇〇年）。
王瑞来『宋代の皇帝権力士大夫政治』（汲古書院、二〇〇一年）。
島田虔次『中国の伝統思想』（みすず書房、二〇〇一年）。
土田健次郎『道学の形成』（創文社、二〇〇二年）。
吉原文昭『南宋學研究』（研文社、二〇〇二年）。
市來津由彦『朱熹門人集團の研究』（創文社、二〇〇二年）。
島田虔次『中国思想史の研究』（京都大学学術出版会、二〇〇二年）。
中砂明徳『江南――中国文雅の源流』（講談社選書メチエ、二〇〇二年）。
吾妻重二『朱子学の新研究』（創文社、二〇〇四年）。
衣川強『宋代官僚社会史研究』（汲古書院、二〇〇六年）。
小路口聡『「即今自立の哲学」陸九淵心学再考』（研文出版、二〇〇六年）。
土田健次郎編『近世儒学研究の方法と課題』（汲古書院、二〇〇八年）。
木下鉄矢『朱熹哲学の視軸――続朱熹再読』（研文出版、二〇〇九年）。
木下鉄矢『朱子――〈はたらき〉と〈つとめ〉の哲学』（岩波書店、二〇〇九年）。
平田茂樹『宋代政治構造研究』（汲古書院、二〇一二年）。
小島毅『朱子学と陽明学』（ちくま学芸文庫、二〇一三年）。

藤本猛『風流天子と「君主独裁制」――北宋徽宗朝政治史の研究』（京都大学学術出版会、二〇一四年）。

中嶋諒『陸九淵と陳亮――朱熹論敵の思想研究』（早稲田大学出版部、二〇一四年）。

田中秀樹『朱子学の時代――治者の〈主体〉形成の思想』（京都大学学術出版会、二〇一五年）。

宮下和大『朱熹修養論の研究』（麗澤大学出版、二〇一六年）。

（2）単著・中国語

呉春山『陳同甫的思想』（国立台湾大学文史叢刊、一九七一年）。

邱漢生『四書集注簡論』（中国社会科学出版社、一九八〇年）。

張立文『朱熹思想研究』（中国社会科学出版社、一九八一年）。

林継平『陸象山研究』（臺灣商務印書館、一九八三年）。

蔡仁厚『宋明理学・南宋篇』（台湾学生書局、一九八四年）。

羅光『中国哲学思想史』（台湾学生書局、一九八四年）。

銭穆『朱子新學案』（巴蜀書社、一九八七年）全三冊。

余英時『士与中国文化』（上海人民出版社、一九八七年）。

陳来『朱熹哲学研究』（中国社会科学出版社、一九八八年）。

蔡方鹿『一代學者宗師――張栻及其哲学學』（巴蜀書社、一九九一年）。

張立文『走向心学之道　陸象山思想的足跡』（中華書局、一九九二年）。

ホイト・ティルマン（田浩）『朱熹的思惟世界』（允晨文化実業股份有限公司、一九九六年）。

ホイト・ティルマン（田浩）『功利主義儒家　陳亮對朱熹的挑戰』（江蘇人民出版社、一九九七年）。

黄俊傑『孟學思想史論（巻二）』（中央研究院中國文哲研究所籌備處、一九九七年）。

沈松勤『北宋文人与党争』（人民出版社、一九九八年）。

牟宗三『心體與性體』（上海古籍出版、一九九九年初版）全三冊。

湯勤福『朱熹的史學思想』（齊魯書社、二〇〇〇年）。

李祥俊『王安石學術思想研究』（北京師範大學出版、二〇〇〇年）。

牟宗三『従陸象山到劉蕺山』(上海古籍出版、二〇〇一年)。
呉懐祺『中國史學思想史・宋遼金巻』(黄山書社、二〇〇二年)。
趙伯厚『春秋學史』(山東教育出版社、二〇〇四年)。
余英時『朱熹的歴史世界』(生活・読書・新知三連書店、二〇〇四年)全二冊。
黄俊傑『中國孟學詮釋史論』(社會科學文獻出版社、二〇〇四年)。
沈松勤『南宋文人与党争』(人民出版社、二〇〇五年)。
鄧広銘『陳龍川傳』(新華書店、二〇〇七年)。
周淑萍『兩宋孟學研究』(人民出版社、二〇〇七年)。
李峻岫『漢唐孟子學述論』(齊魯書社、二〇一〇年)。
何俊『南宋儒學』(上海人民出版社、二〇一三年)。

(3) 単著・欧文

ホイト・ティルマン (Hoyt Cleveland Tillman)、*Utilitarian Confucianism: Chen Liang's Challenge to Chu Hsi* (Harvard Univ. Asia Center, 1982)。
セオドア・ドヴァリー (Wm. Theodore de Bary)、*The Liberal Tradition in China* (Chinese University Press, 1983)。
ロバート・ハイムズ (Robert Hymes)、*Statesmen and Gentlemen: The elite of Fu-Chou, Chiang-hsi in Northern and Southern Sung* (Cambridge University Press, 1986)。
ピーター・ボル (Peter K. Bol)、*"This Culture of Ours": intellectual transitions in T'ang and Sung China* (Stanford University Press, 1992)。

(4) 論文・日本語

庄司荘一「陳亮の學」(『東洋の文化と社會』四、一九五五年)。
内山俊彦「王安石思想初探」(『日本中國學會報』第一九集、一九六七年)。
庄司荘一「朱子と事功派」(『朱子學入門』、明徳出版社、一九七四年、所収)。

鎌田正「朱子と春秋」(『朱子學入門』、明德出版社、一九七四年、所収)。

庄司荘一「陳亮の變通の理について」(入矢教授小川教授退休記念會、『入矢教授小川教授退休記念中國文學語學論集』、一九七四年所収)。

池田秀三「揚雄の思想」(『日本中國學會報』第二九集、一九七七年)。

近藤一成「南宋初期における王安石評價」(『東洋史研究』三八号、一九七九年)。

近藤正則「王安石における孟子尊崇の特色——元豐の孟子配享と孟子聖人論を中心として」(『日本中國學會報』第三六集、一九八四年)。

近藤正則『宋代の孟子批判について——余允文『尊孟辨』採録の非孟論を中心として』(上・中・下)(『漢文教室』四六号・四七号、一九八三年。四十八号、一九八四年)。

早坂俊広「「戊申封事」に見える朱熹の君主観」(『哲学』四二号、一九九〇年)。

早坂俊広「朱熹の「人心・道心」論(一)——「人心・道心」解釈の展開について」(『哲学』四三号、一九九一年)。

早坂俊広「朱熹の「人心・道心」論(二)——「精一・執中」解釈を中心として」(『哲学』四四号、一九九二年)。

早坂俊広「陳亮の道学——「西銘説」を中心にして」(『日本中国学会報』第四五集、一九九三年)。

土田健次郎「王安石における學の構造」(宋代史研究會、『宋代の知識人』、汲古書院、一九九三年、所収)。

市來津由彦「南宋朱陸論再考」(宋代史研究會、『宋代の知識人』、汲古書院、一九九三年、所収)。

三浦國雄「気質の変革」(三浦『朱子と気と身体』所収、一九九七年)。

伊東貴之「「気質変化」論から「礼教」へ」(『岩波講座・世界歴史』第一三巻、一九九八年)。

垣内景子「「聖人可学」をめぐる朱熹と王陽明——聖人にならなかった朱熹と聖人になった王陽明」(『日本中国学会創立五十年記念論文集』、汲古書院、一九九八年)。

平田茂樹「宋代の朋黨形成の契機について」(宋代史研究會、『宋代社會のネットワーク』、汲古書院、一九九八年、所収)。

阿部直之「南宋孝宗朝の皇帝側近官」(『集刊東洋學』第八八集、二〇〇二年)。

吉原文昭「陳亮の人と生活」(『南宋學研究』、研文社、二〇〇二年、所収)。

藤本猛「「武臣の清要」——南宋孝宗朝の政治状況と閤門舎人」(『東洋史研究』六三—一、二〇〇四年)。

土田健次郎「中国近世儒学研究の方法的問題」（『近世儒学研究の方法と課題』所収、二〇〇六年）。

小林晃「南宋孝宗朝における太上皇帝の影響力と皇帝側近政治」（『東洋史研究』七一号、二〇一二年）。

中嶋諒「鵝湖の会再考――陸九齢、陸九淵の思想詩二首を中心に」（『実践女子大学人間社会学部紀要』一三号、二〇一七年）。

中嶋諒「陸学の「人心」「道心」論――いわゆる「朱陸折衷」の淵源を辿る」（『言語　文化　社会』一五号、二〇一七年）。

（5）論文・中国語

侯外廬他「浙東事功派与理学的関係」（『宋明理学史』下巻所収、一九六四年）。

欒保群「陳朱「王霸義利」之辨始末」（『天津師範大學學報（社科版）』、一九七九年）。

蔣義斌「史浩與南宋孝宗朝政局――策論孝宗之不久相」（『宋史研究集』会八、國立編譯館、一九八八年所収、初出は一九八二年）。

柳立言「南宋政治初探――高宗陰影下的孝宗」（『中央研究院歴史語言研究所集刊』五七―二、一九八六年）。

馮友蘭「道学外的思想家――陳亮和葉適」（『中国哲学史新編』所収、一一八八年）。

鄧廣銘「朱陳論辯中陳亮王霸義利觀的確解」（『北京大學報』、一九九〇年第二期）。

鍾陵「陳亮朱熹的王霸義利論辨與南宋儒學派之争」（『南京師大學報（社會科學版）』、一九九三年第一期）。

鄔國義「『通鑑釋例』三十六例的新發現」（『史林』一九九五年、四期）。

郭斉「關與朱熹編集『資治通鑑綱目』的若干問題」（『四川大學學報（哲學社会科學版）』、二〇〇一年）。

黄炳華「陳朱之辯蠡測」（『上饒師範學院學報（社會科學版）』、二〇〇五年）。

漆俠「浙東事功派代表人物陳亮的思想　與朱陳「王霸義利之辨」」（『河北大學學報（哲學社會科學版）』、二〇〇一年）。

黄開國「陳亮重事功的功利思想」（『寧波黨校學報』、二〇〇五年第二期）。

倉修良「朱熹和『資治通鑑綱目』」（『安徽史學』、二〇〇七年第一期）。

姚彦淇「朱熹「『資治通鑑綱目』增損檃括『資治通鑑』方法舉隅――以卷一為例」（『屏東教育大學學報‐人文社會類』第三五期　二〇一〇年）。

周建剛「陸九淵『荊國王文公祠堂記』與朱陸學術之爭」(『江西師範大學大學報(哲學社會科學版)』第四六巻第一期、二〇一三年)。

# あとがきに代えて

著者は平成十八年に京都大学文学部に入学し、二十年に中国哲学史専修に分属して以来、修士課程・博士後期課程を経て平成三〇年に博士学位を取得するまで同専修で学んだ。その間多くの先生・先輩方に助けられながら学生生活を送ることができたのは、著者にとって最大の財産である。

後書きに代えて、お世話になった方々のことを振り返りつつ、感謝の言葉を申し上げたい。

池田秀三先生

著者が博士に進学した平成二十四年度に池田秀三先生は京都大学を退官されたので、池田先生からすると著者は最後の弟子ということになろうと思う。池田先生の中国古典に対する造詣の深さは、先生の在職当時、中国古典を学び始めて数年の著者にとって、ただただ圧倒されるばかりだった。先生の孤高なまでの学識を屹立する泰山に譬えるものもいる。しかし、泰山であれば、仰ぎ見ればその頂が見えよう。あえて譬えるなら、立派な白髭を蓄えた仙人のような先生の風貌と相まって、霞の彼方か底知れぬ深淵が相応しいか。その様子はちょうど、中国学の奥深さそのものを体現しておられるように映った。

先生の講義は著者の研究に重大な指針をもたらして下さった。池田先生が礼学について講義された時のことである。先生は「礼学者というのはええ加減なもので、その場だけ説明が付けばええと思っとるんですな」と仰っていた。礼学の経書解釈では、三礼に矛盾した記述がある場合、尊卑の別・三代・四季といった概念を駆使して矛盾する記述をＴＰＯの違いとして処理してすべてを整合的に成り立たせようとする、というお話をされていた。実際にそのような制度が上古の世に行われていたかどうかは二の次で、頭のなかで成立すればそれで満足していた、というのである。儒教の礼学というと厳格さの上にも厳格さを求める学問と思っていた著者にとって大きな衝撃であったが、それにもまして興味深く思われたのは、中国の学術における古典解釈の特色である。

一般的に古典学とは地味で保守的な学問と考えられている。しかし、先生の講義を通じて、著者は中国における古典解釈という作業は、極めて革新的で、創造的な営為であることを知った。本書が扱った道学は哲学的・思弁的な儒教と言われ、しばしばその古典注釈の特徴は、経文と乖離した形而上学を説く点にあると説明される。著者は先生の講義に接するなかで、宋学の「哲学」の役割も本来はこのような古典解釈上の矛盾を調停する過程でできあがったのではないかと思い至った。本書第一章で論じた「孔孟一致論」では著者なりに先生の観点を宋学に応用した。

池田先生にとっては、著者は多くの弟子のなかの、末端の一人でしかないことは承知しているが、著者にとって先生の存在は遙か先の目標である。

宇佐美文理先生

著者が中国哲学史専修に進み、また朱子学を志すきっかけを下さったのが宇佐美先生である。

思い出されるのは学部二回生の時の『論語集注』の講読の時間である。有名な『論語』子罕篇の「川上の嘆」の条のところで朱注が「道體」を説く段にさしかかったところだった。その時、先生は「朱子はこのように解釈していますが、『論語』の原文は決してこんなことは言ってません。」と、いつになく強い口調で仰った。先生は新注の注釈としての恣意性を強調されたかったのだと思う。

その後、著者は『孟子』に泉のことを「不舎晝夜」と説く条があることを知り、朱熹もそのことを踏まえて「川上の嘆」を注釈していることを知った。『孟子』の文脈を敷衍すれば、朱熹の解釈も決して無理ではないのではないか。著者はそう感じて、以来、朱熹を始めとする道学者の経書注釈を、思想の当てはめと切り捨てるのではなく、注釈者の立場に寄り添って読み解くことを心がけるようになった。本書の序章「はじめに」を『論語』のこの条から説き起こしたのは、この条が著者自身にとっての研究の出発点だったからである。

また、『孟子』解釈に着目する形で博論をまとめようと構想する著者に対して、常に慎重な姿勢を示して下さったのが宇佐美先生であった。後に撤回されたものの、「『孟子』が無くても道学は成立したと思いますよ」と仰ったこともあった。そして、課程博士論文では論文審査の主査を務めて頂き、多くのご叱正を頂いた。

宇佐美先生の批判に耐えうる論文を書く。このことは著者の研究生活にとって最大の試練であり、これからもそうあり続けるであろう。

中純夫先生

京都府立大学教授の中先生の主催する『朱子語類』輪読会には、著者は修士の時から現在に至るまで足かけ七年以上参加させて頂いている。また後述の木下鉄矢先生の後を引き継いで中先生が京都大学で演習を担当された際には、著者は既に学生の身分を失っていたにもかかわらず二年間韓元震『朱子言論同異攷』の演習に参加することをお許し頂いた。

著者の目に映った『語類』輪読会での先生の姿勢は、常に精確・謹厳であり、努めて穏当を心がけたものだった。『語類』をはじめとする道学文献は思想的にも言語的にも難解をもって鳴るものが少なくない。著者の道学文献に対する読解の姿勢は、すべて中先生の研究会を通じて培ったものであり、輪読会の参加を通じての精読の訓練が無ければ、本書に収められた諸研究は存在し得なかったこと、ここで強調しておきたい。

輪読会参加当初、拙劣な原稿を提出して中先生から大目玉を頂いたことがあった。以来輪読会の参加は気が重かったが、ある時、朱熹の人物評価について私見を交えてやや踏み込んだ注を付けた訂正稿を提出したところ、お褒めに与ることがあった。やっと自分なりの朱子学理解に自信が得られた、とひそかに喜び、これまで見捨てず指導して下さった学恩に深く感謝した。

木下鉄矢先生

木下先生の刺激的な朱子学研究に接する機会を得ることができたのは、著者が修士二回生から博士二回生にかけての時のことである。それは著者の学生生活の最大の幸運であった。常に学界の定説に異を唱える木下先生の挑戦的な研究姿勢は、定説を吸収するのに必死な著者としては時として違和感を覚えることもあり、先生の演習では生意気にも保守的な立場から先生に反論を試みることもあった。しかし、有り難いことに、先生はいつも真正面から議論を受け止めて下さった。時には形勢不利と見るや、その次回の講義で更に反論する資料を大量に準備してこられることもあった。またこちらの言い分に興味を持った時には、好きなように思うところを開陳してみろ、と黒板を背に話をさせて頂いたこともあった。二限の先生の講義はいつしか正午を超えて昼休みに大きくずれ込むことが常となっていた。

著者が先生から最も刺激を受けたのは、先生がいつも言っておられた「経書解釈」を「思想の現場」として捉えるという観点である。本書の諸研究では、先生と全く同じ方法というわけではないが、著者なりに先生の観点を吸収しようと試みた。

一年間の北京留学を終え、木下先生に帰国のご報告を申し上げようと思っていた折に、先生逝去の急報に接したのは、著者にとって余りに大きな衝撃であった。留学前、著者が最後に出席した講義で朱熹の鬼神論に触れた折に、先生はふと、「私もいつ死ぬかわかりませんよ」と仰っていた。その時は冗談としか思わなかったが、先生の晩年の猛烈な執筆意欲を合わせて考えれば、先生はその時既にご自分の病状を知っておられたように思えてならない。

博論の試問の際に、どうして木下先生の研究が参考文献に挙がっていないのか、と指摘された。著者は木下先生の研究姿勢には大いに感銘を受けたが、その個別の学説を十分に理解できたとは言い難く、参考文献に挙げるのを躊躇われたからである。

今こうして著書を上梓する機会を得て、先生にもう一度お話をうかがって理解を深めたいと願うが、それはもはや適わない。そのことは、今となっては遺憾というのも口惜しいほどである。

古勝隆一先生

京都大学人文科学研究所准教授の古勝隆一先生には、学生時代の演習の他、『説文解字』研究班、『文史通義』研究班で長らく参加をお許し頂いた。東京大学の出身である古勝先生は、著者が日頃接する京大中哲史とは異なる考え方をいつも示して下さった。それは伝統に安住せずに海外の優れた研究に目を向ける進取の姿勢であり、また現代も含めた中国文化に対する深い愛好・親しみの精神である。

院生生活が思うようにいかないときには、繰り返し温かい励ましのお言葉を頂いた。私にとって特に印象的だったのは、演習の時間に先生が「楽しくなければ本当の学問ではない」と仰っていたことである。演習で

『周易』繋辞伝の韓康伯注や『莊子』の郭象注を扱われた際には、しばしば原文を逸脱する注釈の内容について、注釈者がいったい何を意図しているのか、時には厳密な考証を経て、時には想像も交えて、学生の意見を歓迎しながら講義を進めておられた。古典学の研究は基本的に古典と向き合う孤独な作業の連続であるが、著者は先生の演習の参加を通じて「一緒に考える」ことの喜びを知った。

著者の出身である京都大学の中国哲学史専修での院生生活は、来る日も来る日も、出典調べと訳註作りの毎日である。時間をかけて調べても満足な成果が出ず、自分の適性の無さを思い知らされる場面は少なくなかった。しかし、先生の講義に出席するなかで、自分にとっての学問の「楽しさ」とは何かを見つめ直し、今に至る研究のテーマを見つけ、腐らずに研究を続けることができた。

また、著者が人文科学研究所の助教に採用されてからは、直属の上司として、常に適切な指示を下さるとともに、研究者としてのあるべき模範を身をもって示して下さっている。研究班の運営、研究集会の開催、海外の研究者との交流など、挙げればきりがないほど多くの大切なことをお示し下さっている。

本書の執筆に当たっては、執筆に集中する時間を作れるよう、古勝先生からご配慮頂いた。博士論文提出から出版原稿の入稿まで一年ほどの修正期間で、元の倍近くの分量に増補することができたのは、古勝先生のお心遣いの賜である。深く感謝申し上げたい。

三浦秀一先生

東北大学文学部教授の三浦秀一先生とは、宇佐美先生のご紹介で東北大学が運営する『集刊東洋学』に投稿させて頂いて以来、お近づきになることができた。平成二十七年に陳亮に関する論文を投稿した際には、もとの投稿論文に圧倒されるほど膨大なコメントと修正要求が書き込まれて返ってきた。修正すべき点が余りに多いことを悟ってその年は断念し、翌年満を持して再投稿することとした。著者なりに一通り修正すべき点を直した上での再投稿だったが、その年の査読でも非常に多くのコメント付きのファイルを頂いた。更には三浦先生からはまだ修正点が言い尽くせていない、と二度にわたって電話で口頭でのご教示を頂いた。電話でのご指導は合わせて二時間以上に及び、修正後の論文は結局投稿時の原型をほぼ止めない状況であった。その時の成果が第三章の陳亮論文である。

この時の経験は著者にとって、自分の研究方法を反省する大きなきっかけとなった。それまでは、著者は論文で扱う個々の文章について、論文の論旨に合う点のみを摘出して取り上げていた。三浦先生が繰り返し仰っていたのは、個々の文章の本来の主旨を大切にするということである。それは、原典に忠実に、という一般論として仰っているだけではなく、本来の主旨を大切にして読むことで、個々の思想家の問題意識に寄り添う形で、思想をより深く緻密に分析できるようになる、ということである。考察対象の文章の執筆時期や作者がおかれていた政治状況、またその作者の思想の変化に注意して文章を読むことを心がけるようになったのは、まさにこの時の三浦先生のご指導によってであった。

第四章・第五章の陸九淵に関する研究や第六章の朱熹の戊申封事に関する研究はこの時の三浦先生のご指導を強く意識して書いた論文である。これらの研究に見るべき点があるとすれば、それは三浦先生のご指導の成果である。

池田恭哉さん

現在は京都大学中国哲学史専修の准教授である池田恭哉さんは著者より四学年上の先輩である。著者が学部で中哲史専修に分属した際には、久しぶりに入った学部生ということもあって、池田さんから、よその研究室では考えられないような濃厚な個人指導を受けることができた。読めない漢文はもちろんのこと、必要な工具書や調べ物のコツ、中国書を扱う書店や面白い研究論文、図書館に眠る京大の先人の書き込みのある線装本、更には対人関係や酒席のマナーなど、勉学から日常生活の万端に渉って、きめ細やかに手取り足取りご指導頂いた。

学部生の時には、著者が朱熹の陶潜評価に興味を持っていたことがきっかけで、二人で『文選』の顔延年の「陶徵士誄」を読む読書会を開いて下さった。印象的だったのは「もし、恩返ししたいと思うなら、後輩のみんなに同じようにしてあげるんだぞ」と仰っていたことである。このように、池田さんはいつも研究室全体を大事に思っておられたのであった。

池田さんには到底及ばないながら、少しでも後輩諸君のお役に立つことで池田さんに恩返しできれば、と願っている。

石立善さん

著者が石さんと出会った時、著者はまだ分属したての学部生で、石さんは博士論文を提出しようとするODであったが、石さんは不思議と筆者に目をかけて下さって、折に触れて様々なアドバイスを下さった。石さんのお話はいつも刺激に満ちていた。最近の学界の動向、研究室のゴシップ・昔話、また日中の文化論に至ることもあった。毒舌を吐くこともしばしばだったが、それよりも印象的なのは、研究にかける情熱である。

石さんが著者たち後輩に示して下さったのは、昼夜を問わず、脇目もくれず研究に明け暮れる姿だった。毎日、みなが顔を合わせて作業する大机に背を向け、研究室奥の窓側のパソコンを占拠し、黙々と作業しておられた。

石さんは多くの非常勤の仕事を抱えていて忙しそうにされていた。しかし悲壮感は微塵もなかった。深夜の十二時くらいの帰り際に石さんは何度も言っていた。「君は研究してて幸せか。僕はいま心から幸せや。」流暢だが癖の強い関西弁で目を爛々と輝かせながら仰るのである。正直なところ当時の著者は目前の課題をこなすのに精一杯で、そこまで「幸せ」の実感は無かった。しかしそう語る石さんの様子を見るのはとても幸せだった。著者も学問の道に進む中でいつかこうなりたいと感じたからである。

石さんは博士学位取得後、すぐに上海師範大学に特任教授での採用が決まった。石さんの帰国の年、池田恭哉さんたち諸先輩が次々に留学へ旅立ち、翌年度には池田秀三先生の退官を控えていたのもあって、研究室には一つの時代が終わるかのような寂しい雰囲気に包まれた時期があった。そんな折、下記の古勝亮さんは著者に「俺たちで石さんの衣鉢を継いで、研究室を盛り上げていこう」と仰ったものである。石さんが研究に注いだ労力は、多くの業績として結晶し、良いポストを得る形で実った。そのことは研究者を志す後輩にとって最高の道しるべであった。石さんの研究に対する情熱は、後に続く著者たち後輩の進路を明るく照らし続けたのである。

古勝亮さん
古勝亮さんは東京大学の出身で、修士で中哲史研究室に進学された。研究室に入ったのは筆者より二年先であるが、最初の一年はご一緒する機会はなかった。翌年はじめて亮さんと会った。ぶっきらぼうで、それでいて何とも言えない親しみを感じさせる人物が亮さんだった。年は十歳離れているが、そう感じることはなかった。

著者は何かと亮さんを頼ることが多かったが、亮さんは決して安易に同情したりはしなかった。むしろ、「寸鉄人を殺す」というのがしっくり来るような、事の本質をぴたりと言い当て相手を批判するのが得意な方だった。それは亮さんなりの優しさであったろう。しかし頼った末に批判される側からすれば釈然としない気持ちになることもあった。時には頭に来て言い返したこともあった。しかし、冷静になるとやはり亮さんの言うことには筋が通っているとわかるので、著者から詫びを入れた。幼少時より、頑固と言われる著者であったが、不思議と亮さんの仰ることなら受け入れられた。それは、著者のことを最も深く理解して下さっていると感じていたのが亮さんだったからである。

亮さんは議論好きで、しばしば議論をふっかけてこられた。食堂や喫茶店で「最近どんなこと考えてるの」と聞かれたことがあった。著者が答えると、決まって「そんなのつまらないよ」というつれない返事が返ってきた。しかし、それは亮さんの対話術だったのであろう。躍起になって反論しているうちに頭の中が整理されていくのだった。

平成二十九年の三月に亮さんが博論を提出された時、著者は心から嬉しかった。前年にはご結婚されたこともあり、亮さんが歩んで来られた様々な経験が報われ、やっとこれから正当な評価を受けられるようになると思った。ささやかな慰労会を企画して久しぶりに夕食をご一緒した時の満足げな表情が今でも目に浮かぶようである。

それから二週間後のことであった。亮さんが急病で倒れられたとの連絡を宇佐美先生から受けた。著者が受けた衝撃はここには書くまい。亮さんがいなくなり、悲しい思いを聞いてもらおうにもその亮さんがもういない。そのやるせなさを博士論文執筆にぶつけた。本書をお見せしたら、天国の亮さんはなんと仰るだろう。「こんなのつまらないよ」、そう言いながら、筆者の思いに静かに耳を傾けて下さるような気がしてならない。

最後に肝心なことを述べねばならない。筆者の原稿提出が当初の締め切りを大幅に超過するなか編集作業を進めて下さった京都大学学術出版会の國方栄二さんには、お詫びと心からの感謝の言葉を申し上げたい。また本書の中文要約は、筆者と同じ年に中哲史研究室で博士学位を取得した廖明飛さんに翻訳をお願いした。校正段階の作業では、中哲史研究室の博士課程の陳佑真君、修士課程の服部嗣人君、田尻健太君に手伝って頂いた。お礼申し上げたい。

それから、本書の刊行にあたっては京都大学の「平成三十年度総長裁量経費 人文社会系の若手研究者にかかる刊行助成事業」による助成を受けた。推薦していただいた人文科学研究所東アジア人文情報学研究センター長の岡村秀典先生に深く感謝の念を表させていただきたい。

平成三十一年二月

著者識

# 本書関連事項年表

| 西暦（年代） | 朝廷の動向・外交関係 | 朱熹の動向 | 道学諸派の動向 |
|---|---|---|---|
| 1127（建炎１） | 北宋、靖康の変で滅亡。高宗即位（＝南宋成立）。 | | |
| 1129（建炎３） | | ９月15日、父・朱松と母・祝氏の三男として誕生。 | |
| 1131（紹興１） | 秦檜、宰相に任ぜられる。 | | |
| 1132（紹興２） | | | 陸九齢、陸賀の子として誕生。 |
| 1133（紹興３） | | | 張栻、張浚の子として誕生。 |
| 1134（紹興４） | 金朝とその傀儡政権の齊が南下。11月、主戦論者の張浚、知枢密院事に任じられる。 | | |
| 1135（紹興５） | 11月、趙鼎が宰相辞任、張浚が宰相に。 | | |
| 1137（紹興７） | ８月、淮西の兵変。責任をとって張浚が辞任、趙鼎が宰相に復帰、政策を改め、兵権の回収へ。（他方、高宗と秦檜は対金和平を目指す。） | | 呂祖謙、呂大器の子として誕生。 |
| 1139（紹興９） | | | 陸九淵、陸賀の子として誕生。 |
| 1140（紹興10） | ６月、秦檜、左僕射兼枢密使（首席宰相）に任ぜられる。（対金和平へ政策の転換） | 朱松、秦檜の和議に反対して政界を追われ、福建に隠棲。 | |
| 1141（紹興11） | 金朝との間に和議が成立。以降、南宋は金に臣下の礼を取る。 | | |
| 1142（紹興12） | 秦檜、諸将の兵権を奪い、専制政治を開始。金との和議体制が固まる。 | | |
| 1143（紹興13） | | ３月、朱松、没。朱熹の教育を劉子翬・劉勉之・胡憲の三人に託す。 | 陳亮、陳次尹の子として誕生。 |
| 1148（紹興18） | | 朱熹、科挙に合格。 | |
| 1155（紹興25） | 10月、秦檜没。 | この年から朱熹と呂祖謙の交流が始まる。 | |
| 1160（紹興30） | | 冬、数ヶ月にわたって李侗に教えを受ける。 | |
| 1161（紹興31） | 中書舎人虞允文率いる南宋軍、金の海陵王を采石で破る。 | | 湖南学の領袖・胡宏没。 |

| | | | |
|---|---|---|---|
| 1162（紹興32） | 6月、高宗退位、孝宗即位。8月、朱熹、「壬午應詔封事」を上奏。 | | |
| | | 10月、李侗死去。11月朱熹、都・臨安に赴き「癸未垂拱奏箚」を上奏。この年から朱熹と張栻の交流が始まる。 | |
| 1164（隆興2） | | 11月、朱熹、張栻に会い、湖南学の中和説について議論。 | |
| 1165（隆興3） | 金朝との間に「隆興の和議」成る。以降40年間、和議が守られる。 | | |
| 1169（乾道5） | | 春、朱熹、定論を確立（＝「己丑の悟」）。 | |
| 1171（乾道7） | | 朱熹・張栻・呂祖謙が共同で「知言疑義」を記す。 | |
| 1175（淳熙2） | | 4月、朱熹と呂祖謙が『近思録』を出版。また同月、呂祖謙の仲介で朱熹と二陸が鉛山鵝湖寺にて鵝湖の会を開催。 | |
| 1177（淳熙4） | | この年、『四書章句集注』と『四書或問』成るも、以降も改訂を継続。 | |
| 1180（淳熙7） | 8月、朱熹、「庚子應詔封事」を上奏。 | | 2月、張栻没。 |
| 1181（淳熙8） | | 2月、陸九淵が南康の朱熹を訪ね、「意見・議論・定本」論争を交わす。また陸九淵は朱熹の白鹿洞書院で講義。7月、呂祖謙没。 | |
| | | 12月、浙東提擧に着任。 | |
| 1182（淳熙9） | | 婺州で『四書章句集注』を初めて刊行。 | |
| | 7月、朱熹が唐仲友を弾劾。（按知台州唐仲友第一状〜第六状） | | |
| | | | 陸九淵、「與陳倅」で朱熹の唐仲友弾劾を絶賛。 |
| | 11月、左丞相の王淮の意向で吏部尚書の鄭丙が朱熹を弾劾。 | | |
| | | 提點刑獄に遷される。 | |
| 1183（淳熙10） | | | 冬、陸九淵、尤袤に対する書簡で朱熹を弁護。 |
| | 6月、左丞相の王淮の意向で監察御史の陳賈が朱熹を弾劾。 | | |
| | | | 陸九淵、道学弾圧の現状を朱熹に報告。（「與朱元晦」） |
| | | | 冬、陸九淵が勅令所刪定官に遷される。 |
| 1184（淳熙11） | | | 陸九淵、孝宗に謁見して「輪對五札」を奏上。（「刪定官輪對箚子」） |
| | | 朱熹と陳亮が義利・王覇論争を開始。（〜1186年） | |

<table>
<tr><td>1186（淳熙13）</td><td></td><td></td><td>11月、陸九淵、主管台州崇道観に遷される。以降郷里で講学。</td></tr>
<tr><td>1187（淳熙14）</td><td>7月、王淮の後ろ盾であった太上皇の高宗死去。</td><td></td><td></td></tr>
<tr><td rowspan="13">1188（淳熙15）</td><td></td><td colspan="2">4月、朱熹と陸九淵が無極・太極論争を開始。（～1189年1月）</td></tr>
<tr><td></td><td></td><td>1月、陸九淵、「荊國王文公祠堂記」を記す。暗に朱熹を批判。</td></tr>
<tr><td>2月、道学派の周必大が右丞相に就任。</td><td></td><td></td></tr>
<tr><td></td><td>2月、『太極圖説解』を著す。</td><td></td></tr>
<tr><td>5月、左補闕の薛叔似、左丞相の王淮を弾劾し罷免に追い込み、替わって周必大が左丞相へ。</td><td></td><td></td></tr>
<tr><td></td><td colspan="2">6月、朱熹が『周易』『西銘』の解釈をめぐって林栗と論争。陳傅良からたしなめられるほど林栗を厳しく批判（『語類』）。</td></tr>
<tr><td colspan="2">6月、朱熹、「戊申延和奏箚」を上奏。</td><td></td></tr>
<tr><td colspan="2">6月、兵部尚書の林栗、兵部郎官の朱熹を弾劾。宰相の周必大、左補闕の薛叔似、太常博士の葉適が朱熹を弁護。</td><td></td></tr>
<tr><td colspan="2">6月、侍御史の胡晉臣が林栗を弾劾。</td><td></td></tr>
<tr><td></td><td></td><td>陸九淵、「與薛象先書」・「與羅春伯」書で胡晉臣の林栗弾劾の内容を批判。</td></tr>
<tr><td>10月、葉適、「上執政薦士書」で道学系が多数を占める34名を推薦。周必大は「繳薦士書」で道学系士人の登用を断念。</td><td></td><td></td></tr>
<tr><td></td><td colspan="2">11月8日、朱熹が陸九淵に反論。（『朱文公文集』巻三六「與陸子靜」（五））</td></tr>
<tr><td colspan="2">11月、朱熹、「戊申封事」を上奏。</td><td></td></tr>
<tr><td></td><td></td><td colspan="2">12月14日、陸九淵、朱熹に再反論。（『全集』巻二、「與朱元晦」（二））</td></tr>
<tr><td rowspan="3">1189（淳熙16）</td><td>2月、孝宗退位、光宗即位。</td><td colspan="2"></td></tr>
<tr><td></td><td colspan="2">1月、朱熹が陸九淵に再反論。（『朱文公文集』三六「與陸子靜」（六））、事実上の論争終結。</td></tr>
<tr><td></td><td>2月、「大学章句序」。3月「中庸章句序」。</td><td>7月、陸九淵、荊門軍知事に任ぜられる。</td></tr>
</table>

| | | | |
|---|---|---|---|
| | | | ８月、陸九淵、「與陶賛仲」再書で無極論争を報告。<br>「與唐司法」で私に門戸を立てることの非を説く。 |
| 1191（紹煕２） | | 朱熹、永嘉学の陳傅良と論争。 | |
| 1193（紹煕４） | | | 陳亮、科挙で状元及第。12月、陸九淵、没。 |
| 1194（紹煕５） | ６月、太上皇の孝宗死去。趙如愚、韓侂冑の協力で光宗を退位させる。７月、寧宗即位。 | | |
| 1195（慶元１） | ２月、趙如愚、韓侂冑に福州に流される。この年から韓侂冑によって偽学の禁が行われる。 | | 陳亮没。 |
| 1196（慶元２） | ２月、道学に関わる答案が科挙から締め出される。 | | |
| 1197（慶元３） | 韓侂冑、道学を弾圧する「偽学・逆党籍」公布。 | | |
| 1200（慶元６） | | ３月６日、『大學』誠意章を改める。３月８日、娘婿の黄榦に書簡で『禮書』の編集などの後事を託す。３月９日、朱熹没。 | |

本年表は、南宋の政治と道学諸派の活動を、「朝廷の動向・外交関係」・「朱熹の動向」・「道学諸派の動向」の三つの欄に分けて示している。なお、党争や朱熹の政治的活動に関わる事項は「朝廷の動向・外交関係」と「朱熹の動向」の欄にまたがるかたちで、学術交流や論争に関わる事項は、「朱熹の動向」と「道学諸派の動向」の欄にまたがるかたちで示している。

年表の作成には、寺地遵『南宋初期政治史研究』（溪水社、1988年）や、三浦國雄『朱子伝』（平凡社、2010年）所載の年表、『陸九淵集』（中華書局、1980年初版）所収の年譜を参照した。なお、官職の異動については主に党争に伴う左遷に関するものを示した。官職の異動については、上記の参考文献の他に、衣川強『朱熹』（白帝社、1994年）所載の年表を参照されたい。

# 《南宋道學的展開》
# 中文摘要

## 第一章《孔孟一致論的展開和朱熹的位置——以性論為中心》

第一章考察了主張孟子的思想與孔子一致的觀點（在此且稱“孔孟一致論”）從漢代到宋代的展開。《論語》闡述的是“性相近，習相遠”“上智與下愚不移”的等級性的性論，而《孟子》有云“性善也，無不善也”“人皆可為堯舜”，主張的是沒有聖人，凡人區別的性論。《論語》和《孟子》兩書表面上有很大不同。本章考察了各個時代的孔孟一致論者是如何調停《論語》和《孟子》內容上的齟齬，論述了從漢代到宋代孔孟一致論的展開及其變化。

結果筆者明確了以下幾點。宋代以前的孔孟一致論者以敘述人的素質的差別性的《論語》的內容為主，并結合了強調萬人都有上進改善的可能性的《孟子》的內容，而宋代以後的孔孟一致論者，以強調聖凡一致的《孟子》的內容為主，在上進心的高低中找出《論語》主張的差別性。

如此，宋代的孔孟一致論的顯著特徵是將《孟子》的思想內容追溯到《論語》來理解的態度。但是，即使認為《論語》中記載的孔子的教義傳授給了孟子，但反過來就不能成立，在這一點上，根據《孟子》來理解《論語》本來是不可能的。但是，讓這種不可能變成可能的是道學的“道統論”。也就是說，道統論認為孔子的正確教義傳授給了孟子，兩者的思想是一貫的。程頤和朱熹以此為前提，認為孟子的思想可以追溯到孔子，使上述的解釋成為可能。

## 第二章《從經書解釋看胡宏的位置——關於“未發・已發”》

南宋湖南學的領袖胡宏是朱熹確立定論之前南宋道學的中心人物。胡宏的主要著作《知言》，不僅影響了湖南學，還影響了整個道學。朱熹通過撰寫《知言疑義》，批判胡宏《知言》，確立了自己的定論。朱熹的胡宏批判的最大問題點是如何理解人心的“未發”和“已發”。本章著重從經書解釋的分析入手，考察了程

子為何重視“未發”“已發”兩個詞，其問題意識如何為程門後學所繼承，其中胡宏的學說又具有怎樣的意義。

道學史上最先標舉“未發・已發”的是程頤的《顏子所好何學論》。程頤在這篇文章中，結合了《中庸》和《樂記》的記載，主張凡人和聖人共同的心理局面為“未發”，聖人和凡人之間產生差異的局面為“已發”。二程子的門人之所以著眼於“未發”來發展該思想，是因為他們認為理解“未發”與成為聖人有關。

與程子及其門人著眼於“未發”不同，胡宏關注“已發”。湖南學的工夫論——“察識端倪”說是指察識處於日常人倫世界的心所發現的善性的工夫。該工夫論把《孟子》“四端”章（《公孫丑上》）所說的四端的知覺和“牛山”章（《告子上》）所說的良心的知覺，看作是相同的工夫的實踐，是通過將這些記載內容一體化進行論述而成立的。同時，胡宏闡述了知覺在先，實踐在後的知先行後的工夫論，那是因為《孟子》四端章和牛山章的記載都提倡知覺善心之後，以該心為對象進行修養。另一方面，朱熹主張牛山章所說的良心的知覺不是倫理性的心的知覺，而是把持本心的工夫，與四端章的內容相區別。

另外，關於天理與人欲的關係，胡宏說“天理人欲，同體異用”，主張雖然是同一個心，但隨著應對的不同，或成天理，或為人欲。這是根據《孟子》認為聖人也有“情，才，欲，術，憂，怨”，有可能通過正確的應對成為王道的契機的論述。如此，胡宏的思想通過獨立解釋《孟子》的思想而成立。

## 第三章《陳亮的“事功思想”與孟子解釋》

陳亮因與朱熹有過“王霸・義利之辨”的論戰而廣為人知，他的學派經常被叫做“事功學派”。“義利”“王霸”之語出自《孟子》，但正如講明義利・王霸之別本身所示，一般認為孟子是一個與結果和利益相比，更重視動機和道德性的思想家。另一方面，正如陳亮的思想被貼上“事功主義”“功利主義”的標籤一樣，常常被認為是一種相比動機的好壞，更重視功利的大小的思想。因此，在迄今為止的研究中，人們經常把陳亮思想置於孟子的對立面。但實際上，陳亮從年輕時到晚年一直都寫有尊崇孟子的文章，經常引據《孟子》展開自己的論點。也就是說，可以推測陳亮認為自己的思想和孟子的思想並不矛盾。本章在考察了陳亮對

孟子的理解的基礎上，根據陳亮的立場對他的被稱為“事功思想”的思想內容進行了重新探討。

筆者分析了陳亮三個時期的著作，結果對朱熹和陳亮的義利觀可以分析如下。朱熹認為，沒有盤算的動機的純粹為“義”，謀取利益進行盤算為“利”。與此相對，陳亮認為，謀求包括自己在內的萬人的利益就是“義”，只謀求一己私利就是“利”。在朱熹的義利觀中，否定盤算，動機出於自然的純粹就是“義”，而在陳亮的義利觀中，實現萬人的“利”就是“義”。

另外，陳亮的上述義利觀，是根據《孟子》中遊說當政者施行王道政治，就能夠取得許多政績的敘述。如果站在陳亮的立場上，允許這種遊說的話，可以認為陳亮是主張鼓勵為了公共利益而謀劃。綜上所述，陳亮思想的特色是，並非如朱熹一樣否定盤算，追求動機的純粹，而是以追求自己的利益之心為出發點，鼓勵為萬人的利益謀劃，這一思路，顯示了與朱熹不同的《孟子》解釋的可能性。

## 第四章《淳熙黨爭下陸九淵的政治立場——關於〈荊國王文公祠堂記〉》

陸九淵是以孟子的繼承人自居的思想家。陸九淵雖然在思想上與朱熹相對抗，但在政治上，在鎮壓道學的風潮中，與朱熹採取了共同的步調。但是，到目前為止，還沒有人研究朱陸思想上的對抗和政治上的合作之間有何關聯。

本章以陸九淵的《荊國王文公祠堂記》一文為線索，分析了陸九淵是如何看待自己經歷過的淳熙末年的黨爭。他認為南宋淳熙年間的黨爭與北宋的新法黨和舊法黨的黨爭相似，同時，在撰寫這篇文章的時期，陸九淵在書信中批判了自己所屬的道學陣營對反道學陣營的敵對態度。

在同一時期，陸九淵展開了與朱熹“無極・太極”的論戰。《荊國王文公祠堂記》和書信中對黨爭的看法，以及“無極・太極”論戰中陸九淵的主張有著一貫的主題。那就是，陸九淵認為以自己的想法為絕對正確，不承認異議的存在而強迫他人與自己保持同步的態度，會招致他人的反對。另外，朱熹在黨爭時期，在《戊申延和奏劄》《戊申封事》中兩度向皇帝呼籲應該清除朝廷中的“小人”，而陸九淵在書信中，對道學派結黨對抗反對派的狀況表示憂慮，主張區別自己一派與反對派是不正確的做法。此外，陸九淵在“無極・太極”論戰中，主張不應該

以自己正確為前提批判他人，而是應該在自己與他人共享的基礎上進行討論。

綜上所述，在被認為是同屬一個陣營的朱熹和陸九淵之間，有徹底驅逐反道學派（朱熹）和應該以說服與和解為目標（陸九淵）的路線分歧，該分歧是朱陸思想上的差異在政治方面的反映。

## 第五章《作為說服方法的陸九淵的“本心”論——關於佛教批判和朱陸論戰》

第四章闡明了崇尚與他人和解的陸九淵的政治立場，與陸九淵的心學思想具有何種關係。第五章重新考察了陸九淵的“本心”論。陸九淵的本心論是視自己的“本心”與整個宇宙爲一的思想。一直以來，這種思想被認為是在自己的心中發現道理的主觀思想。但是，閱讀陸九淵的《雜著》等敘述後，可知他反而否定只屬於自己的想法，主張正是誰都能自然接受的觀點才是有道理的，自己和他人廣泛共有的心才是“本心”。不把自己的想法強加於人，而將他人的想法誘導到陸九淵思考的正確的方向上，這才是陸九淵的“本心”論的特徵所在。

本章分析了陸九淵的佛教批判和與朱熹的“無極・太極”論戰的內容，論述了陸九淵的說服方法的特徵。陸九淵的說服方法，并不從根本上否定他人的觀點，而是指出他人也有一定的優點和道理，并以此為基礎來說服他人。

## 第六章《消失的“格物致知”的去向——關於朱熹的〈戊申封事〉和“十六字心法”》

第六章著眼於朱熹的封事中出現的對“十六字心法”的解釋的變化，探討了朱熹的君臣論。所謂“十六字心法”，是指《尚書・大禹謨》“人心惟危，道心惟微，惟精惟一，允執厥中”的記載。朱熹一生三次向皇帝上奏封事，其中曾以實踐“十六字心法”的形式要求皇帝進行政治意識改革。在朱熹早期的封事中，將“惟精惟一”納入“格物致知”加以解釋，“允執厥中”納入“誠意正心”加以解釋，與此相對，在《戊申封事》中，兩者都納入“誠意正心”來理解，而沒有“格物致知”。在朱熹的工夫論中，只有完成了“格物致知”，才能實現“誠意正心”。“十

六字心法”不再包含“格物致知”，具有怎樣的意義呢。

朱熹的“十六字心法”的解釋的轉折點是與陳亮的“王霸・義利”論戰。此時的陳亮主張王朝在政治功業上能否有所作為，取決於君主能否發揮政治獨立性。相反，朱熹主張更為重要的不是君主能否發揮政治獨立性，而是能否根據“十六字心法”正確地發揮獨立性。與此同時，朱熹批評當時的皇帝孝宗重用親信，不聽取士大夫的建議而獨斷專行地經營政治，主張應該聽取“賢臣”的建議。

在《戊申封事》中，朱熹在敦促皇帝實踐“十六字心法”的同時，呼籲皇帝應該去除“私心”，終止親信政治。同時，朱熹主張“十六字心法”是聖王為了消除自己的私欲的修養法，要想實踐這一修養法，有必要接受分清了天理與人欲區別的賢臣的勸諫。分清天理與人欲區別的就是“格物致知”的修養。從以上內容可知，在後期的“十六字心法”中提到“誠意正心”，而沒有提及“格物致知”，是因為“格物致知”被認為是士大夫而不是皇帝的作用。朱熹通過從“十六字心法”的內容中排除“格物致知”，來確保士大夫對皇帝權力的牽制作用。

在上述朱熹對“十六字心法”的解釋變化中，可以看到在皇帝被視為絕對存在的皇帝制度的理念下，朱熹如何不允許皇帝的專制，爭取士大夫監督，牽制皇帝權力作用的正當化的一番苦心。

## 第七章《論〈資治通鑑綱目〉與朱熹的春秋學——以義例說和“直書”的書法為中心》

《資治通鑑綱目》是朱熹對司馬光的《資治通鑑》的體例和書法感到不滿，從大義名分的觀點對《通鑑》進行修正・改訂的編年體史書。雖然朱熹沒有注釋《春秋》的著作，但是《綱目》的“綱”是基於《春秋》的書法進行敘述，因此《綱目》被認為是朱熹的《春秋》學的成果。但是，前人指出朱熹的《春秋》學的內容和《綱目》的內容之間有巨大的分歧。朱熹否定《春秋》的義例說和所謂的孔子的“一字褒貶”，認為孔子只是根據事實秉筆“直書”而已。另一方面，朱熹在《綱目》中，以龐大而周密的“凡例”為基礎，用大量的褒貶的書法來敘述歷史。可見《綱目》的內容和朱熹的《春秋》學之間有很大不同。本章通過分別對朱熹的《春秋》學的觀點和《綱目》的凡例與褒貶的觀點這兩個方面重新加以探

討，明確了兩者沒有矛盾，可以從中找到一貫的態度。

首先，雖然說朱熹否定義例說，但只是否定義例中的不規範的體例“變例”，對於一般性的體例“凡例”的存在也是認可的。同時，朱熹提倡的“直書”，並非是否定對記錄的史實作出道德性評價。

其次，《綱目》中出現的褒貶的敘述，不是朱熹自己改訂《通鑑》的文字予以褒貶，而是基於“凡例”寫成的。而其“凡例”的內容，也不是朱熹自己創作的，而是對《通鑑》及《通鑑》以前的史書的書法進行選擇取捨總結而成的。綜上所述，在《綱目》中出現的褒貶的敘述，就朱熹的意圖而言，並不是歷史敘述者根據自己的價值觀改易原始史料的文字予以“一字褒貶”，而是原本打算秉筆“直書”敘述歷史，從而揭示了作為朱熹的《春秋》學成果的《綱目》的真實面貌。

# 索　引

1．本索引は網羅的なものではない。本書を通読、参照する際の便宜を考えた上で、項目を取捨選択する。
2．書名索引は資料を中心とする。研究書や論文は人名索引の方に著者名のみ採録する。
3．文集所載の資料については重要と思われるもののみ、事項索引に採録する。
4．音読みを原則として配列する。

## 人名索引

### ア行



### カ行

## サ行



## タ行

### ナ行



### ハ行



### マ行



### ヤ行

## 事項索引

## サ行

**マ行**



**ヤ行**



**ラ行**



**ワ行**

## 書名索引

## タ行



## ナ行



## ハ行



## マ行



## ラ行

著者略歴
福谷　彬（ふくたに　あきら）
一九八七年　東京都生まれ。
二〇一六年　京都大学大学院文学研究科博士後期課程指導認定退学（中国哲学史専修）。
京都大学博士（文学）。
日本学術振興会特別研究員を経て、現在は京都大学人文科学研究所附属東アジア人文情報学研究センター助教。

主な著作
『朱子語類』訳注巻十五（中純夫編・共著、汲古書院、二〇一五年）
『朱子語類』訳注巻十六上（中純夫編・共著、汲古書院、二〇一八年）

プリミエ・コレクション　96
南宋道学《なんそうどうがく》の展開《てんかい》
二〇一九年三月三十一日　初版　第一刷発行

著　者　福《ふく》谷《たに》　彬《あきら》
発行者　末原達郎
発行所　京都大学学術出版会
〒606-8315　京都市左京区吉田近衛町六九京都大学吉田南構内
電話〇七五(七六一)六一八二　FAX〇七五(七六一)六一九〇
URL　http://www.kyoto-up.or.jp/
印刷所　亜細亜印刷株式会社



ISBN978-4-8140-0207-8　C3310